핀란드 학교의 가르침과 배움, 그 원리와 실천

핀란드
교육의
기적

핀란드 학교의 가르침과 배움, 그 원리와 실천

핀란드
교육의
기적

초판 1쇄 발행 2017년 8월 29일
초판 2쇄 발행 2018년 11월 30일

편집자 한넬레 니에미·아울리 툼·아르토 칼리오니에미
옮긴이 장수명·정충대·김서령·심성보 외
펴낸이 김승희
펴낸곳 도서출판 살림터

기획 정광일
편집 조현주
북디자인 꼬리별

인쇄·제본 (주)현문
종이 월드페이퍼(주)

주소 서울시 양천구 목동동로 293, 22층 2215-1호
전화 02-3141-6553
팩스 02-3141-6555
출판등록 2008년 3월 18일 제313-1990-12호
이메일 gwang80@hanmail.net
블로그 http://blog.naver.com/dkffk1020

Miracle of Education:
The Principles and Practices of Teaching and Learning in Finnish Schools
by Hannele Niemi, Auli Toom, and Arto Kallioniemi
Original edition © Sense Publishers (Rotterdam/Boston/Taipei), 2012.
All rights reserved.
Korean translation © Sallimter Publishing Co. (Seoul), 2017.
Korean translation rights arranged with Sense Publishers through Orange Agency.

ISBN 979-11-5930-044-8 93370

*가격은 뒤표지에 있습니다.
*잘못된 책은 바꾸어 드립니다.

핀란드 학교의 가르침과 배움, 그 원리와 실천

핀란드 교육의 기적

한넬레 니에미·아울리 툼·아르토 칼리오니에미 편집
장수명·정충대·김서령·심성보 외 옮김

　새로운 교육을 꿈꾸는 이들에게 핀란드는 가장 닮고 싶은 본보기였다. 지나친 경쟁으로 주눅 들어가는 우리 아이들을 안타깝게 바라보며 핀란드처럼 배움이 행복한 나라를 꿈꾸었다. 함께 꿈을 꾼 많은 이들은 '혁신학교'라는 씨앗을 온 나라로 퍼뜨렸다. 대학입시와 국가교육정책의 벽 앞에서 주춤거리고 있을 때 촛불시민혁명이 새로운 나라로 가는 길을 열었다. 마침내 온 나라의 교육의 판을 새로 짤 수 있는 좋은 기회를 얻었다.

　이제 우리를 꿈꾸게 했던 핀란드를 넓은 눈으로 다시 볼 필요가 있다. 이런 때 핀란드 교육을 깊이 통찰한 장수명 교수님이 때를 잘 맞춘 값진 선물을 내놓았다. 이 책은 핀란드 교육을 구조와 정책에서부터 분야별 교과까지 넓게 볼 수 있는 안내서이자 깊이 있는 논의를 들여다볼 수 있는 연구 자료이다. 핀란드 교육에서 배우고자 하는 교육정책 전문가, 연구자, 교사 모두에게 꼭 읽어보기를 권한다.

　이 책이 우리 교육을 그 어느 나라의 교육도 부럽지 않은 새로운 교육으로 거듭나게 하는 데 더없이 좋은 길잡이가 되리라 믿는다.

2017년 8월
세종특별자치시 교육감 최교진

제2판 한국어 서문

　제2판은 2013년 제1판 발행 이후 핀란드 교육정책과 교육 시스템에서 생긴 변화를 포함하였다. 기초교육을 위한 새로운 국가교육과정이 지역의 개별 학교교육과정 수립의 지침으로 2014년에 승인되었다. 이번의 교육과정 개혁은 핀란드 기초교육[1]의 역사에서 다섯 번째이며, 그 핵심적인 목표는 페다고지와 학교문화pedagogy and school culture를 혁신하는 것이다. 교과 내용에는 큰 변화가 없다. 새 핵심교육과정의 이념은 6장에 소개되었고 개별 교과에 대한 장들은 이 새 교육과정에 따라 수정되었다.

　제1장은 2012년 새로운 PISA 결과를 활용하며 지난 10년 동안 PISA의 변화를 소개하고 어떻게 PISA 자료를 분석하여 개선이 필요한 영역을 찾을 것인가를 제안한다. 핀란드 교육평가 정책은 개선을 지향하는 평가라는 오랜 원칙을 갖고 있다. 모든 평가는 개선하기 위해 활용되며 PISA에 의한 성과 측정 결과도 마찬가지이다.

1. [역주] 본문의 핀란드 기초교육이 의미하는 바는 만 7세부터 9년 동안 실시하는 기초교육(basic education)으로서 우리나라의 초등학교 및 중학교에 해당하며, 국제적 기준으로는 초등교육 (primary education) 및 전기중등교육(lower secondary education)에 해당한다. 기초교육 이전, 즉 만 6세를 대상으로 한 1년간의 취학전교육(pre-school education)은 선택사항이지만 거의 대부분의 해당 아동이 참여한다. 기초교육 이후에는 인문계 혹은 직업계 후기중등교육(upper secondary education)을 받을 수 있는데 이는 우리나라의 고등학교에 해당한다. 다만, 기초교육을 이수한 학생들 중 후기중등교육 단계에서 진로를 미처 결정하지 못하는 학생들을 대상으로 1년간의 추가적인 교육 기회를 기초교육의 연장선상에서 제공한다. 이것이 기초교육의 10학년 과정으로 번역된다.

국가평가위원회 조직 구조에도 여러 변화가 일어났다. 기존의 셋으로 나뉘었던 평가위원회가 2014년 핀란드평가센터로 통합되었다. 평가에 대한 이런 변화도 평가와 관련된 장들에 포함되었다. 국가 교육평가 정책의 주요 원칙들은 이전과 동일하다.

　여러 변화에도 불구하고, 핀란드의 교육 목표는 이전과 동일하다. 이 목표는 모든 사람이 교육을 활용할 수 있도록 만드는 형평성, 학생들이 그들의 생애 어느 시점에서도 계속 교육을 받을 수 있는 교육 구조의 유연성, 교육체제 전반에 걸친 평생학습, 개선을 지향하고 지원을 중심에 두는 평가 관행, 우수한 교사교육, 높은 수준의 교사 전문성, 교육과정 개발의 지역 책임 등을 포함하고 있다.

　이 책이 한국어로 번역된 것을 영예롭게 생각한다. 이 책이 한국의 교육자, 교사, 연구자, 정책 입안자들이 함께 자신들의 환경과 맥락에서 개선을 촉진하고 만들어갈 때, 영감과 조언이 되기를 희망한다.

헬싱키에서 2017년 4월 19일

한넬레 니에미Hannele Niemi, 아울리 툼Auli Toom, 아르토 칼리오니에미Arto Kallioniemi

감사의 인사

우리는 이 책이 진행되는 과정에 도움을 준 다음의 협력자들과 파트너들의 지원에 대하여 따뜻한 감사의 인사를 전한다.

헬싱키대학의 행동과학부는 이 책이 이 같은 형태를 갖추는 데 필요한 재정적 지원과 함께 동료 학자들의 공동체를 제공하였다.

헬싱키대학의 교사교육학과는 재정적 지원, 고무적인 환경, 그리고 연구에 기초한 교사교육의 기능적인 하부구조를 제공하였다.

헬싱키대학의 CICERO 학습 네트워크는 재정적 지원과 함께 연구 협력에 대한 영감을 주는 포럼을 제공하였다.

핀란드 교육문화부는, 핀란드 대학들이 연구에 기초한 교사교육을 개발하도록 도움과 공간을 제공하였다.

핀란드 국가교육위원회는 뛰어난 협업 능력과 더불어, 핀란드 학교에서 교수·학습을 개발하는 연구자들에게 중요한 지원을 하였다.

행동과학부의 투오모 알토Tuomo Aalto 씨는 이 책의 마무리와 기술적 편집에 자신의 전문성과 숙련을 제공하였다.

센스 출판사Sense, Rotterdam/Taipei/Boston는 이 책을 출판하기 위한 격조 있는 포럼을 제공했고, 프로젝트가 진행되는 내내 지원을 했고, 최종적으로 책의 출판을 가능하게 하였다.

교사들, 교사교육자들, 그리고 학교의 학생들은 핀란드에서 진행된 여러 교육 연구와 개발 프로젝트에 시간을 내어 헌신하였다.

차례

서문

다양한 관점에서 본 교직의 미래

아르미 미콜라Armi Mikkola_교육 자문역, 교육문화부, 핀란드

핀란드 사회의 복지는 지식과 역량에 기반을 두고 있다. 시민들의 지식 기반과 역량 구축을 보장하고 향상시키려면 모두가 양질의 교육을 받을 동등한 가능성이 요구된다. 모든 학생은 자신이 살고 있는 지역 및 지역의 조건과 관계없이 좋은 교육과 상담 지원을 받을 권리를 갖고 있다. 종합학교 이후 학업을 계속하거나 취업을 할 수 있으려면 초·중등학교의 질이 빈약해지지 않도록 해야 한다. 그러려면, 모든 지역 교육기관의 교사진은 자격을 갖추고 역량을 보유해야 한다.

교사 자격의 요건들은 네 가지 다른 하위 영역들에 기초하고 있다. 이는 내용학적 지식, 학습과 교수의 전문성, 사회적·도덕적 능력, 학교의 실무와 연관된 다방면의 기술들이다. 하위 영역들은 분리되어 있지 않으며 매우 다양한 방식으로 서로 연계되어 있다. 교사 자격의 하위 영역 통합을 지원하는 것이 교사교육의 주요한 과업 중의 하나이다. 이러한 통합에는 교사들의 기초교육과 현장 교육의 연속성이 요구된다.

교사들은 그런 분야들에서 다재다능한 전문가가 되어야 한다. 교사들은 교육과 학교교육에 관한 모든 면에서 폭넓은 견해를 가져야 한다. 교사들은 내용 지식이 필요하고 그것과 통합된 교육학적 지식이 필요하다. 교사는 나아가 교육에 대한 장기적인 계획을 수립해야 하며, 이러한 계

획들은 단편적인 측면의 개발로 한정하지 말아야 한다. 즉, 교육과 학교 교육의 총체성을 이해하는 것이 교육과정 개발에 중요하다. 교사는 또한 교육 내용을 창조하고 개발하는 다른 전문가 네트워크(전문가 집단)가 어떤 것인지 알고 있어야 한다. 오늘날에는, 학교를 통해 이루어야 할 공통의 목적이 무엇인지에 대한 많은 논쟁이 있다. 학교가 어떤 역할을 갖는지에 대한 개념이 다양한 관점에서 재탐색되고 있다. 학교는 학생들에게 전통적인 지식과 기술을 전달하는 동시에 새로운 지식 환경에서 이것을 창조적으로 사용하는 법을 가르쳐야 한다. 가르침teaching에 대한 주요한 내용과 방법에 대한 다양한 견해와 상호 모순되는 주장이 사회에는 존재한다. 다른 공동체와 같이 학교는 학교가 해야 할 일에 대한 목표를 수립해야 하고, 일하는 방법을 개발해야 하며, 그 효과성을 평가하기 위한 도구와 절차들을 만들어야 한다. 학교는 임의적인 경향들이나 거친 요구들에 의해 지시될 수 없다. 사회에서 개혁은 파트너들과 함께 대화와 토론을 통해 집행되어야 한다. 교수 전문직과 교사들은 미래에 사회에서 벌어질 학교의 역할에 관한 논쟁에 참여하고 기여할 준비를 갖출 필요가 있다(Nieme, 2005; Välijärvi, 2006).

학습에 대한 지식의 전통적인 개념이 확장되면서, 교육기관과 교사는 새로운 도전들에 직면하고 있다. 그들은 학생들에게 지식과 기술을 가르치는 것 외에도 학생들에게 학식을 익히고 학습을 스스로 조절하는 법을 가르쳐야 한다. 직업세계 속의 생활의 변화는 지속적인 학습과 교육을 요구하고 있다. 지식 관련 전문가로서 교직의 핵심 영역은 교수·학습의 전문성이다. 앞으로 교사는 자신들의 전문적인 숙련을 교육기관의 서로 다른 단계뿐 아니라 다른 연령대, 다른 지역에서도 사용할 줄 알아야 한다. 교사는 교수·학습에 관한 지식을 그들이 일하는 다른 사람들과 함께 다른 상황에서 활용해야 한다. 교사의 일에서 네트워크는 매우 필수적인 부분이다. 교사의 주요 업무 중 하나는 새로운 학습 환경이 학생들의 조화로운 발달을 지원하도록 하는 것이다(Nieme, 2005; Välijärvi, 2006).

교사가 하는 일에는 사회의 중요한 사회적·문화적 가치를 포함하고 있다. 민주주의, 인간존재의 가치, 참여하는 시민성, 인간 복지가 중요한 목표들이다. 이것들은 학교 일상생활의 중심이 되어야 한다. 만약 학교교육의 목적이 협력하는 기술skills for cooperation을 갖춘 개방적이고 성찰하는 학생이라면, 어떤 종류의 교육과 학교 환경이 그런 목적들을 용이하게 하는지를 탐색하는 것은 매우 중요하다. 학생들은 학교의 일상적 관행 아래 그들을 모델화시킨 방식 이상으로 한결 세련된 역량을 보일 수 있다는 기대를 현저하게 받고 있다. 가르치는 전문직업의 윤리적·사회적 영역이 사회의 경제적 복지와 사회적 문제의 변화와 관련하여 더욱더 중요해지고 있다. 학교 자체로서는 사회 안의 망가진 사회적 네트워크에서 생기는 문제들을 해결할 수 없다. 그러므로 교사들은 다른 전문가들과 협력하여 일하도록 더 많이 요청받는다. 학생들이 그들의 문제를 해결하는 데 적절한 도움이 제공되어야 하므로, 학교와 부모의 협력이 가지는 의미는 더 중요해지고 있다.

국제적 비교에 의하면, 핀란드 교사들은 자신들의 일에 영향력을 행사하는 것이 가능하도록 자리를 잘 잡고 있다. 분권화된 의사결정과 지역 교육과정에 대한 지역의 책임은 1980년대 이후 핀란드 교육정책의 특징이 되었다. 이것은 교사들의 일이 리더십에 대한 지식과 함께 많은 종류의 실질적인 지혜를 필요로 한다는 것을 의미한다. 학교생활, 교사와 학생의 권리와 의무들에 대한 질문들, 그리고 더 나아가 학교의 경제와 경영에 관한 질문들은 교사 전문성의 일부가 되는 사안들의 예들이다. 이런 종류의 질문에 대해 예비교사들은 이미 교사교육과정, 특히 현장실습 기간에 익숙해져 있다(Välijärvi, 2006).

핀란드 교사교육은 예비교사들이 내용 지식과 더불어 교수·학습에 관련된 여러 종류의 부수적인 전문성을 숙달할 수 있도록 하고 있다고 평가받고 있다. 예비교사는 현장실습 기간 동안 학교생활에서 필요한 능력들을 형성하도록 한다. 미래의 주된 도전적 과제는 사회적 의제들과 교사교육의 이러한 차원을 강조하는 것이다. 이것이 교사교육의 내용과 실천의 핵심적인 부분이 될 것이다. 윤리적·사회적인 일들이 교사의 전문성에서 더욱더 주요한 부분들이 되고 있다.

이러한 문제들에도 불구하고, 국제적 관점에서 보면, 핀란드 교사교육의 지위는 다른 나라들보다 더 유리한 위치에 있다. 젊은이들이 교사교육에 관심을 갖고 있기 때문에 대학들은 지원자들 가운데서 최고의 후보자들을 선발한다. 매년 대학들이 교사교육을 시작할 때 선발할 수 있는 인원보다 더 많은 지원자들이 있다. 교사교육과 교수에 대한 관심이 살아있도록 유지하는 것이 미래의 핀란드 교육 전문직이 직면한 주요한 도전 과제 중 하나가 될 것이다.

참고 문헌

Niemi, H. (2005). Suomalainen opettajankoulutus valmiina jo pitkään eurooppalaiseen korkeakoulualueeseen [The readiness of Finnish teacher education in European area of higher education]. In R. Jakku-Sihvonen (Ed.), *Uudenlaisia Maistereita. Kasvatusalan Koulutuksen Kehittämislinjoja [Modern Masters: The Development Lines of Educational Degrees]*. Jyväskylä: PS-kustannus.

Välijärvi, J. (2006). Kansankynttilästä tietotyön ammattilaiseksi. Opettajan työn yhteiskunnallisten ehtojen muutos. In A. R. Nummenmaa & J. Välijärvi (Eds.), *Opettajan Työ ja Oppiminen [Teacher's Work and Learning]*. Jyväskylä: Koulutuksen tutkimuslaitos.

제1부

서론:
핀란드 교육의
구조적 요인과 조건

1. 국제 비교를 통해 본 핀란드 학교

요우니 밸리애르비Jouni Välijärvi
사리 술쿠넨Sari Sulkunen

요약

전통적으로, 핀란드 교육 시스템의 강점 중 하나는 학생들의 높은 읽기 역량reading literacy skill이었다. 물론 PISA 평가에서 수학 및 과학 역량도 높다. 핀란드 학생의 평균 성과는 최근의 PISA 평가에서 약간 떨어졌지만 핀란드는 여전히 세계 최고 순위 국가 중 하나이다. 학생 개개인 간의 격차도 그렇지만 특히 학교 간 격차는 국제 평균보다 낮다. 핀란드 학교 체제는 학생들의 사회경제적 배경 및 거주 지역에 상관없이 학생들에게 평등한 교육 기회를 제공한다. 핀란드에서는 학생들의 참여, 자기 효능감 및 독서 습관과 인지적 성취도 간 상관관계가 다른 어느 나라보다 높다. 그러나 최근 몇 년 동안 학생들의 독서 습관이 급속히 바뀌었고, 이는 학생들의 태도, 동기 부여 및 행동에 뉴미디어가 영향을 주고 있음을 나타낸다. 이에 따라서 학교가 학생들의 인지능력 향상을 위해 교육 활동을 개혁하려고 한다. 국가교육과정의 개혁은 국가 및 개별 학교 수준에서 필요한 변화를 촉진하고 있다. 또한 교사의 전문을 재구성하고 학교에서 디지털 학습 환경의 사용을 촉진하기 위한 새로운 프로젝트가 시작되었다.

 *핵심어: 평가, 학습 성과, 교육체제, 교육정책

도입

다른 나라와 비교하였을 때 핀란드 학생들의 읽기, 수학 및 과학 학습 성과는 매우 높다. 예를 들어, PISA 연구를 기반으로 한 국제 순위에서 핀란드는 여전히 세계 최고의 국가 중 하나이다. 유럽에서 핀란드는 읽기 및 과학 분야에서 최고의 자리를 차지하고 있으며 스위스, 네덜란드, 에스토니아, 폴란드 및 독일과 함께 수학 분야에서 가장 우수한 국가 중 하나이다. 그러나 가장 최근 결과인 PISA 2012는 핀란드 기초교육의 미래에 대한 우려를 낳고 있다. 세 영역 모두 2009년 이후 평균이 하락하고 있으며 학생 간 편차도 약간 증가했다. 미래 세대를 위한 양질의 교육을 보장하기 위해서는 새로운 정치적인 조치와 정책에 대한 논의가 필요하다.

이 장에서는 핀란드 교육 시스템의 강점과 약점에 대해 논의하고, 국제 비교 연구가 국가 차원의 교육체제 발전의 필요성을 파악하는 데 어떻게 활용될 수 있는지 설명하겠다. 핀란드 교육은 PISA를 통해 여전히 높은 수준임을 보여주었지만 폴란드, 독일, 한국 등과 같은 나라들이 학생들의 성취 수준을 높이는 데 더 성공적인 결과를 보여주었다. 이 국가들에게는 PISA가 교육 시스템의 발달 정도를 효과적으로 파악할 수 있는 강력한 도구가 되었다.

PISA는 독자적으로 수행되는 국제적 협력 프로그램으로서 국가 정책 입안자들에게 국가 차원 평가보다 더 효과적으로 개혁의 필요성을 확신시킬 수 있었다. 한 국가 교육 시스템의 구조와 실천을 그대로 가져오는 것은 합리적이지 않겠지만, PISA 자료의 심층적인 분석을 통해 서로에게서 배울 수 있다. 다른 국가들과 마찬가지로 핀란드에서도 국가교육평가 정책national education evaluation policy은 이전보다 (학습 성과의) 향상 및 개선에 더 중점을 두고 있다. 이 장의 목표는 국제 비교 연구가 핀란드 교육 시스템의 강점과 약점을 인식하고 이해하는 데 어떻게 도움이 되는지, 그리고 이러한 요소가 시대 및 사회적 변화에 의해 어떻게 바뀌어왔는지를 제시하는 것이다. 본 연구의 마지막 부분에서 이러한 변화에 대처하기 위해 국가교육과정의 개혁, 교사의 전문성 개발 및 학교의 디지털화에 대한 투자와 같은 핀란드에서 수행된 정치적인 조치와 정책에 대해 논의하겠다.

2000년대 최상위 국가들

학교 시스템의 성과 및 관련 요인에 대한 평가로서 PISA는 2000년 이래 3년 간격으로 수행되었다. 읽기, 수학, 과학의 세 영역이 돌아가며 주요 평가 영역이 된다. 2000년과 2009년 주요 영역은 읽기였고, 2003년과 2012년에는 수학, 2006년과 최근의 2015년은 과학이었다. 평가 결과의 경향에 대한 비교는 주요 영역이 동일한 연도를 비교함으로써 가장 깊이 있게 다룰 수 있다. 아울러 배경 자료도 주요 영역에 따라 조사된다. 주요 영역을 제외한 기타 영역은 주로 경향 정보를 제공한다.

PISA가 시작된 이래 핀란드 학생들은 이를 매우 잘 수행해왔다. 처음 네 번의 라운드에서 핀란드는 전반적인 순위에서 가장 좋은 나라였다. 2009년 상하이는 핀란드보다 더 높았지만 상하이가 중국 전체의 교육 시스템을 대표한 것은 아니었다. 국가 순위는 영역에 따라 변화하는데, 핀란드는 과학과 읽기에서 특히 강했고 수학도 상위권에 속하였다. PISA 2012에서는 다른 국가와 비교하여 상대적 지위가 약화되었고 세 영역 모두에서 평균이 하락했다. 핀란드는 여전히 높은 성과를 거둔 국가 중 하나이지만 몇몇 아시아 국가 학생들은 핀란드 학생들보다 분명히 우수했다. 가장 크게 하락한 영역은 수학이었다(OECD, 2001; 2004; 2013a; 2013; Välijärvi, 2014).

[그림 1]은 PISA 2000과 2006 사이에서 핀란드 학생 성적이 개선되었음이 나타난다. 특히 과학 점수가 크게 상승했다. 전체 순위에서 핀란드가 선두에 올랐던 것은 과학이 주요 영역이었던 2006년에 가장 명확하게 나타났다.[2]

PISA에서, 특히 과학 및 수학 영역에서 핀란드 학생들의 탁월한 성과는 놀라운 일이었다. PISA 이전 TIMSS에서는 국제 평균보다 약간 높은 수준의 성과에 그쳤기 때문이다. 이처럼 결과가 크게 차이 나는 것에 대한 한 가지 설명은 두 연구 프로그램의 목표가 서로 다르다는 것이다. 다양한 문제해결 상황에서 숙련과 지식의 적용을 강조하는 PISA가 대표하는 기능적 접근법functional approach은 1990년대 수학 및 과학에 대한 핀란드 교육과정 개혁과 맞아떨어진다. 이는 많은 학교와 교사(Arffman & Nissinen, 2015)가 참여한 국가적 실험이자 교사의 현직 연수를 통해 수학 및 과학 교육을 개혁하려는 시도였다.

2009년은 핀란드 학생의 PISA 성과에서 분명한 전환점이다. 2012년에는 하락세가 계속되고 그 폭도 커졌다. [그림 1]은 2012년 읽기 영역 평균이 2000년보다 낮았으며, 그 차이는 학교 수업의 반년(약 20점) 이상에 해당한다는 것을 보여준다. 2003년에서 2012년 사이 수학 성취의 하락도 읽기 영역의 그것과 같았고, 과학 영역의 하락도 유사한 범위로 추정된다.

같은 기간 다른 상위권 국가들의 성취 수준은 유지되거나 심지어 더욱 향상되었다. 그럼에도 불구하고 핀란드의 국제 순위는 여전히 높긴 하다. PISA 2012 읽기 영역에서, 핀란드는 65개 참가국 중 6위(실제 순위 6~12, 샘플링으로 인한 임의 오류를 고려)였으며 아일랜드와 함께 유럽 국가 중 최

---

2. PISA 점수는 표준화되어 PISA 2000에서 OECD 국가 학생들의 평균이 세 영역 모두에서 각각 500점이었고 표준 편차는 100점이었다. 이어지는 PISA에서도 유사하게 표준화되어 각기 다른 연도의 결과가 개별 국가를 넘어서 비교할 수 있게 되었다. 핀란드의 경우, 1년의 교육 성과는 대략 PISA 척도로 40점 정도로 추정된다. 다시 말해, 두 학생 혹은 학생 그룹의 차이가 읽기 척도로 60점이라면, 대략 1년 반의 학교교육과 동일하겠고, 수학과 과학에도 똑같이 적용된다.

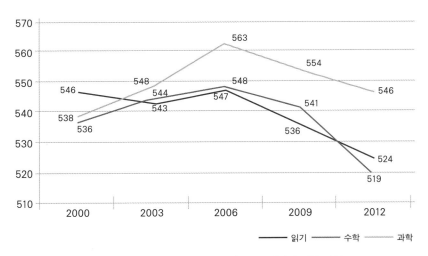

[그림 1] 핀란드의 2000-2012년 PISA 영역별 평균 성취도

고였다. 같은 해 수학은 12위(10~17)였다. 과학은 5위(4~7)에 달했으며 이는 다른 유럽 국가들에 비해 최고였다. 그러나 서로 다른 PISA 라운드의 순위를 직접 비교하는 것은 쉽지 않다. 참가 국가와 지역의 수가 PISA 2000에 비해 PISA 2012에서 크게 증가하면서 새로운 국가와 지역이 포함되었고, 일부 국가는 아주 우수한 결과를 얻었기 때문이다. 예를 들어, PISA 2012의 최상위 국가(혹은 지역)인 상하이, 싱가포르, 대만, 에스토니아는 2000년과 2003년에는 참가하지 않았다(OECD, 2013a; Kupari et al., 2013; Välijärvi et al., 2015).

이상 세 영역 이외에 PISA에서는 2003년과 2012년에 일반적 문제해결능력general problem-solving skill 평가가 있었다. 핀란드의 2003년 평균 점수는 548점으로 전체 3위(1~4)를 차지했다. 2012년에는 완전한 컴퓨터 기반 평가computer-based assessment로 수행되었는데 평균 523점으로 10위(8~11)를 기록했다. 물론 OECD 평균은 500점으로 다른 영역들과 동일하게 설정되었다.

학생 성취의 개인적 격차

핀란드 학생의 성취도는 다른 나라에 비해 높은 학생과 그렇지 않은 학생의 편차가 매우 작다는 특징이 있고, 이것은 핀란드 교육이 높은 수준의 교육적 형평성을 달성하고 있음을 의미한다. 더 높은 수준의 형평성 달성은 1960년대 이래 핀란드 학교 개혁의 주된 목표였다. PISA 결과로 볼 때 이는 성공적으로 달성되고 있는 것으로 보이나, 이전에 비해 상황이 변하고 있는 듯하다.

학생 간 격차를 나타내는 표준편차는 PISA 2009까지 OECD 평균보다 낮게 유지되었다([그림 2]). 대부분의 경우 핀란드는 표준편차가 가장 작은 국가로 OECD 평균의 80~85% 수준에 불과했다.

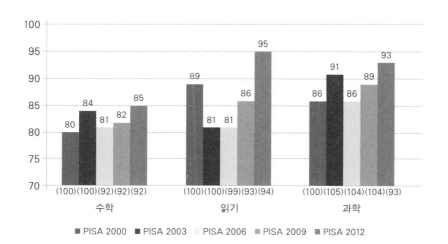

[그림 2] 핀란드의 영역별 표준편차(괄호 안은 OECD의 표준편차)

2012년 핀란드 학생들의 성취도 격차는 이전보다 확대된 반면 OECD 국가 전체는 분명 감소했다. 수학과 읽기 영역에서, OECD 국가 표준편차의 평균값은 2012년 이전부터 줄어들었고 과학은 2012년에 이르러 감소했다. 따라서 핀란드 학교 시스템은 더 이상 높은 수준의 형평성을 달성하고 있다고 보기 어려운 수준으로 학생 성취도의 표준편차가 OECD 전체 평균값에 수렴하고 있다. 이러한 경향은 상당히 우려스럽다(Arffman & Nissinen, 2015; Välijärvi et al., 2015).

지금까지 평균 성취도와 학생 간 편차를 검토했고, 다음으로 학생 성취도의 등급별 분포를 상세히 살펴보겠다(OECD, 2013a). PISA 2000에서 읽기 영역의 학생 성취는 5등급으로 나뉘었고, 최저 등급보다도 낮은 수준(등외)에 속하는 학생들이 일부 있었다. PISA 2009에서 등급을 더 세밀하게 나누기 위하여 5등급(최저)과 1등급(최고)은 각각 둘로 나누었는데, 기존 등급과의 간편한 비교를 위해 이후 다시 통합되었다.[3]

PISA의 등급 규정에 의하면, 5등급 및 그 아래 학생들은 취약한 수준으로 규정된다. 이들은 현대의 직업세계 혹은 추후 학습에 요구되는 다양한 유형의 읽기에서 심각한 문제에 직면할 가능성이 크다. 또한 텍스트 기반 미디어 활용 측면에서 일상적인 시민 생활에 필요한 수준에 미치지 못한다. 이들은 사회적으로 주변화marginalisation될 위험에 처해 있음이 연구를 통해 드러나고 있다(OECD, 2010c; 2013a; Linnakylä et al., 2004).

이와 같은 취약한 수준의 비중은 PISA 2000의 6.9%에서 PISA 2009의 8.1%로 증가했다. 변화 폭이 그리 큰 것은 아니지만 2009년의 교실에는 2000년보다 약 750명의 취약 수준 학생이 더 있었음을 의미한다. 그럼에도 불구하고, 그 비율은 다른 나라들에 비해 여전히 낮은 수준이기는 하다. 같은 기간 취약한 수준 학생들의 OECD 평균은 17.9%에서 18.8%로 증가했다.

국제 비교를 통해 살펴보면 부적절한 수준의 읽기 능력을 지닌 채로

---

3. [역주] PISA 본래의 용어는 최저 등급이 1등급(level 1)이고 최고 등급이 5등급(level 5)인데, 우리나라의 경우 수학능력시험의 등급 표기에서 1등급이 최고등급이므로 혼선을 피하기 위하여 역자가 임의로 변경했다.

의무교육을 끝내는 학생의 비율은 핀란드가 상대적으로 낮다. 사실 핀란드는 가장 낮은 국가 중 하나이다. 그럼에도 우려되는 점은 이런 학생의 비율이 최근 증가했다는 점이다. 그러나 PISA 2012라는 상당히 제한된 자료만을 가지고 부정적인 추세가 지속된다는 것을 절대적으로 확신하기는 어렵다.

같은 기간 뛰어난 수준(1등급)의 비율은 상당히 우려스러운 수준으로 하락했다. 2009년에 14.5%로 국제적으로 여전히 최고 수준이긴 하지만 10년 동안에 4%가량 하락한 셈이다. 이는 참가국 중 가장 많이 하락한 것이다. 국가의 전반적인 (인적자원) 역량을 고려하면 이러한 하락 수준은 우려할 만하다. 마찬가지로 여러 OECD 국가에서도 같은 현상이 발생했다. PISA 2000에서 읽기 영역 1등급 비율은 OECD 국가 학생 전체의 약 10%였는데, PISA 2009에서는 7.6%에 불과했다.

수학에서도 읽기와 마찬가지의 부정적인 경향이 도출되었다. 수학이 주

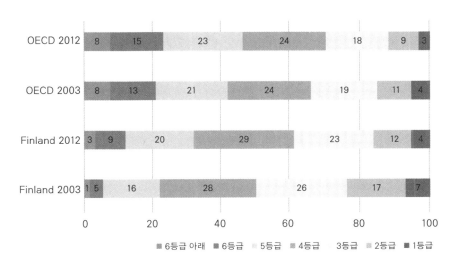

[그림 3] 2003년과 2012년 수학 영역의 등급별 학생 비율

요 평가 영역인 PISA 2003과 PISA 2012 결과는 다음과 같다([그림 3]).

이 기간 동안 핀란드에서는 낮은 성취자로 분류된 학생(5등급 아래)의 비율은 6%에서 12%로 두 배가 되었다. 반면 2003년 25%에 근접했던 높은 성취자(1등급과 2등급) 비율은 16%로 감소했다. 국가의 교육자본 educational capital을 개발한다는 관점에서 볼 때 우려스러운 경향이다.

그렇다 하더라도 OECD 국가들과 비교해보면 핀란드 학생들의 수학 성취는 여전히 좋은 편이다. OECD 국가의 낮은 성취자 비율은 여전히 연령대의 20%를 상회한다. PISA 2012의 학생 중 12%만이 수학에서 1, 2등급에 도달했으며, 2003년에는 15%였다.

성취도에 따른 결과 동향

학습 성과 측면에서 교육적 형평성은 시험 점수 백분위 값을 통해 살펴볼 수 있다. 백분위란 특정 점수 미만의 학생이 전체 학생들의 시험 점수 분포에서 차지하는 위치를 백분율로 나타낸 것이다. 예를 들어 백분위 10은 PISA의 전체 샘플에서 10%의 학생은 낮고 90%의 학생은 더 높게 되는 특정한 점수를 지칭한다. 마찬가지로 백분위 75는 최고득점자와 최저득점자 사이 하위 3/4 위치의 점수를 의미한다. 따라서 최고 백분위와 최저 백분위의 점수가 서로 가까울수록 학습 결과 측면에서 형평성을 더욱 달성했다고 할 수 있다. 또한 백분위는 형평성이 시간의 흐름에 따라 어떻게 변화했는지, 즉 최고 백분위와 최저 백분위 간 차이가 증가 또는 감소했는지 조사할 수 있다.

[표 1]은 PISA 2000에서부터 PISA 2009까지 핀란드 학생들의 읽기 성취도(각 라운드의 주요 영역)에서 가장 높은 백분위 학생들의 점수 하락 폭이 가장 크다는 것을 보여준다. 2009년 상위 5% 점수는 PISA 2000의 그

[표 1] 읽기와 수학 영역 백분위

	백분위					
	5th	10th	25th	75th	90th	95th
읽기						
PISA 2000	390	429	492	608	654	681
PISA 2009	382	419	481	597	642	666
변화 2000-2009	-8	-10	-11	-11	-12	-15
수학						
PISA 2003	386	421	477	602	658	690
PISA 2012	376	409	463	577	629	657
변화 2003-2012	-10	-12	-14	-25	-29	-33

것보다 15점이 낮다. 또한 하위 백분위의 경우도 상위 백분위의 경우보다는 덜하지만 2000년에 비해 2009년에 하락했다. 높은 성취자 중에서 백분위 5의 경우는 9점, 백분위 10의 경우는 10점이었다.

PISA 2003에서부터 PISA 2012까지 수학 영역의 하락 역시 읽기 영역과 마찬가지인데, 그 폭은 더 크다. 특히 상위 백분위의 경우 더 심했다. 상위 10%를 기준으로 PISA 2012의 점수는 PISA 2003의 점수보다 무려 29점이 낮았다. 상위 5%의 경우는 33점 하락했다. 이를 학습 기간으로 환산하면 가장 우수한 핀란드 학생들인 상위 5% 학생들에게 있어서 PISA 2003의 동료들 수준보다 거의 1년이 늦은 것이다. 이러한 격차는 차후의 후기 중등 및 고등교육에서의 수학 학습에 영향을 미칠 정도로 큰 것이다(OECD, 2013a; Välijärvi et al., 2015).

낮은 백분위의 경우도 하락세가 뚜렷이 나타났지만 높은 백분위보다 그 폭은 작았다. 최하 백분위 그룹은 수학과 읽기의 점수 하락 폭이 비슷한 수준이었다.

학업성취의 성별 격차

PISA 읽기 테스트에서 핀란드 학생들의 남녀 격차는 다른 OECD 국가들에 비해 항상 예외적으로 큰 편이었다. PISA의 여러 라운드에서 핀란드의 남녀 격차는 44~62점이었고([그림 4]) OECD 국가의 평균은 31~38점 정도였다. 핀란드 학생들의 읽기 영역 성별 격차는 PISA에 참여한 OECD 국가들 중 가장 크거나, 적어도 가장 큰 그룹에 속했다. 성 평등을 고양하고자 하는 많은 국가적 조치에도 불구하고, 남녀 격차(OECD, 2013b)가 줄어들지 않고 증가하고 있는 것으로 보인다.

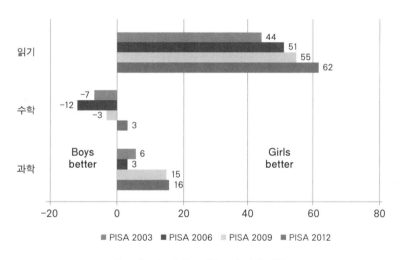

[그림 4] 핀란드 성취도의 성별 격차

성취도의 성별 격차는 남녀 학생들의 읽기 점수 분포를 보면 더욱 두드러진다. 취약한 수준에 머무르고 있는 학생들이 남학생 집단에서 크게 증가했다.

2012년 결과는 PISA 2000 및 PISA 2009보다 문항이 훨씬 적었으므로 신중을 기할 필요는 있지만 PISA 2000에서는 여학생 중 4%와 남학생 중

11%가 5등급 이하였는 데 비해 2009년의 남학생은 13%, 2012년의 남학생은 무려 18%로 증가했다. 어쨌든 취약 수준 남학생 비율은 명백히 증가한 반면, 여학생 비율은 거의 변동이 없다. 따라서 PISA 2012 결과에 의하면, 취약 수준으로 떨어질 확률은 남학생이 여학생의 거의 4배에 달한다. 기본적인 읽기 능력은 의무교육 이후의 교육 참여 및 성공 여부에 필연적으로 영향을 미친다. 이를테면, 의무 교육이 끝나는 시점에서 읽기 숙련의 부족이 (후기)중등교육에서의 탈락을 얼마나 설명하는지 후속 연구가 필요하다.

여학생 집단의 가장 큰 변화는 고성취자(1등급)의 비율이다. PISA 2000에서는 여학생의 1/4 이상(26%)이 1등급이었는데, 2009년에는 21%로 감소했다. PISA 2012에서는 2009년과 동일한 수준으로 유지된 것으로 보인다. 남학생의 1등급 비율 역시 하락하고 있다. PISA 2000의 11%에서 2009년은 8%, 2012년은 7%로 하락했다. 따라서 금세기의 첫 10년 동안 최우수 등급 집단으로 측정된 잠재적 미래 역량은 크게 감소한 것으로 보인다. 문화자본(예: 고전 문학, 미술) 수준이 가장 높은 가정과 책이 많은 가정의 여학생들은 읽기 점수가 2000년 이래로 비교적 안정적이었다. 비슷한 배경을 가진 남학생들의 성취도는 하락하기는 했으나 그 정도는 미미했다. 반면 열악한 가정 배경의 남녀학생은 모두 하락 폭이 상당했고, 남학생의 경우 특히 더욱 심했다(Chiu, 2006; Arffman & Nissinen, 2015).

이러한 성별 차이는 읽기 영역에만 국한되는 것은 아니다. 수학과 과학 영역에서도 핀란드의 성별 격차는 OECD 국가 평균보다 더 크다([그림 4]). PISA 2012에서는 더욱 명확하게 나타난다. 2012년 이전의 수학 영역에서는 남학생들의 성취도가 더 높게 나타났었고 그 정도가 가장 컸던 PISA 2006에서는 15점이나 되었는데, 2012년에 이르러 비록 3점 차이에 불과하긴 하지만 여학생의 수학 성취도가 남학생을 처음으로 뛰어넘게 되었다. PISA 2012 수학에서 OECD 국가 평균은 남학생이 여학생보다 11점 더 높았다. 과학 영역은 PISA 2012 기준으로 여학생이 남학생보다 명백히(16점) 높았는데, OECD 국가 전체적으로는 남학생의 성취도가 더 높거나 동등한 수준이다. PISA 2012 전체로 보면 남학생의 성취도가 여학생보다 1점 더 높았다(Kupari et al., 2013).

세 영역 모두에서 성별 격차의 또 다른 특징은 점수의 변동 폭 역시 남학생들이 더 컸다는 점이다. 이 차이는 각 PISA 라운드에서 관찰되었는데, 여학생 점수의 표준편차는 73~85점이고, 남학생의 경우는 81~94점으로 나타났다. 수학 영역으로 한정하면, 여학생은 78~81점이고 남학생은 81~89점에 이른다. 과학 영역의 표준편차는 수학, 읽기 영역보다 다소 높은데 여학생이 82~88점이며 남학생은 90~97점이다.

그래도 다른 나라와 비교했을 때, 핀란드 학생들의 성취는 좋은 편이며 과학 영역에서 특히 우수했다(OECD, 2013b). 그럼에도 불구하고 최신 PISA에서 남학생의 성과는 여학생보다 분명히 더 하락했으며 국제 순위도 더 많이 하락했다. 성별 성취도 격차는 차후에 중등 및 고등교육을 받는 데 영향을 미칠 것이다.

사회경제적 배경과 학업성취의 관계

학생들의 사회경제적 배경과 학업성취를 연관 짓는 것은 PISA의 주요 관심 분야의 하나이며, 핀란드 교육정책의 중요한 과제이다. 다른 많은 나라들과 마찬가지로 핀란드 기초교육의 핵심 목표 중 하나는 가족의 사회경제적 배경이 학습 결과에 미치는 부정적인 영향을 최소화하는 것이다.

PISA 자료에서 학생의 사회경제적 배경 지표는 ① 가족의 부, ② 부모의 직업, ③ 부모의 교육 연수, ④ 가정의 문화자본이라는 네 가지 변수로 측정되고, 단일 지수로 재구성된다.

PISA에 참여한 모든 국가에서 학생들의 사회경제적 배경은 학업성취에 영향을 미친다. PISA 2003의 핀란드에서 사회경제적 배경 상위 25% 학생들의 평균 성취도는 하위 25% 학생들에 비해 61점이 더 높으며 이를 학습시간으로 환산하면 약 1년 반이 된다. 이러한 격차는 부모의 교육수준, 직업 및 경제적 지위와 가정의 문화자본에 의해 발생되며 상위 그룹 학생들이 누리는 부가가치added value로 해석된다. 하지만 같은 PISA 2003 수학 영역에서 OECD 국가들의 평균적 격차는 93점에 달해, 사회경제적 배경의 효과가 핀란드에서는 명백히 작게 나타났다(OECD, 2013).

PISA 2012에서 사회경제적 배경 상위 25%와 하위 25% 집단 간 평균 성취도 격차는 67점으로 2003년에 비해 약간 높아졌다. 따라서 이 기간 동안 학생의 수학 성취에 대한 사회경제적 배경의 영향은 어느 정도 증가한 셈이다. 이와 대조적으로 OECD 국가 전체의 격차는 여전히 핀란드보다 높은 편이지만 그 자체로는 약간 감소했다(약 3점). 그러므로 핀란드에서 사회경제적 배경에 대한 학업성취의 형평성은 약간 악화되었으나 여전히 OECD 전체보다 좋은 수준이다(OECD, 2013b).

학교 간 격차

다른 나라와 비교한 핀란드의 학교 간 격차는 PISA가 진행되는 내내 작은 수준을 유지했다. 이와 관련하여 핀란드 학생들의 전체 격차 수준 역시 PISA 참여국 중 가장 작거나 두 번째로 작다.

PISA 2012 수학 영역에서 학교 간 편차는 전체 편차의 6%에 불과하다. 다른 북유럽 국가들에서도 학교 간 차이가 작게 나타나 북유럽 국가들의 종합학교comprehensive school 제도의 장점이 드러난다 할 수 있다. 이 시스템의 핵심 목적은 어느 학교에서든지 모든 학생에게 동등한 수준의 교육을 보장하는 것이다(OECD, 2010b). 반면 대만, 네덜란드, 헝가리, 벨기에, 독일 그리고 상하이에서는 학교 간 격차가 컸다.

대부분의 아시아 국가(혹은 지역)에서는 주요 영역이 수학이었던 PISA 2012에서 학교 간 격차가 상당히 컸다. 그러나 PISA 2009의 읽기 영역에서는 상당히 작았다.

핀란드에서는 영역과 관계없이 학교 간 편차가 낮은 수준을 유지했다. 읽기가 주요 영역이었던 2009년 학교 간 편차는 전체 편차의 8%로 PISA 2012보다 약간 큰 편이었다. 반면 수학을 기본 영역으로 삼은 PISA 2003에 비하면 약 2% 높았다. 이 정도 수치는 통계적으로 유의하다 할 수는 없으나 주목할 만한 가치가 있다.

읽기 태도와 시간

PISA 읽기 성취 결과를 설명하는 가장 강력한 요소 중 하나는 공부 이외(학교 밖)의 독서 시간(읽기 참여)이다. 이것은 학생에 따라 차이가 크고 성별에 따른 차이도 크다. 학생의 독서 시간은 2000년에서 2009년 사이에 많이 변했다. 바로 이 독서 참여도의 변화가 읽기 성취도 저하를 상당 부분 설명한다(OECD, 2010d; 2013a; Arffman & Nissinen, 2015).

PISA 2000에서 하루에 적어도 1시간 독서를 하는 핀란드 학생의 비율은 50% 정도인 반면, 5분의 1은 전혀 읽지 않는 것으로 조사되었다. 9년 후인 PISA 2009에서는 학습 시간 외 독서를 하지 않는 사람의 비율이 약 33%로 증가하여 약 50%의 증가율을 보였다. 그에 상응하여 적어도 하루에 1시간 독서하는 학생 비율은 전체 학생의 1/3 수준으로 줄었다.

이는 다른 OECD 국가들과 비교했을 때 상당히 큰 변화이다. 학생들의 독서 시간이 줄어든 것은 마찬가지이지만 그 정도는 핀란드보다 훨씬 작다. 2000년의 핀란드는 젊은 독자층의 나라로 유명했지만, 2009년에 이르러 핀란드 청소년의 독서 시간은 OECD 평균에 근접했다. PISA 2000 에서 OECD 국가의 학교 밖 독서 시간이 없는 학생 비율은 핀란드보다 10% 높았다. 그러나 PISA 2009에서는 겨우 4%에 불과했다. 마찬가지로 핀란드의 열성적인 독자(하루에 1시간 이상 재미있는 독서) 비율이 현저하게 감소하면서 OECD 평균 수준으로 떨어졌다(OECD, 2010d; Välijärvi, 2014).

재미를 위해 독서하는 학생의 비율에 상당한 성별 격차가 존재한다. PISA 2009에서 남학생의 거의 절반(47%)이 전혀 책을 읽지 않는다고 보고되었는데, PISA 2000에서는 이보다 명백히 낮은 약 3분의 1(35%)이었다. 여학생의 경우 PISA 2009에서 19%, PISA 2000에서 10%로 9년 사이에 거의 두 배가 되었다.

PISA 2009에서 핀란드 남학생의 자유 시간 독서 활동은 OECD 평균에 매우 가깝다(흥미를 위한 것이 아닌 48%). 반면 독서하지 않는 여학생의 비율은 19%로 OECD 평균인 27%에 비해 훨씬 낮았다. 전반적으로 PISA 2000과 비교하여 핀란드 남녀 학생 모두 책을 읽지 않는 학생의 비율이 상당히 높아졌다. OECD 평균도 증가했지만(여학생 23% → 27%, 남학생 40% → 47%), 비교적 완만하게 증가했다.

성별 외에 사회경제적 배경도 독서 활동 경향과 강하게 연관되어 있다([그림 5]). 사회경제적 배경을 기준으로 학생들을 4그룹으로 나누면 최상위 그룹 여학생 중 90% 이상이 최소한 가끔은 재미를 위해 책을 읽는다고 답했다. PISA 2009에서는 약 5% 낮아졌다. 반면 최하위 그룹 여학생은 2000년에는 86%가 재미를 위해 책을 읽는다고 했으나 2009년에는 약 11% 감소하여 최상위 그룹 감소폭의 약 2배에 달했다.

남학생을 살펴보면, PISA 2009에서 최상위 사회경제적 그룹의 64%는

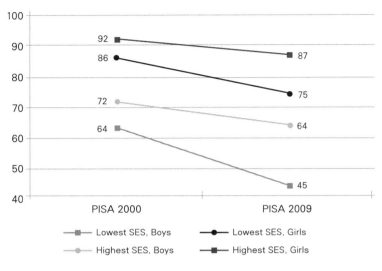

[그림 5] 성별 재미를 위한 독서와 사회경제적 지위

매일 30분 이상 재미를 위해 책을 읽고 있으며, 이는 PISA 2000보다 8% 낮은 것으로 나타났다. 최하위 그룹은 같은 기간 19% 포인트 감소하여 2000년에 대략 2/3에서 2009년에는 절반 이하로 하락했다.

가정 배경의 영향과 성별 격차가 학생들의 읽기 소양 성취에 미치는 영향이 커지고 있으므로, 핀란드 학생들의 읽기 소양 점수의 전반적인 하락은 주로 남학생들, 특히 사회경제적 지위가 가장 낮은 집단에 속한 학생들의 읽기 활동에 대한 거부가 상대적으로 매우 높은 비율을 차지하고 있다는 점으로 설명될 수 있다. 독서 활동의 감소와 사회경제적 배경의 관련성도 문화적으로 열악한 상황에 놓여 있는 가정 학생들의 특히 심한 학업성취 하락에 반영된다(Arffman & Nissinen, 2015).

읽기의 다양성과 독서 흥미

PISA 데이터에 따르면 2009년 핀란드 학생들은 대부분의 인쇄 매체에 대한 읽기 활동이 2000년보다 줄어들었다. 남학생과 여학생의 독서 프로필 또한 여러 가지로 다르다. 2009년에 신문을 읽는 빈도는 성별에 관계없이 유사하지만, 2/3의 여학생이 한 달에 최소 몇 번 잡지를 읽었으나 남학생은 절반을 조금 상회하는 수준이었다. 만화의 경우에는 그 반대였고, 소설은 여학생이 훨씬 많이 읽어 남학생 1명에 여학생 3명꼴이었으며 비소설은 여학생보다 남학생에게 더 인기 있었다.

읽기 다양성 지표는 위에서 언급한 읽기 장르별 빈도에 따라 개발되었다. OECD 전체의 지수 평균값이 1, 표준편차가 0으로 설정되었다. 이를 살펴보면 핀란드 학생들의 독서 다양성이 감소했음에도 OECD 국가 중 상위권이다([그림 6]). PISA 2000 자료에서 핀란드 여학생의 독서(0.70)가 남학생의 독서(0.51)보다 분명히 다양했다. OECD 평균과 비교해보면 남녀 모두 더 높았다. PISA 2009에서도 남녀 성별 격차는 비슷한 수준으로 유지되었고, 남학생(0.36)과 여학생(0.55) 모두 동등하게 감소했음에도 불구

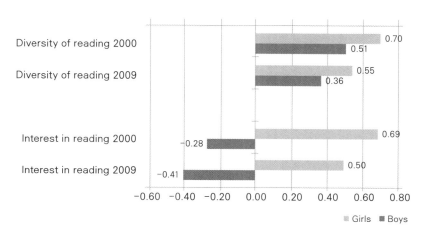

[그림 6] PISA 2000과 2009에서 남녀 학생의 독서 다양성과 흥미

하고 여전히 국제 비교에서 높은 수준이었다(OECD, 2010a; 2010c).

[그림 6]에는 핀란드 학생들의 독서 흥미가 PISA 2000 이래 명백히 하락했음이 나타나 있다. 독서 흥미의 남녀 격차는 매우 크다. PISA 2000에서 핀란드 여학생의 독서 흥미(0.69)는 OECD 국가 평균(0.33)보다 높고 남학생들과 비교하면 더욱 높았다. PISA 2009에서는 0.50으로 OECD 평균인 0.32보다 여전히 높았지만 그 차이는 많이 줄어들었다. 남학생의 경우 PISA 2000에서 OECD 평균과 비슷한 수준(-0.24, -0.23)이었으나 PISA 2009에서는 -0.41로 떨어졌다. 즉, 9년 사이 핀란드 학생들의 독서 흥미 감소폭은 기타 OECD 국가보다 더 컸다.

학생의 흥미와 읽기 성취 수준 간 연관성이 기타 선진국의 학교 시스템에 비해 핀란드에서 유독 강하다(OECD, 2010d; 2013a). 그 정도는 조금 약하지만 읽기의 다양성과 성취도 간의 상관관계도 마찬가지 경향을 보인다. 읽기에 대한 흥미를 기준으로 학생들을 4개의 동규모 그룹으로 나누면 PISA 2009에서 최상위 그룹은 최하위 그룹에 비해 성취도가 약 121점 더 높고, 이는 약 3년의 학습시간과 같은 것이다. 이러한 차이는 PISA 2000에 비해 10점 더 증가한 것이며 OECD 평균인 103점보다 훨씬 높았다. PISA 2009 자료에서 핀란드의 경우, 읽기 흥미는 전체 성취도 변동의 27%를 설명하고 있는데, 이것은 OECD 국가 중 가장 높은 비율이다. OECD 평균은 18.1%였다.

마찬가지로 PISA 2009에서 읽기 다양성 지수가 가장 높은 그룹은 가장 낮은 그룹에 비해 약 2년의 학습시간에 상응하는 81점의 높은 성취도를 얻었다. 이는 PISA 2000에서도 거의 동일하게 나타났다. 다만 PISA 2009에서 OECD의 전체 국가들의 차이는 55점이었다. 통계적으로 읽기 다양성 지수는 핀란드 학생들의 읽기 성취도 총 변동의 13.7%를 설명했고(OECD 국가 중 가장 높은 비율), OECD 전체 국가의 경우 5.9%만을 설명하였다.

결론

본 연구에서는 핀란드의 PISA 결과와 추세 분석을 통해 나타난 약점과 우려 사항에 중점을 두었다. 이를 통해 교육의 개선을 위한 중대한 문제를 결정할 때 유용한 시사점을 얻을 수 있다. 일부 아시아 국가들과 더불어 핀란드가 여전히 고성취 국가 중 하나이긴 하지만, 경향과 추세를 분석하는 것은 교육의 지속적인 발전을 위해 매우 중요하다.

작금의 핀란드 교육은 평균 성취도가 하락하는 경향과 더불어 저성취자의 수가 점점 늘어나고 있다. 여전히 핀란드 교육정책의 핵심인 교육적 평등과 형평성에 대해서도 성별 격차가 확대되고 가정 배경의 영향력이 확대되고 있는 실정이다. 특히 문화적으로 열악한 가정의 학생들이 이러한 위험에 처해 있으며 독서 활동과 성취도 모두 상대적으로 급격히 하락했다.

이러한 경향은 기술과 연관된 소양, 맥락적 환경과 문해 관행이 계속 변화하고, 또한 학생들의 직접적인 환경과 욕구, 흥미 또한 지속적으로 변화하는 상황에서(Leu et al., 2013, pp. 1158-1162) 핀란드 학교가 학생들이 가진 핵심역량의 성장과 발달을 지원하는 데 어려움을 겪고 있다는 것을 보여준다.

또한 핀란드 학교들은 학업성취에 대한 가정 배경의 영향력을 이전과 같은 수준으로 제한하지 못하고 있다. 이민 학생이 더 늘어나고 있다는 점도 이를 더욱 악화시킨다(Harju-Luukkainen et al., 2014). 따라서 학생들의 읽기 및 수학 성취도 향상(디지털 문맹 퇴치 포함)을 촉진하고 가정에서 적절한 지원을 받지 못하는 학생들을 지원하는 새로운 교육적 방법을 모색해야 한다.

논의

핀란드 사회에서 교육은 높이 인정받고 있으며 현재 핀란드 정부는 교육에 대한 지침을 가지고 있다. 정부는 학습 성과를 개선하기 위한 수단으로서 새로운 학습 환경과 디지털화의 역할을 비롯해 학생들의 동기부여 지원을 강조한다. 정부가 수립한 목표 중 하나는 핀란드가 현대 교육의 선도 국가가 되는 것이다(Finnish Government, 2015, p. 15). 이는 가치 있는 정보를 제공하는 PISA와 같은 국제 평가에서의 꾸준한 교육적 성장을 의미하고 필요로 한다.

PISA 및 기타 평가의 최신 결과를 토대로, 부정적인 추세를 뒤집고 21세기 핀란드 교육을 개선하기 위한 몇 가지 조치와 국가적 프로그램이 시작되었다. 기초교육을 위한 핀란드 국가핵심교육과정은 최근 10년 주기로 개정되었다. (개정)교육과정에서 학습은 개별 교과의 분절적 습득이라기보다는 의미 있고 일관된 것으로서 더욱 총체적인 과정으로 이해되며, 학생들이 더욱 주도적으로 적극적 역할을 수행하는 새로운 교육문화가 강조된다(Finnish National Board of Education, 2014). PISA와 전국 평가(e. g. v: Harjunen & Rautopuro, 2015)에서 나타난 읽기 성취도의 하락에 대응하고자 교과목의 융합적 접근cross-curriculum으로서 다중문해력multiliteracy이 교육과정에 도입되었다. 이로써 각 교과에서 텍스트의 개념이 확장될 것이고, 따라서 디지털 텍스트를 가르침에 포함하게 될 것이며, 교육과정의 전반적 주제로서 문해력을 명시적으로 도입하고, 이를 가르치는 것을 모든 교과에 의무화하게 될 것이다.

또한 핀란드 교육문화부는 미래의 기초교육이라는 국가 개발 프로그램에 착수했다. 전반적인 목적은 핀란드 기초교육을 개선하기 위한 분석과 이를 통한 권고 사항의 도출이다. 연구 조사를 토대로 교육전문가들이 기초교육의 현 상태와 학업성취도가 하락한 이유를 설명하는 보고서를 작성했다. 보고서(Ministry of Education and Culture, 2015)에서는 기초교육의 개선을 위한 몇 가지 제안, 즉 한편으로는 협력학습을 촉진하고, 또 다른 한편으로는 학생들의 목소리와 선택에 더욱 충실한 개인학습을 촉진할 것을 아우르는 새로운 교육문화가 필요함을 강조했다(Harinen et al., 2015, p. 75). 또 디지털 기술을 통해 핀란드 교육의 잠재성이 더욱 계발될 수 있을 것임을 강조했다. 물론 새로운 교육과정에서 제시된 바는 이미 어느 정도 실현되었다. 『미래의 기초교육Basic Education of the Future』이라는 제목의 보고서(Jordman et al., 2015, 81)에서도 제시되었듯, 새로운 교육과정의 성공 여부는 교사들의 체계적인 전문성 개발에 의한 (교육과정의 실질적) 구현에 달려 있다(Silander & Välijärvi, 2013).

핀란드 국가교육위원회(Finnish National Board of Education, 2015)는 학교의 혁신적 실천을 보급하고자 학교 네트워크를 활성화시키고자 노력한다. 학교 네트워크는 교육의 혁신을 창안하고 전파하며, 학습 동기와 학습의 즐거움을 촉진하고, 교사의 전문성 개발을 지원하는 것이 그 목적이며, 이처럼 핀란드 교육 발전의 최전선에 있다. 이 작업에서 네트워크는 협력학습 및 협업을 위한 구조를 제공한다. 또한 교육 개발을 위한 많은 영역이 교육 및 교사의 전문성 개발에 ICT를 적용하는 것과 관련되어 있다.

교육 시스템 전체와 관련된 것 이외에 분야별로 개입한 사례도 있다. 예를 들어, 새로운 국가교육과정에서 ICT 적용에 대한 융합적 주제의 발굴로부터 교사 전문성 함양을 비롯한 디지털 서비스와 교재의 개발에 이르기까지 여러 가지이다. 또한 교육문화부는 교사와 학생들이 디지털 학습 자료를 사용할 수 있도록 지원하는 EduCloud 서비스www.educloudalliance.org에 자금을 지원하고 있다. EduCloud를 통해 교사와 학생은 학습 자료, 교육용 게임, 응용 프로그램 및 서비스에 쉽게 접근할 수 있다(ECA, 2015).

학업성취의 하락과 학습의욕 저하에 대응하여 교육문화부는 두 가지 국가 프로그램을 시작했다. 6~16세 학생의 문해력을 강화하고 독서 참여를 고양하기 위한 루쿠인토(Lukuinto, 독서의 즐거움) 프로그램이 2012년 시작되었다. 낮은 성취자 비율이 높은 남학생들을 이 프로그램의 주요 대상으로 했다(Lukuinto, 2015; Ministry of Education and Culture, 2012). 이 프로그램은 학교와 도서관 간의 협력을 강조한다. 또 다른 프로그램은 수학과 과학에 관련된 것이다(Ministry of Education and Culture, 2014). 이 프로그램의 대상 그룹은 마찬가지로 6~16세 학생과 교사이며, 수학 및 과학 교육을 위한 혁신적인 교수법과 학습 방법, 학습 환경을 찾는 것을 그 목표로 한다.

핀란드 교육 시스템을 개선하기 위한 많은 노력이 학생들 미래의 교육 선택 및 진로를 위한 발판이 되는 기초교육에 특히 집중되어 있음은 분명하다. 이는 종합학교의 발전을 위해 핀란드가 얼마나 심혈을 기울이고 있는지 보여주고 있다. 또한 다른 교육단계에 대해서도 기본적으로 동일한 접근을 취할 수 있음을 보여준다. 기초교육은 전체 연령대와 관련되기 때문에 교육의 자연스러운 출발점이 된다. 제안된 개혁의 범위와 성격은 교육의 발전과, 성취도 하락 자체보다 하락 추세를 멈추기 위한 결정을 반영하고 있다.

참고 문헌

Arffman, I. & Nissinen, K. (2015). Lukutaidon kehitys PISA-tutkimuksissa. [The trend in reading literacy results in PISA assessments.] In J. Välijärvi, P. Kupari, A. Ahonen, I. Arffman, H. Harju-Luukkainen, K. Leino, M. Niemivirta, K. Nissinen, K. Salmela-Aro, M. Tarnanen, H. Tuominen-Soini, J. Vettenranta & R. Vuorinen (Eds.) *Millä eväillä osaaminen uuteen nousuun? PISA 2012 tutkimustuloksia [How to support performance?* [Results from PISA 2012] (pp. 28-49). Helsinki: Publications of the Ministry of Education and Culture 2015: 6.

Chiu, M. M. & McBride-Chang, C. (2006). Gender, context, and reading: A comparison of students in 43 countries. *Scientific Studies of Reading*, 10, 331-362.

Finnish National Board of Education (2014). *Perusopetuksen opetussuunnitel -man perusteet 2016.* [National core curriculum for basic education]. Helsinki: Finnish National Board of Education.

Harju-Luukkainen, H., Nissinen, K., Sulkunen, S., Suni, M. & Vettenranta, J. (2014). Avaimet osaamiseen ja tulevaisuuteen. *Selvitys maahanmuuttajataustaisten nuorten osaamisesta ja siihen liittyvistä taustatekijöistä PISA 2012-tutkimuksessa* [Immigrant students' performance in PISA 2012]. Finnish Institute for Educational Research, University of Jyväskylä.

Kupari, P., Välijärvi, J., Andersson, L., Arffman, I., Nissinen, K., Puhakka, E. & Vettenranta, J. (2013). *PISA 12. Ensituloksia* [PISA 12. First results]. Publications of the Ministry of Education and Culture 2013: 20.

Leu, D. J., Kinzer, C. K., Coiro, J., Castek, J. & Henry, L. A. (2013). New literacies: A dual-level theory of the changing nature of literacy, Instruction, and assessment. In D. E. Alvermann, N. J. Unrau & R. B. Ruddell (Eds.) *Theoretical Models and Processes of Reading* (6th ed.), (pp. 1150-1181). Newark, DE: International Reading Association.

Linnakylä, P., Malin, A. & Taube, K. (2004). Factors behind low reading literacy achievement, *Scandinavian Journal of Educational Research*, 48, 231-249.

Linnakylä, P., Välijärvi, J., & Arffman, I. (2011). Finnish basic education: When equity and excellence meet. In K. Branden, P. Avermaet, & M. Houtte (Eds.) *Equity and excellence in education. Towards maximal learning opportunities for all students* (pp. 190-214). Routledge Research in Education (50). London: Routledge.

Mullis, I., Martin, M., Foy, P. & Drucker, K. (2012). *PIRLS 2011 international results in reading.* TIMSS & PIRLS International Study Center, Lynch School of

Education, Boston College.

OECD. (2001). *Knowledge and Skills for Life. First Results from PISA 2000*. Paris: OECD.

OECD. (2004). *Learning for tomorrow's world. First results from PISA 2003*. Paris: OECD.

OECD. (2010a). *PISA 2009 Results: What Students Know and Can Do. Student Performance in Reading, Mathematics and Science*. Volume I. Paris: OECD.

OECD. (2010b). *PISA 2009 Results: What Makes a School Successful? Resources, Policies and Practices*. Volume IV. Paris: OECD.

OECD. (2010c). *Pathways to Success: How Knowledge and Skills at Age 15 Shape Future Lives in Canada*. PARIS: OECD.

OECD. (2010d). *PISA 2009 Results: Learning to Learn. Student Engagement, Strategies and Practices*. Volume III. Paris: OECD.

OECD. (2013a). *PISA 2012 Results: What Students Know and Can Do-Student Performance in Mathematics, Reading and Science*. Volume I. Paris: OECD.

OECD. (2013b). *PISA 2012 Results: Excellence through Equity: Giving Every Student the Chance to Succeed*. Volume II. Paris: OECD.

Silander, T., & Välijärvi, J. (2013). The theory and practice of building pedagogical skill in Finnish teacher education. In *Pisa, power and policy: The emergence of global educational governance* (pp. 77-98). Oxford Studies in Comparative Education (Volume 23, Number 1). United Kingdom: Symposium Books.

Välijärvi, J. (2006). Chancengleichheit und Bildung in der finnischen Schule. In D. Fischer, & V. Elsenbast (Eds.), *Zur Gerechtigkeit im Bildungssystem* (pp. 103-115). Münster: Waxmann.

Välijärvi, J. (2014). *Osaaminen kestävällä perustalla: Suomen PISA-tulosten kehitys vuosina 2000-2009: Tilannekatsaus helmikuu 2014*. [The Finnish PISA Results 2000-2009]. Helsinki, Finland: Opetushallitus. Muistiot, 2014: 1.

Välijärvi, J., Kupari, P., Ahonen, A., Arffman, I., Harju-Luukkainen, H., Leino, K., & Vuorinen, R. (2015). *Millä eväillä osaaminen uuteen nousuun? PISA 2012 tutkimustuloksia*. [PISA 2012 Results in Finland]. Opetus-ja kulttuuriministeriö. Opetus- ja kulttuuriministeriön julkaisuja, 2015: 6.

2. 핀란드 교육과 학교에 도움을 주는 사회적 요인들

한넬레 니에미Hannele Niemi

요약

이 논문은 교수·학습이 핀란드 사회에서 우선순위를 갖는 이유와 교사교육이 수준 높은 전문직으로서 교사의 역할을 지원하는 방식을 소개한다. 이 논문은 핀란드 사회가 교육과 배움을 존중하는 데 영향을 미친 역사적·문화적 운동에 대해 간단하게 돌아본다. 또한 종합학교 comprehensive school 체제를 중심으로 교육체제에 대해 개략적으로 설명한다. 핀란드 교육 성공의 중요 원인은 정치적 의지, 교육 시스템에 대한 형평성을 촉진하기 위한 의도적인 노력들, 양질의 교사교육, 교사들의 전문적·도덕적 책임성, 그리고 교육자들에 대한 사회적 신뢰가 결합된 것이다.

*핵심어: 교사교육, 형평성, 교육체제, 교육 전문가, 교사

핀란드 교육의 주요 목표: 평등하고 질 높은 교육 도입

2000년, 2003년, 2006년 그리고 2009년에 걸친 PISA 시험에서 거둔 훌

류한 성취 덕분에 핀란드 교육체제는 세계적인 주목을 받았다. 문제해결력, 과학적 역량, 수리적 역량 그리고 문해력에서 핀란드 학생들의 지식과 능력은 세계적으로 가장 높은 수준임을 보여주었다. 가장 낮은 등급에 속한 핀란드 학생은 극소수에 불과하다. 또한, 학습 결과의 학교 간 차이는 작다. 이처럼 높은 학업성취의 주된 이유는 계획적인 교육정책과 수준 높은 교사들 때문이다. 연구자들(Schleicher, 2005; Välijärvi, 2004; Simola, 2005; Laukkanen, 2006; Niemi & Jakku-Sihvonen, 2006)에 따르면, 핀란드 교육정책은 교육의 형평성equity에 목적을 두고, 이를 종합학교 모형을 통해 추구해왔다. 그 과정에서 많은 중요한 결정들이 이루어졌다. 그중 하나는 초등교사를 포함한 모든 교사는 반드시 석사학위(5년)를 취득하도록 자격 조건이 상향 조정되었다는 것이다. 이 글은, 왜 이러한 결정이 이루어졌으며 그것이 교육의 실제와 교사의 전문적 역할에 어떻게 영향을 미쳤는지를 비롯한 정책의 주요 추진 요인들에 대해 간략히 설명한다. 먼저 우리는 핀란드 교육에 영향을 끼쳐온 역사적이고 문화적인 운동들에 관해 되돌아본다. 이후 핀란드 교육 시스템의 구조와 주요한 특징들을 소개한다. 마지막으로, 연구에 토대를 둔 교사교육과 그 주요한 특징을 설명한다.

학습과 교육을 소중하게 여기는 핀란드 문화: 하나의 국가를 위한 교육과 모두를 위한 종합학교

핀란드 국가 역사에서 형평성, 배움과 교육을 고취하는 것은 중심적인 요소인데 이것은 문화적·역사적 배경 요인 속에서 발견된다. 그러므로 우리는 PISA에서 나타난 높은 성취는 교육체제 발전 과정의 부산물이라 생각한다.

하나의 주된 영향력 있는 문화적 배경 요인은 핀란드의 국가 정체성

national identity이다. 핀란드는 1249~1809년에는 스웨덴 왕국의 일부로 존재하다가, 1809~1917년에는 러시아 제국의 대공국으로 존재했고 1917년 마침내 독립했다. 19세기 후반부터, 페노만Fennoman 운동으로 알려진, 강력한 핀란드 민족주의 운동이 일어났다. 이 과정에서, 1835년에 핀란드의 국민적 대서사시인 『칼레발라Kalevala』[4]가 출판되었고, 1892년에는 핀란드어가 스웨덴어와 동등한 법적 지위를 획득했다. 『칼레발라』의 이야기들은, 육체가 아닌 높은 정신 능력과 지혜를 가진 강한 개개인에 관한 것이다. 19세기의 이러한 민족주의 운동은 전문가이자 정치권력을 손에 쥔 영향력 있는 대학교수들에 의해 주도되었다. 그들은 국민교육을 적극적으로 옹호했다. 특히, 철학자이자 정치가이며 나중에 핀란드 은행장이 되는 스넬만J. V. Snellman, 1806~1881은 국민교육의 가치와 국가를 위한 학습을 강조했다. 민족주의 운동 대표자들의 주요한 메시지는 국민의 교육 education of a nation이었다. 특히 국가의 힘은 능력 있는 지도자들과 공무원과 교사의 질에 달려 있고, 교사교육은 국민 교육을 위해 필수적이라고 인식되었다.

또한 교사교육은 19세기에 시작된 대학들과 밀접한 관련이 있다. 첫 교사교육 세미나는 1863년에 열렸고, 1866년에는 기초교육의 제일 법령이 최초로 제정되었다. 기초교육을 가장 영향력 있게 주도한 사람은 아동 모두를 위한 교육의 가이드라인을 만들고 교사교육 모형을 처음으로 발전시킨 우노 시그나에우스Uno Cygnaeus였다. 1852년에는 교육 분야 최초의 교수직이 헬싱키대학에서 만들어졌고, 이것은 교사교육과 교육의 사회적 역할과 밀접하게 연관되어 있었다. 또한 이것은 스칸디나비아 국가들 내에서도 최초의 교육전문직이었다. 국가 정체성의 최초의 옹호자들은 기초교육을 강조했다. 배움learning과 교육의 존중은 사회 하위계층

---

4. [역주] 핀란드의 문학자 엘리아스 뢴로트(Elias Lönnrot)가 채록·집성한 민족 서사시.

의 계층 상승 가능성을 가져다주었다. 역사적으로, 많은 교사들의 가정 배경은 농부였다.

학습과 교직에 대한 존중은 오랜 역사적 뿌리를 갖고 있는 핀란드 사회의 문화적 특성이다. 교사들은 지역사회에서 중요한 사람으로 인식되었다. 6년간의 기초교육이 의무화된 1921년경, 교사들은 마을의 문화 활동에 대해 책임지고 있는 경우가 많았다. 교사들은 '국가의 촛불'이라 불렸으며, 교사들은 일상의 학교 업무 이외에도 성가대, 극장 공연, 그리고 부모교육을 조직함으로써 마을 전체 혹은 지역사회의 모든 사람을 교육하는 경우가 많았다. 이러한 교육의 과정은 15세기 이래로 결혼의 조건으로 문해력을 갖추도록 요구한 핀란드 루터파 교회에 의해 강력하게 지지되었고, 학교 체제가 기초교육과 문해력에 대한 책임을 지게 될 때까지 이를 지속적으로 요구하였다.

형평성을 위한 교육정책

2차 세계대전 후 1950년대에는 베이비붐으로 인해 학생 수가 크게 늘어남과 동시에 복지사회의 개념이 출현했다. 교육은 사회적 형평성을 위한 기본 요소로 간주되었다. 이 과정에서 중요한 요소는 무상교육이 모든 시민의 기본권이라는 이상이었다. 당시 정치인들 사이에 이루어진 광범위한 합의는 사회경제적 지위, 성별, 거주지에 관계없이 학습 의지가 있는 모든 핀란드인에게 가능한 한 교육 기회를 제공하는 체제를 구축하여 교육의 평등성을 추구해야 한다는 것이었다. 당시 핀란드의 학제는 학생의 미래 진로와 직업을 10살 때 결정하는 복선형 학제였다. 인문계 학교로 진학하려면 시험을 통과해야 하고 그렇지 않으면 직업분야로 빠져야 하는데, 이 경우 고등교육은 받을 수 없었다. 이런 교육체제하에서는 개별 학생들이 매우 이른 나이에 두 그룹으로 분리되었고, 이에 따라 국민이 둘로 나뉘었다. 대부분의 인문계 학교에서는 수업료를 받았고 이로 인해 나뉨의 정도가 더욱 심해졌다.

모든 학생들에게 동일하게 적용될 새로운 학교 체제로의 전환은 교육의 중요성에 대한 보편적 비전이 있었음에도 불구하고 결코 쉬운 과정은 아니었다. 1960년대의 논쟁적이고 격렬한 정치적 토론을 거친 끝에 1968년에 이르러서야 복선형 학제는 통합교육comprehensive education의 이상ideology을 대변하는 전국적인 9년의 기초교육으로 대체되었다. 정부안이 의회로 넘겨진 1967년, 9년간의 기본 공통 교육에 대한 논쟁거리 중 하나는 불과 4년 혹은 6년의 기초교육으로 학생 개인의 역량을 판단하는 것은 너무 성급하다는 것이었다. 새로운 학제가 처음 도입되었을 때에는, 수준별 학급 편성이 허용되었지만 부작용 때문에 1980년대에 들어와 폐지되었다. 수준별 학급으로 인하여 학업성취가 향상되기는커녕 오히려 학생들 간의 격차만 확대시켰기 때문이다. 1970~80년대에 종합학교는 매우 중앙집권적인 체제였다. 아울러 이 시기는 새로운 교육학 개념의 발전이 요구되고 교사교육이 급격히 개혁되던 시기였다. 1980년대에 접어들어 행정의 일반적 분권화 경향이 교육정책에도 적용되었다. 각 지역의 교육자들에게는 더 많은 재량권과 더불어 책임이 부여되었다. 신규교사의 양성에서도 종합학교 학생의 연령대(1~9학년)를 아우를 수 있으며 교육과정 수립에 더욱 큰 책임감을 가질 수 있도록 발전했다. 1980~90년대에는 종합학교의 타당성에 관한 많은 정치적 논쟁이 있었다. 특히 영재에 대해서는 더 관심을 기울여야 한다는 비판이 있었다. 그러나 종합학교 모형은 그대로 유지되었다. 영재를 위한 수준별 학급이나 별도의 학교를 운영하지 않는 반면, 각각의 종합학교는 개별 학생 맞춤형 프로그램을 운영하는 정책이 실시되었다.

1960년대 후반 이래로, 핀란드의 기초교육은 헌법에 보장된 바대로 성별, 사회적 지위, 민족적 출신 등에 관계없이 모든 이에게 동등한 교육 기회를 보장하는 종합학교 모형을 향해 발전되어왔다. 핀란드 교육정책은 교육의 형평성을 달성하려는 합목적성을 지니는데, 이는 그 자체로 학습의 좋은 산출물이기 때문이다(Schleicher, 2005; Välijärvi, 2004; Simola, 2005; Laukkanen, 2006; Niemi & Jakku-Sihvonen, 2006). 아울러 핀란드는 무상교육, 무상급식과 특수교육 같은 통일성을 갖는 교육체제를 수립해왔다. 또한 포용의 원칙은 중요한 지침으로 작용하였다.

1980년대 이래로, 기초교육 단계 핀란드 학생에게는 수학과 외국어 과목에서 동일한 수준의 성취 목표가 부여되었다. 하지만 현실 세계에서는 개인의 성취에 차이가 나므로 핀란드 정부는 취약한 학생들을 위한 추가적인 지원을 통해 전체 학생들의 학업성취를 상당 부분 향상시키는 현실적 방법을 취했다.

라우카넨(Laukkanen, 2006)은 핀란드 교육체제가 지금과 같은 모습을 갖추기까지의 중요한 선택으로 ① 수준별 학급 편성 중단, ② 전기중등교육에 대한 교육자원의 적극적 배분, ③ 의사결정의 분권화, ④ 초등학교 교사 자격 조건의 석사 수준으로 상향 조정, ⑤ 돌봄이 필요한 취약한 학생들을 위한 지원, ⑥ 이해 관계자들과의 의견 수렴 및 조정의 여섯 가지를 선정했다.

교육체제의 구조와 목표

오늘날 핀란드(인구 540만 명) 교육은 공공 서비스이다. 일반교육, 직업교육 그리고 고등교육은 모두 무료로 이루어진다. 모든 정당은 종합학교 모델을 미래를 위한 중요한 투자로 간주하며 재계 일부로부터 등록금 책정에 관한 압력을 받고 있음에도 무상 고등교육까지 옹호하고 있다. 종합학교에서 9년간의 기초교육과, 후기중등교육upper secondary education, 직업교육은 주정부와 지방정부로부터 재정 지원을 받는다. 이러한 교육 서비스들은 자치시municipality 혹은 그 연합체인 지방정부가 제공한다. 교육 이슈들이 전략적 계획에 따라 운영되도록 위원회를 운영하고 있으며, 해당 지역 학교의 질을 관리하는 책임을 진다. 자치시들(지방정부들)과 해당 지역의 학교들은 국가핵심교육과정의 골격에 맞추어 각각의 교육과정을 작성한다. 이 과정에 지역적 요구사항을 고려할 수 있고 과학 혹은 음악을 강조하는 것과 같이 그들 나름대로의 특성을 가질 수 있다.

취학전교육preschool education은 주로 사회기관social authority에 의해 제공되는 돌봄센터를 통해 6세 이하의 모든 아동을 대상으로 이루어진다. 2000년 가을부터 가족의 선택에 의해 이루어지는데,[5] 해당 연령의 약 96%가 취학전교육을 받았다. 2015년부터는 모든 아동의 취학전교육이 의무화되었다. 기초교육basic education 기간은 9년이며 현재 총 학생 수는 약 60,000명이다. 기초교육은 의무교육으로 운영되며 7세에 시작된다. 동일한 종합학교로 편제되어 있더라도 1~6학년은 주로 담임제로, 7~9학년(전기중등학교)은 주로 교과전담제로 운영된다. 기초교육과정 학생들에게 학습에 필요한 일체의 교재, 교구와 무료 점심식사를 제공한다. 통학 거리가 5km 이상인 학생들에게는 통학수단도 제공된다. 스웨덴어를 사용하는 사람들(전체 인구의 약 6%)을 위해서는 행정 서비스를 제공할 뿐 아니라 학교를 별도로 운영한다. 이민자 교육은 평등성, 이중 언어, 다문화주의를 목표로 하고 있다. 이민자 교육의 목표는 그들이 핀란드 교육체제와 사회에 통합될 수 있도록 준비시키는 것이자 그들의 문화적 정체성을 지지해주고, 이중 언어가 가능하도록 하여 공용어인 핀란드어 혹은 스웨덴어에 더하여 그들 자신의 모국어를 숙달할 수 있도록 하려는 것이다(National Board

---

5. [역주] 핀란드어 원문의 영문 번역판을 재번역한 것이기 때문에 [2000년 가을부터]라는 문구의 의미가 본문에 명확하지 않다. 2000년 가을부터 취학전교육이 도입된 것인지 혹은 2000년 가을부터 각 가족의 선택으로 전환되었다는 것인지 분명치 않다. 역자의 판단으로는 취학전교육이 전국 공통의 공공 서비스로서 규모를 갖춘 2000년 가을 이래로 취학전교육은 각 가족의 선택적 권리였다라고 해석하는 것이 옳을 듯하다.

of Education, 2003; Jakku-Sihvonen & Niemi, 2007).

후기중등학교upper secondary school에는 해당 지역 종합학교 졸업자가 진학한다.[6] 의무교육이 종료되는 15세 학생의 절반가량이 대학 진학을 준비하는 인문계 후기중등학교로 진학한다. 졸업반이 되면 대학university과 직업계 고등교육기관vocational higher education 입학 자격을 획득하기 위한 4과목의 시험을 치른다. 나머지 절반은 직업학교vocational school로 진학한다. 이들도 마찬가지로 일반계 혹은 직업계 고등교육을 받을 수 있다. 전기중등학교와 후기중등학교 교사들은 교과교사subject teacher라 불리며 하나 혹은 두 과목을 가르칠 수 있는 자격을 보유하고 있다(Finnish National Board of Education, 2003; Jakku-Sihvonen & Niemi, 2007).

고등교육은 종합대학university과 응용과학대학university of applied science으로 알려진 산업대학polytechnic으로 구성된다. 종합대학에서는 학·석·박사 학위를 취득할 수 있으며, 다양한 방송대학open university 프로그램 및 계속교육further education과 직무훈련in-service training 역시 갖추어져 있다. 산업대학에서는 학사 및 전문 분야 석사학위를 받을 수 있으며 다양한 직무훈련 프로그램을 갖추고 있다. 고등교육의 모든 학위과정은 무료이나, 방송대학은 소액의 등록금이 부과되며 직무훈련은 수익자 부담이다. 대학이나 산업대학은 입학시험을 치러야 하는데, 이는 고등교육기관과 교육문화부Ministry of Education and Culture 사이의 양자 협상에 의한 '입학정원 배당Numerus Clausus' 때문이다. 이는 개별 고등교육기관이 정해진 기간 내에 수여할 수 있는 학위의 총량을 규정한 것이다. 재정 지원은 학생의 수급이 아닌 산출물과 생산성에 의해 결정된다. 학위 총량은 사회의 필요에 따라 이루어지며, 이는 고등교육기관의 입학 허가를 받기 위한 치열한 경

---

6. [역주] 전기중등학교(lower secondary school)와 후기중등학교(upper secondary school)는 각각 우리나라의 중학교와 고등학교에 해당한다. 더욱 직관적인 이해를 위해서는 중학교와 고등학교로 번역하는 것도 좋으나, 국제적으로 보면 후기중등교육 단계에 해당하는 코호트와 교육기관의 명칭이 모두 다르므로 보편성을 기하기 위하여 원문을 직역했다.

쟁이 있음을 의미한다. 보통 전체 지원자의 1/4 정도만이 종합대학 입학 허가를 받을 수 있다.

종합학교, 후기중등학교 및 성인교육과 직업교육의 일반 과목 교사교육은 핀란드 전국의 8개 종합대학에서 담당한다. 1979~1995년에 유효했던 구법previous decree의 2005년 개정에 의해 교사 자격의 취득을 위해서는 석사학위가 의무화되었다. 직업학교 교사들 역시 석사학위가 필요하다.

통상적으로 지원자 4명 중 한 명 정도만이 대학에 입학할 수 있다(Kansanen, 2003; Niemi & Jakku-Sihvonen, 2011). 교사교육을 받는 것, 특히 담임교사 교육은 선망의 대상이다. 지원자 중 오직 10~15%가량의 우수한 학생만이 입학 허가를 받을 수 있다. 또한 대다수 과목의 중등교사 secondary teacher 교육도 점점 인기를 얻고 있다. 일반적으로, 교사교육 입학 허가를 받는 지원자는 소수에 불과하기 때문에 교과전담 교사가 되기를 원하는 젊은이들이 입학 허가를 받기는 어려운 일이고, 생물학 과목의 경우 그 정도가 특히 심하다. 반면, 최근 들어 수학과 물리, 화학을 비롯한 몇몇 외국어 과목의 경우에 능력 있는 학생을 모집하는 데 약간의 어려움을 겪는 경우도 있어서 보다 우수한 신입생을 유치하려는 노력이 다각도로 이루어지고 있으며, 이에 따라 교수진의 학생 입학 프로그램이 기존의 '걸러내기elimination approach' 방식에서 '모셔오기recruitment approach' 방식으로 전환되고 있다. 심지어 이러한 노력의 일환으로 이를테면 강의 시간을 유연하게 조정하기로 하며, 몇몇 학과의 경우 입학시험 횟수를 연중 3번까지 늘려 기회를 주고 있다. 또한 교과교사들은 3~4학년 때 내용학 학점을 따면서 틈틈이 교육학 학점을 따야 하는데, 별도의 교육학 학과 입학시험을 치름으로써 내용학 학과로부터의 전환이 가능하다.[7] 다만 교사교육을 받는 모든 학생은 시험과 면접을 거쳐야 한다

---

7. [역주] 따라서 교육학 학점을 3~4학년 때 내용학 학점과 더불어 따지 않아도 된다는 뜻이다.

(Meisalo, 2007, p. 172).

핀란드 교육체제의 목표 중 하나는 이른바 '막다른 길'이 없는 교육 인 프라를 갖추는 것이다. 의무교육은 9년간의 종합학교로 끝나지만, 국가의 실질적 목표는 모든 학생들이 최소 12년의 교육을 받는 것이고 이후에도 평생학습life-long learning을 제공하는 것이다. 교육체제의 목표는 개인의 학 습이 지속될 수 있도록 하는 것이다. 각 연령대에서 대부분의 학생들이 9 년간의 종합학교 교육을 이수하고, 졸업자의 94%는 일반계 혹은 직업계 후기중등교육으로 곧바로 진학한다. 약 6%는 학업을 지속하지 못함으로 써 교육체제로부터 배제될 위험에 처해 있다. 추가적인 교육이 없이는

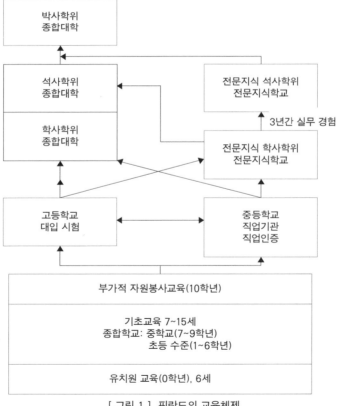

[그림 1] 핀란드의 교육체제

노동시장에 진입하지 못할 위험이 있으므로 자치시들은 이들이 교육 및 학습과 계속 연결될 수 있도록 다양한 프로그램을 운영하고 있다. 교육과 학습의 형평성을 달성하고 모든 사람들의 발전이 가능토록 한다는 목표는 교사, 교수전문직 및 대학의 교사교육에 특별한 요구를 하고 있다.

포용정책과 특수교육은 모든 학생의 학습권을 보장한다는 측면에서 매우 중요하다. 기본 원리는 학습에 어려움을 겪는 학생이라면 누구든 이를 극복할 수 있도록 도움과 지원을 받을 수 있어야 하는 것이다. 추가 학습 혹은(그리고) 일반 학급에 통합된 특수교육, 일시적 혹은 영구적인 특수 학급이나 특수 학생 그룹을 통해 도움과 지원을 받을 수 있어야 하는 것이다. 각 학교에는 학생 돌봄을 위한 교장, 교사, 특수교사, 복지사, 간호사를 비롯한 다양한 분야의 전문가로 구성된 돌봄 그룹care group이 있다. 2011년에는 새로운 법률이 제정되었는데, 이에 따르면 교사는 학생의 학습장애learning difficulty를 해결할 수 있도록 이를 가능한 한 일찍 인지해야 할 책임을 진다(핀란드 국가교육위원회). 포용은 최근 10년간 교육의 주된 원리였으며 최근의 법률로 더욱 강화되었다.

핀란드에서 교직은, 교사가 되기 위해 교육을 받기 시작한 시점부터 최소 150년 동안 높은 도덕적·윤리적 원칙을 가져왔다. 이는 교사교육이 대학으로 이관된 1970년대 이후에도 계속되었다(Niemi, 2011; Niemi & Jakku-Sihvonen, 2010). 전국교원노조National Teacher Union의 기획으로 교직윤리위원회ethical committee for the teaching profession가 2000년에 발족했다. 교직윤리위원회는 독립된 조직으로서 교직의 윤리성을 증진시키는 것을 목표로 한다. 이에 앞서 1998년에는 최초의 윤리헌장ethical principle이 출판되었다(Ethical Committee for the Teaching Profession, 2002, pp. 164–167).

교장들의 역할도 중요하다. 이들은 학교 조직의 경영 및 리더십에 대한 자격을 갖춘 교사들이다. 행정적 업무를 처리하지만 교육학적 원리에도 숙달되어 있다. 대부분의 교장들도 현장 수업의 쟁점들에 대한 기본적인 감각을 유지하기 위해 약간의 수업을 담당한다. 또한 모든 교사는 자신의 분야에서 전문가로 인정받으며 교육과정 편성에 기여할 것이라는 기대가 부여된다.

교육의 질 향상을 위한 개선 지향적 형성평가 정책

좋은 학습 성과를 달성하는 것은 많은 나라들의 교육적 과제이다. 높은 학업성취를 달성하기 위한 수단으로서 평가가 어떻게 활용되어야 하는지 국제적으로 논란이 뜨겁다. 몇몇 나라에서는 학교 간 경쟁을 강조하고 측정 가능한 학업성취도에 초점을 맞추는 표준화된 검사를 활용한다. 다른 몇몇 나라에서는 형성formative 평가를 적용한다. 핀란드는 교육의 전 단계에 걸쳐 개선 지향적enhancement-led 평가를 선택했다. 산출물에 대한 평가는 교육을 개선하는 좋은 방법으로 여겨진다.

학교나 교육기관의 교육적 준비 정도를 통제하는 검열체제inspection system는 없으나 평가체제evaluation system는 있다. 학교가 국가핵심교육과정에서 설정한 기초교육 단계의 학업성취 수준에 도달했는지 여부는 국가수준의 표본 평가에 의해 판단이 이루어진다. 후기중등학교의 경우에는 내규에 의한 목표 확인 체제에 의한다.

1990년대 중반 이후 핀란드 국가교육위원회Finnish National Board of Education는 기초교육 9학년 학생을 대상으로 국가수준 평가를 실시해왔는데, 2014년에 핀란드교육평가센터Finnish Educational Evaluation Centre, http://karvi.fi/en/로 이관되었다. 수학과 모국어(핀란드어 혹은 스웨덴어), 문학 과목은 정기적으로, 다른 과목들은 비정기적으로 실시된다. 국가수준 평가를 통해 국가핵심교육과정에 명시된 목표와 관련된 교육훈련의 품질과 성과에 대한 정보를 생산한다. 이 평가는 표본조사 방식으로 이루어지며 전수조사는 실시되지 않는데, 이는 조사 결과를 교육의 발전을 위해서만 사용하기 때문이다. 이는 평가를 더욱 형성적 목표로 사용하기 위한 것이다. 표본 추출된 학교라면 평가에 대한 피드백 보고서를 받아볼 수 있다. 신속하게 결과를 알려주기 위해서 보고서는 평가 자료가 수집되는 즉시 학교로 보내진다. 최근에는, 자료가 수집되고 나서 2달이면 피드백 보고서가 학교에 전달된다(Laukkanen, 2006).

일반적인 평가 정책 수립과 재정 지원은 교육문화부가 담당한다. 일반교육과 직업교육, 성인교육과 고등교육에 대한 실질적인 평가는 핀란드 교육평가센터가 담당한다. 교육평가센터는 학교와 종합대학, 산업대학 등 기타 교육기관의 평가 및 품질 보증 체제에 대한 조언을 하고 교육문화부 및 기타 정책 수립자들에게 필요한 정보를 제공하는 독립된 전문가 집단이다. 국가수준 평가와 더불어, 국제수준 평가 역시 핀란드 교육 발전에 중요하다. 2000년 이래로, PISA는 핀란드의 기초교육 발전을 위한 중요한 정보의 원천이 되고 있다(Jakku-Sihvonen & Niemi, 2007, p. 14).

지역 수준으로는, 각 자치시가 교육의 개선을 위한 내부적·외부적 평가 절차를 마련하도록 되어 있다. 현재 어떻게 교육이 이루어지고 있는지는 교육문화부와 국가교육위원회의 평가와 보고서를 통해 정책 결정자들에게 전달된다. 평가는 교육과 학습의 지속적 개선을 위한 방법을 찾기 위해 시행된다. 따라서 국가적 평가체제의 목표는 지역 및 자치시의 교육 행정을 지원하고 목적 지향적이며 누구에게나 열려 있는 학교를 만들고 교육체제의 맥락, 기능, 결과와 효과에 대한 공신력 있는 최신 자료를 생산하는 것이다.

중앙집권 행정과 분권 행정의 균형

교육행정 역시 중앙집권화와 분권화가 적절히 조합되어 있다. 종합학교가 처음 도입된 시점에서는 매우 중앙집권적이었지만, 1985년을 기점으로 각 자치시의 자유와 책무가 강화되었다. 새 국가수준 교육과정 지침은 각 자치시 수준에서 교육과정이 개발되도록 고안된 것이었다. 10년 후인 1994년에 이르러서 국가교육위원회의 역할은 더욱 줄어들어서 무척 광범위한 수준의 교과 목표와 내용 지침만을 제시하는 것에 머무르게 되었다. 각각의 자치시들, 그리고 학교들이 국가수준 핵심교육과정을 기본으로 각자의 교육과정을 수립하게 되었다. 1999년에는 분권화 경향을 되돌릴 수 없도록 새로운 법률이 통과되었다. 교육 공급자들, 이를테면 자치시, 자치시 연합과 민간단체들은 자체 교육과정을 수립하게 됨에 따라 더 넓은 재량을 부여받게 된다. 다만 자체적 교육과정의 수립은 종합학교와 후기중등학교를 통틀어 국가핵심교육과정에 근거해야 함은 변함이 없다.

지역의 교육과정은 학교가 직면한 교수와 교육의 실행teaching and educational practices에 관한 것을 결정해야 한다. 교육과정은 학교가 처해 있는 환경, 지역적 가치 선택과 고유의 자원과 같은 요소를 반드시 고려해 수립되어야 한다. 교육 공급자들은 교육과정의 실천에서 이익집단과의 협력도 고려할 수 있다. 이는 목표와 과정을 함께 결정한 총체로서, 그 사회의 적절성과 지역 공동체의 헌신을 확보함으로써 양질의 일반교육을 담보하기 위함이다. 학생의 복지와 학교-가정의 연계에 관하여, 교육과정은 지역 당국의 사회 및 의료 서비스 담당 기관과 공동으로 논의되어야 한다(National Core Curriculum for Basic Education, 2004, p. 8; National Core Curriculum for Upper Secondary Schools, 2003, p. 8).

교육개혁 원동력으로서의 교사교육

초·중등 교사는 종합대학에서 양성된다. 1974년 이전에는 교원양성전문대학teacher training college에서 초등 교사를 양성했지만, 1974년 이후로는 기초교육 단계에 해당하는 모든 교사교육은 종합대학에서 담당한다. 1979년에 초·중등 교사는 기존의 4년 교육에서 5년 교육으로 바뀌며 석사학위를 갖추도록 상향 조정되었다. 이는 초중등 교육을 아우르는 핵심적 요소들의 통일성을 갖추기 위함이며 또한 예비교사들의 학문적 수준을 높이기 위함이다. 중등학교 교원의 양성은 좀 더 폭넓은 교육학 공부를 하도록 개혁되었다(Niemi, 2010; Niemi & Jakku-Sihvonen, 2006).

1979년 및 1995년 법령에 따르면, 교사 자격증은 석사학위를 받아야 보유할 수 있다. 볼로냐 프로세스Bologna process에 맞추어 보면, 인증받은 교사의 학위는 유럽의 고등교육에서 석사학위second cycle degree에 해당한다. 2005년 8월 1일부로 볼로냐 프로세스의 일환으로, 핀란드의 교사교육은 2단계 학위체제two-tier degree system로 전환되었다. 필요 과목에 대한 3년간의 학사과정과 2년간의 석사과정을 모두 이수함으로써 초·중등 및 직업교육기관의 일반과목 교사로서 자격을 취득하게 된다. 또한 유치원 교사는 학사 자격을 갖추어야 하며(180학점),[8] 그 외의 교사들은 석사학위가 필수이다(학사과정 180학점에 석사과정 120학점을 더하여 총 300학점이며, 1학점은 대략 25~28시간으로 환산된다). 직업학교 교사는 고등교육기관(기술대학, technological university)에서 해당 직업에 특화된 과목을 공부해야 한다. 다른 교사들은 종합대학에서 교육받는다.

교원 양성 교육과정에 포함된 사항은 다음과 같다.

---

8. [역주] 본문에서 '학점'으로 번역된 ECTS는 'European Credit Transfer and Accumulation System'의 약자이다. 유럽연합이 볼로냐 합의를 통해 유럽연합 내에서 통용 가능한 학력(숙련)의 기준을 만들기 위해 진행하는 노력의 일환이라 볼 수 있다.

학문 분야　학교와 교육기관에서 다루어지는 내용학 및 교육학을 지
칭한다. 담임교사는 내용학보다는 교육학에 좀 더 중점을 둔다.

연구방법　학사 및 석사학위 논문이 필요하다.

교육학 연구　최소 60학점은 필수이며 수업실습도 포함된다.

의사소통, 언어와 정보통신ICT 분야도 필수이다.

2005년부터는 **개인연구계획** 수립이 새롭게 도입되었다. 학생들이
자신에게 효과적인 프로그램과 직업 계획을 가지고 이를 달성할
수 있도록 안내하는 것이 목적이다.

기타 선택　학생 자신의 연구와 자질 함양을 위한 많은 프로그램들이
포함된다.

교육학 연구

담임교사와 교과전담 교사 간의 전통적인 구분이 남아 있긴 하지만 학
위 수여 체계의 유연성이 큰 까닭으로 같은 프로그램 내에서 담임교사
와 교과전담 교사가 될 수 있는 길이 모두 열려 있기도 하고 한쪽을 선택
했다 하더라도 추후 바꿀 수 있는 여지도 남아 있다. 교육학 연구(60학점)
는 교사 자격에 필수적이며, 초·중등 및 직업·성인교육 교사를 통틀어
거의 동일하게 요구된다. 이를 통해서 핀란드 교육체제 내의 모든 교사가
가진 교육학적인 자질에 대한 검정이 이루어진다. 법률에 의거해 교육학
pedagogical은 교수법에 초점을 맞춘 연구로 이루어져야 한다. 교육학 연구
는 학위 과정의 일부가 될 수도 있고, 석사학위 취득 후 별도의 프로그램
을 통해 할 수도 있다.

대학은 교육과정 편성에 높은 수준의 자율성을 가진다. 따라서 핀란드
의 모든 대학에서 통용되는 '교사교육 교육과정'은 상세한 수준에서 존재
할 수 없다. 그렇지만 교사교육기관이라면 준수해야 하는 주요 원칙과 일
반적 지침은 존재한다. 일부는 교육문화부Ministry of Education and Culture의

권고에 의한 것이며, 일부는 볼로냐 프로세스와 같은 교사교육개혁에 관한 전문가 집단의 권고나, 교육학과장 연합회 및 교사교육국 책임자들과 같이 교육문화부와 정기적으로 접촉하는 집단의 권고에 의한 것이다. 교육문화부는 교사교육 관련 부서 및 학과에 전폭적인 신뢰를 보내고 있다 (Meisalo, 2007, p. 163).

[표 1] 초등학교 교사를 위한 교사교육 프로그램의 주요 구성 요소(수업 교사)
Niemi & Jakku-Sihvonen, 2006

초등학교 교사교육 프로그램	학사학위 180 ECTS	석사학위 120 ECTS	합계
담임선생님의 교육학적 연구 (교육의 주요한 일부로서)	25 (지도받는 교육실습을 포함)	35	60
교육의 주요의 다른 연구	35 (학사학위 논문 포함, 6-10)	45 (석사학위 논문 포함, 20-40)	80
종합학교에 대한 주제 연구	60		60
다른 분야의 학술 연구	25	0-35	25-60
ICT를 포함하여 언어 및 커뮤니케이션 연구, 선택 연구	35	5-40	40-75

[표 2] 중등학교 교사를 위한 교사교육 프로그램의 주요 구성 요소(수업 교사)
Niemi & Jakku-Sihvonen, 2006

중등학교 교사교육 프로그램	학사학위 180 ECTS	석사학위 120 ECTS	합계
교과교사의 교육학 연구 (부차적)	25-30 (지도받는 교육실습을 포함)	30-35 (지도받는 교육실습, 15ETCS 최소 포함)	60
다른 학술 분야 연구(주된)	60 (학사학위 논문 포함, 6-10)	60-90 (석사학위 논문 포함, 20-40)	120 -150
Academic studies in different disciplines (1-2개 부차적)	25-60	0-30	25-90
ICT를 포함하여 언어 및 커뮤니케이션 연구, 선택 연구	35-40	0-30	35-70

ECTS는 유럽 대학 학점 교류 시스템을 의미(유럽 학점 교류 및 누적 시스템이라고도 불림): 1ECTS는 학생의 28시간을 의미하며, 수업, 면담, 시험과 모든 독립적이고 협력적인 활동들을 포함, 학사는 180ECTS, 석사는 120ECTS.

핀란드의 교사교육 체계의 주된 원칙은 다음과 같이 요약된다.

연구에 기초한 접근 방식

지난 수십 년간, 핀란드 교사교육의 지향점은 연구 기반research-based 이라는 전문적 문화로의 발전이었다(Niemi & Jakku-Sihvonen, 2011; Jakku-Sihvonen & Niemi, 2006). 교사의 비판적·과학적 소양과 연구방법론의 활용능력이 중요하게 여겨졌다. 따라서 핀란드의 교사교육 프로그램은 질적·양적 연구방법에 대해 공부할 것을 요구한다. 이는 장차 교사로서 직면할 수 있는 문제를 찾아내고 분석할 수 있는 역량을 갖추도록 고안된 것이다. 연구방법론을 배움으로써 교육학 연구문제를 진술하고, 정보와 자료를 스스로 찾아보고, 최신의 연구 맥락에 따라 정교화하여 논문의 형태로 결과를 종합하는 일련의 과정을 진정한 프로젝트로 진행할 기회를 갖게 된다. 이로써 학생들은 그들의 일을 수행하면서 적극적으로 연구하는 법을 배우고 연구자로서의 자세를 익힌다(Niemi, 2011).

교수는 교사교육과정의 연구 지향적research-oriented 부분을 지도할 책임이 있다. 학사 혹은 석사학위 논문의 완성 자체가 아니라 학생들로 하여금 교육 공동체education society의 적극적 참여자가 되도록 하는 것이 주된 목표이다. 따라서 적극적 참여와 사고의 과정은 복잡하고 때로는 예상하기 어려운 방식과 다양한 형태로 학위 과정에 통합되어 있다. 지도 과정의 목표는 학생들로 하여금 그들의 지적 자원을 발견하고 활용하도록, 그리고 그들이 속한 연구집단의 자원을 최대한 활용할 수 있도록 돕는 것이다(Nummenmaa & Lautamatti, 2004, p. 117).

핀란드 교사교육의 목표는 교사들이 연구 기반 지식과 수업 개선, 학교에서의 협력 및 학부모와 이해관계자들과의 의사소통 방법을 갖추고 이를 숙련하도록 하는 것이다. 주된 지침은 다음과 같다.

- 교사는 해당 과목 내용학의 최신 연구 흐름을 잘 알아야 한다. 또한 교수·학습에 관한 최신 연구에도 밝아야 한다. 교과 내용학과 교육 방법론 사이의 통합학문적 연구interdisciplinary research는 학습자 개개인을 위한 맞춤식 수업에 적용할 수 있는 수업 방법 개선을 위한 기초가 된다.
- 교사교육은 그 자체로 조사 연구의 목표가 되어야 한다. 이는 다양한 방법으로 다른 문화적 맥락에서 이루어진 교사교육의 질과 효과에 대한 지식을 제공해야 한다.
- 교사들이 그들의 일에 대한 연구 지향적 자세를 갖추도록 하는 것이 목표이다. 이는 교사들이 분석적·개방적 접근을 하는 것, 그들이 관찰하고 경험한 바에 의거해 결론을 내리는 것, 그리고 교수·학습 환경을 체계적으로 개선하는 것을 의미한다.

교육 전문가로서의 사회적·도덕적 규약

교사의 일은 학습자의 연령, 문화적 조건, 가용 자원, 교사가 학습자에게 가공하여 제시하는 학습 내용 등에 따라 맥락 의존적context-bound이다. 교사와 교사교육은 국가적 목표와 분명히 관련되어 있다. 사회의 복지와 경제는 교사의 역량과 관련되어 있는 교육 산출물의 질과 연관되어 있다. 교사의 업무는 국가 공동체와 지역 공동체의 사회적 목표에 의해 영향을 받을 뿐 아니라, 더욱 포괄적인 목표에도 영향을 받는다. 교사는 문화적 다양성cultural enrichment에 기여하고 사람들이 다른 사람과 그들의 문화적 맥락을 이해할 수 있도록 돕는다. 교사는 세계의 인권, 정의와 민주주의 촉진에서도 중요한 행위자이다(Aloni, 2002; Niemi, 2010). 핀란드의 학교법school law은 이러한 목표를 촉진한다는 가치를 담고 있다. 교사는 그들의 일상 업무를 통해 이를 실현하도록 기대된다. 2000년 이후로, 교직윤리위원회Ethical Council for the Teaching Profession는 교사의 이와 같은 윤리적 의식 함양을 위해 애써왔다. 또한 교사교육 프로그램은 교사의 사회적·도덕적 책임을 강조한다. 2010년의 설문조사는 핀란드 학생과 교사가 교직에 헌신하고 교직의 윤리적 기초에 대해 인지하고 있다는 것을 보여준다(Niemi, 2011).

이론과 실제의 통합

교사의 교육학 공부는 교육실습을 포함한다(대략 20학점). 교육실습의 목표는 학생들로 하여금 연구, 교수·학습 과정의 준비 및 실행과 평가에 대한 전문적 숙련을 함양할 수 있도록 지원하는 것이다. 예비교사들 teacher students은 교수·학습 과정에 그들 나름대로의 실천적·사회적 숙련을 비판적으로 반영할 수 있어야 한다. 교육실습 기간 동안 예비교사들은 다양한 사회적 배경 및 심리적 상태의 학생들을 접하며 교육과정에 의해 가르쳐볼 기회를 가진다.

교육실습은 교사교육의 전 단계에 통합되어 있다. 실습 단계에 따라 대학 교사university teachers, 대학 훈련 학교 교사university training school teachers 혹은 학교 교사에 의해 감독받는다(Jyrhämä, 2006)([그림 2] 참조).

교육실습의 제일 원칙은 양성과정의 초기에 시작되어 개별 예비교사들이 전문가로서 성장할 수 있게끔 지원하는 것이다. 첫 단계로 학교의 일상과 학생을 교육적 시각으로 관찰하게끔 하고, 이어서 특정 과목과 학생의 발달과정에 초점을 맞추어보도록 한다. 마지막으로 예비교사들이 그들의 수업teaching 및 학교에 관해 전체적인 책임을 질 수 있도록 지원한다. 교육실습 기간은 연구과제 및 석사 논문 작성으로 곧바로 연결된다.

대학의 교사훈련학교normal school는 핀란드 교사교육에서 핵심적인 역할을 담당한다. 교사훈련학교는 주립state school이며, 교사훈련학교 교사들은 일반적인 공립학교 교사와는 지위가 다르다. 교사훈련학교 교사들

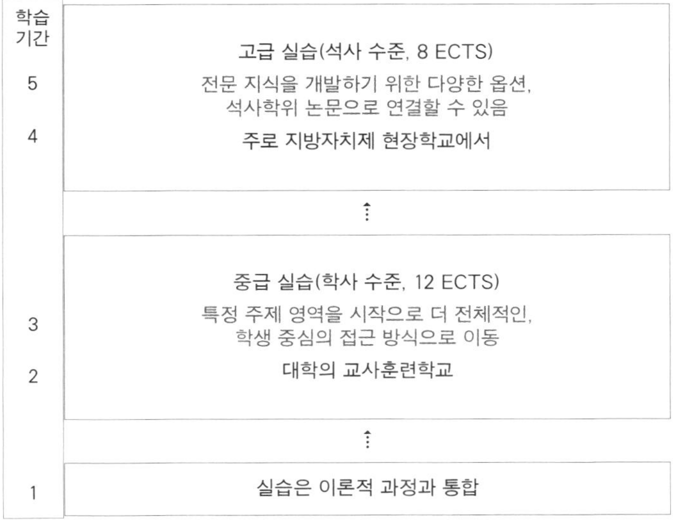

학습 기간	
5 4	**고급 실습(석사 수준, 8 ECTS)** 전문 지식을 개발하기 위한 다양한 옵션, 석사학위 논문으로 연결할 수 있음 **주로 지방자치제 현장학교에서**
	⋮
3 2	**중급 실습(학사 수준, 12 ECTS)** 특정 주제 영역을 시작으로 더 전체적인, 학생 중심의 접근 방식으로 이동 **대학의 교사훈련학교**
	⋮
1	**실습은 이론적 과정과 통합**

[그림 2] 핀란드의 교사교육과정에서 교육실습

은 두 가지 역할을 한다. 하나는 학생들을 가르치는 일반적인 역할이며, 다른 하나는 예비교사들의 멘토가 되는 것이다. 많은 교사훈련학교 교사들이 연구·개발에 적극적이며 교재 편찬에 관여하고 있다.

일반 공립학교typical schools에서도 훈련받아야 한다는 비판이 많이 제기된다. 사실 교사훈련학교와 더불어(반드시 이 때문만은 아니지만), 교육실습 자격을 갖춘 교사가 많이 요구될 때를 위한 이른바 현장학교 field schools라 불리는, 교사교육에 좀 더 많이 기여하는 학교가 존재한다 (Meisalo, 2007, p. 167).

전문가로서의 교사: 대학과 교직에 대한 높은 신뢰

핀란드 교사들은 학문적·윤리적으로 수준 높은 전문가의 표상이다. 교사들은 그들이 무엇을 가르치고, 어떻게 가르치며, 더 넓게는 무엇을 위해 노력하는지와 같은 근본적 질문들에 대한 적극적 역할을 해야 한다. 교사는 민주적 가치와 정의의 문화를 위하여 신념과 집행, 사고와 실천을 결합하는 공적 지식인으로 스스로를 인식할 필요가 있다. 교사들은 사회의 교육적 필요와 도전 과제를 명료화할 권리와 의무가 있다. 또한 학교와 교육의 발전에 영향을 미치는 공적 토론과 결정에 적극적으로 참여해야 한다. 교사는 전문가로서 단순히 결정의 집행자에 머물러서는 안 되며, 더 나은 결정을 위한 파트너여야만 한다. 학교와 학습 환경의 평가와 개선에서도 중요한 역할을 할 것으로 기대된다. 또한 전문적 숙련을 꾸준히 개선하고 학부모 및 기타 이해관계자와 협력하며 적극적 시민이 될 것을 요구받는다(Teacher Education Development Programme, 2001).

교사 자격teacher qualification은 대학에서 발급하는 것이 아니다. 대학은 교사 자격을 갖추기 위해 요구되는 교육과 훈련을 제공할 뿐이고, 졸업과 동시에 학위를 수여한다. 학생들은 자신의 교육 경력에 대한 서로 다른 옵션 중 하나를 선택할 수 있고, 교사 자격을 얻는 방법들도 다양하다. 핀란드의 경우, 사용자들 혹은 자치시들은 교사 지원자가 교육 전문가로서 법적으로 요구되는 모든 자격을 갖출 것을 요구한다. 대학은 자율적으로 교사교육에 서로 다른 프로그램을 제공할 수 있다. 각 대학은 3년마다 앞으로의 교사교육 계획과 결과를 교육부와 협의한다.

핀란드 교사들은 전문가로 인정받고 있다. 교사노조는 이를 매우 중요하게 생각한다. 거의 대부분 교사들이 같은 교사노조에 소속되어 있기에 영향력이 강하다. 지난 수십 년간 교사노조는 교사교육 및 학교교육과정 개혁에 있어서 적극적 역할을 부여받았으며 교사 자격을 석사로 상향 조정하는 데에도 관여했다. 핀란드에는 장학제도inspectorate나 신규교사의 수습 기간, 국가수준 학교 성취도 시험이 없다. 핀란드 사회는 교사를 그들의 업무를 도덕적으로 책임지는 전문가로 인식한다.

교사의 역량과 더불어 대학 학위에 대한 사회적 신뢰는 대학에 대한 신뢰로 인한 것이고, 이는 대학을 매우 책임감 있게 만든다. 신뢰는 안정적이고 영구적인 것이 아니다. 결과와 질은 체계적으로 평가되고 사정되어야 한다. 그러므로 대학의 고유한 질 관리 방법이 중요하다(모든 핀란드 대학은 2011년까지 감사). 지난 20년간 교사교육 역시 국가적, 국제적으로 여러 차례 평가되었다. 평가는 개선되어왔고, 그 목적은 교사교육을 개선하는 것이다. 교사교육에 대해 대학과 교육문화부는 밀접하게 협력한다. 교사교육에 대한 많은 연구 프로젝트도 공동으로 수행하고 있다. 교육문화부의 최근 권고 사항은 교사교육에 대한 연구 강화의 중요성을 강조한다. 교육문화부는 또한 대학에게 교사교육 연구를 위한 환경을 재편성하기를 요구한다.

결론

핀란드 교육체제의 형평성에 대한 OECD 실사단은 핀란드의 전략이 오랜 세월을 거쳐 성숙되어왔으며 여러 가지 상호 연관된 이슈들로 구성되어 있다고 진단했다. 실사단은 다음과 같이 기술했다. "이것은 오랜 시간을 두고 나타난 교육적 실제의 복합체인데, 어느 한 부분이 약화되면 다른 부분까지 약화시키기 때문에 반드시 유지되어야 하는 것이다." 핀란드 교육의 기적은 목적성 있는 정책과 실행의 결과물이다. 교육체제와 교사교육은 교육의 형평성과 교사의 전문직으로서의 자율성을 떠받쳐왔다. 모든 학생이 높은 수준의 학습 성취를 보이는 데에는 다양한 이유가 있다.

그 요인의 대부분은 상호 의존적이며 상호 연관되어 있다. 만약 그중 하나의 요소가 급격히 변화한다면 전체에 영향을 미치게 될 것이다. 핀란드 교육의 성공은 정치적 의지, 교육체제에 의해 형평성을 증진하려는 의

도적인 노력, 양질의 교사교육, 교사의 전문적·도덕적 책임감과 교육 관계자에 대한 사회적 신뢰가 모두 어우러진 결과이다.

참고 문헌

Aloni, N. (2002). Enhancing Humanity. The Philosophical Foundations of Humanistic Education. Boston: Kluwer Academic Publishers.

Ethical Council for the Teaching Profession. (2002). Etiikka koulun arjessa. [Ethics in a School's Everyday Life]. Keuruu: Otava, OAJ (in Finnish).

Finnish Educational Evaluation Council. http://www.edev.fi/portal/ english

Jakku-Sihvonen, R., & Niemi, H. (2007). Introduction. In R. Jakku-Sihvonen & H. Niemi (Eds.), *Education as Societal Contributor* (pp. 9-20). Frankfurt am Main: Peter Lang.

Jyrhämä, R. (2006). The function of practical studies in teacher education. In R. Jakku-Sihvonen & H. Niemi (Eds.). *Research-based teacher education in Finland -reflections by Finnish teacher educators* (pp. 51-70). Turku: Finnish Educational Research Association.

Kansanen, P. (2003). Teacher education in Finland: Current models and new developments. In M. Moon, L. Vlăsceanu, & C. Barrows (Eds.), *Institutional approaches to teacher education within higher education in Europe: Current models and new developments* (pp. 85-108). Bucharest: Unesco-Cepes.

Laukkanen, R. (2006, September 15-16). Finnish Strategy For High-Level Education for All. Paper presented at the conference Educational Systems and the Challenge of Improving Results, University of Lausanne, Lausanne, Switzerland.

Meisalo, V. (2007). Subject teacher education in Finland: A research-based approach-The role of Subject didactics and networking in teacher education. In R. Jakku-Sihvonen & H. Niemi (Eds.), *Education as societal contributor* (pp. 161 -180). Frankfurt am Main: Peter Lang.

National Board of Education. (2009). Retrieved June 19, 2009, from http://www.oph.fi/english/frontpage.asp? path=447

National Board of Education. (2004). National Core Curriculum for Basic Education. Helsinki. http://www.oph.fi/english/page.asp?path=447,27598,37840,72 101,72106

National Board of Education. (2003). National Core Curriculum for Upper Secondary Schools. http://www.oph.fi/english/page.asp?path=447,27598,37840, 72101,72105

Niemi, H. (2011). Educating student teachers to become high quality professionals-A Finnish case. *Center for Educational Policy Studies Journal*, 1(1),

43-66.

Niemi, H. (2010). Teachers as high level professionals-What does it mean in teacher education? Perspectives from the Finnish teacher education. In K. G. Karras & C. C. Wolhuter (Eds.), *International Handbook of Teacher Education: Issues and Challenges* (Vol. l & ll, pp. 237-254). Athens Greece: Atrapos.

Niemi, H., & Jakku-Sihvonen, R. (2011). Teacher education in Finland. In M. Valenčič Zuljan & J. Vogrinc (Eds.), *European dimensions of teacher education: Similarities and differences* (pp. 33-51). Slovenia: University of Ljubljana & The National School of Leadership in Education.

Niemi, H., & Jakku-Sihvonen, R. (2006). Research-based teacher education in Finland. In Jakku-Sihvonen, R. & Niemi, H. (Eds.), *Research-based teacher education in Finland-reflections by Finnish teacher educators* (pp. 31-51). Turku: Finnish Educational Research Association.

Nummenmaa, A. R., & Lautamatti. L. (2004). *Ohjaajana Opinnäytetöiden Prosesseissa. Ryhmäohjauksen Käytäntöä ja Teoriaa* [*As a supervisor in a thesis processes. Praxis and theory of group guidance*]. Tampere: Tampere University Press.

OECD. (2006). Equity in Education. Thematic Review. Finland Country Note. http://www.oecd.org/document/3/0,2340,en_2649_34531_36296195_1_1_1_1,00. html

OECD. (2009). What PISA is. http://www.pisa.oecd.org/pages/0,3417, en_32252351_32235907_1_1_1_1_1,00.html

OECD. (2010). PISA 2009 Results: What Students Know and Can Do: Student Performance in Reading, *Mathematics and Science* (Vol. I). Paris: OECD.

Schleicher, A. (2005). Analysis of the PISA Process and Its Results. Finland in PISA Studies-Reasons Behind the Results. Conference Helsinki, 14 March 2005. Palmenia Centre for Continuing Education, University of Helsinki. http://www. palmenia.helsinki.fi/congress/PISA 2005/index.asp

Simola, H. (2005). The Finnish miracle of PISA: Historical and sociological remarks on teaching and teacher education. *Comparative Education*, 41(4), 455 -470.

Statistics Finland. (2009). Retrieved June 19, 2009, from http://www.stat.fi/til/ khak/2007/khak_2007_2008-12-12_tie_001.html

Teacher Education Development Programme. (2001). Ministry of Education. http://www.minedu.fi/julkaisut/OPEKO/opekoeng.pdf

The Parliamentary Committee on Education. (1998). 3/ 1998-HE 86/1997. Helsinki. Finland.

Välijärvi, J. (2004). The system and how does it work–some curricular and pedagogical characteristics of the Finnish comprehensive schools. *Educational Journal*, 31(2) & 32(1), 31-55.

WEB SITES

The Finnish Educational Evaluation Council. http://www.edev.fi/portal/english

The Finnish Higher Education Evaluation Council, http://www.finheec.fi/index.phtml?l=en&s=1

The Finnish National Board of Education. http://www.oph.fi/english/

Ministry of Education and Culture in Finland. Helsinki. http:/www.minedu.fi

The Finnish National Board of Education. Helsinki. http://www.oph.fi/

3. '많은 것들을 만드는 사람', 핀란드 교사

아울리 툼Auli Toom
유카 후수Jukka Husu

요약

최근 핀란드 교사들은 교육연구자를 비롯하여 국제 미디어, 공공정책 결정자 그리고 정치인들의 지대한 관심을 받고 있다. PISA에서 보인 핀란드 학생들의 학업성취 결과는 많은 사람들로 하여금 핀란드 학교의 특징과 분위기, 그리고 교사의 열정적, 헌신적 태도와 더불어, 특히 노동조건에 대해 탐구하도록 많은 사람들을 고무시켰다. 본 장에서는, 교실에서 일어나는 학생들의 일상적 활동에 따른 교사들의 교육적 사고와 더불어 교사로서의 역할과 관련된 핀란드 교사들의 직무와 그들의 교육적 자유와 책임에 대해 기술한다. 핀란드 교사들은 본인이 근무하는 학교의 행정적·교육적 의사결정 과정에 참여할 뿐만 아니라 다양한 수준의 핀란드 교육체제의 의사결정에도 참여한다. 따라서 자신들의 직무work에 영향력을 행사할 수 있고, 그렇게 함으로써 폭넓은 교육적 자유와 그 역할 과업과 관련된 폭넓은 책임을 지고 있다. 핀란드 교사들은 협상, 대화 그리고 도전적 상황에서 민주적 방식의 교육적 사고와 행동으로 교사이자 교육자로서 그들의 직무를 수행한다. 이러한 직무수행 방식은 교사, 교장 그리고 행정가 사이에 이루어진 희망과 신뢰라는 특징을 갖고 있는 특정한 기풍ethos에 토대를 두고 있다. 이런 종류의 기풍은 성공적인 교육을 위한 또 하나의 요소가 된다. 핀란드 교사들은 학교교육과 교육에 관련된 질문에 적극적으로 참여할 뿐만 아니라 그들 자신이 수행하는 교육, 다양한 사람과의 협력에서도 헌신적으로 배우고 참여하며 주체적인 역할을 수행한다. 교사의 사회적 역할이라는 측면 이외에도 학문적 측면에서 볼 때, 석사 수준의 깊이 있는 교사교육은 이런 방식을 가능하도록 한다. 하지만 최근에 수행된 교사노조의 연구에 의하면, 교사들이 여전히 헌신적으로 활동하고 있으나 미흡한 면이 있음과 동시에 자신들의 일에 점차 지치고 있음이 나타났다.

＊핵심어: 교사의 역할, 교육적 자유, 책임, 협상

도입

핀란드에서 교직은 인정받는 인기 전문직이기 때문에 많은 젊은이들의 선망의 대상이다. 교사양성기관에 응시하는 사람은 매년 수천 명에 이르는데, 그중 입학 허가를 받는 이는 8~10%에 불과하다(VAKAVA 평가, 2010; 2011). 『유능한 교사의 유인·계발·보존을 위한 2003년 OECD 보고서(핀란드를 위한 국가 배경 보고서)』는 핀란드에서 잘 알려진 교직의 특징인 '높은 사회적 지위'와 '진입 경쟁'을 강조하고 있다(OECD Report, 2003). 그 결과 핀란드 예비교사student teachers의 역량은 상당히 높다. 보고서가 지적한 바대로 "교사교육을 받으려면 우수한 지원자들 사이의 경쟁에서 이겨야만 한다"(OECD Report, 2003).

교직에 대한 관심이 뜨겁다는 것과 교사교육 프로그램에 양질의 지원자가 많다는 것은 성공적인 교사 수급을 위한 자연스러운 시발점이자 기본적인 전제 조건이다. 핀란드 교사 대부분은 평생직업으로 복무하며 상당히 독립적으로 교직으로서의 전문성을 계발한다(Webb et al., 2004). 얼마나 많은 교사가 교직을 떠나는지 집계한 정확한 자료는 없다. OECD의 보고서(2003)에 따르면 교사교육 프로그램을 이수한 이들 중 대략 10~15%가 본인 커리어의 어느 시점에서는 교직 이외의 직업으로 이동하는 것으로 추정된다. 일부 교사들은 교장headmaster 직위로 나가고, 또 일부 교사는 출판업이나 인사관리 직무와 같은 교육적 전문직으로 진출한다.[9] 학교에서 일하는 유능한 교사의 존치를 위해 현직 교사의 계속교육과 그리고 교직에 대한 지원의 필요성이 점차 증대되고 있다. 교사는, 가능하다면 은퇴하는 시점까지 가능한 한 오래도록 현직에 남아 있도록 해야 한다는 의도이다. 교육기관과 학교를 잘 관리하는 것이 교사를 지원하는 효과적 방식이라는 점을 보여주는 증거가 국내적·국제적으로 늘어나고 있다(Boyd et al., 2011; Mancuso et al., 2011; Pyählto et al., 2011).

핀란드 교사들이 수준 높은 석사 교육을 받고 있지만, 교육학적 지식과 교직에 대한 이론적 이해와 더불어 실제적 교실 상황에서 교육적으로 행동하는 것과 의사결정을 내리는 것은 결코 손쉬운 일이 아니다. 현재 핀란드 교사에 관한 연구는 교사의 교육적 복지(pedagogical wellbeing, 쉽게 생각하면 직무효능감)의 핵심은 사회적·교육적으로 어려운 상황에 처한 학생들과의 상호작용을 통한 것임을 보여준다. 교육적 목표이자 더 일반적인 사회적 목표로서 성취는 교사가 경험하는 교육적 복지의 기본 전제이며, 또한 교사의 교육적 복지는 자신의 일에 대한 도전적인 사회적 상호작용을 중심으로 생기기 때문이다(Soini et al., 2010). 교사들은 자신의 일을 하는 데 있어 언제나 적절한 역량을 갖추고 있는 것은 아님을 자각하고 있으며, 그들의 행동과 의사결정이 미치는 영향과 가능한 결과를 항

---

9. [역주] 우리나라에서 교육전문직은 교육부 혹은 교육청의 장학사 및 연구사를 일컫는 용어이며, 현직 교사들 중 시험으로 선발한다. 하지만 본문에서 교육적 전문직은 일의 세계에 존재하는 다양한 전문 직종 중 업무의 내용이 교육과 연관되어 있는 것을 뜻한다.

상 알고 있는 것도 아니다(Husu & Tirri, 2001). 핀란드 학교에서 교사들이 일하는 환경은 더욱 이질적으로 변화되었고, 학생들의 배경, 다양성과 차이는 교사들로 하여금 긴장감을 느끼게 한다. 또한 학교의 역할이 증대되고 있으므로 교사들의 교육 활동과 학생들의 학습의 의미가 더 중요해졌다(Hautamäki et al., 2000; Jakku-Sihvonen, 2002 참조). 이와 같이 업무와 관련된 정서적 부담과 스트레스는 교사의 복지에 영향을 미치며, 따라서 교직을 떠나는 이가 늘고 있음에 대한 논의가 있어왔다(예를 들어 Pyhältö et al., 2011).

본 장은 핀란드 교사들의 직무를 구성하는 원리와 구조에 대해 논의함과 동시에 (학문적으로 훈련을 받았음에도) 그들이 실제로 일하고 있는 공간인 학교 수준에서 직면하는 어려움에 대해 기술한다. 핀란드 교사들이 학교에서 수행하는 업무를 종합적으로 구성해보자면, 현대 사회에서 교직에 요구하는 것이라는 관점으로 볼 수 있다. 핀란드 교사가 일하는 교육 환경은 상대적으로 열려 있으며, 정치적·행정적 의사결정권자와 교사 간의 신뢰에 기반하고 있다. 그렇지만 동시에 교사에게 기대와 책임을 요구한다. 교직은 교육 활동을 하는 과정에서 사려, 숙고, 관용을 필요로 하며, 교사들은 교사교육을 통해 이런 마음을 가질 수 있도록 훈련받는다.

핀란드 학교와 교실에서 교사의 업무 공간

핀란드 교사들의 업무 공간은 다양한 수준에서 이해되고 정의된다. 교육정책의 입법적·행정적 구조들은 실제적 차원에서 교육자의 기능을 규정한다. 기초교육법(628/1998)은 교육적 평등성equality과 형평성equity에 관한 주요한 지도 원리를 정의한다. 이것은 교육의 환경과 실행에서, 예를 들어 모든 학생을 위한 동일한 종합학교들comprehensive schools은 물론이고 아주 소수의 사립학교들에도 학생들의 다양성과 이질성을 허용하고 학교에서 다문화 정책의 실천을 촉진하는 것을 의미한다. 국가위원회Council of State에 의해 규정된 교과별 수업시수와 국가핵심교육과정(National Core Curriculum, 2014)은 학교 수준의 수업 활동을 위한 전제 조건을 이룬다. 지방자치단체들 및 교장들과 교사들에 의해 계획되고 구성된 각 지역학교의 교육과정은 학교 단위의 교육 활동-교장의 교육적 리더십, 교사의 수업과 학생의 학습-을 규정한다.

학교운영 문화와 학습 환경의 형성을 위한 지침은 핀란드의 국가핵심교육과정(Finnish National Board of Education, 2014)을 통해 규정되어 있는데, 이것은 학교에서의 교수·학습을 지원하기 위해 모든 공식적·비공식적 실행의 일치된 개발을 강조하고 있다. "학교 내에서, 그리고 가정 및 사회와의 협력을 지원하고 개방적으로 상호작용하는 운영문화를 수립하는 것이 목표이다"(Finnish National Board of Education, 2014, pp. 10-15, 66). 다중학습 환경multiple learning environments, 즉 교사-학생 사이뿐 아니라 학생들끼리도 학습이 일어날 수 있도록 교사와 학생의 상호작용과 대화 촉진을 지원하는 학습 환경이 분명하게 묘사되고 강조되어 있다(Finnish National Board of Education, 2014). 쿰폴라이넨과 랑키넨Kumpulainen & Lankinen은 (본서에서) 모든 학생들의 성장과 발달을 지원할 수 있도록 학습 기회를 부여하고 참여를 촉진하는 것이 핀란드 기초교육의 일차적인 목표임을 지적하고 있다. 이를 고려한다면, 형평성을 정의하는 것은 그것 자체로 포괄적이라는 사실이 중요하다. 그러므로 형평성은 적절하고 좋은 수업과 더불어 학생들에게 제공되는 지원을 아끼지 않는 개별화된 돌봄caring 차원에서 측정되어야 한다.

교육정책의 행정적 규제는 핀란드 교사 업무의 틀을 나타내고 있다. 또한 이를 통해 교직에 대한 규범, 규정, 요구와 교사의 역할이 결정되고 설정된다. 교사들은 직간접적으로 가치와 연관된 공공의 이익에 따라 행동해야 한다. 전문가로서의 교사는 개인적 및 집단적 행동에 대한 일정한 기대 수준이 요구되는 사회적 역할을 수행하는 지위에 있다(Brophy, 1982; Buchman, 1986; Buck, 2008을 보라). 교사의 역할에 대한 기대 수준이 높으며, 실제 학교현장에서 이에 따라 행동할 것이 요구된다. 교사는 자신의 개인적 견해와는 상관없이, 전문가로서의 역할을 수행해야 한다. 그러므로 교사의 권한을 올바로 이행하기 위해서는 비공식적이거나 즉흥적인 방식으로 교사가 행동하는 것은 바람직하지 않다(Lortie, 1975 참조).

핀란드에서 교사들은 규정된 교육의 목적과 가치에 따라 행동하도록 요구된다. 교사의 업무는 주어진 교육목적과 가치가 맥락화된 학교에서 수행된다. 당연한 말이지만, 교사의 교육적 행동을 위한 모든 준거가 명시적으로 진술될 수는 없다. 교사의 교육 활동 중 많은 부분이 교사의 능력과 상황에 알맞은 교육 활동을 하고자 하는 의지, 그리고 교사 그 자신에게 달려 있을 정도로 교육적 상황은 다양하고 광범위하다(Husu, 2002). 그러므로 교육적 판단을 내리는 것은 교사의 일상적 활동으로 되풀이되는 현재진행형으로 이해되어야 하며, 교사의 모든 행동은 도덕적 잣대와 분리될 수 없다(Tirri & Husu, 2002; Husu & Tirri, 2007). 아울러 교사는 수업자로서의 역할뿐 아니라, 많은 교육적 이슈와 의무에 대한 책임이 있다. 교사의 일차적인 전문적 과업은 모든 학생의 잠재력을 계발하는 것이다. 따라서 돌봄의 아이디어와 실제를 학교 안 교사의 업무로 인정하는 셈이 된다. 교육 활동에서, 다양한 방식으로 돌봄이 이루어질 수 있다. 학교는 교육적 지속성을 제공하고 교사와 학생 간의 신뢰 관계를 지원하기 위해 제도적 차원에서 조직된다. 교사는 지역적 혹은 개별 차원에서 학생의 부모와 협력한다든지 학생 스스로가 자각하며 성장할 수 있도록 이끄는 것과 같이 세심한 관심을 기울인다. 교육 연구가 보여주듯(Noddings, 2002; Nikko, 2004; Juujärvi et al., 2010), 이런 종류의 돌봄의 개인적 실현manifestation은 학생의 삶에 결정적으로 중요하며, 효과적이라고 할 수 있다. 그러나 학교

교육에서 실천하는 돌봄의 개념은 개별적 관계에 한정되지 않는다는 점이 강조되어야 한다. 또한 교육과정은 돌봄을 염두에 두면서 선택되고 발전된다. 교사는 교육과정에 돌봄의 요소를 반영할 수 있고, 적절하게 짜인 교육과정은 학생의 성장과 발전에 기여할 수 있다(Vitikka, 2014, 본서). 핀란드 교사는 지역의 학교 수준 교육과정 준비에 관여하고, 이와 관련된 선택을 하고, 전체적 의사결정 과정과 학교의 자원 배분에 참여한다(Sahlberg, 2007; Niemi, 2015, 본서; Kumpulainen & Lankinen, 2015, 본서).

교사의 책임 있는 교육 활동

핀란드 학교는 교사들에게 다차원적이며 활동 지향적인 교육 행동을 요구한다. 교사들에게 요구되는 역할은 많다. 가르치는 일 자체와 관련된 책임과 요구는 핀란드 교사가 일하는 원칙을 구성한다. 교사들은 그들의 전문적 역할 안에서 행동할 것이 기대된다. 역할 중심의 태도에 더하여 개인적 특성과 취향 또한 교사로서 자신의 전문적인 업무를 수행하는 데 영향을 미친다.

핀란드 교사에게 요구되는 역할

핀란드 교사들은 국가핵심교육과정에 근거하여 학교교육과정을 구성하는 데 적극적으로 참여한다. 학교교육과정은 교수·학습을 위한 목적, 내용, 방법을 정의함으로써 교사를 위한 구체적 틀을 설정하고, 교육 활동을 안내한다. 이처럼 학교교육과정의 수립에 교사들이 참여함으로써 교사들은 수업 방법, 교육자료, 평가 방법을 학생들에 맞추어 선정할 수 있을 만큼 수업의 자율성을 획득한다. 또한, 교육 활동을 최적화하기 위한 학습 집단 편성 및 교육 스케줄을 결정하는 데에도 어느 정도의 재량권을 갖는다. 핀란드 교사는 자신의 전공과목을 가르치며, 자기에게 익숙하고 능숙한 수업 방법을 선택할 수 있다. 대부분의 핀란드 교사가 ICT와 교육공학을 비롯한 혁신적 교수·학습 방법과 자료를 이용하지만(예를 들어 Lakkala, 2010; Muukkonen, 2010; Homäki, 2008), 여전히 상당수 교사들은 상대적으로 교사 중심의 전통적인 방식으로 가르친다. 흥미로운 점은 바로 이것이 국제학업성취도평가PISA에서 나타난 핀란드 교육의 성공 이유 중 하나이다. 살베리(Sahlberg, 2007)와 시몰라(Simola, 2005)가 주장하듯, 교수·학습 방법을 개선시키는 아이디어는 대부분 과거로부터 잘되어 왔던 것들과 교육 전통으로부터 온 것이라고 할 수 있다. 이런 종류의 교육적 보수주의는 "과거로부터의 교훈과 미래를 위한 수업을 통해 진보주의와 보수주의 간 교육의 이념적 균형"(Sahlberg, 2010, p. 337)을 창조했다.

동료 교사들과의 교육적 협력은 적극 권장되므로 동료들과의 수업 협의는 교사의 근무시간에 포함된다. 여러 교사들이 함께하는 단기학기[10]를 조직할 수 있고, 수업자료를 함께 준비하기도 하고, 협력수업도 한다(Niemi, 2015, 본서).[11] 학교 축제와 생태학습주간, 과학 프로젝트, 스포츠 행사와 같은 여타 행사는 모두 여러 교사의 협력으로 이루어진다. 학부모들은 학교교육과정 편성, 운영위원회, 평가회의, 학부모 행사, 학교 축제와 미팅 등에 적극 참여하는 활동들을 통해 학교-가정 간 동반자 관계를 강화한다(Vitikka et al., 본서).[12] 또한 여러 측면의 일이 종합적으로 묶여 있는 학생들의 복지 지원을 위해서는 더욱 강도 높은 협업이 이루어진다. 교장, 교사, 특수교육 교사, 학교심리사, 공중보건간호사, 그리고 사회복지사들이 학생들 하나하나를 돌보기 위해 그룹으로 형성되어 있다(Laukkanen, 2008). 이러한 관계를 통해서 교사의 업무 환경에 영향을 미치는 인적자

---

10. [역주] 핀란드에서는 학기(semester)는 2~3개의 단기학기(periods)로 나뉜다.
11. [역주] 협력수업(co-teach)은 여러 교사가 단순히 수업을 함께 준비하는 것을 일컫는 것은 아니다. 하나의 수업에 2명 이상의 교사가 함께 참여하여 함께 수업하는 것이다. 현재 우리나라에서는 영어 교과에서 우리나라 교사와 원어민 교사가 동시에 수업하는 협력학습이 진행되고 있다.

원들 간의 다중적 네트워크와 민주적으로 협의하는 협력 문화가 만들어진다.

핀란드의 교사-학생 관계는 평등하고 민주적이다. 교사들은 권위주의적인 하향식보다는 평등한 관계에서 자신의 교육적 권위를 형성하는 것을 목적으로 한다(Harjunen, 2009 참조). 학생을 이와 같이 대우하는 접근 방식은 국가핵심교육과정(National Core Curriculum, 2014)상의 평등의 원리이자 학습 과정에서 학생 스스로가 능동적인 학습자가 된다는 개념(Finnish National Board of Education, 2014)으로 기초교육법Basic Education Act에 명시되어 있다. 평가와 더불어 일반적인 학습의 목표와 목적은 모두 학습 과정이든 학습이 끝나고 나서든 간에 학생의 학습을 지원하고 안내하고 격려하도록 이루어진다. 아울러 평가는 학생들이 학습함으로써 얼마나 향상되었는지를 실제로 확인할 수 있도록 돕는 역할을 한다. 학생의 평가는 학생 스스로 적극적으로 참여하는 창의적인 방식으로 동료 및 학부모와 협력 아래 여러 가지 방법으로 이루어진다. 더욱이 "학생에 대한 다면적 평가와 꾸준한 피드백은 학생의 학습과 발달을 위한 교사의 필수적인 교육적 처방"이라고 할 수 있다(Finnish National Board of Education, 2014, p. 47). 이와 같이 평가를 학습의 연장선으로 봄으로써 학생들은 사고와 행동을 자각하고 무엇을 학습하고 있는지 스스로 깨닫게 된다. 이외에도 교사-학생 간 민주적 분위기ethos는 핀란드 학교의 오랜 전통으로부터 영향을 받고 있다.

---

12. [역주] 이번 문장에 기술된 학부모의 학교 참여는 어떤 수준으로 이루어지고 있는지 명확하게 기술되어 있지는 않다. 특히 논쟁적인 부분이 될 수 있는 항목은 ① 학교교육과정 편성에 관여, ② 평가회의의 두 가지이다. 현재 우리나라에서는 ①은 매 학년 말 내년 학교교육과정의 수립을 위한 학부모 설문이 실시되고 있고, ②와 관련되어서는 교사의 권한으로 맡겨져 있다. 학교-학부모 간 바람직한 동반자 관계가 수립되기 위해서는 두 가지 항목에서 갈등보다는 협력이 일어나야 하는데, 현재 우리나라에서는 학부모는 학교가 모든 권한을 틀어쥐고 있다고 생각하고, 학교는 학부모가 지나치게 간섭한다고 생각하는 경우가 있다. 따라서 핀란드에서는 어느 수준에서 혹은 어떤 방법으로 두 가지 항목에 학부모가 참여하고 있는지 구체적인 후속연구가 필요하다. 원문에는 ①은 curriculum work, ②는 assessment discussions으로만 기술되어 있어 상세한 내용을 알 수 없어 본 번역자가 어느 정도 의역을 할 수밖에 없었던 점을 양해하기 바란다.

핀란드 교사의 개별적 특성과 자질

핀란드에서 교육적 전문직에 대한 선호는 매우 높다. 사범대학 응시자가 무척 많다는 사실이 이를 입증한다. 평균적으로 매년 약 7,000명이 지원하지만, 입학정원은 800명이 채 되지 않는다(VAKAVA Statistics, 2014; 2015). 교과전담 교사가 되고자 할 경우 먼저 해당 내용학 학과에 응시하고, 이후 교사교육학부departments of teacher education에서 일반교육학을 공부한다. 이는 예비교사들student teachers이 후기중등학교에서 훌륭히 학업을 수행한 우수 자원임을 의미한다. 담임교사와 교과전담 교사 모두 5년에 걸친 대학의 석사학위 과정을 마쳐야 교사 자격증을 취득할 수 있고, 종합학교 상·하급 학년을 담당할 수 있다. 교사교육은 장차 교사가 되어 수행하게 될 학생에 대한 실제적 교육 활동을 위한 연구 지향적 태도를 갖출 수 있도록 구성되어 있다. 또한 지속적인 전문성 계발을 위해 반성적 사고를 학습하도록 훈련받는다(Husu, Toom & Patrikainen, 2008; Juuti, Krzywacki, Toom & Lavonen, 2011). 예비교사와 현직 교사 모두 교사로서 업무에 헌신하는 태도를 갖추고 있으며(Niemi, 2011), 동료들과 협업하며 학교 차원의 일에도 참여한다.

교사교육을 통해 이루고자 하는 또 하나의 목적은 예비교사 개개인의 장점을 발견하여 이를 바탕으로 전문성을 형성하도록 지원하는 것이다. 그러나 예비교사들이 자신의 장점을 실현하고 독자적인 수업 방식을 확립하는 것은 실제 교사로서 경험을 쌓아야만 가능하다. 또한 사람이라면 "너 자신이 되라" 혹은 "확고한 윤리 기준을 갖추는 것"을 좋은 것, 더 나아가 칭찬받을 만한 것이라 생각하기 때문에 문제가 될 수도 있다. 이렇게 생각해보자. 교사의 개인적 장점과 그들의 독자적인 수업 방식이란 무엇인가? 단언컨대 교사의 자율성과 자기실현self-realization은 교사의 개별적 가치의 하나이다. 그러나 부크만(M. Buchmann, 1986)이 강조하듯, 학교는 아이들을 위한 곳이고, 아이들의 자율성과 자기실현은 부분적으로 학교에서 배우는 것에 달려 있다. 따라서 교사의 자기실현은 그 자체로 좋은 것이라기보다는, 학생들을 적절한 학습으로 이끄는 경우에 한해 좋은 것이라 할 수 있다(Buchmann, 1986: 538). 교사는 인격체person이지만, 가르칠 때 자기실현만으로 충분한 것은 아니며 교사로서의 책임이 수반되어야 한다.

상기 교사교육 및 국가핵심교육과정상 행동 지침에 의해 교사들은 스스로의 수업 방법을 활용하여 진정성authenticity 있는 수업을 할 수 있다(예를 들어 Tirri & Husu, 2002; Tirri, 2003; Husu & Tirri, 2007; Hanhimäki & Tirri, 2007;, Gholami & Husu, 2010을 보라). 이는 교사의 역할, 책임, 자기실현personal prescription이 불가분의 관계임을 의미하며(Sockett, 2099), 진정성의 개념이 구현됨으로써(Holliday, 1998; Kreber, 2010) 교사의 수업이 학생의 다면적인 교육 성과로 이어질 수 있도록 한다. 진정성은 학생과 함께하고, 수업의 실제에 대한 지식을 계발하며, 교사 자신의 자기실현을 추구하고, 구성적 목표에 기여하는 것과 같은 교사의 일상적 교육 행동으로 구성된다(Iverson et al., 2008). 따라서 진정성이 구현되려면, 교사의 행동 및 사고가 각각의 상황에 알맞은 교사의 역할 및 교사 개인적 선호와 균형을 이루어야 한다. 연구를 기반으로 한 교육 활동이라는 측면 또한 진정성에 포함되며, 교사의 교육적 사고방식으로서 연구 지향적 교사교육 프로그램에서 강조된다(Kansanen et al., 2000; Husu, 2002; Toom, 2006). 이 프로그램은 의사결정 과정을 통해 행사되고, 계속적인 숙고에 의해 강화된다.

사회의 일부분으로서의 교육: 핀란드 교육체제의 사고방식

핀란드 학교가 대체적으로 양질인 까닭은 아주 복잡하다. 좋은 시설

(현대적인 학교 건물과 시설), 자격을 갖춘 제대로 훈련받은 교사, 최신기술 등이 관계되지만, 이 요소들만으로는 설명할 수 없는 부분도 존재한다. 교육정책이 실제 현장에서 구현되는 과정에서 좋은 일만 있으리라 장담할 수는 없다. 오히려 이면에 핀란드의 교육정책이 학교를 성공으로 이끄는 배경 요인이 숨겨져 있다. 합의를 추구하는 민주적 정치적 의사결정이 지배적인 분위기가 바로 그것이다. 우리는 이것을 핀란드 교육체제의 사고방식the mindset of the Finnish educational system이라 부른다. 이러한 교육정책의 사고방식과 교육적 사고는 대다수 핀란드 국민들의 태도와 생각에서도 나타난다. 이런 사고방식은 교육적 의사결정과 교육현장teaching practice 그리고 교육에 참여하는 모든 시민과 전문가들 사이에서 상호 의존적으로 기능한다. 주요 정치인, 교육행정과 지배구조, 교사, 학부모, 심지어 학생들까지도 일정 수준까지는 이를 공유한다. 그래서 그들로 하여금 교육적 의사결정에 관하여 특정한 행동과 선택에 적응하거나 이를 수용하도록 하는 강한 유인을 (암묵적으로) 만들어낸다(Bruner, 1996; Bonnet, 2002 참조).

이런 전통은 발전 수준은 낮았지만 학습과 교육에 대한 존중이 핵심 문화로 존재하던 적어도 한 세기 전까지 거슬러 올라간다(Niemi, 2015, 본서; Simola, 2005 참조). 1960년대 이래로는, 심화되는 국제경쟁에서 살아남아 번영하기 위해 교육이 핵심이라는 정치권의 합의가 이루어졌다. 지난 40년간 수립되었던 모든 정권에서 국가적 최우선 목표로 경제성장이 강조되었고, 교육은 이를 위한 핵심 동력으로 인식되었다. 이와 같은 교육적 합의와 정치적 의지는 "사람에 대한 투자가 최상의 투자이다"라는 문구에 잘 나타난다. 결국 핀란드의 교육정책은 서로 다른 정당의 지지자로서 시민을 분열시키지 않았다. 이 점은 핀란드 교육정책이 연속성을 지닐 수 있었던 까닭과 학교가 성공할 수 있었던 숨은 요인 중 하나를 나타낸다(Psacharopoulos & Patrinos, 2004; Sahlberg, 2007을 참조하라). 다음 섹션

에서는 모든 교육 관계자들—정치인, 행정가, 교사, 학생, 학부모—이 참
여하여 교육 문제를 성찰하는 핀란드 교육의 사고방식이 지닌 특징을 간
략하게 언급할 것이다. 핀란드 교육의 사고방식에서 중심이 되는 상호 의
존적인 두 가지 측면, 즉 신뢰와 희망을 정의하려고 한다. 이를 통해 우리
는 핀란드 교사가 하는 일의 맥락과 배경을 숙고할 것이다.

교육에서의 신뢰

개인적·집단적 신뢰는 사회 질서의 기초이자, 사회적 연대solidarity와 통
합의 토대이다(Durkheim, 1956). 명시적인 신뢰와 더불어 암묵적·무조건
적인 신뢰가 없다면 안정적인 일상의 삶은 불가능할 것이다. 그러므로 신
뢰는 안정, 협력, 화합을 촉진한다(Elster, 1989). 교육정책이 현장에서 구
현될 때 때로 일어날 수 있는 엇박자를 극복할 수 있는 가장 기본적 전
제이다(예를 들어 Spiecker, 1990; Troman, 2000; Curson-Hobson, 2002; Cook-
Sather, 2002을 보라). 과거와 현재에 걸친 핀란드의 교육제도와 그것이 구
현된 모습은 여러 교육 관계자 사이의 장기간에 걸친 신뢰를 반영하고 있
다(Rinne, Kivirauma & Simola, 2002; Simola, 2005; Sahlberg, 2007).

핀란드 사회에서 교사를 포함한 전문가와 학교를 비롯한 공공기관에
대한 대중의 신뢰는 높아 보인다. 학교는 일상적인 교육 서비스의 생산자
로서 거의 완전한 자율성이 주어져 있다. 이런 긍정적인 여건은 교사들이
비전문가와도 협력할 수 있게 하고, 교사들로 하여금 그들 자신과 학생들
에게 영향을 미치는 이슈에 대해 숙고하여 의사결정을 할 수 있도록 하
는 일종의 민주적 전문성이 발현될 수 있는 상황을 조성한다(Dzur, 2008;
Husu & Toom, 2010). 민주적 전문가로서 교사는 중요한 사회적 이슈에 대
하여 숙고할 수 있도록 교육제도로서의 학교와 비전문가인 학부모 및 학
생들을 연결하는 '중개인bridge agent' 역할을 수행한다고 볼 수 있다. 학교
는 제도와 개인 사이를 중개하는 일종의 '중간민주주의middle democracy'

와 '비전문 참여자의 풀뿌리 네트워크ground-level network of lay participation' 를 제공할 수 있다(Dzur, 2008, p. 38). 교사는 전문가로서 지역사회의 공공 문제에 대해 시민의 참여와 숙고의 기회를 만드는 데 핵심적인 역할을 한 다. 이러한 교육적·사회적 과정의 진정한 의미와 결과를 평가하기란 쉽지 않다. 그러나 교사가 '민주적 전문가'로 발전하는 것은 교육에 참여하는 모든 사람들의 의견을 신뢰하고, 경청하고, 존중하는 방향으로의 본질적 이동이라 볼 수 있다.

교사-학생 간의 끈끈한 신뢰 없이는 교육적 관계가 확립되고 유지될 수 없다는 점에 이견을 제기할 사람은 없을 것이다(Troman, 2000). 교육은 파트너들 사이의 협력적 관계가 개입되는 '정서적 실천'이기 때문에 기본 적으로 신뢰가 필요하다(Hargreaves, 1998, p. 5). 교육 활동에서 신뢰는 무 엇보다 중요하다. 신뢰가 쌓여 있다면 교육체제의 모든 수준에 개인을 참 여시킴으로써 더 큰 자유와 자율성을 부여할 수 있다(Cook-Sather, 2002, p. 4). 또한 신뢰는 협력을 위한 전제 조건이다(Gambetta, 1988). 참여자들 (교사, 학생, 학부모) 사이의 교육적 만남은 동료애, 공동운명의식, 그리고 상호 지지와 같은 강렬한 감정으로 특징지어지는 '공동체의식communitas' 의 발달을 위해 높은 수준의 신뢰가 필요하다(Woods, 1995, p. 93). 우리는 특히, 학교교육에 관여하는 모든 사람들(행정가, 교사, 학생, 학부모) 사이의 중요한 신뢰 관계를 중요하게 생각한다. 매일의 학교 업무 속에서 발생하 는 이들 사이의 신뢰—그리고 불신—의 경험은 개인과 그들 공동체에 심 층적이고 지속적인 영향을 미친다.

더 나은 사회와 삶을 위한 희망

희망이 가장 일반적으로 의미하는 바는 가능하리라 여겨지는 밝은 내 일에 대한 바람일 뿐, 보장이라고는 할 수 없다. 이 용어는 미래지향적 사 고, 감정 그리고 행동을 이해하는 것으로 구성된다(Amsler, 2008). 희망의 정의를 체계화하려는 진지한 시도(McInerney, 2007; Singh & Han, 2007; Renner, 2009)가 있었지만, 여전히 혼란스러울 정도로 다양하다. 사회과학에서 희망은 공통적으로 주체성, 행위자, 그리고 정치적·사회적 변화의 문제와 결합되어 있다. 다른 영역에서는 동기와 자기존중감(심리학), 상상력(창조예술), 그리고 교수법(교육학)과 관련되어 있다. 희망의 개념과 실천은 여러 가지, 즉 "인간 본성의 요소, 앎의 방식, 행동이나 행위의 형태, 그리고 미래에 대한 학습된 지향"(Amsler, 2008)으로 묘사되고 있다. 잉글리스Inglis가 진술하듯, "한 사회의 교육은 그 미래를 수반한다"(Inglis, 2004, p. 4). 희망은 인간이 자신의 삶을 구조화하는 힘을 형성할 수 있다는 생각을 전제로 하고 있다.

순진할 정도로 교육적 희망을 찬양하고 싶지는 않지만, 우리는 이 용어를 좁게는 젊은이들의 미래를 위한, 넓게는 핀란드 사회를 위한 교육의 의미로 적합한 낙관주의와 기대를 담은 '좋은 의미'(Coben, 2002)로 사용한다. 이처럼 교육과 희망을 연결시키는 것은 많은 저자들에 의해 반복적으로 나타났다(Albert, 2006; Giroux, 2002; Thrupp & Tomlinson, 2005를 보라). 또한 이들 저서는 교육과 희망을 민주주의의 특별한 비전—정의와 평등한 기회에 대한 초점을 갱신하는 것—과 연결시킨다(Giroux, 1989; 1997; 2005; Halpin, 2003). 예를 들어 핼핀(Halpin, 2003, p. 5)은 교육의 목적이 "더 평등하고 민주적인 교육체제와 사회"라고 선언한다. 이러한 낙관주의적 비전은 '희망의 언어'(Halpin, 2003, p. 34)—지루(Giroux, 1989, p. 31)가 '가능성의 언어'라고 불렀던 것을 다시 살려낸 개념—를 제공한다. 지루(Giroux, 1997)가 구상했듯이 이런 입장은 민주주의 그 자체가 공공선을 위한 유토피아적 비전, 즉 '가능성의 프로젝트', 바로 이상적 목적 그 자체이기 때문이다.

이러한 이상주의적 기조는 교육의 과업과 사회적 희망을 촉구하는 능력과 밀접한 관련이 있다. 핀란드는 교육을 포함한 기본적인 사회 서비스가 모든 시민을 위해 공적public으로 제공되는 복지국가를 창조하려는 사회적·정치적 프로젝트에 따라 교육의 사회적 역할을 촉구해왔다(Sahlberg, 2007; Castells & Himanen, 2002). 또한 복지국가는 교육체제의 중요한 과업의 하나로서 시민들 간의 사회자본을 증진시키는 것이라는 교육 프로젝트로 이해될 수도 있다. 이 경우 사회자본은 시민의 학습 기회와 의지의 증진을 의미한다. 이를 카노이(Carnoy, 2007)는 국가가 창출하는 사회자본이라고 말했다. 이는 교육을 위한 사회적 맥락을 고려하여 표현한 것이다. 우리의 학교교육과 시민적 태도를 더욱 견고하게 만들려는 노력이 사회적 희망의 발전 속에서 표명되었다(Rorty, 1999; Green, 2008; Westbrooke, 2005를 보라). 민주적 제도—예를 들어 학교—를 우리의 민주적 사회의 일상생활에 더 깊이 뿌리내리는 것이 그 목표라 할 수 있다. 또한 사회적 희망을 촉진하는 것은 사회와 사회 제도 속에 더욱 깊이 있는 참여민주주의를 이룩할 수 있는 역량을 북돋움을 의미한다.

앞서 살펴보았듯이, 핀란드의 교육적 맥락에서 희망은 주어진 교육 환경 속에서 교사와 학생을 움직이게 하는 강력한 도구이다. 교사의 가장 중요한 업무로서 수업은 실천적 교육 활동이자 '희망의 훈육'으로 보일 수 있다(Kohl, 1998). 교육을 희망의 자원으로 개념화하는 것(Amsler, 2009, p. 1191)은 넓게는 핀란드 국민 모두를 위해, 좁게는 교육 관계자들에게 통찰력—더 밝은 개인과 사회의 미래를 위해 교육이 약속할 수 있는 희망—을 부여한다. 이러한 생각이 보여주는 것은 우리로 하여금 사람들의 사회적 행위를 지향하도록 하는 희망(그리고 두려움)과 같은 정서—이 경우 교육적 실천의 성격과 그것의 결과를 형성하는 것—가 어떻게 작동하는지를 더 잘 인식하도록 하는 것이다.

논의: 희망의 교육과정과 학교교육 활동의 조화

학교라면 다 마찬가지겠지만, 특히 핀란드 학교는 교사, 학생, 학부모가 공공행정 및 기타 시민들과 협력하여 교육과 수업을 정의하고, 이의 실천에 참여하는 사회정치적 공간으로 해석된다. 핀란드 교사들은 이처럼 사회정치적 공간으로 해석되기에 독특한 특징, 가능성, 어려움이 있는 학교교육의 맥락에서 활동한다. 여기에서 우리가 던질 수 있는 흥미로운 질문이 하나 있다. 이 요소들 가운데 어느 하나가 흔들리고 변화하거나, 그것이 심지어 행동의 맥락에서 제거된다면 무슨 일이 일어날 것인가? 행위자가 더 나은 사회와 개인적 삶을 위한 교육과 희망에서 신뢰를 잃어버린다면 무슨 일이 생길까? 학교 수준에서 어떤 종류의 교육적 실천—교사의 가르침과 학생의 배움—이 이루어질 것인가? 결국 교실에서의 생존 게임으로 귀결될 것인가? 이에 관련하여 살베리(Sahlberg, 2010)는 핀란드 교육이 직면할 수도 있는 도전 과제를 다음과 같이 제시했다. ① 핀란드 교육 당국의 학교에 대한 지배력 강화와 학교교육의 실천에 대한 자율적 결정을 하는 교사의 역량, ② 정부는 교육 영역/생산성 프로그램(Ministry of Education, 2005)을 통해 학교와 교사들에게 효율적으로 일할 것을 요청하고, 학교 네트워크의 주요한 변화와 학급 규모 증대를 제안함, ③ 학교 등에서 특수교육과 상담 서비스를 축소함으로써 생산적 이득을 추구함. 요약하면 이런 발달을 위한 정책은 "핀란드 학교의 높은 사회적 자본에 해가 되는 것으로 귀결될 수도 있다"(Sahlberg, 2010, p. 345).

교육체제 전반의 합치성을 이루기 위해서는 모든 교육 행위자의 고된 노력과 끊임없는 도전을 필요로 한다. 이를 위해 꾸준한 노력과 의사소통을 비롯하여 교육을 바라보는 공통된 시각이 필요하다. 핀란드의 (제도적) 맥락으로 보면, 지속적인 국가핵심교육과정 및 학교교육과정의 정교화를 통해 의사소통이 달성된다. 이러한 일련의 과정은 공동체community, 실천praxis, 용기courage의 측면을 포함하는 레너와 브라운(Renner & Brown, 2006)의 '희망의 교육과정' 개념을 실현하고 있는데, 심지어는 이보다도 더 역동적인 측면이 있다. 아울러 학교에 대한 교사, 학생, 교장과 학부모들의 비판과 성찰도 장려된다. 수업 내용과 학습, 일련의 교수·학습 과정과 현실세계, 무엇보다도 교육 주체들(교사와 학생) 간의 진정한 연계성을 가질 때 의미 있는 학습이 일어날 수 있다(Renner & Brown, 2006).

희망의 교육과정은 학교교육의 철저한 개발과 실천praxis—교사와 학생의 행위와 세계에 대한 성찰—을 통한 교육을 목표로 한다. 실천의 입장은 행위를 성찰과 연계시키고, 세계에 대한 새로운 렌즈를 만들려고 노력하는 것이다. 이러한 렌즈는 학교, 그리고 교사와 학생이 직면한 과업의 더욱 미묘하고 복잡한 비전을 우리에게 제공한다. 세계를 더욱 비판적으로 이해함으로써 교사와 학생은 우리 사회에, 그리고 우리에게 직면한 문제를 다루기 위해 어떻게 혁신적 행위자가 될 수 있는지를 파악하기 위한 작업을 함께할 수 있다. 이런 도전에서 용기는 교육적 사고와 교육적 행동의 본질적인 요소이다(Renner & Brown, 2006; Renner, 2009).

교육적 자유와 책임의 틀 안에서 핀란드 교사의 행위 방식은 많은 측면에서 (여전히) 잘 기능하고 있고 합당성을 갖는다. 더욱 어려운 질문은 핀란드 교사, 교장, 정책 입안자와 연구자가 미래 세대를 위해 이런 통합된 지지와 희망을 주는 상황을 어떻게 유지할 수 있을까 하는 것이다.

참고 문헌

Albert, M. (2006) *Realizing hope: Life beyond capitalism*. London and New York: Zed Books.

Amsler, S. (2008). 'Hope', in The Blackwell Encyclopaedia of Sociology Online. Available at: http:// www.sociologyencyclopedia.com/public

Amsler (2009). Promising futures: "Education" as a resource of hope in post -socialist society. Europe-Asia Studies, 61(7), 1189-1206.

Beck, S. (2008). The teacher's role and approaches in a knowledge society. *Cambridge Journal of Education, 38*(4), 465-481.

Bonnet, M. (2002). Education for sustainability as a frame of mind. *Environmental Education Research, 8*(1), 9-20.

Boyd, D., Grossman, P., Ing, M., Lankford, H., Loeb, S. & Wyckoff, J. (2011). The influence of school administrators on teacher retention decisions. *American Educational Research Journal, 48*(2), 303-333.

Brophy, J. E. (1982). How teachers influence what is taught and learned in classrooms. *Elementary School Journal, 83*(1), 1-14.

Bruner, J. (1996). *The culture of education*. Cambridge, MA: Harvard University Press.

Buchmann, M. (1986). Role over person: morality and authenticity in teaching. *Teachers College Record, 87*(4), 529-543.

Carnoy, M., Gove, A. & Marshall, J. (2007). *Cuba's academic advantage. Why students in Cuba do better in school?* Stanford, CA: Stanford University Press.

Castells, M. & Himanen, P. (2002). *The information society and the welfare state. The Finnish model.* Oxford: Oxford University Press.

Coben, D. C. (2002). Metaphors for an educative politics: 'Common sense,' 'good sense,' and educating adults. In C. Borg, J. Buttigieg, & P. Mayo (Eds.), *Gramsci and education* (pp. 263-290). Lanham, MD: Rowman & Littlefield.

Cook-Sather, A. (2002). Authorizing students' perspectives: Toward trust, dialogue, and change in education. *Educational Researcher, 31*(4), 3-14.

Curson-Hobson, A. (2002). A pedagogy of trust in higher learning. *Teaching in Higher Education, 7*(3), 265-276.

Durkheim, E. (1956). *Education and sociology.* Glencoe, NY: Free Press.

Dzur, A. W. (2008). *Democratic professionalism: Citizen participation and the reconstruction of professional ethics, identity, and practice.* Pennsylvania, PA: The

Pennsylvania State University Press.

Elster, (1989). *Cement of society.* Cambridge: Cambridge University Press.

Finnish National Board of Education. (2014) *Perusopetuksen opetussuunnitel man perusteet 2014 [National Core Curriculum of Basic Education 2014]*. Retrieved 18.12.2015, http://www.oph.fi/download/163777_perusopetuksen_ opetussuunnitelman_perusteet_2014.pdf

Gambetta, D. (1988). Can We Trust Trust? In D. Gambetta (Ed.), *Trust: Making and breaking cooperative relations* (pp. 213-237). Oxford: Basil Blackwell.

Gholami, K. & Husu, J. (2010). How do teachers reason about their practice? Representing the epistemic nature of teachers' practical knowledge. *Teaching and Teacher Education 28*(6), 1520-1529.

Giroux, H. A. (1989). *Schooling for democracy: Critical pedagogy in the modern age*. London: Routledge.

Giroux, H. A., (Ed.) (1997). *Pedagogy and the politics of hope: Theory, culture, and schooling, a critical reader.* Boulder, CO: Westview Press.

Giroux, H. A. (2002). Educated hope in an age of privatized visions. *Cultural Studies - Critical Methodologies, 2*(1), 93-112.

Giroux, H. A. (2005). *Schooling and the struggle for public life: Democracy's promise and education's challenge*. Boulder, CO: Paradigm Publishers.

Green, J. M. (2008). *Pragmatism and social hope: Deepening democracy in global contexts*. New York: Columbia University Press.

Halliday, J. (1998). Technicism, reflective practice and authenticity in teacher education. *Teaching and Teacher Education, 14*(6), 597-605.

Halpin, D. (2003). *Hope and education: The role of the utopian imagination*. London/ New York: RoutledgeFalmer.

Hanhimäki, E. & Tirri, K. (2009). Education for ethically sensitive teaching in critical incidents at school. *The Journal of Education for Teaching, 35*(2), 107-121.

Hargreaves, A. (1998). The emotional politics of teaching and teacher development: With implications for educational leadership. *International Journal of Leadership in Education, 1*(3), 315-336.

Harjunen, E. (2009). How do teachers view their own pedagogical authority? *Teachers and Teaching: Theory and Practice, 15*(1), 109-129.

Hautamäki, J., Arinen, P., Hautamäki, A., Ikonen-Varila, L., Kupiainen, S., Lindblom, B., Niemivirta, M., Rantanen, P., Ruuth, M., & Scheinin, P. (2000). *Oppimaan oppiminen yläasteella. [Learning to learn at upper level of comprehensive school]*. Oppimistulostenarviointi 7/2000. Helsinki: Opetushallitus.

Heikonen, L., Pietarinen, J., Pyhältö, K., Toom, A. & Soini, T. (in press). Early career teachers' sense of professional agency in the classroom: Associations with turnover intentions and perceived inadequacy in teacher-student interaction. *Asia-Pacific Journal of Teacher Education.*

Husu. J. (2002). *Representing the practice of teachers' pedagogical knowing.* Research in Educational Sciences 9. Turku: Finnish Educational Research Association.

Husu, J. & Tirri, K. (2001). Teachers' ethical choices in socio-moral settings. *Journal of Moral Education, 30*(4), 361-375.

Husu, J. & Tirri, K. (2007). Developing whole school pedagogical values-A case of going through the ethos of "good schooling." *Teaching and Teacher Education*, 23(4), 390-401.

Husu, J. & Toom, A. (2010). Opettaminen neuvotteluna-oppiminen osallisuutena: opettajuus demokraattisena professiona [Teaching as negotiation-learning as participation: teacher work as democratic profession]. In A. Kallioniemi, A. Toom, M. Ubani & H. Linnansaari (Eds.), *Akateeminen luokanopettajakoulutus: 30 vuotta teoriaa, käytäntöä ja maistereita [Academic class teacher education: 30 years of theory, practice and masters].* (pp. 133-147). Research in Educational Sciences 52. Turku: Finnish Educational Research Association.

Husu, J., Toom, A. & Patrikainen, S. (2008). Guided reflection as a means to demonstrate and develop student teachers' reflective competencies. *Reflective Practice, 9*(1), 37-51.

Ilomäki, L. (2008). *The effects of ICT on school: teachers' and students' perspectives. Doctoral dissertation.* Series B, Humaniora, 314. Turku: University of Turku.

Inglis, F. (Ed.) (2004). *Education and the good society.* London: Palgrave Macmillan.

Iverson, H. L., Lewis, M. A. & Talbot III, R. M. (2008). Building a framework for determining the authenticity of instructional tasks within teacher education programs. *Teaching and Teacher Education 24*, 290-302.

Jakku-Sihvonen, R. (2002). Main results of the assessments concerning primary and secondary education between 1995 and 2002. In R. Jakku-Sihvonen (Ed.), *Evaluation and outcomes in Finland-Main results in 1995-2002* (pp. 11-27). Evaluation 10/2002. Helsinki: National Board of Education.

Juuti, K., Krzywacki, H., Toom, A. & Lavonen, J. (2011, in press). *Aineenopettajaksi opiskelevien näkemyksiä reflektoinnin oppimisen merkityksestä opettajaksi kehittymisessä. [The subject teachers' views about the importance of reflection during the professional development process].* In L. Tainio, K.

Juuti, A. Kallioniemi, P. Seitamaa-Hakkarainen & A. Uitto (Eds.) *Näkökulmia tutkimusperustaiseen opetukseen.* [*Various perspectives to research-based teaching*] (pp. 37-50). Helsinki: Suomen ainedidaktinen tutkimusseura.

Juujärvi, S. Myyry, L. & Pesso, K. (2010). Does care reasoning make a difference? Relations between care, justice and dispositional empathy. *Journal of Moral Education, 39*(4), 469-489.

Kreber, C. (2010). Academics' teacher identities, authenticity and pedagogy. *Studies in Higher Education, 35*(2), 171-194.

Kansanen, P. Tirri, K., Meri., M., Krokfors. L., Husu, J., & Jyrhämä, R. (2000). *Teachers' pedagogical thinking: Theoretical landscapes, practical challenges.* New York: Peter Lang.

Kohl, H. (1998). *The discipline of hope. Learning from the life of teaching.* New York: The New Press.

Lakkala, M. (2010). *How to design educational settings to promote collaborative inquiry: pedagogical infrastructures for technology-enhanced progressive inquiry.* Doctoral dissertation. Studies in Psychology. University of Helsinki, Department of Psychology.

Laukkanen, R. (2008). Finnish strategy for high-level education for all. In N. C. Soguel & P. Jaccard (Eds.), *Governance and performance of education systems* (pp. 305-324). Dordrecht: Springer.

Lieberman, A. & Pointer Mace, D. (2010). Making practice public: Teacher learning in the 21st Century. *Journal of Teacher Education, 61*(1-2), 77-88.

Lortie, D. C. (1975). *Schoolteacher: A sociological study.* Chicago: University of Chicago Press.

Mancuso, S. V., Roberts, L. & White, G. P. (2011). Teacher retention in international schools: The key role of school leadership. *Journal of Research in International Education, 9*(3), 306-323.

McInerney, P. (2007). From naive optimism to robust hope: Sustaining a commitment to social justice in schools and teacher education in neoliberal times. *Asia-Pacific Journal of Teacher Education, 35*(3), 257-272.

Muukkonen, H. (2011). *Perspectives on knowledge creating inquiry in higher education.* Doctoral dissertation. Studies in Psychology. University of Helsinki, Department of Psychology.

Niemi, H. (2011). Educating student teachers to become high quality professionals-a Finnish case. *CEPS Journal, 1*(1), 43-66.

Niikko, A. (2004). Education-a joint task for parents, kindergarten teachers and kindergarten student teachers. *International Journal of Early Years Education,*

12(3), 259-274.

Noddings, N. (2002). *Starting at home: Caring and social policy.* Berkeley, CA: University of California Press.

OECD Report (2003). *Attracting, Developing and Retaining Effective Teachers.* Country Background Report for Finland. Helsinki: The Ministry of Education.

OECD (2014), *Education at a Glance 2014: OECD Indicators*, OECD Publishing. http://dx.doi.org/10.1787/eag-2014-en

Psacharopoulos, G. & Patrinos, H. A. (2004). Returns to investment in education: A further update. *Education Economics, 12*(2), 111-134.

Pyhältö, K., Soini, T. & Pietarinen, J. (2011). A systemic perspective on school reform: Principals' and chief education officers' perspectives on school development. *Journal of Educational Administration, 49*(1), 46-61.

Renner, A. (2009). Teaching community, praxis, and courage: A foundations of pedagogy of hope and humanization. *Educational Studies, 45*(1), 59-79.

Renner, A. & Brown, M. (2006). A hopeful curriculum: Community, praxis, and courage. *Journal of Curriculum Theorizing, 22*(2), 101-122.

Rinne, R., Kivirauma, J. & Simola, H. (2002). Shoots of revisionist education policy or just slow readjustment? The Finnish case of educational reconstruction. *Journal of Education Policy, 17*(6), 643-658.

Rorty, R. (1999). *Philosophy and social hope.* New York: Penguin Books.

Sahlberg, P. (2007). Education policies for raising student learning: The Finnish approach. *Journal of Education Policy, 22*(2), 147-171.

Sahlberg, P. (2010). Educational change in Finland. In A. Hargreaves, A. Lieberman, M. Fullan & D. Hopkins (Eds.) Second international handbook of educational change, part I. (pp. 323-347). Springer: New York.

Simola, H. (2005). The Finnish miracle of PISA: Historical and sociological remarks on teaching and teacher education., *41*(4), 455-470.

Singh, M., & Han, J. (2007). Making hope robust in teacher education. *Asia-Pacific Journal of Teacher Education, 35*(3), 223-225.

Sockett, H. (2009). Dispositions as virtues: The complexity of the construct. *Journal of Teacher Education, 60*(3), 291-303.

Soini, T., Pyhältö, K. & Pietarinen, J. (2010). Pedagogical well-being: Reflecting learning and well-being in teachers' work. *Teachers and Teaching: Theory and Practice, 16*(6), 735-751.

Spiecker, B. (1990). Forms of trust in education and development. *Studies in Philosophy and Education, 10*(2), 157-164.

Thrupp, M. & Tomlinson, S. (2005). Introduction: Education policy, social justice and 'complex hope.' *British Educational Research Journal, 31*(5), 549-556.

Tirri, K. 2003. The teacher's integrity. In F. Oser & W. Veugelers (Eds.), *Teaching in moral and democratic education* (pp. 65-81). Bern: Peter Lang.

Tirri. K. & Husu, J. (2002). Care and responsibility in "the best interest of a child": Relational voices of ethical dilemmas in teaching. *Teachers & Teaching: Theory and practice, 8*(1), 65-80.

Tirri, K., Toom, A. & Husu, J. (2013). The moral matters of teaching: A Finnish perspective. In C. J. Graig, P. C. Meijer & J. Broeckmans (Eds.), *From teacher thinking to teachers and teaching: The evolution of a research community* (pp. 223-239). UK: Emerald Publishing.

Toom, A. (2006). *Tacit pedagogical knowing: At the core of teacher's professionality.* Research Reports 276. University of Helsinki: Department of Applied Sciences of Education.

Troman, G. (2000). Teacher stress in the low-trust society. *British Journal of Sociology of Education, 21*(3), 331-353.

VAKAVA Statistics (2010). Retrieved 1.6.2011 from http://www.helsinki.fi/vakava/hakijamaarat.html

VAKAVA Statistics (2011). Retrieved 1.6.2011 from http://www.helsinki.fi/vakava/hakijamaarat.html

Webb, R., Vulliamy, G., Hämäläinen, S., Sarja, A., Kimonen, E. & Nevalainen, R. (2004). Pressures, rewards and teacher retention: A comparative study of primary teaching in England and Finland. *Scandinavian Journal of Educational Research, 48*(2), 169-188.

Westbrook, R. (2005). *Democratic hope: Pragmatism and the politics of truth.* Ithaca, NY: Cornell University Press.

Woods, P. (1995). *Creative teachers in primary schools.* Buckingham: Open University Press.

4. 학교 교육학pedagogy의 핵심:
핀란드 교사들이 보는 교육의 합목적성

키르시 티리Kirsi Tirri

요약

많은 유럽 국가들, 예를 들어 핀란드의 경우, 교육의 목표는 단지 인지 영역의 성장보다는 전인으로서의 발달을 지원하는 것이다(Finnish National Board of Education, 2014). 이런 교육은 학생들의 발달에서 감정적이고 영적인 부분을 포함한 사회적, 정의적 영역의 중요성을 인정한다. 이 장에서는 교수teaching의 과학과 예술인 교수법이 이 교육적 목표를 촉진할 수 있는지를, 그리고 여러 가지 다른 과목을 맡고 있는 핀란드 중등교사들이 그들의 교수(가르침)에서 교육의 합목적성에 관한 어떤 견해를 가지고 있는지 논의한다.

먼저 가르침teaching의 중심이 되는 몇몇 개념들을 정의하고, 유럽과 미국에서 다르게 사용되는 전문용어를 논의할 것이다. 교수법 didactic(Hopmann, 2007; Kansanen, 2002)과 교육학적 내용 지식pedagogical content knowledge(Shulman, 1986; 1987)을 포함한 두 가지 주요 개념을 다룬다. 둘째로, 철학적(Watermann, 1993), 발달론적(Damon, 2008), 교수학적(Hopmann, 2007) 관점에서 교육의 합목적성의 성질을 논의하고, 가르치고teaching-공부하고studying-배우는learning 과정의 총체성(Kansanen, 1999)

에서 그 중요성을 보여주고자 한다.

셋째로, 핀란드의 중등교사들과 예비교사들의 관점에서 본 가르침의 교육적 목적성에 관한 견해의 예시들을 보여준다. 경험적인 자료를 통해 다른 여러 과목 교사들의 가르침에 나타난 공통의 일반적인 목적들과, 개별 교과목을 가르치는 가운데 나타나는 교과 내용에 특정한 목적들에 대해 논의한다. 끝으로, 우리는 이론적 개념들과 대비하여 경험적 자료를 성찰함으로써 학교교육의 핵심과 교수에 관한 연구상의 논의를 파악한다. 그 결과는 핀란드 교사들이 국가교육과정의 교육적 목적과 일치하는, 가치에 기반을 둔 총체적 교육관을 가지고 있음을 보여준다.

교수 연구의 주요 개념

교수법

'교수법Didactics'(옛말로 Didaktik)의 현대적 해석은 독일과 핀란드가 속한 북유럽 국가에서 이루어진 19세기 교사교육 과정에서 생겨난 것이다(Hopmann, 2007, p. 110; Kansanen, 2002, pp. 430-431). 영미 문헌의 교수법 개념은 보통 북유럽 국가들과는 다른 뜻으로 사용되었다. 칸사넨Kansanen은 이 용어가 영미권 학자들에게 암시될 부정적·제한적 함축에 대하여 경고했으며, 이 개념을 영어의 다른 용어들로 번역하여 사용할 것을 제안했다(Kansanen, 2009b, pp. 29-30). 유럽의 교수법과 비슷한 의미를 내포한 영미 용어들은 '페다고지pedagogy', '가르치고-공부하고-배우는 과정' 또는 '가르침의 과학과 예술the science and art of teaching'이라는 개념들을 포함한다.

호프만과 리크바츠(Hopmann & Riquarts, 1995)는 독일의 Didaktik을 영어로 번역하는 경우에 didactic이라는 용어 대신에 'didaktik'을 사용하는 것을 추천했다. 그들은 이 용어로 본질을 잘 나타내면서도 부정적 함축이 없는 개념으로 만들려고 노력해왔다. 칸사넨은 그의 저서에 그들의 조언을 받아들였으며, 'didaktik'을 소문자로 표기했다(Kansanen, 2009b, p. 30). 이번 장의 제목으로 교수법을 영어로 번역하는 것에 대한 논의를 인정하고, 영미의 독자들에게 비슷한 의미로 이해되고 있고 활용할 수 있는 한 가장 폭넓은 개념인 '학교 교육학school pedagogy'을 사용한다. 이 용어는 총체적이고holistic 맥락 의존적인context-dependent 핀란드 학교교육의 본질을 반영한다.

우리의 용어 'didactics'가 기반을 두고 있는 독일의 'Didaktik' 개념의 한 가지 중요한 특징은 기술적인 면과 규범적인 면을 모두 가지고 있다는 것이다. 독일의 교수법 모형에서 가치는 중요한 역할을 하고, 또한 가르치고-공부하고-배우는 과정에서 교사를 안내하는 역할을 한다. 이것은 주로 교육과정을 통하여 핀란드의 전통적인 교수teaching에 영향을 미쳤다. 교수의 기본인 공동의 가치 기반은 국가교육과정에 의해 정의되며 서로 다른 교과를 가르치는 교사들은 교육과정에 있는 가치를 따를 필요가 있다(Finnish National Board of Education, 2014). 이 가치가 교육을 본질적인 측면에서 규범적으로 만들고, 도덕적 교육자로서 교사의 역할에 영향을 준다. 모든 교사는 가르치는 교과 내용에 관계없이 도덕적 교육자이다. 교수법을 교육심리학으로부터 분별하는 또 다른 중요한 측면은 항상 맥락-의존적이라는 점이다. 맥락-의존적이라는 것은 가르치고-공부하고-배우는 과정이 의도적이라는 것을 뜻한다. 즉, 그 행위들이 가치와 목적들을 기반으로 하고 있고 그 과정은 사회 속의 중요한 제도 안에 자리하고 있다는 것이다. 나아가 교사들은 전문가로서 제도화된 교사교육에 참여한다. 교육학의 가장 중요한 부분인 배움과 더불어, 공부의 결과들은 체계적인 교육과정의 틀 내에서 달성된다고 가정된다(Kansanen, 2002, p. 434).

교육학적 내용 지식

영미 전통에서 슐만(Shulman, 1986)은 교육학적 내용 지식의 개념을 소개하는 것을 통해 교사교육의 새로운 틀을 발전시켰다. 그는 교사교육 프로그램에서 좀 더 효과적으로 교사들을 준비시키기 위해 두 개의 지식 기반을 묶어야 한다고 주장했다. 이 두 가지 지식 기반들은 내용학과 교육학이다. 교과 지도를 어떻게 할 것인가에 관한 교사의 지식 계발의 중요한 한 측면은 교과 내용 지식이다. 다른 지식 내용은 교과 내용 지식과는 다른 차원의 교육학적 지식이다. 교육학적 내용 지식pedagogical content knowledge은 내용 지식content knowledge과 교수적 지식pedagogical knowledge의 교차점에 위치하고 있다. 교육학적 내용 지식은 교사 개개인에게 있어 고유하며, 이를테면 과학 교사를 과학자와는 다르게 구분하도록 하는 지식이다. 이 지식을 통해, 교사는 서로 상이한 학습자에게 특정한 상황을 효과적으로 가르칠 수 있으며, 개별 학생들에게 의미 있는 방식으로 내용을 이해할 수 있도록 도움을 줄 수 있다(Shulman, 1987).

칸사넨(Kansanen, 2009a; 2009b)은 영미 개념의 '교육학적 내용 지식pedagogical content knowledge'과 유럽 개념의 '교과 내용 중심 교수법subject matter didaktik' 사이의 유사점들과 차이점들에 대해 언급했다. 그에 의하면, 영미의 교육학적 내용 지식이 오히려 더 협소한 개념이다. 이는 학생들의 공부와 학습이 가능한 한 효과적으로 이루어질 수 있도록 학습 내용을 조직하는 교사의 전문적 지식이자 앎knowing을 일컫는다. 그러나 그 지식은 학문 분야 내용disciplinary content[13]을 교실에서 학습될 교과 내용 지식으로 전환하는 과정을 포함하지 않는다. 독일인의 생각에 의하면, 이 전환 과정은 교실에서 이루어지는 교육과정의 구성에서 중심적인 특징이

---

13. [역주] 내용학(disciplinary content)은 각 교과의 기본 내용을 구성하는 본래 학문의 내용을 일컫는다. 예를 들면, 사회과학의 한 각론으로서 경제학은 그 자체로서 하나의 내용학이라 할 수 있는데, 이를 초·중·고등학교에서 그대로 가르칠 수 없으므로, 이를 적합하게 변환한 내용을 교과 내용 지식(subject matter content)이라 할 수 있다.

다. 이 구분을 명확히 하고자 칸사넨은 다음과 같이 주장했다. 교과 내용의 교수학subject-matter didaktik에서는 학교 교과가 원래의 학문과의 관계가 항상 살아 있는 데 반해, 교육학적 내용 지식의 관점에서는 교수teaching란 더 좁은 범주에서 기능한다. 교사는 이러한 관계를 성공적으로 다루는 것에 충분히 능숙해지도록 해야 한다(Kansanen, 2009b, p. 34).

교수에 관한 영미 연구 흐름에서는 교수 내용 지식의 개념은 더 발달되었다. 예를 들어, 과학교육과 기술technology의 관점에서, 교수 내용 지식의 개념은 교사들이 그들의 교수법에 기술을 통합시키는 현상을 가리키는 것으로 확장되었다(Mishra & Koehler, 2006). 교육학적 내용 지식은 또한 일반적인 교수학과 관련지어 넓은 의미로 사용되었다. 이러한 방식으로 사용하면서 교육학적 내용 지식은 독일의 개념과 가까워진다. 독일인 연구자들은 그들이 언급한 넓은 의미로 학교 맥락 안에서의 교수를 '학교 교육학'이라는 용어를 사용하기 시작했다. 칸사넨(Kansanen, 2009b, p. 37)은 미래의 연구에서 새로운 통찰력으로 이끌어나갈 교수학적 내용 지식과 교과 내용 교수법didaktik의 유망한 양상들을 결합시킬 가능성을 제안한다. 이번 장에서 학교 교육학과 연관되어 있는 논쟁점들이 그런 이슈들로 간주될 것이다.

가르치고-공부하고-배우는 과정

학생들의 지식 구성 활동은 교사들이 가르치는 것과 학생들이 공부하는 것(studying 또는 배움)을 포함한다. 울옌스(Uljens, 1997)는 가르치는 것과 공부하는 것은 모두 의도가 있는 의식적인 활동으로, 학생들의 배움learning을 직접적으로 촉진시키는 활동이라고 언급했다. 그러나 이 활동들이 반드시 배움의 전제 조건이 될 필요는 없다. 학생들은 의도적인 가르침이 없거나 공부하지 않아도 새로운 것을 배울 수 있다. 덧붙여서 가르치는 것과 공부하는 것으로 학생의 배움을 보장할 수 없다. 울옌스에 따르면, "가르치는 것과 공부하는 것은 배움의 과정을 통해 개인의 성장을 뒷받침하는 활동이라 할 수 있다. 가르치는 것, 공부하는 것과 배우는 것 중에서, 배우는 것은 개인적 성장이 달성됨으로써 그 자체로 하나의 과정이라 할 수 있다. 역량의 증진과 인격의 변화는 개인적 성장의 결과라 할 수 있다"(Uljens, 1997, p. 40)라고 한다.

교사와 학생들 간의, 학생과 학생들 간의 상호작용은 가르치는 것에 있어서 근본적이다. 후수Husu에 따르면, 상호작용은 적어도 두 가지 이유에 의하여 중요하다고 할 수 있다. 첫째, 교사들과 학생들이 서로를 이해하고 그들의 가르치고 공부하는 역할을 수행하는 데에는 일정량의 상호작용이 반드시 필요하기 때문이다. 이러한 기본적인 상호작용에 대한 이해 없이는 가르치고 공부하는 활동이 각각 교사와 학생 모두가 의도한 그들의 공유된 목표에 초점을 맞추고 있는지를 알기란 어렵다. 둘째로, 가르치고 배우는 방법들이 상이한 수준에서 상호작용적이기 때문이다. 그들은 그 자체로서 상호작용 방식이거나(토의 방식), 더 낮은 수준에서 상호작용할 수도 있다(학생들이 개인적으로 공부하는 방법)(Husu, 1996, p. 39).

칸사넨은 교사들과 학생들 모두 다음 단계의 교육 상황에 준비하기 위해 필요한, 사전-및 사후-상호작용을 포함한 간접적인 상호작용에 대해 말하고 있다(Kansanen, 1999). 교사가 수업을 준비할 때 교사는 반드시, 학생들이 이전에 공부했던 이력과 개인적인 특성을 고려해야 한다. 나아가 교사는 이질적인 학생들로 이루어진 학습 집단에 적절한 학습 환경을 생성해야 한다. 다른 한편 학생들은 그들 각각의 공부계획을 만들고 숙제를 해야 한다.

교육의 합목적성

교육의 목적은 국가교육과정에 설정되어 있다(The Finnish National Board of Education, 2014). 교사와 학생 모두 교육의 목적과 목표에 동의하여 가르치고-공부하고-배우는 과정 속에서 그것들을 의미 있게 만들어야 한다. 자기실현 또한 의도적인 교육의 중요한 부분이다. 워터맨(Waterman, 1993)은 한 개인이 진정성과 생기를 느끼는 삶의 상태를, "자기 표현력으로서 자신의 가장 소중한 것[소명daimon]에 따라 사는 것"이라고 명명했고, 이는 개인이 내면 깊숙이 간직한 가치 및 인생 목표에 부합하는 활동에 참여하고 있을 때 일어날 가능성이 높다고 말한다. 좋은 삶이 매우 풍성하게 열매 맺는 것은 자기실현과 자신의 독특한 잠재력의 구현을 추구하는 삶으로부터 나오는 것이다.

목적이라 함은 자기 자신에게 의미 있으면서, 더욱 넓게는 세계에도 기여하는 안정되고 장기적인 목표로 정의된다(Damon, Menon & Bronk, 2003; Damon, 2008). 이러한 인생 목표로 두 가지를 제시할 수 있다. 하나는 자기 자신을 넘어서 세계의 혜택을 추구하는 것(목적)과, 다른 하나는 자신의 혜택을 추구하는 것이다(자기 지향적인 인생 목표). 목적의 개념화는 체험하는 책임과 '세계에 대한 기여'라는 프랭클(Frankl, 1998)의 개념을 확장하는데, 이 개념은 가장 깊은 의미에서 목적의 체험을 향한 자기초월적 목표의 본질적 성질을 강조한다. 이것 때문에, 목적은 인생 목표로서 기능하는 것뿐만 아니라, 청소년기와 그 이후 인생에서 개인이 친-사회적, 생산적 행동에 헌신하고 참여하도록 하는 '도덕적 신호등' 같은 역할 역시 수행한다(Damon, 2008). 한 사람이 목적을 지향하며 살기 위해서는 자신의 삶의 목적(들)을 이해해야 하며, 계획해야 하고 미래 지향적이어야 하며, 또한 자신의 인생 목표를 성취할 능력을 갖추어야 한다는 것을 믿어야 한다. 교사들은 자신들의 일이 교육적으로 의미 있음을 발견하는 것과 그들의 학생들 내면에 삶의 의미를 형성하도록 하는 목적의식을 필요로 한다.

이상적인 학교에 대한 교사의 비전과 이미지는 교사의 목적의식에 접근하는 방법들이다. 비전은 교사들에게 영감과 동기를 부여하며 또한 그들의 업무를 성찰하도록 안내해준다(Tirri & Husu, 2006; Husu & Tirri, 2007). 달링 해먼드(Darling-Hammond, 1990)에 의하면, 교수를 하면서 교사가 얼마나 헌신하는지의 가장 강력한 예측 변수 중 하나는 효능감sense of efficacy, 즉 학생들의 삶을 긍정적으로 변화시키고 있다는 교사들의 느낌이다. 중등학교 상황이라면, 교과교사들은 그들이 맡은 과목의 교육적 의미가 충분히 나타날 수 있는 방법들로 교과 내용을 가르치는 숙련이 필요하다. 독일어 Didaktik은 특정하게 주어진 문제도 서로 다른 많은 의미meaning들을 나타낼 수 있으며, 서로 다른 문제들도 어떤 특정한 주어진 의미를 나타낼 수 있다는 생각에 기초를 두고 있다. 그러나 의미가 없는 문제는 없으며, 문제가 없으면 어떠한 의미도 없다(Hopmann, 2007, 116). 의미는 교사의 방법론적 판단에 기초하여 문제가 수업에 적용될 때 나타나는 것이다. 이 과정에서 학생들의 개인적인 성장이 촉진된다. 호프만(Hopmann, 2007)은 다음과 같이 이 과정을 설명한다. "이런 관점에서 볼 때, 학교교육schooling과 가르침의 목적은 사회로부터 학습자에게 지식을 운반하는 것도, 과학이나 다른 영역으로부터 교실로 지식의 장소를 바꾸는 것도 아니라 지식을 배우는 자의 개별성과 사회성을 펼치게 만드는 전환의 도구로 사용하는 것이다. 즉, 가르침을 통한 학습자의 '도야Bildung'이다."(p. 115)

---

14. [역주] 도야 또는 교양(Bildung)은 독일 교육학의 중요한 개념으로 단순한 지식의 축적 혹은 인지적 능력의 발달보다 훨씬 폭넓은 개념이다. 우리말로 풀어서 이야기하자면, 삶에 필요한 지식과 기능은 물론 심성과 인격까지 가꾸는 것을 포함하는 것으로, 인격체로서의 나를 만들어가는 과정을 의미한다. 이를 영어나 한국어로 번역하기가 쉽지는 않은데, 우리나라에서는 '도야' 또는 '교양'이라는 용어로 번역되고 있다. 다만, 본문에서의 Bildung은 더 넓은 의미로 사용되고 있는데, 본문에서 후술되겠지만, 개인적 자기형성을 넘어 사회에도 기여할 수 있는 인간의 형성을 의미함으로써 공공의 일에 참여할 수 있는, 혹은 시민으로서의 적극적 역할까지 포함하는 더 넓은 의미로 사용된다.

독일의 개념인 '도야Bildung'는 또한 교육학의 총체적인holistic 측면과도 관련이 있다. 도야는 개인의 재능과 능력들을 개발하는 것과 더불어 사회의 발전도 아우른다. 도야는 개인의 지속적인 성장과 이상향을 실현하기 위해 사회의 비판적 발전에 참여하는 능력에 필요한 열정적 탐구를 요청하고 있다.

교육의 합목적성에 관한 교사들의 견해

이번 절에서는 교수 활동에서 나타나는 교육의 합목적성에 대한 교사들의 관점을 사례로 제시한다. 서로 다른 학생들을 가르친 경험을 한 다양한 중등학교 교과교사들(N=19)이 연구 대상이었다. 이들은 수학을 강조하는 학교교육과정을 운영하는 두 곳의 핀란드 학교에서 표집되었다. 교사들은 2008년부터 면담에 응했고, 담당하고 있는 교과를 가르치는 데 중요한 것이 무엇이라 생각하는지 질문을 받았다. 이 연구에 관한 더 자세한 정보는 티리(Tirri, 2011)의 글에 있다. 또 다른 자료에는 각각 다른 교과를 가르치는 1년 차 예비교사들(N=280)이 자기 교과의 교육적 목적에 관해 성찰했던 에세이들이 들어 있다. 저자가 2010년에 모은 이 연구자료는 분석 과정 중에 있다. 이 장에서는 다른 연구에서 동일한 과목을 가르친 교사의 사례들을 비교할 수 있도록 수학 예비교사(N=48)와 종교교육 예비교사(N=46)의 사례들을 뽑았다.

교사들이 생각하는 교육의 일반적인 목적

서로 다른 과목을 가르치는 교사라 할지라도 유사한 목적을 가진 경우가 많다는 것을 확인할 수 있었다. 19명의 교사들 중 10명은 그들이 가르치는 활동의 교육적 목표로 세계관의 중요성을 강조했다. 모든 교사가 학생들이 기본적 사고능력과 더불어 과학적인 세계관을 계발시키기를 바랐다. 교사들은 학생들에게 기본적인 요소들과 기술들을 알려줌으로써 학생들이 그들만의 세계관을 형성할 수 있기를 바라고 있었다. 인문학 과목 교사들과 수학 교사들은 공통적으로 이것을 강조했다. 종교교육과 철학 교사인 엘사Elsa는, 학생들이 세계 시민의 자질global citizenship skills을 갖추어야 한다는 점을 지지했다. 그녀의 말에 따르면, 독립적인 사고, 논증 기술, 도덕적 성찰은 학생들에게 요구되는 중요한 능력이다. 또한 교수 활동에서 관용을 중요하게 여긴다고 언급했다. 철학과 윤리는 양질의 토론이 이루어지기 위해 특정 개념의 숙달이 요구되는 교과이다. 다른 교사들은 또한 가르치고-공부하고-배우는 과정에서 특정 개념을 중요하게 여긴다. 중등학교 교육의 일반적인 목적 중 하나는 각 교과의 특정 개념을 숙달하도록 교육하는 것이고, 이를 바탕으로 해당 교과에 관한 토론이 이루어지도록 하는 것이다.

모든 교사는 학생들의 능력에 맞추는 것을 중요하게 생각한다. 교수 활동은 익숙한 것부터 시작하여 모르는 것으로 진행되어야 하며, 간단한 것부터 복잡한 것으로 이루어져야 한다. 이러한 교사들의 관념은 비고츠키 (1978)의 이론인 '근접발달영역zone of proximal development'을 반영한다.

모든 교사들이 교내 사회생활을 학교의 정서ethos로서 아주 중요한 것으로 보았다. 교사들이 표집된 2개의 학교에서 학생들은 함께 체스를 두고 음악을 함으로써 긍정적인 교수학적 환경을 만드는 데 기여했다. 또한 교사들 서로가 협력했고 강좌 기획에 함께 참여했다. 예를 들어, 모국어 교사와 예술 교사가 공통의 강좌를 함께 계획하고 가르쳤다. 또한 교사들은 피로감과 스트레스를 공유하며 서로의 가르치는 일을 지지하고 도와주고 있다고 느끼고 있었다.

예비교사들이 생각하는 교육의 일반적 목적

예비교사들은 해당 교과의 내용 지식이 가르치는 활동을 교육적 목적의 의미가 있도록 만드는 데 매우 중요한 요소라고 강조했다. 흥미로운 점은 수학과 종교 과목 예비교사들이 공통적으로 교과 내용 지식subject matter knowledge이 교육학 지식pedagogical knowledge이나 교육학적 내용 지식pedagogical content knowledge보다 더 중요하다고 본다는 것이었다. 이는 예비교사들에 의해 작성된 아래 인용문에 잘 나타난다.

> 교사가 갖추어야 할 지식의 핵심은 해당 과목에 대한 지식이다. 교사는 학생들의 질문에 대답할 준비가 되어 있어야 하고, 과목에 대한 새로운 지식을 확보할 필요가 있다. 종교교육 교사들의 경우 과목의 지식과 더불어 사회적 이슈에 대한 상당한 수준의 지식 기반을 갖고 있어야 한다.
>
> (종교교육 예비교사, 여성)

> 학생들이 과목에 대하여 충분히 알지 못하는 선생님을 존중하지 않기 때문에 수학 교과의 지식 기반은 중요하다고 나는 생각한다.
>
> (수학 예비교사, 여성)

예비교사들은 교과 내용 지식에 더하여 교사의 교육적 역할을 매우 중요하다고 보았다. 예비교사들은 학생에 대한 교육적 사랑이 그들의 가르치는 활동을 교육적 목적성이 있는 것으로 만드는 필요조건이라고 강조했다. 그들은 교사와 학생 간의 관계가 의미 있는 가르침을 위한 출발점이라고 보았다. 대부분의 에세이는 각기 다른 학습자들의 요구들을 충족시킬 존중하고 배려하는 학습 환경을 강조하였다. 다음의 인용구들은 예비교사들의 이러한 경향을 보여준다.

내 가르침이 교육적인 목적성을 갖추려면, 학생들의 지적인 발달만이 아니라 그들의 성장과 개인적인 발달까지도 지원할 필요가 있다. 나는 가장 중요한 것은 교사가 진심으로 학생들을 보살피는 것이라 생각한다.

(종교교육 예비교사, 여성)

교육은 학교의 주된 기능이고 이것이 내가 수학 교사로서 다른 선생님들과 마찬가지로 학생들의 발달에 기여해야 한다는 책임을 공유하는 이유이다. 우리는 학생을 원만하고, 서로 협동하는 좋은 시민으로 교육해야 한다. 우리는 또한 그들이 평생교육의 학습자가 되도록 격려해야 한다.

(수학 예비교사, 여성)

흥미로운 점은 현직 교사들은 과목에 관계없이 그들 자신보다는 학생에 중점을 둔다는 점이다. 이러한 발견은 초임교사들보다는 경험이 많은 교사들이 더 학생 중심으로 생각하게 된다는 것을 제시하는 교사의 전문성 계발 이론들과 잘 일치한다(Huberman, 1992). 현직 교사와 예비교사 모두 교육의 사회적, 윤리적 측면에 높은 가치를 부여하며, 또 가르치고-공부하고-배우는 체계에서 긍정적이고 힘을 주는 학습 환경의 중요성을 인정하고 있다.

현직 교사들이 생각하는 교과별 교수의 특정한 목적

현직 교사 열 중 아홉은 주요 교과(수학, 물리학, 화학 혹은 컴퓨터 과학)를 담당했다. 매리Mary가 "교수 활동은 총체적인 것이지 단지 하나의 교과만 가르치는 것은 아니다"라고 말했던 것처럼, 비록 교사들이 교수 활동의 총체적인 본질을 강조했더라도, 그들은 수학적 사고의 특수한 본질 또한 인식하고 있었다. 수학을 가르칠 때 그 교과목을 오랫동안 가르쳤던 경험이 있고 강력한 리더십 자질로 다른 사람들에게 영향을 미치기를 원하는 잭Jack은 학생들이 수학이 인류의 역사적인 유산의 한 부분이라는 점을 분명히 이해할 것과 더불어 구조, 절차 그리고 기량을 확보하도록 가르치기를 원했다. 잭에 의하면, 같은 것들이 물리학의 교수에 적용될 수 있다. 그는 또한 수학공부를 할 때의 연습과 구체적인 실습의 중요성을 강조했다. 수학은 지식이자 재능이고, 이 두 요소는 수학을 가르칠 때 필요한 것들이다.

교사들은 학생의 미래를 위한 수학 교수teaching의 중요성을 강조했으며 학생들이 미래에 직면할 대학과 연구소에서의 연구 활동을 예비하기를 원했고, 수학 과목에서 국내뿐 아니라 국제적으로 경쟁력을 갖추기를 원했다. 교사들에 의하면 학생들은 지난 시험에서 17위를 차지했다. 이는 이 학교가 수학 능력에 따라 학생들을 선발했기 때문이며, 전혀 놀라운 일은 아니다. 이 학생들은 이미 평균적인 능력의 학생들보다 빠르게 수학을 할 수 있는 구조, 절차 그리고 역량을 지니고 있다. 수학 교과목에서 영재성을 평가하는 한 가지 방법은 수학문제를 처리하는 속도이다. 교사의 목표 중 하나는 학생들이 스스로 가진 재능을 인식하고 이 특별한 힘을 계발할 수 있는 가능성을 제공하는 것이었다. 잭에 의하면 공동체의 힘은 개인의 힘을 최고의 수준으로 계발하는 데에 중요하다. 수학에 경험이 있는 교사로서, 그리고 자기 분야의 지도자로서 그는 학생들에게 팀 내에서 일하도록 지도했고, 팀이 최고의 결과를 성취하는 데 우선을 두도록 했으며, 단지 부차적으로만 자기 자신을 위한 학습 경험을 찾을 수 있도록 하는 명확한 교육적 비전과 의도를 가지고 학생들을 안내했다.

교사들은 학생들의 개인적인 성장을 위해 공동체의 중요성을 강조했다. 다음은 모교에서 수학 교사로 근무하는 킴Kim의 인용문이다.

여기서 학생들은 사회적 역량을 익히고 공동의 정신을 가진 사람들의 공동체를 발견한다. 우리의 많은 학생들은 이전 학교에서 괴롭힘을 당했지만, 여기서 그들은 친화적 환경에서 그들 자신이 되며, 자신들의 개성을 잃지 않고, 과학적인 사고를 배우며 과학적 세계관을 형성할 수 있다.

예를 들어 다른 수학 교사인 매트Matt는 과학적인 세계관이 종교적 세계관과 반드시 모순되지 않는다는 것을 강조했다.

예비교사들이 생각하는 교과별 교육의 특정한 목적들

종교교육의 예비교사들은 종교 과목은 다른 과목에 비해 다양한 개인적 성찰을 요구하는 매우 개인적인 과목이라고 생각했다. 그들은 학생들이 그들 자신을 찾도록 돕기 위해 교사가 학생들의 종교적인 정체성을 인식하는 것이 필요하다고 생각했다. 다음의 인용문은 이러한 측면을 보여주는 좋은 예이다.

교사는 학생이 믿는 것이 무엇이며, 학생의 정체성이 무엇인지를 알아야 한다. 종교교육에서 교사의 역할은 학생들이 다른 종교들과 그들 자신의 루터교 신앙을 성찰하도록 지도하는 것이다. (종교 예비교사, 여성)

수학 예비교사들은 서로 다른 수학적 능력을 가진 학생들의 요구에 맞추는 능력을 강조했다. 그들은 또한 자신들의 교과와 관련하여 성별에 따른 고정관념을 반영했다. 남자 예비교사의 다음 인용문은 수학 교수에서 성별과 관련된 도전을 보여주는 좋은 예이다.

나의 교육적 목적은 남녀평등과 동등한 권리와 관용을 발전시키는 것이다. 수학은 남성주도형의 영역이고 여학생들은 스스로의 잠재력을 저평가하거나 숨긴다. 나는 남녀 학생들에게 같은 선택권을 제공하기 위해 이러한

고정관념을 인식할 필요가 있다. (수학 예비교사, 남성)

서로 다른 능력을 가진 학습자에 맞추는 능력을 교사의 가장 중요한 전문적 능력이라 여기는 또 다른 수학 예비교사도 있다. 재능이 있든 없든, 학생들의 학습 의욕이 저하되면 안 되는 것이다. 이 예비교사는 이 측면을 다음과 같이 기록했다.

> 가장 중요한 전문적인 능력은 서로 다른 능력을 가진 학습자에게 맞추는 것이다. 수학은 학생들에게 실패와 좌절을 경험하게 할 수 있는 매우 민감한 교과이다. 우리는 또한 특별한 재능을 확인하고 계발시킬 필요가 있는데, 그 이유는 수학능력이 사회에서 필요한 것이고 이런 일을 할 수 있는 전문가가 부족하기 때문이다. (수학 예비교사, 남성)

현직 및 예비 수학 교사 모두 서로 다른 능력의 학습자들에게 맞추는 것이 얼마나 중요한지 강조했으며, 특히 영재들의 필요에 맞추는 것을 더욱 강조했다. 종교교육 현직 교사 및 예비교사들은 성찰 능력을 강조했다. 그들에 따르면 종교교육 교사는 자신들의 철학을 성찰하고 학생들이 다른 세계관에 대해 숙고하도록 지도할 수 있어야 한다.

학교 교육학의 핵심

본 장은 독일 전통의 가치와 지식체계에 크게 기반하고 있으나 영미권의 영향도 받아온 핀란드의 교수 활동에 관한 연구를 검토했다. 특히 핀란드 교사교육의 목적은 연구에 기초한 지식과 윤리적 가치에 부합하는 교수 활동을 구현하는 자율적이고 전문적인 교사를 양성하는 것이다. 가르치는 일의 규범적인 본질과 수업의 맥락 의존적인 특성은 인정되고 있다. 가르치고-공부하고-배우는 과정은 국가교육과정에 의해 안내되며 제도적 환경(주로 학교)에서 일어난다. 교사들은 그 직무에서 교육적 의미를 찾는 목적의식이 필요하며, 학생들에게서 목적성을 촉진시킬 수 있어야 한다. 여기에서 제시된 실증적인 자료에 의하면 현직 및 예비교사 모두 담당 교과에 관계없이 교수 활동에서 몇 가지 일반적 목적들을 강조한다. 그들 모두 책임감 있는 전문가로서 그들의 과업이 교과의 기초적인 지식을 학생들에게 가르치는 것이라고 스스로 생각한다. 그뿐만 아니라, 그들은 스스로 학생들의 개인적·윤리적 성장을 포함하는 총체적 교육holistic education에 책임이 있다고 보고 있다. 예비교사들에 비해 현직 교사들이 학생들에게 더욱 큰 강조점을 두고 있는 데 반해 예비교사들의 주된 관심사는 여전히 그들 자신이 교과 내용을 통달하는 것과 가르침에 관계된 교육적인 책임감에 있다.

또한 가르침의 교과 특수적 목적들도 찾을 수 있었다. 앞서 수학 교사와 종교교육 교사 간의 몇몇 차이점이 제시되었다. 현직 및 예비 수학 교사들은 서로 다른 능력을 가진 학습자들, 예를 들어, 영재들과 여학생들에게 맞추는 교사의 능력을 강조했다. 수학적 사고는 여러 학문 분야에서 기본적인 능력이고, 따라서 수학 교사들은 학생들에게 학교, 더 나아가 미래 학습에서 성공하기 위한 최고의 기회를 주기 위해 이런 종류의 사고를 더 촉진시키기를 원했다. 종교교육 교사들, 특히 종교교육 예비교사들은 이 과목의 개인적 성격을 강조했다. 그들은 자신들의 영역에서 교육적인 목적의식을 증진시키기 위해 교사가 자신의 종교적 정체성을 인식하고 학생들과 서로 다른 세계관에 대해 토론할 정도로 성숙할 필요가 있다고 생각했다.

우리는 학교 교수학의 핵심이 가르침의 목적의식적이고, 총체적이고, 규범적이며, 맥락 의존적인 성질에서 발견될 수 있다는 것으로 결론을 지을 수 있다. 핀란드 중등학교의 가르침은 탄탄한 교과 내용 지식, 학생들과 가르치고 공부하고 배우는 과정 전반의 총체성에 관한 지식을 요구한다. 자신들의 가르침에 교육적인 목적의식을 갖고 그것을 실천하기 위해 헌신하고 있는 여러 교과의 교사들을 갖고 있다는 것은 우리에게 다행스러운 일이다.

참고 문헌

Damon, W. (2008). *The path to purpose: Helping our children find their calling in life*. New York: Simon & Schuster.

Damon, W., Menon, J., & Bronk, K. C. (2003). The development of purpose during adolescence. *Applied Developmental Science, 7*(3), 119-128.

Darling-Hammond, L. (1990). Teacher professionalism: Why and how? In A. Lieberman (Ed.), *Schools as collaborative cultures: Creating the future now*. London: The Falmer Press.

Finnish National Board of Education. (2014) *Perusopetuksen opetussuunnitel man perusteet 2014* [*National Core Curriculum of Basic Education 2014*]. Retrieved 18.12.2015, http://www.oph.fi/download/163777_perusopetuksen_ opetussuunnitelman_perusteet_2014.pdf

Frankl, V. E. (1988). *Man's search for meaning*. New York: Pocket Books.

Hopmann, S. (2007). Restrained Teaching: the common core of Didaktik. *European Educational Research Journal, 6*(2), 109-124.

Hopmann, S. & Riquarts, K. (1995). Starting a dialogue. Issues in a beginning conversation between Didaktik and the curriculum traditions. *Journal of Curriculum Studies 27*, 3-12.

Huberman, A.M. (1992). *The lives of teachers*. London: Cassell.

Husu, J., & Tirri, K. (2007). Developing whole school pedagogical values-a case of going through the ethos of "good schooling". *Teaching and teacher education 23*(4), 390-401.

Husu, J. (1996). Distance education in the school environment: Integrating remote classrooms by video conferencing. *Journal of Distance Learning, 2*(1), 34-44.

Kansanen, P. (2009a). The curious affair of pedagogical content knowledge. *Orbis Scholae, 3*(2), 5-18.

Kansanen, P. (2009b). Subject-matter didactics as a central knowledge base for teachers, or should it be called pedagogical content knowledge? *Pedagogy, Culture & Society, 17*(1), March 2009, 29-39.

Kansanen, P. (2002). Didactics and its relation to educational psychology: problems in translating a key concept across research communities. *International Review of Education 48*(6), 427-441, 2002.

Kansanen, P. (1999). Teaching as teaching-studying-learning interaction.

Scandinavian Journal of Educational Research, 43(1), 81-89.

Mishra, P. & Koehler. M. J. (2006). Technological pedagogical content knowledge: A Framework for teacher knowledge. *Teachers College Record, 18*(6), 1017-1054.

Shulman, L. S. (1987). Knowledge and teaching: Foundations of the new reform. *Harvard Educational Review, 57*(1), 1-22.

Shulman, L. S. (1986). Those who understand: Knowledge growth in teaching. *Educational Researcher, 15*(2), 4-14.

Tirri, K. (2011). Holistic school pedagogy and values: Finnish teachers' and students' perspectives. *International Journal of Educational Research (in press)*.

Tirri, K. & Husu, J. (2006). Pedagogical values behind teachers' reflection of school ethos. In M. Klein (Ed.) *New teaching and teacher issues*, 163-182. New York: Nova Science publishers.

Tirri, K. & Ubani, M. (2013). Education of Finnish student teachers for purposeful teaching. *The Journal for the Education of Teaching 39*(1), 21-29.

Uljens, M. (1997). *School didactics and learning.* Hove: Psychology Press.

Waterman, A. S. (1993). Two conceptions of happiness: contrasts of personal expressiveness (eudaemonia) and hedonic enjoyment. *Journal of Personality and Social Psychology 64*: 678-691.

Vygotsky, L. S. (1978). *Mind and society: The development of higher psychologi cal processes.* Cambridge, MA: Harvard University Press.

제2부

기초:
다양한 수준의
교육 시스템 디자인

5. 교육의 형평성 및 수월성을 위한 노력:
핀란드 기초교육[15]의 평가와 측정

크리스티나 쿰풀라이넨Kristiina Kumpulainen

티모 랑키넨 Timo Lankinen

요약

이 장에서는 핀란드 기초교육에서 평가evaluation와 측정assessment에 대해 소개한다. 먼저 평가 및 측정에서 기본 전제와 목적을 살펴보고 교육제도에서 그것이 어떻게 구현되는지를 다루게 된다. 이를 통해 교육적 평가와 측정이 핀란드 기초교육에서 수행하는 총체적holistic인 개발과 개선의 역할을 보여주고자 한다. 끝으로 평가와 측정에 중점을 두고 핀란드기초교육이 당면한 도전과 발전 방향을 간략하게 논의하는 것으로 마무리한다.

---

15. [역주] 본문의 핀란드 기초교육이 의미하는 바는 만 7세부터 9년 동안 실시하는 기초교육(basic education)으로서 우리나라의 초등학교 및 중학교에 해당하며, 국제적 기준으로는 초등교육 (primary education) 및 전기중등교육(lower secondary education)에 해당한다. 기초교육 이전, 즉 만 6세를 대상으로 한 1년간의 취학전교육(pre-school education)은 선택사항이지만 거의 대부분의 해당 아동이 참여한다. 기초교육 이후에는 인문계 혹은 직업계 후기중등교육(upper secondary education)을 받을 수 있는데 이는 우리나라의 고등학교에 해당한다. 다만, 기초교육을 이수한 학생들 중 후기중등교육 단계에서의 진로를 미처 결정하지 못하는 학생들을 대상으로 1년간의 추가적인 교육 기회를 기초교육의 연장선상에서 제공하므로 이것이 기초교육의 10학년 과정으로 번역된다.

핀란드 기초교육의 특수성

핀란드의 기초교육은 지난 10여 년 동안 국제적으로 많은 관심을 받았다. 학업성취에 대한 국제 비교 결과, 핀란드는 항상 최고의 성과를 보이는 국가 그룹에 속했고 따라서 핀란드는 세계에서 최고의 교육을 하는 나라 중 하나가 되었다. 하지만 이와 같은 성공의 이면에는 무엇이 있으며, 이런 결과를 어떻게 설명할 수 있겠는가? 핀란드 기초교육을 좀 더 세밀하게 조사하면, 그 시스템과 기능에 대한 흥미로운 사실들을 알 수 있다. 예를 들어, 다른 나라와는 달리 핀란드 학생들은 입학 연령도 늦고(7세) 학교에서의 수업시간도 적다. 숙제도 거의 없으며 국가수준의 평가를 받는 경우도 드물다. 핀란드 학교는 국가핵심교육과정National Core Curriculum에 기초하여 자체적으로 교육과정을 개발하고 운영한다. 교사에 대한 사회의 신뢰는 매우 높은 편이며, (국가수준의) 평가에 예속되지도 않는다. 이처럼 핀란드의 기초교육 시스템은 다른 나라의 그것과는 구별되는 특수성이 있다. 하지만 이와 같은 특징적인 교육 현상에 대해 어떤 구조화된 결론을 내리는 것은 핀란드 기초교육 시스템 전체를 이해하고 핵심적인 요소들이 그 실재에 기여하고 있는지를 검토한 이후로 미루어두자. 이를 통해 핀란드 기초교육의 핵심적인 특징과 기능을 새롭게 이해할 수 있을 것이다.

본 장에서 우리는 핀란드 기초교육의 핵심 요소 중 하나인 평가와 측정 사례를 간략하게 소개하고자 한다. 우선 기본적인 전제와 목적을 설명하고 이것이 교육 제도를 통해 어떻게 구현되는지 살펴본다. 이러한 논의를 통해 우리는 핀란드 교육체제에서 평가와 측정의 기본 방향은 평가를 통한 총체적 개선과 향상 기능에 있음을 보여준다. 평가를 통해 통제나 제제를 하려는 것이 아니라 교육체제의 수준을 전반적으로 향상시킴으로써 모든 학생에게 최고의 학습 기회를 만들어내는 것이다. 이와 같은 교육평가의 성격과 기능은 다른 국가와는 구별되는 핀란드의 특징을 잘 나타낸다. 평가가 핀란드 교육 시스템의 수준을 제고하고 유지시키는 가장 큰 장점 중의 하나로 간주될 수 있다.

교육의 형평성: 핀란드 교육의 기본 가치

교육의 형평성 추구는 핀란드 교육이 오랫동안 지켜온 가치이다. 모든 아동들이 양질의 교육 기회를 동등하게 향유할 수 있고, 최대한의 잠재력까지 학습할 기회를 가질 수 있는 시스템을 만들고 유지하는 것은 무척 달성하기 어려운 과제이다. 동등한 기초교육의 중요성을 강조하는 국가의 의지는 지적 자본과 사회 자본뿐만 아니라 모든 국민과 개개인의 번영을 증진시키는 것으로 간주되었다. 교육적 평가와 측정은 국가 전체적인 수준에서, 지역 및 자치시 내부와 상호 간에, 그리고 교육 제공자들과 개인들에게 교육의 형평성이 구현되고 있는지 점검하는 중요한 역할을 수행한다(Atjonen, 2007; Jakku-Sihvonen, 1993; Korkeakoski & Tynjälä, 2010; Raivola, 2000).

핀란드 기초교육은 국가 전체적인 형평성의 보장을 목표로 한다. 형평성이란 교육 기회의 평등을 의미한다. 개인의 다양성에 대한 존중 또한 중요한 전제가 되어야 한다. 학습자의 적성과 목적 그리고 교육적 필요는 서로 다르며 교육 시스템은 이러한 다양한 수요에 유연하게 대응할 필요가 있다. 교육 기회의 평등은 획일적 교육을 의미하는 것이 아니라 모든 개인에게 적성과 개성을 충분히 발달시킬 기회를 동등하게 제공하는 것을 의미한다. 다양한 학생이 교육적으로 계층화된다는 사실을 고려할 때, 기회균등은 학습자의 필요에 따라 자원을 배분한다는 것을 뜻한다.

핀란드에서 교육의 형평성은 여러 가지 방법을 통해 구현된다. 학습의 전제 조건은 교육을 제공한다는 점 자체, 지원 및 안내 서비스, 무상급식, 건강관리, 통학 지원, 학습 기자재뿐 아니라 학생들을 위한 각종 복지 서비스를 총체적으로 제공함으로써 비로소 충족된다. 교육적·개인적 관점에서 학생들을 돌본다는 것은 핀란드의 기초교육에서 높은 수준의 교육과정과 능력 있는 교사들을 보유하는 것과 더불어 중요한 교육적 원칙 중 하나이다.

총체적이고 체계적인 사정과 평가는 핀란드 기초교육에서 교육의 형평성 실현에 중요한 역할을 수행한다. 최근의 연구와 평가에 대한 지식, 그리고 법령에 따라 국가수준에서 정의된 평가 기준은 교육전문가와 정책 입안자들이 교육 시스템 전체의 실행과 성과를 점검하여 향상시킬 수 있는 공통의 기준이 된다(Ministry of Education and Culture, 2010; Välijärvi & Kupari, 2010).

첼림스키(Chelimsky, 1997)는 평가 작업을 위한 목표와 목적에 의해 설정된 교육평가의 세 가지 측면을 제시했는데, 구체적으로 살펴보면 (a) 책무성 측면, (b) 연구의 증거 및 데이터 생산 측면, (c) 개발적 측면이다. 책무성 측면의 평가는 우선적으로 정책 입안자와 교육자들에게 교육의 효과성과 영향력에 관한 정보 제공을 목표로 한다. 데이터 측면의 평가는 교육 제도와 프로그램을 이해하고자 한다. 마지막으로 개발적 측면의 평가는 교육 시스템과 교육과정, 수업 방법의 향상을 목적으로 한다. 이는 교육 성과에서 있을 수 있는 변화를 점검하고 교육적 지표를 개발하며 교육자와 개발자들의 요구에 부응하는 여러 가지 제안 기능을 수행한다. 핀란드의 교육 시스템은 전술한 평가의 세 가지 측면들을 총체적이고 체계적인 방식을 통해 잘 계발하는 것을 지향한다.

수월성과 즐거운 학습의 추구: 핀란드의 기초교육 시스템

핀란드 기초교육의 역할은 평생학습과 시민의식을 위한 능력과 역량을 획득할 기회를 제공하는 데 있다. 기초교육의 근본적인 목표는 전 생애에 걸친 평생학습을 지원하는 것이다. 이는 학습능력과 핵심역량을 강화시키는 동시에 학습 동기를 제공하는 것을 의미한다(Finnish National Board of Education, 2004). 역량Competence은 핀란드의 가장 중요한 자원이며 이를 높은 수준으로 지속적으로 유지하도록 주의를 기울여야 한다. 이를 위해 모든 학습자들이 잠재력을 최대한 계발하도록 지원하는 것을 학교의 목표로 설정해야 한다.

핀란드 기초교육의 가장 큰 목표는 학생들에게 학업 수행의 기회를 제공하고 참여를 유도함으로써 모든 학습자의 성장과 발달을 지원하는 것이다. 학습자는 그들의 나이와 능력에 따라 교육 서비스를 제공받아야 하는 개별적 존재로 이해된다. 학습은 굉장히 복잡하고 역동적이며 인간으로서의 보편적 발달과 더불어 특수한 문화적 맥락과도 연계된 것으로 이해할 수 있다. 형평성equity을 정의할 때, 이러한 요소들이 고려되어야 한다. 형평성은 다시 교육의 품질, 돌봄의 품질 그리고 개인-특수적 성취목표 같은 항목으로 측정될 수 있다(Raivola, 2000).

핀란드의 교육 시스템은 1년간의 취학전교육pre-primary education과 9년의 기초교육basic education, 그리고 선택적인 직업 및 후기중등교육으로 구성되어 있다. 고등교육은 대학과 폴리텍polytechnic이 담당하고 있고, 성인교육은 교육 시스템의 모든 단계에서 제공되고 있다. 2015년 8월부터는 6세 아동에 대한 취학전교육이 최근에 의무화compulsory되었다. 물론 의무화되기 이전인 2014년에도, 98.5%의 6세 아동이 취학전교육을 받았다. 의무교육은 7세에 시작된다. 기본적인 교육 연한은 9년이며 대부분 종합학교comprehensive school를 통해 이 과정을 이수한다. 종합학교는 10학년에 해당하는 1년의 추가적인 기초교육을 제공하는데 학생들에게 이것은 선택사항이다(Finnish National Board of Education, 2010).

핀란드의 국가교육위원회가 제시한 국가핵심교육과정은 각 교과의 목적과 핵심 교육 내용을 규정하고 있으며 학생 평가, 특수교육, 학생 복지 및 상담 등에 대한 기본 원칙들을 담고 있고, 적절한 학습 환경, 학습 방법 및 학습의 개념 등에 관한 정의 역시 포함하고 있다(Finnish National Board of Education, 2004; 2014).

기초교육과 후기중등교육은 통상 지역교육청local education authority을 통해 제공되며, 각 학교는 국가핵심교육과정의 규정에 따라 학교교육과정을 구성한다. 따라서 학교교육과정은 지역 특성과 학교의 개별적 필요를 반영하게 된다.

기초교육 단계의 핵심 교과목에 대한 최소 수업시수는 정부가 정한다. 1~6학년 교육과정은 핀란드 전역에 걸쳐 기본적으로는 비슷하나, 각 학교는 최소 이수시간만 준수하면 되므로 서로 다른 교과에 집중할 수도 있다. 7~9학년 과정에서는 선택의 폭이 더욱 커지며 직업 적응 기간 역시 교육과정에 포함된다. 학부모와 학생들은 이 중에서 어떤 과목이 자신들에게 필요한지를 결정한다(Finnish National Board of Education, 2004; 2014).

핀란드에서 평가와 측정의 주요 전제

핀란드의 교육평가는 기초교육법the Basic Education Act(http://www.finlex. fi/fi/laki/kaannokset/1998/en19980628.pdf)에 의거한다. 평가의 목적은 기초교육법의 집행을 보장하며 교육의 발전 및 바람직한 학습 환경을 조성하는 것이다. 평가에 관한 시행령decree이 별도로 존재하며 평가의 목적은 다음과 같이 규정된다.

- 교육 발전의 기초로서 교육에 관한 국가적 의사결정을 지원하기 위해 평가에 관한 정보를 제공하고 분석한다.
- 지역의 교육발전 및 의사결정을 지원하기 위해 평가에 관한 정보를 제공하고 분석한다.
- 교직원 및 학교의 업무 및 학습을 지원한다.

교육문화부The Ministry of Education and Culture는 평가계획Evaluation Plan을 채택하여 외부 평가external evaluation의 전체적인 목표를 규정하고 교육평가위원회Education Evaluation Council에서 수행하는 평가 일정, 핀란드교육평가센터Finnish Education Evaluation Centre, FINEEC에서 수행하는 학습 결과 평가, 그리고 지역정부 행정기관the Regional State Administrative Agencies에서 계약에 의해 실시하는 평가에 관한 정보를 공유한다. 이 계획에는 핀란드 고등교육평가위원회 평가 및 고등교육에 관한 국제 평가에 관한 사항 역시 포함되어 있다.

지역정부 행정기관은 지역의 교육 여건을 평가한다. 교육 서비스 제공자들은 그들이 제공하는 교육과 그 효과성에 대해 평가할 의무가 있다. 평가 방법이 딱히 정해져 있는 것은 아니지만, 반드시 체계적·정기적으로 이루어져야 한다. 또한 교육기관들은 외부 평가도 받아야 한다. 각 지역은 지역 의회가 지정한 감사위원회를 설치해야 하며 이 기구를 통해 운영 및 재정적인 목표 달성 여부를 평가받는다(The Ministry of Education and Culture, 2011).

교육문화부는 이 평가 결과를 활용하여 입법 및 각종 정부 전략, 그리고 재정 계획을 수립한다. 국가교육위원회는 교육과정을 비롯한 교육 발전계획에 활용한다. 교육기관, 학교 및 교사는 법률이나 시행령에 의한 것은 아니나 각 기관의 재량적 판단에 의해 활용할 수 있다.

학교 평가

기초교육 단계에서의 학교 평가는 자기평가 방식에 기초하고 있다. 현행법하에서 교육기관은 자신들이 제공하는 교육을 반드시 평가하여야 하며 외부 평가에도 참여하여야 한다. 핀란드에는 학교 장학사가 없다. 이는 1991년에 폐지되었다. 내부 평가에서 무엇을 평가하는지 그리고 그 결과가 어떻게 보고되고 외부에 공개되는지에 관한 사항은 각 교육기관이 결정할 사항이다(The Ministry of Education and Culture, 2011).

2010년에 교육부문화부는 내부 평가를 촉진하고 교육의 질을 향상시키기 위해 기초교육에 대한 국가 품질 기준national quality criteria을 개정했으며, 구체적인 내용은 다음과 같다.

- 리더십
- 교직원
- 재정적인 자원
- 평가evaluation
- 교육과정 이행
- 교육 활동 및 교수법
- 학습, 성장 및 복지를 위한 지원
- 관용 및 영향
- 학교-가정 협력
- 안전한 학교 환경

이러한 국가 품질 기준은 학교교육 시스템 전반에 걸친 요소들과 이의 실현에 초점을 맞춘다. 양질의 교육을 지향하며 교육 서비스를 풍부하게 만들며 모든 학생들이 그들의 배경에 관계없이 동등한 교육권을 향유하도록 지원하는 것을 목적으로 한다. 이 기준들은 학교 리더십 발휘를 위한 도구로 인식되며, 이를 통해 자치시나 학교들이 다양한 방식으로 그들 지역의 교육을 개선할 수 있도록 한다(The Ministry of Education and Culture, 2010).

학습 결과를 평가하는 교사의 역량

교사교육과 연수in-service education는 교사들에게 교육 평가와 측정에 관한 숙련, 지식을 제공하고 이해력을 높여준다. 양성교육 단계에서 학생 평가에 초점을 둔 교육 모듈이 포함되어 있다. 또한 교육적 평가과 학생 평가에 관한 연구를 통해 정보를 소개하며, 국가 평가 보고서를 활용하여 핀란드 교육 시스템 내에서의 평가 및 측정 문화를 설명한다. 평가와 측정에 관한 코스와 모듈은 장차 예비교사들이 학교 수업에서 평가 결과를 어떻게 사용할지에 대해서도 교육한다. 핀란드에는 교사교육을 위한 국가교육과정이 없기 때문에, 학생 평가에 대한 학습은 각각의 교사교육 프로그램에 따라 다양하다.

국가교육위원회, 대학의 계속교육센터 그리고 지역정부는 교육자들에게 평가와 측정 기준에 관한 단기 프로그램과 훈련을 제공한다.

교사 평가

핀란드에서는 교사 평가 및 수업 평가는 없다. 하지만 교장은 학교의 교육적 리더로서, 수업 및 교원의 질에 대해 책임을 진다. 대부분의 학교는 연례 토론회와(혹은) 연례 평가회와 같은 질 관리 체제를 갖고 있다.

교사의 자격 요건들은 시행령(986/1998)에 명시되어 있다. 교육문화부는 3년마다 데이터를 수집하여 국가 및 지역 수준에서 교사의 연령 구조와 공식적인 자격요건들까지 점검한다. 그 데이터는 자격요건을 갖춘 교사를 안정적으로 공급하기 위해 교사교육에 유용하게 활용된다. 이를 통해 교사의 전문성 향상을 위한 계속교육과 신규 교사교육 수요를 적절하게 확인할 수 있다.

일상적 학교 업무인 학생 평가

핀란드 기초교육에서 교사들은 담당 교과 교육과정상의 목표에 비추어 학생 평가를 실시한다. 평가는 그저 매일같이 진행되는 일상적인 학교생활의 한 부분이라고 할 수 있다. 모든 학생은 적어도 매년 한 번의 평가 기록을 받는다. 또한, 매년 최소 한 번의 중간 기록을 받는다. 학생들의 성취도는 교사들이 실시하는 개별적인 시험에 의해 평가받는다. 9년간의 기초교육을 성공적으로 이수한 경우 졸업장이 주어지며 선택과정인 10학년을 이수했을 경우에는 추가적인 증서가 수여된다(The Ministry of Education and Culture, 2010).

기초교육과정에서의 평가는 기준에 의거한다criteria-based. 개별 교과 혹은 교과군 단위의 학습 목표와 핵심적 학습 내용이 국가교육과정에 의해 규정된다. 최종 평가에서 활용될 목표와 핵심 내용, 좋은 성취라 판단할 수 있는 수준은 사전에 결정되어 평가의 방향을 설정하는 데 도움을 준다. 평가 척도는 4(미진)부터 10(탁월)까지이다. 8학년에 대한 기준은 국가핵심교육과정에 과목별로 마련되어 있다(Finnish National Board of Education, 1999).

매 학기 학생에 대한 평가는 본질적으로 형성평가formative이다. 총괄평가는 학년 말에 한 번 치르는 것을 원칙으로 한다. 학년 말 총괄평가는 기본적으로 학생들이 교육과정에서 규정된 내용을 얼마나 잘 성취했는지를 평가하는 것이다. 기초교육 단계에서는 어떠한 국가수준의 시험이나 의무적 시험이 없다. 1998년 이후 국가수준의 학교 성취도는 표본 추출에 의한 국가수준 평가로 측정되었다. 표본으로 추출된 학교는 의무적으로 시험에 응시해야 한다(Finnish National Board of Education, 1999).

이렇듯 평가는 학생의 성취 수준을 측정하는 것을 주된 목표로 하지만, 반드시 앞으로의 학습을 지원하고 학습 동기를 향상시키고 유지시키기 위한 피드백이 이루어져야 한다. 평가는 또한 학생의 학습을 지원하기 위한 학교교육의 성공 요인에 대한 정보를 제공해야 한다.

학생 평가는 실제적이고 형성적인 평가 방법에 따르는 경우가 많이 있는데, 학생의 자기평가나 학습 포트폴리오 등이 이에 해당된다(Patton, 1996; Williams, 2010). 학습활동을 점검하면서 학생들이 주도적인 역할을 하는 것은 학생들의 메타인지적 인식능력과 평생학습 능력 배양을 위해 가치 있는 활동이라는 점에 많은 이들이 동의한다. 부모의 역할 또한 학생들의 학습과 향상에 매우 중요한 요소이다. 학생, 학부모 그리고 교사가 한데 모임으로써 집단적 성찰을 유도할 수 있는데, 이 과정을 통해 모든 참여자가 학생들의 학습에 대해 그들만의 관점에서 향상된 부분과 문제점을 지적할 수 있다.

학습 결과에 대한 국가수준 외부 평가

핀란드교육평가센터FINEEC는 국가수준 평가를 담당한다. 교육 활동 및 핵심교육과정의 개선에 유용한 정보를 제공하기 위함이다. 국가수준의 외부 평가는 미리 결정된 기준에 의거해 실시된다. 수집될 정보의 신뢰도와 타당도를 높이기 위해 (평가를 위한) 정보의 원천, 편집 절차 및 분석 방법은 잘 기술되고 정의되어 있다. 모든 평가 업무 및 그 보고는 가능한 투명하게 진행된다. 그 결과는 개별 교육 서비스 제공자인 학교 및 교사 그리고 학생들에게 어떠한 불이익도 없도록 보고되고 평가된다. 국가수준의 학업성취도 평가 결과에 근거한 학교 순위는 핀란드에 기본적으로 존재하지 않는다(Simola et al., 2009).

국가수준 외부 평가는 표본 추출 방식으로 실시되며 교육 목표와 교육과정의 개선을 위한 정보 획득을 주된 목적으로 한다. 표본은 통상적으로 각 연령 집단의 5~10%이며, 이는 3,000~6,000명 정도의 학생에 해당된다. 통상적으로 3학년, 5학년, 7학년 및 9학년에 실시되는데, 9학년에 실시되는 경우가 가장 일반적이다(The Ministry of Education and Culture, 2011).

교육평가계획the Education Evaluation Plan은 당해 연도에 어떤 과목에 대한 평가가 이루어질 것인지 결정한다. 수학과 모국어(핀란드어와 스웨덴어)는 정기적으로 평가된다. 기타 과목의 평가는 비정기적으로 이루어진다.

외부 국가 평가 프로젝트는 평가의 실시부터 보고까지를 책임지는 프로젝트 관리자에 의해 수행된다. 계획 및 수행 방법은 다른 모든 과목 단위 평가들과 유사하다. 통상적으로 평가는 다음의 몇 가지 단계를 거친다.

1. 평가 도구 개발
2. 표본 준비
3. 예비 테스트 및 문항item 분석
4. 데이터 수집 및 입력
5. 데이터 분석

6. 학교로의 피드백

7. 국가수준 보고서 작성

모든 과정에 통상적으로 1년 반 정도 소요된다.

이와 같은 평가의 목적은 학교에 정보를 제공하는 것이고 이를 통해 학교, 지역 및 전체 국가수준 등 각기 다른 수준에서 학교교육 활동의 질을 향상시키도록 지원하는 것이다(The Ministry of Education and Culture, 2011).

기초교육 단계에서의 평가는 학생들의 거주 지역, 성별 및 가정환경에 관계없이 기본적 능력을 얼마만큼 성취했는지 평가함으로써 교육에서 형평성의 가치를 증진시키는 중요한 역할을 한다. 모든 국가수준 평가 보고서는 국회 교육문화위원회 및 교육문화부에 제출된다. 관련 논의를 위한 전문가 세미나가 개최된다. 표본에 추출된 학교라면 해당 학교의 자료와 표본 전체에 대한 참고 자료를 받는다. 교육 서비스 제공자(대부분 지방정부) 또한 같은 자료를 받는다. 학교 단위 보고서는 학교에 가능한 빨리 전달되며, 이는 통상 자료 생성 이후 6~8주 이내이다. 지속적이고 체계적인 방식으로 교육 전문가들이 평가 결과에 대해 토론하고 의견을 개진하는 것은 그 결과의 부족한 부분이 잘 인식되어 반영되도록 하기 위한 중요한 과정으로 인정된다(Korkeakoski & Tynjälä, 2010; Välijärvi & Kupari, 2010).

핀란드 기초교육의 당면 과제

교육은 사회의 경쟁력과 복지를 결정하는 데 핵심적인 역할을 한다. 오로지 교육을 통해서만 새로운 높은 수준의 역량을 창조할 수 있는데 이는 사회가 지속적으로 발전하고 번영하는 기초가 된다. 기초교육은 이와 같은 개선 과정에서 중요한 역할을 담당한다. 기초교육은 모든 연령 집단을 위한 학습과 발전을 가능케 하고 그들이 다양한 환경에서 평생학습에 참여할 수 있도록 뒷받침한다. 평가와 측정은 기초교육의 과정과 결과를 점검함으로써 이러한 교육적 목적을 실현하게 한다(Atjonen, 2007).

최근 연구와 국가수준 평가 결과에 의하면, 핀란드 역시 기초교육을 더욱 내실화하여 사회와 개인의 요구에 부응하여야 한다(Finnish National Board of Education, 2011). 최근의 평가와 이에 따른 연구들에 따르면 학습 결과, 학생 복지 서비스, 그리고 학생과 청소년의 심리적 복지와 건강 보호 서비스 등에서 격차가 점점 커지고 있다고 한다. 물론, 성별, 종교 및 인구집단에 따른 차이도 있다. 연구 결과에 의하면, 핀란드 내의 모든 지방 정부가 양질의 교육을 제공할 충분한 자원과 정치적 의지를 보유하고 있는 것은 아니기 때문에, 학생들은 불평등한 환경에 놓이게 된다.

기초교육 단계 학교의 인구학적 구성은 명백히 복잡해지고 있다. 학습자들 사이의 문화적, 언어적, 지역적 이질성이 증가함에 따라 교육적 형평성의 가치와 이를 교육체제 내에서 어떻게 구현할 것인지 재검토해야 하는 시점이다. 다양한 학습자들의 요구에 부응하는 학습 기회의 창출을 위해서, 또한 현재 상황에 대한 정확한 판단을 기초로 핀란드 교육의 당면 과제에 적절하게 대응하기 위해서, 교육평가와 측정을 통해 형평성의 실현 수준을 점검하는 자료를 수집할 필요성이 있다는 결론에 이르게 된다(Hursh, 2005; Meyer, 2001).

다양한 학습자들에 의한 복합적 요구에 대한 대응

기초교육의 발전을 위한 근본적인 질문 중 하나는 어떻게 모든 학생을 위한 교육을 장려하고 이를 위한 동기를 부여할 것인가이다. 기초교육의 발전은 학생들의 연령과 능력, 그들의 개인적 성장과 발달, 그리고 그들의 서로 다른 요구들을 적절히 고려하는 것이다. 개별 학생에게 발생할 수 있는 어떤 종류의 장애라도 가능한 이른 시기에 파악되고 모든 학생이 사회적 권한을 부여받는 방식으로 지원받아야 한다(Liinamo & Kannas, 1995; Linnakylä, 1993). 학생 복지 서비스, 사회 서비스 및 정신건강 서비스는 하나의 전체로서 그 효과성을 극대화해야 한다. 학교 보건 서비스를 제공할 때 반드시 학생들과 청소년들에게 필요한 심리상담 서비스가 동반되어야 한다.

학교는 또한 학생들에게 더욱 명확하게 동기를 부여하고 지원하여, 학생들 개인의 잠재력을 최대한 신장할 수 있는 기회를 제공해야 한다. 이러한 목표들은 서로 다른 방식과 요구, 재능을 가진 학습자에 적합한 유연한 학습 방법의 고안을 통해 지원될 수 있다. 2010년 교육기본법 수정안은 학생들이 체계적·선제적인 학습 지원을 받을 수 있는 권리를 더욱 강조했다. 교육 서비스 제공자들은 전국에 걸쳐 일관성 있는 방식으로 개혁 절차를 이행할 수 있도록 지원하는 국가수준의 가이드라인을 필요로 한다.

학생 평가는 기초교육의 발전을 논의하는 데서 핵심적인 이슈이다. 학생 평가는 때때로 학습 결과라든지 점수 등과 같은 매우 협소한 개념으로 이해되기도 한다. 하지만 학생들을 평가하는 가장 큰 목표는 학습자들에게 학습의 과정을 안내하고 학습 동기를 향상시키는 것이다. 학생들은 평가의 일부로 제공된 피드백에 기초하여 학습자로서 그들에 대한 관념을 형성한다. 성공의 경험과 학습의 즐거움을 느끼는 것은 모든 학생들에게 중요하다. 동시에, 학생들은 평가적인 측면에서 동등하게 대우받아야 한다. 비슷한 수준의 능력을 보이는 학생들은 지역이나 학교 그리고 학급의 차이에 관계없이 동일한 수준으로 평가되어야 한다.

평가는 학생들의 학습능력과 역량을 향상시켜주어야 한다. 이를 위해 학생 평가를 위한 방법과 기준의 발전이 필요하다. 평가 기준은 구체화된 평가목표와 반드시 연결되어야 한다. 평가목표는 평가가 가능한 방법으로 진술되고 구성되어야 한다. 학교 차원으로는 학습 과정을 지원하고 정보통신기술을 활용하는 새로운 평가 방식이 필요하다. 또한 이 모든 절차들은 국가수준의 지침에 의해 뒷받침되어야 한다.

모든 학생을 위한 형평성 및 수월성을 확보하기 위한 절차

세계에서 으뜸가는 통합교육 시스템을 발전시키기 위해서는 기초교육에 대해 국가적으로 공유된 비전이 목표로 있어야 하고, 실행과 꾸준한 평가도 필수적이다. 결국, 기초교육 시스템에서 품질을 향상시키고 유지하기 위한 자원을 확보하는 것이 중요하다. 성공을 위해서는 결연하고 일관성 있는 리더십이 요구되며, 모든 수준에서 협력이 필요하다. 교육의 발전을 위해서는 전체 교육 시스템의 발전을 위한 부단한 노력의 과정이 필요하다. 그것은 법령에 의해서만 결정되지 않는다. 그것은 행정 시스템, 자치시 및 학교 내에서 일상적으로 작동되는 자연스러운 시스템을 형성해야 한다.

학습의 통합성 확보 차원에서, 교육 시스템의 핵심적인 발전 목표를 결정하는 것이 필수적이고, 이는 교육 시스템의 각 차원에서 추구되어야 한다. 이것은 전체 시스템에 걸쳐 가시적이어야 한다. 가령, 정책 결정(입법, 학습시간의 분배), 조종 장치의 역할을 하는 문서(국가핵심교육과정), 재원 조달, 교사교육 및 훈련, 교육 서비스의 제공과 학교의 운영에 관한 것에서 나타나야 하고, 또 학습 환경의 선택, 다양한 교수·학습 방법의 활용 및 학생 지도의 형태뿐 아니라 지원과 평가 수단 지침에서도 볼 수 있어야 한다. 학습 성과를 제고하기 위해서는 목표를 결정할 때 국가수준의 안내 시스템이 안정적으로 제공되어야 한다. 입법과 재원조달 그리고 다른 국가수준의 조종 장치가 교육 서비스 제공자들을 지원하고 안내하여 법령과 정책의 목적을 잘 수행하도록 해야 한다(Lahtinen & Lankinen, 2010).

기초교육의 발전을 위해서는 계속적으로 다양한 학습자의 요구와 적성을 인지해야 한다. 발달의 가장 중요한 목적은 모든 학생의 학습을 촉진하고 학습 결과를 극대화하는 것이다. 교육과정과 더불어 교육적 평가와 측정은 핀란드 기초교육을 발전시키고 개혁하는 핵심적 수단이다.

기초교육의 발전과 평가 과정에서 교사와 학교장은 매우 중요하다. 교수 활동 및 학교 경영에 관련된 전문적 역량은 꾸준히 지원되고 강화되어야 한다. 협력적 문화를 만들고 협력적 역량을 발전시키기 위해서는 주의와 노력이 요구된다. 기초교육은 파트너십과 공유된 리더십에 기반을 두고 발전해야 한다. 변화의 필요성과 개혁의 목표들은 시스템을 통해서 이해되어야 한다. 그 목적 달성을 위해 선결되어야 할 것은 국가 및 지방 정부, 학교와 교사를 포함한 교육 시스템의 모든 참여자들의 헌신이다. 전체 교육 시스템을 발전시키려는 일관된 노력은 향상 지향적인 평가와 측정 업무에 의해 지탱되며 그것은 핀란드 사회의 가장 중요한 자원을 형성하는 교육, 능력과 복지를 창출하게 될 것이다.

참고 문헌

Atjonen, P. (2007). *Hyvä, paha arviointi [Good, bad evaluation]*. Helsinki: Tammi (in Finnish).

Chelimsky, E. (1997). The coming transformations in evaluation. In E. Chelimsky & W. R. Shadis (Eds.), *Evaluation for the 21st century: a handbook* (pp. 1-26). Thousand Oaks, CA: Sage Publication.

Hursh, D. (2005). The growth of high-stakes testing in the USA: Accountability, markets and the decline in educational equality. *British Educational Research Journal, 31*(5), 605-622.

Jakku-Sihvonen, R. (1993). Tuloksellisuuden arvioinnin käsitteitä opetustoimessa [Concepts for educational accountability]. In K. Hämäläinen, R. Laukkanen, & A. Mikkola (Eds.), *Koulun tuloksellisuuden arviointi [Evaluating the effectiveness of schooling]*. Helsinki: VAPK-kustannus (in Finnish).

Korkeakoski, E. & Tynjälä, P. (Eds.). (2010). *Hyötyä ja vaikuttavuutta arvioinnista [Benefits and effectiveness from evaluation]*. Koulutuksen arviointineuvoston julkaisuja 50. Saarijärvi: Saarijärven Offset Oy (in Finnish).

Lahtinen, M., & Lankinen, T. (2010). *Koulutuksen lainsäädäntö käytännössä [Educational legislation in practice]*. Tietosanoma. Tallinna: Tallinna Raamatutrukikoda (in Finnish).

Liinamo, A., & Kannas, L. (1995). Viihdynkö, pärjäänkö, selviänkö turvallisesti: Koulunkäynti oppilaiden kokemana. [Do I like school, do I get on, am I safe: School as students perceive it]. In L. Kannas (Ed.), *Koululaisten kokema terveys, hyvinvointi ja kouluviihtyvyys. WHO-koululaistutkimus [Health, well-being and school satisfaction as perceived by schoolchildren. WHO health behaviour in school-Aged children Study]* (pp. 109-130). Helsinki: National Board of Education (in Finnish).

Linnakylä, P. (1993). Miten oppilaat viihtyvät peruskoulun yläasteella? Kouluelämän laadun kansallinen ja kansainvälinen arviointi [School satisfaction in the upper level of comprehensive school? National and international assessment of the quality of school life]. In V. Brunell & P. Kupari (Eds.), *Peruskoulu oppimisympäristönä. Peruskoulun arviointi 90-Tutkimuksen tuloksia [The Comprehensive school as a learning environment. Results of the assessment of the comprehensive school 90 study]* (pp. 39-56). University of Jyväskylä Institute for Educational Research. Jyväskylä: Jyväskylän yliopisto (in Finnish).

Meyer, W. (2001). The evolution of modern stratification systems. In D. B. Grusky (Ed.), *Social Stratification: Class, Race and Gender in Sociological Perspective* (Vol. 2, pp. 881-890). Oxford, UK: Westview.

Ministry of Education and Culture. (2011). *OECD Review on Evaluation and Assessment Frameworks for Improving School Outcomes. Country Background Report: Finland.* Helsinki: Ministry of Education and Culture.

Ministry of Education and Culture. (2010). *Perusopetuksen laatukriteerit* [*Quality Criteria for Basic Education*]. Opetusministeriön julkaisuja, 6. Helsinki: Yliopistopaino (in Finnish).

National Board of Education. (1999). *A Framework for Evaluating Educational Outcomes in Finland.* Evaluation, 8. Helsinki: Yliopistopaino.

National Board of Education. (2004). *National Core Curriculum for Basic Education. Regulation.* 1/011/2004. Sastamala: Vammalan Kirjapaino Oy [Available in English at: http://www.oph.fi/english/publications/2009/national_core_curricula_for_basic_education].

National Board of Education. (2011). *The School of Opportunities-Towards Every Learner's Full Potential.* Helsinki: Kopiojyvä Oy.

Patton, M. Q. (1996). A world larger than formative and summative. *Evaluation Practice, 17*(2), 131-144.

Raivola, R. (2000). *Tehoa vai laatua koulutukseen* [*Efficiency or Quality in Education*]. Helsinki: WSOY (in Finnish).

Simola, H., Rinne, R., Varjo, J., Pitkänen, H., & Kauko, J. (2009). Quality assurance and evaluation (QAE) in Finnish compulsory schooling: A national model or just unintended effects of radical decentralisation? *Journal of Education Policy, 24*(2), 163-178.

Välijärvi, J., & Kupari, P. (2010). Koulutuksen arvioinnin näkökulmat ja arviointien hyödyntäminen. In E. Korkeakoski, & P. Tynjälä (Eds.), *Hyötyä ja vaikuttavuutta arvioinnista* [*Benefits and Effectiveness from Evaluation*] (pp. 21-29). Koulutuksen arviointineuvoston julkaisuja 50. Saarijärvi: Saarijärven Offset Oy (in Finnish).

Williams, D. (2010). The role of formative assessment in effective learning environments. In H. Dumont, D. Istance, & F. Benavides (Eds.), *The Nature of Learning. Using Research to Inspire Practice.* Series: Educational Research and Innovation. OECD.

6. 핀란드 국가핵심교육과정의 구조와 발전

에르야 비티카Erja Vitikka
레나 크록포르스Leena Krokfors
레일라 리카비수카리Leila Rikabi-Sukkari

요약

교육적 변화를 촉진하고 관리하는 수단으로서 국가핵심교육과정은 핀란드 학교 체제가 발전하도록 하는 중요한 역할을 수행한다. 국가핵심교육과정은 교육의 조직과 집행을 위한 교육적 기초이고 지역 교육과정 설계의 틀이다. 국가핵심교육과정은 학교의 모든 과목들을 위한 가르침의 목적과 핵심 내용을 포함하고 있을 뿐 아니라, 교육의 임무, 가치 및 구조를 기술하고 있다. 이것은 학습의 개념을 기술하고 학습 환경, 학교문화 및 일의 방식들을 발달시키기 위한 목표들을 기술하고 있다. 이것은 핵심교육과정이 이중의 역할, 즉 한편으로 행정적 운영의 지침 문서로서, 다른 한편으로는 교사들이 자신들의 교수학적 실천pedagogical praxis을 개발하는 도구로서 역할을 하도록 만들었다. 핀란드에서 국가와 지역 당국의 협력 과정을 통해 이루어지는 핵심교육과정의 개발은 매우 선진화된 관행이다. 이 같은 특징은 교육과정 개발의 초점을 교수학적 기능으로 전환하도록 했다. 2014년 핀란드 국가핵심교육과정의 개정 과정은 주로 교수학적 내용이고 학교문화, 학습 환경과 교수학을 변화시키려는 목적을 갖고 있다.

 *핵심어: 교육과정 체제, 교육과정 설계, 교육과정 개발

핀란드 현 교육과정 체제의 주요 특징

핀란드 국가핵심교육과정은 지난 40동안 시행된 매우 새로운 발명품이다. 1970년 이전 핀란드는 두 개의 분리된 교육체제-매우 어린 나이에 학생들을 상이한 경로로 배치하던-를 유지하고 있었다. 이 분리는 아동의 사회경제적 배경과 강한 연계를 가졌고, 상이한 그룹들 사이에 학습 기회의 불평등과 성취도 차이를 발생시켰다. 오랜 기간 동안 정치적으로 치열했던 논쟁은 이후에 모든 어린이는 처음 9년 동안에는 동일한 학교에 다녀야 한다고 서술한 1968년 기초교육법the 1968 Basic Education Act으로 종결되었다. 이 법으로 핀란드 기초교육의 기반이 탄생한 것이다.

첫 국가교육과정은 1970년대에 공개되었는데 이것은 매우 중앙집권화된 문건이었다. 이것은 1983년 기초교육법에 따라 1985년에 처음 개혁되었는데 이때 분권화와 교사의 자율성이라는 방향이 수립되었다. 1985년 이전에는 과거 두 개의 분리된 교육체제의 흔적으로 학교 내에서 능력별 반편성이 일반적인 관행이었다. 교육과정 개혁은 이 관행을 종식시키고 모든 학생에게 상향된 기준을 설정했다. 지방자치단체들은 더욱 많은 의사결정 권한을 부여받았고, 개별적인 학생의 필요가 교육의 초점이 되었다.

분권화 과정은 1990년대에도 지속되었다. 1994년 교육과정 개정은 자치시의 지역정부들에게 더 넓은 범주의 자율권을 주었다. 주요한 교육 공급자로서 지역정부들은 국가가 제공한 재정교부금을 어떻게 활용할 것인가를 자유롭게 결정하는 권한을 부여받았다. 지역정부들은 학교, 교육의 진행 절차와 재정을 조직하는 자율권을 부여받았다. 단위 학교 의사결정은 교육과정을 조직하는 중심적인 요소가 되었다. 이전에는 모든 교과서가 검열을 받았고 학교 장학(사)관들이 학교현장을 감찰했으나, 지역정부에 더 많은 자율권을 주기 위해 이런 관행들이 모두 폐지되었다.

1998년에는 교육법의 주요 개혁이 이루어졌다. 이때 (교육)목표와, 학생의 권리와 의무를 강조하였다(Finnish National Board of Education, 2010). 처음으로 학생 평가를 위한 국가적 기준이 도입되었다(Finnish National Board of Education, 2004). 결과적으로 2004년 교육과정 개정은 더 중앙집권화되었다. 국가핵심교육과정은 더욱 중앙집권적인 문서가 되어 국가 차원의 의사결정을 강조했고 실행의 지역적 차이는 줄어들었다. 중앙집권화는 교과목의 내용을 더욱 강조했다.

2014년 교육과정 개정은 핀란드 종합학교 기초교육의 역사에서 다섯 번째 개정이었다. 이 개정은 교수법pedagogy과 학교문화 개혁을 목표로 했다. 교과목 내용으로 볼 때 큰 변화는 없었다. 교수법을 강조한 성격 때문에 새 핵심교육과정은 이전의 교육과정 문서들보다 훨씬 더 많은 교수법에 관한 가이드를 담고 있다. 개정의 목표는 미래를 건설하는 관점에서 학교의 주도적 역할을 강조하는 것이다. 이에 더하여 학교문화의 개발, 지속가능한 삶을 위한 학생들의 능동적 역할, 원칙 및 태도가 핵심적이다. 새 핵심교육과정은 2016년 8월에 시행된다(Finnish National Board of Education, 2015).

핀란드 기초교육의 목표는 국가 전체에 높은 수준의 교육적 평등을 보장하는 것이다. 핀란드 교육기본법은 기초교육을 조직하고 집행하는 법률적 틀이다. 현행법은 교육의 달성 목표, 내용, 수준, 조직, 학생들의 권리와 의무를 규정하고 있다(Basic Education Act 628/1998). 교육과정은 여러 수준의 행정단위에서 내려지는 결정들에 의해 구체화되는 교육적인 도구이다. 핀란드에서 핵심교육과정은 목적, 내용과 교수법에 관한 교육적 틀을 제공하는 핵심적인 역할을 수행한다. 학교는 규제의 대상이 아니고, 많은 의사결정력이 지역 수준에 위임되어 있다(Lahtinen & Lankinen, 2013). 핵심교육과정은 국가 차원의 평등을 보증하는 것을 목적으로 하는 교육적 가이드 역할을 수행한다. 여러 수준의 계획, 절차 및 정책들은 교육체제의 부분으로 법률화된 목적과 핵심적인 원리들이 모든 학교에 도달하도록 보증한다.

국가를 대신하여, 핀란드 국가교육위원회Finnish National Board of Education는 국가핵심교육과정을 고안한다. 국가핵심교육과정은 모든 학교 교과목을 위한 가르침의 목표들과 핵심 내용들, 그리고 개별 교과목의 특수한 부분들을 포함하고 있으며, 또한 교육과정 문서의 일반적 영역에서는 교육의 임무, 가치와 구조를 기술하고 있다. 국가핵심교육과정은 지역 교육과정을 만드는 사람들이 지역의 교육과정을 만드는 데 활용할 공통의 구조와 기본 지침들을 결정한다.

자치시들과 학교들은 지역 환경의 특징들과 장래성을 고려하여 맥락 중심으로 그들 자신의 교육과정을 고안한다. 지역 교육과정은 그 지역에서 교육적으로 일관된 가르침을 위한 규범이자 안내문이다. 자치시들과 학교들은 교육을 조직하고 그 핵심교육과정을 집행하는 데 큰 자율성을 부여받고 있다(Halinen & Järvinen, 2008).

핀란드의 교육과정 개정 프로세스

교육과정을 구성하는 프로세스는 운행체제의 산물이다. 매번의 교육과정 개정의 출발점은 국가적·국제적 연구개발 프로젝트와 학습 결과의 평가에서 얻는 모든 지식과 경험이다(Halinen, Holappa & Jääskeläinen, 2013). 이미 수십 년 동안 핀란드 국가핵심교육과정은 민주적으로 구조화되고 위계화된 과정으로 개정되었다. 이 과정은 여러 수준의 행정적 작업들이 관여되기는 하지만, 순전히 행정가들에 의해 지배되는 과정이 아니다. 핀란드 핵심교육과정은 행정가, 노동조합, 교육공여자, 학교, 교육전문가, 학부모의 폭넓은 네트워크, 그리고 넓은 범주에서 사회 이익단체 사이의 협동적 노력의 성과물이다.

네트워크 협력은 이해관계자들 사이의 공개적 대화와 합의에 이르는 것을 목표로 한다. 이에 더하여, 교육과정 구성 프로세스의 네트워크 협력은 교육과정을 구성하는 과정에서 교육 공급자, 지방정부 및 학교들의 소유권을 증대시키는 데 기여한다. 이 합의 정책은 성과를 만들어온 노력이다. 핀란드는 교육과정 개정을 위해 잘 기능하는 관행과 강력하게 작동하는 전통을 가지고 있으며, 이것은 관련된 교육과정에서 잘 나타난다. 협력을 위한 구조를 발전시키고 확립하는 것은 이 과정의 핵심적인 역할이다.

2012~2014년에 있었던 가장 최신의 국가핵심교육과정 개정 중에는, 행정가들과 사회 사이의 협력과 공개적 대화를 위한 새로운 수단이 도입되었다. 개정의 전 과정 내내, 기초교육에 관한 초안들이 공개적 논평과 피드백을 얻기 위해 핀란드 국가교육위원회의 웹사이트에 탑재되었다. 2012년 11월에서 12월 사이의 첫 논평 기간에 교육의 임무, 가치 및 구조에 관해 기술하는 교육과정의 일반 영역에 관한 약 1,120편의 논평을 받았다. 2014년 4월~5월에 있었던 두 번째 논평 기간에 일반 영역과 교과목의 특수한 영역이 모두 포함된 전체 교육과정의 문서 초안에 대한 2,517편의 논평을 받았다. 논평자들에게는 실제 이름을 필수적으로 제출하도록 요구되었고 소속 기관은 선택 사항으로 두었다. 이 논평들은 논평 기간 동안 모두 웹사이트에 공개되어 누구나 볼 수 있도록 했다. 논평자에는 교사, 교장, 다양한 조직들, 연구 그룹, 대학교 직원, 학생조합과 부모조합이 있었다. 공개적인 온라인 논평 시스템은 개인들과 조직들이 새 교육과정에 영향을 행사하면서 쉽게 접근 가능한 새로운 방법을 제공했다.

첫 번째 논평 기간 동안에는 이를테면 교육 평등, 새로운 학습 환경, 지속가능한 발전 등과 같은 폭넓은 주제들이 포함되었다. 핀란드 교육체제의 주춧돌인 교육 평등은 매우 큰 관심을 받았고 여러 가지 관점—교육

평등의 정의, 교육의 성 인지, 영재 학생의 개별적 요구, 자치시별 ICT 자금의 차이—에서 논의되었다. 이에 더하여 진정한 학교 밖 학습 환경과 주변 공동체를 통한 다중 전문가 협력의 활용이 중요하게 간주되었다. 더불어 지속가능한 삶의 방식의 중요성, 세계적 정의를 향한 교육, 가르침의 책임, 학교의 일상적 관행 등에 관한 논평들의 기여도 있었다(Rikabi-Sukkari, 2014).

2014년 4월~5월에 있었던 논평들은 주로 긍정적이었다. 이 단계에서 교육과정이 거의 준비되었고 일반적 지침들과 교과목 특수적인 부분이 모두 포함되었다. 주어진 논평에 기초를 둔 교육과정은 미래지향적이었고, 지역 교육과정 작성을 지원하는 역할을 하게 되었다. 개인적 성장, 지속가능성, 참여와 평등과 관련된 이슈들은 중요하게 간주되었고, 많은 논평자들은 최종 교육과정에서 이런 요소들이 더 촉진되었으면 하는 바람을 표현했다. 약 90%의 논평자들은 교육과정의 주요 영역들에 동의했으며, 75%는 교육과정의 구조가 분명하다고 생각하는 것으로 나타났다(Finnish National Board of Education, 2014b).

일반적으로 논평들은 핀란드 사회에서 학교가 갖는 사회적 의미에 연계된 광범위한 이슈들을 다루었고 현재 핀란드 교육정책의 논의들의 개요를 제공했다. 이 논평들은 분석적이었고 훌륭하게 주장을 펼쳤으며 긍정적이고 비판적인 피드백을 포함하고 있었다. 이 주제들은 논평자들이 핀란드 사회와 학교의 발전에서 중요하다고 여기는 가치와 의제들을 반영했다.

핀란드 교육과정 디자인

핀란드 국가핵심교육과정의 중심 요소
국가핵심교육과정은 교육을 조직하고 집행하는 교육학적 기초이다. 이것은 학생 평가와 학습 지원뿐 아니라 학교문화, 학습 환경 및 일하는 방식을 개발하는 목표들과 일반적 지침들을 수립한다.

주목할 필요가 있는 부분은 핀란드는 교과목에 기초하는 학문적 전통에 강한 뿌리를 두고 있는 법률로 인하여 순수 역량 중심 교육과정을 갖고 있지 않다는 점이다. 하지만 핀란드 교육과정에서 처음으로 일곱 가지의 역량 영역이 정의되었다.

- 생각하기와 배우는 것을 배우기learning to learn
- 문화적 역량, 상호작용과 표현
- 참여와 영향, 지속가능한 미래 구축
- 다중 문해력
- ICT-역량
- 노동세계의 역량과 기업가 정신
- 자신과 타인의 돌봄, 일상 활동을 안전하게 관리하기

이 역량들은 개별 교과목과 관련이 있으며, 그러므로 교과목들은 학생들의 역량을 형성하는 데 책임이 있다. 역량의 목표들은 교과목 특수적인 목표들과 연계되어 있다(Finnish National Board of Education, 2014a). 새 교육과정은 전통적인 과목들과 새 역량 영역들과의 분명한 연계를 구축하는 것을 목표하고 있다. 다른 역량 정의들과 비교할 때 핀란드 국가핵심교육과정은 복지, 건강 및 안전을 강조하고 있다. 그리고 그것들은, 예컨대 21세기 숙련의 요소들을 포함하는 다양한 역량에 대한 정의들을 종합하고 있다.

핀란드 교육과정에서 또 다른 새로운 요소는 여러 교과목을 융합하는 학습 모듈을 포함하고 있는 것이다. 이것은 바로 교과목들 사이의 연계와 협력을 추구한다. 개별 학교는 매년 각 학년마다 하나 이상의 융합 학습

모듈을 반드시 만들어야 한다. 이 학습 모듈의 목표, 내용 및 실행은 지역 별로 결정되기 때문에 학교가 이 학습 모듈을 계획하고 정의하고 실행한 다(Finnish National Board of Education, 2014a).

여전히 핀란드 법률은 학생들이 개별 교과목의 목표에 어떻게 도달했는지에 토대를 두고 평가되어야 한다고 진술하고 있다. 이것은 평가를 개별 교과에 얽매이게 한다. 위에서 언급한 역량 영역들은 직접적으로 평가되지 않는다. 그러므로 지역 교육과정은 교과 특수적 목표들과 내용에 기초하여 만들어진다.

핀란드 국가핵심교육과정의 사상적·교육학적 배경

사실상, 핀란드 교육과정 디자인의 이중구조는 학습자 중심 교육과정과 교과목에 기초한 교육과정에 관한 논의로 구성된다. 종합학교 이전의 병렬적 학교 전통 때문에, 핀란드 교육과정의 개정은 핵심교육과정이 교과목 중심으로 되어야 할 것인지, 교수·학습을 통합적으로 보는 관점을 따라야 하는지에 관한 논쟁이 되었다.

교육과정 디자인은 항상 교수와 학습을 정의하는 사상적 배경에 기초를 두고 있다. 세일러와 알렉산더(Saylor & Alexander, 1981)는 하나의 사상적 분파의 가능성을 제시하면서 교육과정은 4개의 디자인으로 나눌수 있고 각각 독특한 사상을 반영한다고 주장하고 있다. 이것들은 교과목 중심 교육과정, 역량 중심 교육과정, 사회적 기능 교육과정, 학습자 중심 교육과정으로 나뉜다(Saylor et al., 1981; McKernan, 2008; McNeil, 1985; Schiro, 2008). 교육과정 디자인 분야에서 이런 형태는 실제로 이와 같이 존재하지 않는다. 이것들은 교육과정의 근거가 되는 원리적 아이디어들을 특정하고 있을 뿐이다.

사회적 필요와 기능에 기초한 교육과정은 사회적으로나 역사적으로 타당한 이슈들과 과제들에 의존한다(Kansanen, 2004; Saylor et al., 1981). 학습자 중심의 교육과정은 개별적인 학습자의 필요에 기초한 것이며, 개별 학생뿐 아니라 특정 연령 그룹의 관심과 필요에 관한 정보를 포함하고 있다(Saylor et al., 1981).

교과목에 기초를 둔 교육과정은 학문 분야의 목표와 내용을 강조함으로써 교과목의 특수한 내용을 숙달하는 것이 학습의 주요한 목표가 된다(Pinar, Reynolds, slattery & Taubmann, 1995; McKernan, 2008). 영(Young, 2010)에 따르면, 주요 교육정책의 국제적 경향은 교과 중심으로부터 일반적 역량 중심 교육과정으로 이동하고 있다. 역량 중심 교육과정은 주로 사회에 핵심적인 것으로 간주되는 숙련과 역량에 초점을 두고 있다. 교육과정은 이런 역량들을 획득하기 위해 필요한 지식과 숙련을 정의하며 그리고 이것이 곧 목표와 내용을 구성하는 기초가 된다(Saylor et al., 1981). 이 두 사상은 교육과정의 지식 구성과 관련이 있다.

전통적으로 핀란드 종합학교교육과정 디자인은 교과에 기초하는 접근 방식이지만, 20세기 초 이후 아우쿠스티 살로Aukusti Salo, 미카엘 소이니넨Mikael Soininen 등과 같은 핀란드 교육학자들 사이에 교과 통합 쪽으로의 상당한 이동이 있어왔다는 것에 주목할 필요가 있다. 이 두 전통 사이의 균형이 국제적 교육과정 디자인의 핵심이 되어왔다(Eisner & Vallance, 1975). 교과 중심 접근 방식은 핀란드 교육과정 전통에 뿌리박혀 있으며, 따라서 교과 중심에서 역량 중심으로의 이동은 전체 교육체제, 특히 교사 교육에서 심대한 변화를 요구하게 될 것이다.

한 교육과정을 작성하면, 그 결과는 언제나 교과목들과 학생에게 필요한 것들 사이의 타협의 산물이 된다. 2014년 개정의 목표는 학교문화, 학습 환경과 교수법의 변화를 가져오는 것이다. 학교문화, 학습 환경과 교수법의 변화를 목표로 삼아, 새 핵심교육과정은 무엇을 가르칠 것인가what to teach에서 어떻게 가르칠 것인가how to teach로 접근법의 변화를 추구한다. 무엇을 가르칠 것인가 접근법은 내용을 강조하는 데 반해 어떻게 가르칠 것인가 접근법은 교수법, 배우는 과정, 학생들의 전반적인 성장에 초점을 맞춘다(Cantell, 2013, p. 196; Halinen et al., 2013; Vitikka & Hurmerinta, 2011). 후자의 접근법을 강조함으로써 교육과정은 교사들이 자신의 교수학적 실천을 개발하는 도구가 된다. 따라서 최신 개정의 주요 목표는 교수법의 개발이다.

참고 문헌

Basic Education Act (628/1998). Retrieved 18.12.2015, http://www.finlex.fi/en/laki/kaannokset/1998/en19980628.pdf

Cantell, H. (2013). Opetussuunnitelmat ja tuntijakouudistus: arvopohdintaa ja välttämättömiä valintoja. *Kasvatus* 44(2), 195-198.

Eisner, E. W. & Vallance, E. (1975). Conflicting conceptions of curriculum. Berkeley, California: McCutchan.

Finnish National Board of Education. (2015). Website of the curriculum renewal. Retrieved 18.12.2015, www.oph.fi/ops2016

Finnish National Board of Education. (2014a). *Perusopetuksen opetussuunnitel man perusteet 2014* [*National Core Curriculum of Basic Education 2014*]. Retrieved 18.12.2015, http://www.oph.fi/download/163777_perusopetuksen_opetussuunnitelman_perusteet_2014.pdf

Finnish National Board of Education. (2014b). Website of the curriculum renewal. Retrieved 17.6.2014, www.oph.fi/ops2016

Finnish National Board of Education. (2010). *Basic Education in Finland-How to develop the top ranked education system?* Presentation at Building Blocks for Education: Whole System Reform-Conference, September 13-14, Toronto, Canada.

Finnish National Board of Education. (2004). *Perusopetuksen opetussuunnitel man perusteet 2004* [*National Core Curriculum of Basic Education 2004*]. Retrieved 18.12.2015, http://www.oph.fi/download/139848_pops_web.pdf

Halinen, I., Holappa, A-S. & Jääskeläinen, L. (2013). Opetussuunnitelmatyö ja yleissivistävän koulutuksen uudistaminen. *Kasvatus* 44(2), 187-194.

Halinen, I. & Järvinen, R. (2008). Towards inclusive education: the case of Finland. *Prospects 145.* 38(1), 77-97. March 2008. UNESCO.

Kansanen, P. (2004). *Opetuksen käsitemaailma.* Jyväskylä: PS-kustannus.

Lahtinen, M. & Lankinen, T. (2013). *Koulutuksen lainsäädäntö käytännössä.* Tietosanoma Oy.

McKernan, J. (2008). *Curriculum and imagination.* Process Theory, Pedagogy and Action Research. London: Routledge.

McNeil, J. D. (1985). *Curriculum: A Comprehensive Introduction.* Third Edition. Boston: Little, Brown and Company.

Pinar, W. F., Reynolds, W. M., Slattery, P. & Taubmann, P. M. (1995). *Understanding Curriculum.* An Introduction to the Study of Historical and Contemporary

Curriculum Discourses. New York: Peter Lang Publishing, Inc.

Rikabi-Sukkari, L. (2014). *Arvokasta opetussuunnitelmakeskustelua* [*Valuable Discussion on the Curriculum*]. Master's Thesis. University of Helsinki.

Saylor, J. G., Alexander, W. M. & Lewis, A. M. (1981). *Curriculum Planning for Better Teaching and Learning.* Tokyo: Holt-Saunders Japan.

Schiro, M. S. (2008). *Curriculum Theory.* Conflicting Visions and Enduring Concerns. Los Angeles: Sage Publications.

Vitikka, E. & Hurmerinta, E. (2011). *Kansainväliset opetussuunnitel masuuntaukset* [*International Curricular Trends*]. Opetushallituksen raportit ja selvitykset 2011: 4. Retrieved 18.12.2015, http://www.oph.fi/download/131521_ Kansainvaliset_opetussuunnitelmasuuntaukset.pdf

Young, M. (2010). Alternative Educational Futures for a Knowledge Society. *European Educational Research Journal,* 9: 1, 1-11.

7. 교직의 연구 지향성

리타 위르헤메Riitta Jyrhämä
카트리나 마라넨Katriina Maaranen

요약

핀란드의 교사 양성은 연구에 기반을 두고 있고, 학위 논문 작성을 포함한 석사학위를 요구한다. 양성 기간 동안 교사로서의 교육적 사고 pedagogical thinking, 개인적 수준에서의 실천적 이론practical theory, 성찰 reflection, 탐구 지향inquiry-orientation 태도의 중요성이 이론적·실제적 학습 과정에서 강조된다. 그렇지만, 이와 같은 연구 기반 교사 양성 프로그램 에 의한 교사로서의 숙련이 실제 교직에서 어떤 식으로 구현되는가? 탐 구 지향적 태도가 실제 상황에서 의미하는 바는 무엇인가? 우리는 135명 의 현직 교사들을 인터뷰하여 그들이 탐구 지향적 태도를 어떻게 이해하 고 있으며, 그것이 개별적 교직 업무 및 학교 공동체에서 어떤 방식으로 실현되는지를 알아보고자 했다. 질문에 대한 응답은 매우 다채로웠고 이 에 따라 교사들이 이를 복잡한 현상으로 이해하고 있다는 것이 명백해졌 다. 일상 업무에서 교사가 스스로를 발전시키는 것, 성찰하는 것, 새로운 방식으로 시도하는 것, 피드백을 얻는 것과 수업 방법으로 탐구를 활용 하는 것 등을 예로 들 수 있다.

*핵심어: 연구 지향research orientation, 교사의 직무teacher's work

도입

핀란드 교사교육의 목적은 탐구하는 교사를 양성하는 것이며 이러한 사실은 여러 저작에 나타나 있다(Jakku-Sihvonen & Niemi, 2006; 2007). 연구 기반 교사교육은 교사의 교육적 사고(교사가 어떻게 사고하고, 결정을 내리는지, 그리고 특히 어떻게 이런 것들을 정당화하는지)를 기반으로 한다 (Kansanen, 2006; Kansanen, Tirri, Meri, Krokfors, Husu & Jyrhämä, 2000). 이런 방향으로의 변화는 지식사회, 즉 정보를 찾고 적용할 수 있는 능력이 요구되는 사회로의 변화와 맞물려 교사교육이 종합대학universities으로 이전되는 시기에 일어났으며, 교사가 전문 문헌을 이해할 수 있어야 함을 요구한다. 교사의 일상 업무라는 측면에서 보면, 교사들이 스스로 분석 및 평가를 할 수 있어야 하고, 홀로 혹은 동료 교사들과 함께 자신의 일을 발전시킬 수 있어야 함을 의미한다. 특히 성찰, 인지 및 메타인지에 대한 역량은 오늘날의 교사 업무를 둘러싼 변화 요구와 환경 및 여건을 감당하는 데 중요하게 고려해야 할 요소이다.

탐구 지향적 교사가 된다는 것은 이론적 및 실천적 지식을 통합할 수 있고, 이를 기반으로 자신만의 실천적 이론practical theory을 지속적으로 개발하여 만들 수 있는 것으로 인식된다. 따라서 연구 지향은 단순히 연구를 하는 것이라기보다는 일하고, 사고하는 하나의 방식으로 이해되어야 한다. '교사교육의 학문적 속성'뿐 아니라 '연구 지향성'은 예비교사를 위한 슬로건으로 잘 알려져 있다. 하지만 이것들은 얼마나 구체적으로 이해되고 있으며, 연구 지향성이라는 슬로건이 교사와 교수들에게 의미하는 바는 정확히 무엇인가?

핀란드 학교에서의 교육 활동

핀란드 학교교육 통계

학교 업무는 핀란드의 법률에 규정되어 있다. 예를 들어 기초교육법(The Basic Education Act, 628/1998)에서는, 학생들은 집에서 가장 가까운 학교에 우선적으로 취학하도록 규정하고 있고, 연간 수업일수를 190일로 규정하고 있다. 또한 동법의 수정안에서는 하루 수업시수도 규정하고 있다. 유치원과 1, 2학년은 하루 5차시를 넘지 못하고, 이보다 높은 학년(3~9학년)은 하루 최대 7차시까지만 수업을 할 수 있다. 한 차시는 45분이지만 블록 타임(여러 시간을 묶는 것)은 가능하다.

교사의 하루 일과는 학생들보다 더 길다. 초등 교사들 중 절반 정도만이 동시에 수업에 참여하기 때문에 그룹별로 나누어서 수업을 배치한다. 또한 특정 과목 특기가 있는 이들은 다른 학급을 대상으로 수업하기도 한다. 교사들의 주당 수업시수는 학교급과 담당 과목에 따라 다양한데, 교사노조와 고용주 대표 간 협상으로 결정되며, 단체교섭 계약에 명시된다. 주간 수업시수는 아래 [표 1]과 같다. 또한 다른 나라들처럼 계획이나 평가를 위해 시간을 별도로 마련하지는 않는다. 전문직을 포함한 핀란드 대부분의 직업은 주당 38시간 근무하는데, 명시되거나 모니터링 되지는 않지만 교사 역시 비슷하다.

학급당 평균 학생 수(19.8명)는 OECD 평균(21.6명)보다 조금 적다. 후기 종합학교upper comprehensive school는 20.1명으로 OECD 평균인 23.9명에 비해 그 차이가 더욱 커진다(OECD, 2010).

[표 1] 핀란드 교사들의 주당 수업 시수
OVTES 2010-2011

교사 분류	시수/주
K-6 교사(초등)	
유치원 교사	23
담임교사(초등 교사)	24
특수교육 교사(K-12)	24
특수교육 담임교사	22
교과전담 교사	
모국어 교사(핀란드어/스웨덴어)	18
제2외국어 교사(핀란드어/스웨덴어)	20
수학, 물리, 화학, ICT, 예술, 음악 교사	21
종교, 윤리, 철학, 역사, 사회 과학, 가정, 건강 교육, 생물, 지리 교사	23
공예, 체육 교육, 학생 상담 교사	24
그 외	23

핀란드 교사의 일상생활

교사의 기본적인 업무는 당연히 수업이다. 그러나 이는 보이는 부분에 불과하다. 교사는 수업 전 계획, 평가에 이어 다음 수업을 계획한다. 특히 초등 교사는 동료 교사, 다른 학교의 교직원과 협력할 뿐 아니라 학부모들과도 가까운 관계를 유지하고 있다. 이 외에도 지역 환경과 가용자원에 따라 학교 외부와의 관계를 만들 수도 있다.

교사에 대한 전통적인 인식은 '마을의 중심'이었고, 지식을 공동체에 보급하는 사람으로 인식되었다. 비록 그 이후로 사회는 훨씬 더 복잡하게 변화되었지만, 여전히 핀란드에서는 교사에 대한 이런 인식이 유지되고 있다. 이런 인식은 다른 직업에 대한 인식과 비교될 때 더욱 명백해진다. 가장 유명한 핀란드어 정기 간행물 중 하나인 『수오멘 쿠발레흐티*Suomen Kuvalehti*』(핀란드어 뉴스 매거진)가 조사한 여러 직업들의 평가에 대해 살펴보는 것은 매우 흥미로운 일이다. 이러한 형태의 조사들은 몇 년에 걸쳐 시행되었다.

핀란드 사람들의 직업들에 대한 감사도 순위 평가에서 보건의료 분야가 높게 평가되고 있는 사실은 분명하며 교육 직업군도 순위가 높은 편임

직업	2004 (직업 수: 380개)	2007 (직업 수: 381개)	2010 (직업 수: 380개)
외과의사	1	1	1
소방관	5	2	4
간호사	9	6	10
특수교육 교사	23	21	22
유치원 교사	34	22	31
언어 치료사	27	28	37
정신과 의사	31	33	26
교수	33	41	39
담임(초등) 교사	46	40	42
과목 교사	72	66	62
판매원(방문)	380	381	380

이 [표 2]에 나타나 있다. 특히 특수교육 교사, 유치원 교사 및 언어 치료사의 순위가 담임교사와 교과전담 교사보다 높았다. 같은 교육 직업군 내에서의 차이는 보건의료 혹은 소방 직업군에서 발견되는 직업적 특성과도 관계가 있을 것이다. 이들의 공통점은 타인을 돕는다는 것과 안전 사회에서 평화롭게 사는 것에 관련되어 있다는 점이다.

교사교육은 이론적으로 매우 잘 갖추어진 프로그램이지만 교사로서 첫걸음을 내딛는 것은 여전히 만만치 않은 일이다. 신규를 비롯한 저경력 교사에게는 특히 그렇다. 신규교사들이 발령 첫 해에 느끼는 감정은 대부분 부정적이며(Blomberg, 2008), 약 5~10%의 신규교사가 2~5년 안에 교직을 그만두는 것이 현실이다. 비록 일부 학교에서는 비슷한 경력의 교사들끼리 모여 어려움을 공유할 수 있는 모니터링 기회를 제공하기도 하지만 여전히 충분하지 못하다.

지난 십 년간 교사의 일은 많이 바뀌었다. 점점 더 많은 교사들이 수업 외적인 의무를 지게 되었다. 교사들은 이에 따라 두 가지 이유 때문에 수업 외적인 숙련도 갖추어야 한다. 첫 번째는 특수 학생이 증가하고 있다는 점이고, 다른 하나는 특수 학생을 대하는 교사의 역할을 매우 분명하게 규정한 새로운 법률이 생겼다는 점이다. 이 법률은 더욱 포괄적인 통합교육을 지향한다. 이를테면, 특수 학생은 집에서 가장 가까운 학교에 취학하여 (가능하다면) 정규 수업에 참여하지만 개별학습계획special learning plan이 별도로 제공된다. 바로 이런 것들이 교사들에게는 새로운 과제가 된다.

교직을 떠나지 않는 데에는 성격도 중요하지만 그 외에 소통 능력, 긍정적 마음가짐, 프로 정신, 창의성과 자기 신뢰 역시 중요하다. 또한 신규 교사들의 연대감을 높이고, 분명하고 기능적인 협력 문화를 고양함으로써 교직을 떠나는 것을 방지할 수 있다(Aho, 2011).

탐구 지향 수업을 향하여

앞에서 기술했듯이, 핀란드 교사들은 탐구 지향적 교육을 받는다. 이런 교육은 다양한 학습 이론과 같은 메타 수준의 지식 함양 이외에도 교육학적 지식pedagogical content과 높은 수준의 내용학 지식academic content의 함양을 목표로 한다.

아울러 예비교사들은 사회적·도덕적 행위 규칙을 내면화할 것이 기대된다. 더 나아가 교육학적 숙련뿐 아니라 성찰 능력을 갖춤으로써 학문적 발전과 직업인으로서의 발전을 연결하는 역할을 한다고 여겨진다(Niemi & Jakku-Sihvonen, 2006, pp. 40-45).

교생실습은 교사교육과정 중 실제 교직생활과 가장 유사한 과정으로서 수업 행위를 분석하고 조사하는 연습을 한다. 실제(학교 교육학)와 이론(대학 교육학)의 만남은 교직의 학술적·직업적 관점을 함께 볼 수 있도록 해준다. 또한 동료 학생들 및 멘토와 함께 교육실습에 대해 이야기하는 대화적 방법은 탐구 지향을 강화한다(Jyrhämä, 2006 참조).

연구 지향에 대한 교사의 인식

우리는 연구 혹은 탐구 지향이 교사의 일상 업무에서 무엇을 의미하는 것으로 정의되는지 현직 교사들에게 질문했다. 두 차례에 걸쳐 총 135명에게 답을 받았다. 1차 조사는 웹 기반 설문이었는데, 초등 16명과 중등 교과전담 15명 등 총 31명이 조사 대상이었다. 이들은 모두 사범대학 협력 학교에서 근무하고 있으며, 실습생 멘토 역할을 하고 있었다. 그들은 교직에서뿐만 아니라 공동체에서 연구 지향에 대한 자신의 의견을 제시했다. 2차 조사는 멘토 경험이 있는 104명의 교사로부터 서면 설문지를 통해 시행되었다. 이들 중 34명은 초등학교에, 70명은 중등학교 또는 성인 교육기관에 근무한다. 교직과 학교 공동체에서 연구 지향에 대한 핀란드 교사들의 생각은 다음과 같다.

개별 교사로서의 탐구 지향

설문조사에 의하면, 교사들은 개별 교사 업무의 일부로 탐구 지향을 인식하며 이것은 무엇보다도 교사로서 발전하고, 스스로를 교육하려고 노력하는 것을 의미한다고 인식한다. 예를 들면, 이것을 교사들은 학교에서 드러나지 않던 이슈를 찾아내는 것, 적극적 개발자가 되는 것, 또는 수업 능력 향상을 도모하는 것 등을 의미한다고 생각했다. 부가적으로, 교육연구에 대한 관심, 문서 작업, 실행 절차의 변경, 학급 학생들의 사회적 관계 파악, 스스로 학습 및 문학 읽기 등이 언급되었다.

교사의 일상 업무에서 연구 지향은 교사의 전문성 향상을 위한 포괄적인 관심을 의미합니다. 새로운 것을 배우고 자신의 수업을 지속적으로 개선하는 것이 필요하죠. 탐구 지향적 교사는 교과 내용을 여러 관점으로 보려고 노력합니다. (가정과 교사, 여성)

탐구 지향적 교사는 무엇이든 알고자 하며 자신을 전문적으로 발전시키려는 사람입니다. (교과전담 교사, 여성)

또한 자신들의 행동, 더욱 구체적으로는 실패한 점을 돌아보고 바꾸어야 할 점들을 곰곰이 생각했다. 아울러 제대로 되지 못한 일은 왜 그랬는지 학생들과 함께 생각한다는 점도 언급되었다. 또한 행동을 돌아보는 것이외에도, 스스로의 경험을 메모나 포트폴리오로 구성하는 것도 탐구 지향이라 진술했다.

탐구 지향적 교사는 기꺼이 관행을 깰 용기가 있는 사람이라고 봐요. 이를테면 학생들로부터의 피드백(시험 결과, 정보의 습득, 기본 숙련의 학습 등)을 받는 것처럼, 다른 학급 혹은 학습 상황을 분석해서 이를 더욱 개선하는 것이죠. (가정과 교사, 여성)

기본적으로 자신의 업무에 대한 성찰을 통해 변화를 주고자 하는 대담함을 갖추었어요. (교과전담 교사, 여성)

자신의 업무에 대해 지속적으로 심사숙고하고, 다른 방법이 없을지 고민합니다. 동료들과 함께 수업과 학급 현황에 대해 논의하고 도움을 받습니다. 또한 학생들로부터도 피드백을 받습니다. 특정 학생에게 좋으리라 생각했던 방법이 먹히지 않을 때에는 그 학생과 함께 고민해보는 것이지요.

(과목 교사, 여성)

구성주의적 관점의 수업constructivist view of teaching 역시 교사들이 언급한 탐구 지향의 한 측면에 해당하였다. 교사의 책임은 학생들을 지식의 샘으로 인도하는 것이지 완성된 해답을 알려주는 것은 아니라는 것이다.

즉 어떻게 정보를 찾는지, 탐구하는 자세를 가지고 새로운 주제에 어떻게 접근하는지를 가르친다는 것이다. 또한 학생이 수업teaching의 중심이라고 언급했다.

제가 보기에는, 연구 지향이란 호기심을 가지고 쟁점을 조사하는 것입니다. 단순하게 답을 많이 하는 것이 아니라, 질문하고 문제를 찾는 과정이 학습의 모든 부분입니다. (교과전담 교사, 여성)

또한 교사들은 다양한 수업 방법을 활용하는 것이 연구 지향의 일부라고 생각했다. 다양한 수업 방법이란 교실에서의 다양한 교수법, 즉 실험 혹은 탐구(탐구 지향의 측면을 가지고 있는)만을 의미하는 것이 아니라, 현장체험학습과 같이 방법적·형식적 측면에서의 일반적 다양성을 의미한다.

다양한 수업 방법을 개발해서 학습자 개개인에게 적합한 수업이 되어야 하고, 수준에 맞아야 해요. 또한 시대에 뒤떨어지지 않아야 합니다.

(가정과 교사, 여성)

연구 지향은 교사가 다르게 행동하고 관점을 바꾸는, 그리고 학급의 사회적 구성으로부터 수업 자료에 이르기까지의 모든 업무 방식을 조정하는 용기를 갖는 것을 의미합니다. (초등 교사, 여성)

동료와의 협력도 언급되었는데, 이는 생각을 공유하고 서로를 더욱 향상시킬 뿐 아니라 쟁점에 대해 동료들과 논의하고 도움을 받는 것을 의미한다. 또한 학교 밖 지원자와의 협력도 의미한다.

(동료와의 협력은) 교사의 성찰을 통해 실현됩니다. 스스로의 업무 방식과 교육적 사고와 행동을 비판적으로 검토합니다. 탐구 지향적 교사라면, 예를 들어 새로운 교수법을 놓고 동료와 함께 논의합니다. (가정과 교사, 여성)

서로 생각을 나누고, 관찰하고, 기존에 하던 것을 개선하려는 시간을 들이는 것이죠. (교과전담 교사, 여성)

적극적이고 사회적이며 비판적인 태도를 갖는 것도 연구 지향적 태도의 특징으로 언급되었다. 이는 교사 역시 행동하는 시민으로서 사회적 이슈에 관심을 가질 뿐 아니라, 이를 수업 내용으로 활용하기에 이르는 것까지도 의미한다.

탐구 지향은 주변에 대한 끊임없는 관찰 즉, 서로 다른 미디어를 종합적으로 분석하기, 교사 자신이 가지고 있는 노하우와 사고의 발전, 학생들에게 같은 작업을 하도록 교육하는 것을 잊지 않기, 비판적인 연구방법과 탐구 추구하기를 통해 나타납니다. (과목 교사, 여성)

교사는 항상 (시대의 흐름에 뒤처지지 않도록) 변화와 발전에 관심을 가져야 합니다. 복잡한 현실세계에서 이를 학생들에게 전달할 능력이 있어야 합니다. (초등 교사, 남성)

학생들과의 관계가 중요하다는 점도 언급되었다. 예를 들면, 교사는 학습 분위기를 민감하게 포착하여, 여러 학습 스타일을 고려해야 함을 의미한다. 더 나아가, 교사라면 개별 학생이 어떻게 학습하고 있는지 관심을 갖고 지켜보아야 하고, 인내심을 가져야 하며, 교실의 혼란스럽고 불확실한 상황을 견딜 수 있어야 한다고 생각했다.

탐구 지향적 교사는 새로운 것을 시도하고 도전합니다. 업무 이외의 다른 일, 즉 우리 주변 세계에 관심을 가집니다. 이를 학급으로 가져오고 현실 세계의 쟁점에 관해 학생들과 논의합니다. (초등 교사, 여성)

학생들로부터 피드백을 받아 수업을 평가하고 개선하는 것 역시 탐구 지향적 태도의 일부이다. 평가에 주의를 기울이고, 그럼으로써 학생들이 스스로의 시험 답안에 대해 어떻게 생각하는지 호기심을 갖는 것이 필요하다. 또한 학생들의 학습을 체계적으로 추적하고 관찰해야 함을 의미한다.

교사는 아동에 대해 알고 있어야 합니다. 아동의 배경과 문제점, 잘하는 것을 알고 있어야 하는 것이죠. 이에 따라 아이들에게 맞추어 적합한 방식으로 수업해야 합니다. 따라서 다양한 학습 방법을 알고 있어야 합니다.

(초등 교사, 여성)

교사는 열린 마음으로 업무를 해결하는 다른 방법들을 시도해야 합니다. 교사는 또한 자신의 학생에게서 배웁니다. (초등 교사, 여성)

또한 교사들은 과목의 내용과 교육과정을 완벽하게 숙지하는 것을 포함하며, 다른 쟁점들을 연결하고 더 큰 실체들에 대해 숙지하는 것이 탐구 지향이라고 말했다.

지식을 다루는 방법과 더욱 발전시키는 방법에 대해 학생들이 어떤 문제를, 어떻게 공부할지 정하는 시간표 만들기와 학습 계획에서 모든 것은 시작됩니다. 주의 깊게with open eyes 자료를 수집하고, 자료를 가지고 작업하고, 무엇인가를 만들어가는 것입니다. (교과전담 교사, 여성)

결론적으로, 개별 교사의 업무에서 탐구 지향은 매우 다면적인 현상이다. 이런 현상에는 여러 측면이 있고, 다양한 방식으로 이해된다. [표 3]에 주요 내용이 분류되어 요약되어 있다. 더 구체적인 보고서는 추후 논문으로 발표될 것이므로 여기에서는 목록만 제시한다.

[표 3] 개별 핀란드 교사의 업무에서 탐구 지향

내용 분류
스스로의 발전과 교육
자기 자신의 행동에 대한 평가
교수(teaching)에 대한 구성주의적 관점
교육에서 다양한 방법을 사용하기
학교에 있는 교사들 또는 다른 사람들과 협력하기
교육에서 활동적, 사회적, 비판적 성향
교육의 방법으로서의 탐구
학생 및 학급과 관계 맺기
피드백 수집하기
평가
과목(내용)에 대한 지식

학교 공동체에서 실천으로서의 탐구 지향

학교 공동체라는 측면에서는 탐구 지향에 대한 교사들의 인식은 다소 다른 모습이었다([표 4] 참조). 대부분 교사들은 자료를 공유, 계획하고 함께 수업하는 것 같은 구체적인 문제해결책과 동료 교사 조직을 의미한다고 생각했다. 교사들은 더 유연한 수업 준비와 현장학습을 위한 자원을 언급했다.

공동체로서, 우리가 스스로 설정한 목표를 달성하는 데 도움이 되는 새로운 방법을 개발할 수 있는 역할을 할 수 있습니다. 낡은 옛날 방식은 과감히 포기할 수 있습니다. (가정과 교사, 여성)

또한 탐구 지향은 다양한 수준에서 협력을 의미했다. 예를 들면 아이디어 차원의 협력뿐 아니라 계획과 실천에 대해서도 말이다. 협력교사co-operative teacher 방식처럼 구체적인 협업뿐만 아니라 동료 교사와 아이디어를 공유하는 것도 해당된다.

> 탐구 지향은 최상의 경우에 동료와 협력하는 것으로 나타납니다.
>
> (교과전담 교사, 여성)

> 교사들 사이의 협력에서 볼 수 있습니다. (교과전담 교사, 여성)

한편 학교가 체계적인 후속조치를 마련하는 데 적극적으로 활동할 것과 이를 바탕으로 학교 스스로의 개선을 도모함을 의미한다. 학교의 운영 모델은 지속적으로 개선되어야 하고, 이를 위해 각 학교에서는 학생들의 모국어 및 수학 실력을 체크하고 교사의 업무 환경도 조사해야 한다. 또한 학부모의 의견에 귀 기울이고, 학교 운영 절차에 대한 교사들의 의견을 수용해야 한다.

> 공동체에서 탐구 지향은 다른 사람에 대한 고려와 전체 학교 공동체를 위한 모범 사례를 개발하는 것으로 나타납니다. (가정과 교사, 여성)

학교 공동체로서 (탐구 지향의) 또 하나의 중요한 요소는 변화, 발전과 더 나은 교육을 향한 개방적이고 긍정적인 태도이다. 이는 (교사의) 개인적 헌신 혹은 교장의 태도를 의미하기도 한다.

> 학교 공동체의 사례에서 탐구 지향은, 예를 들면, 관리를 통한 자기계발을 장려하고, ICT를 잘 활용하고, 탐구 지향에 대한 전반적으로 호의적인 분위기를 조성하는 것으로 나타납니다. (교과전담 교사, 여성)

탐구 지향에 대한 개인적 인식과 마찬가지로, 학교 공동체에서 사용하는 탐구에 대한 아이디어와 교육 방법에 대한 연구는 [현장 학습을 조직하거나 학생들이 식물을 재배할 수 있는 정원을 배치하는 것과 더불어,] 교실에서 표면화된다.

교사들이 여전히 언급하는 다른 쟁점은 행동의 합리화justification이다. 이는 학교가 수행하는 바를 교육적 목표에 더욱 부합하도록 합리화하고, 필요하다면 행동을 변경하며, 구습과 관행을 타파하는 것을 일컫는다. 즉 학교는 '가장 좋은 방식'을 함께 찾아야 한다는 것이다.

> 학교 공동체에서의 탐구 지향은 학생들로 하여금 비판적 태도와 문제의식을 갖도록 장려하는 것으로 나타납니다. 학교에서 (학생들이 수행하는) 프로젝트는 하향식보다는 학생들에 의해 시작되어야 합니다. 학교 공동체는 그 스스로를 평가할 수 있어야 하고, "항상 하던 방식"만을 고집해서는 안 됩니다. (과목 교사, 여성)

이와 관련된 쟁점 중 하나는 장래 행동을 계획할 때 피드백을 모아 동료들과 공유한다는 것이었다.

탐구 지향의 또 다른 측면은 학교의 소통 문화conversational culture였다. 학교 공동체는 업무 조직이므로 논의에 대한 긍정적 분위기와 문화를 갖추는 것이 중요하다는 의견이었다.

> 학교에서의 탐구 지향은 공동 개발, 과목 통합 협력이죠.
>
> (가정학 교사, 여성)

> 교육 공동체 내에서는 협력수업, 성찰, 최신 연구물 스터디, 문학적 영감 주기와 같은 여러 교육학적 논의가 이루어지고 있습니다. (가정과 교사, 여성)

학교 공동체는 (교육 활동의) 개선과 성공적인 수업을 위해 함께 시간을 투자합니다. 함께 무엇인가를 개선한다는 것은 꼭 필요한 일이죠.

(과목 교사, 남성)

학교 공동체 수준에서 탐구 지향에 대한 인식 역시 매우 복잡한 것으로 나타났다. 개별 교사에 관한 것들도 있으나, 전체 공동체로서 영향을 줄 수 있는 것도 있다. 탐구 지향 학교 공동체를 만드는 데 교장의 역할도 있음이 확인되었다.

[표 4] 학교 공동체의 사례에서 탐구 지향

내용 분류
구체적인 해결 방법과 해결 주체
상호 협력
운영의 연속성 및 발전
사고방식, 지원, 지원 구조, 교육
교육 방법, 전문 강좌 및 체험학습으로서의 탐구
방법의 타당성과 변화를 위한 준비 수준
피드백 수집
스스럼없고 허용적인 학교문화

연구 기반 접근에 대한 교육학과 교수들의 관점

우리는 교육학과 교수들의 연구 기반 접근 방식에 관한 인식도 조사하였다(Krokfors, Kynäslahti, Stenberg, Toom, Maaranen, Jyrhämä, Byman & Kansanen, 2011). 그들이 연구 기반이라는 개념을 어떻게 이해하고 있고 어떻게 평가하는지에 대해 자세히 조사하고자 했다. 비록 그들은 연구 기반의 개념이 학생들에게 얼마나 잘 전달될지에 대해서는 회의적이었지만, 인정은 하고 있는 것으로 나타났다. 그들이 인식하는 첫 번째는 다음 인용문에 나타난다.

연구 지향 교사는… [우리 분야에서는] 대략 이십 년 동안 미국에서 유입된 주문mantra의 일종이었습니다. 그리고 나는 그것을 매우 중요한 것으로 생각하고 있습니다.

둘째는 맥락context으로 인식하는 것인데, 이는 학문적 환경과 고등교육을 의미한다.

[연구를 수행함으로써] 우리는 대학에서 우리의 위치를 유지하며… 학문적이란 항상 관련된 연구가 있음을 의미합니다. (인터뷰 6)

셋째, 교사교육이 연구 기반이라면, 연구(역량)는 학습 내용에 포함될 필요가 있다고 생각했다.

[연구 기반 접근 방식이] 교육 프로그램으로 나타나는 것은 학생들이 스스로 석사학위 논문을 작성하는 것과 연구방법론 공부를 할 때입니다… 학생들이 연구문헌과 친숙하게 되는 것은 논문 작업의 전형적인 부분이며, 독서뿐만 아니라, 교육 이론 강좌 역시 도움이 됩니다. 이런 것들은 모두 학생에게 교육적 연구와 더 넓은 맥락에 대한 기본적 이해를 제공합니다.

(인터뷰 7)

넷째, 연구 기반 접근은 교사교육의 목표, 즉 교사의 교육적 사고로서 인식되었다.

학급 학생이 여럿임을 감안하면, 교사들은 매 순간마다 철학적·사회적·역사적 이슈와 더불어 교육학적 적합성, 목표 합치성, 교육과정과의 연계성과 같은 기술적인 사항들에 대한 여러 종류의 결정을 동시에 개별적으로 내려

야 합니다. (인터뷰 4)

교사교육 전문가들은 또한 연구 기반 접근과 교사들의 일상 업무와의
관련성을 평가했다. 그들에 따르면, 그 둘은 명확하게 관련되어 있다. 예
를 들면 다음과 같다.

자기 개발에 대해 언급한다면, [탐구 지향] 교사는 옛날 도구에만 익숙
한 사람보다는 자신을 더 나은 방식으로 개발할 수 있습니다. 하지만 새로
운 무엇인가가 나타난다면 어떻게 될까요? (인터뷰 1)

(전체 내용은 Krokfors et al., 2011 참조)

연구 기반 접근에 대한 예비교사들의 관점

우리는 연구 기반 접근에 대한 예비교사들의 견해도 조사했다. 연구 기
반 접근에 대한 예비교사들의 태도는 어떠하며, 교육과정을 통해 연구 기
반 접근 방식의 실현과 관련해 어떤 경험을 했는가? 결과에 따르면, 학생
들은 연구 기반 접근을 교사교육의 중요한 부분으로 생각했다. 예비교사
들은 연구 기반 접근 방식은 그들이 받은 대부분의 교육과정에서 감지될
것이라고 했다. 물론 전공과목에 따라 차이는 있다. 미술, 음악, 공예, 체
육 전공자들은 더 이론적인 과목 학생들보다는 연구 기반 접근이 덜 중
요하다고 인식했다. 기술과 활동doing을 다루는 과정은 실천적인 것으로,
다른 과정은 이론적인 것으로 간주된 것 같다. 마지막 교생실습에 임한
예비교사들은 더 중요하게 인식하고 있었다. 이 기간을 통해, 그간 습득
한 이론적 지식을 학급에서의 실천으로 통합할 수 있어야 하기 때문이다.
전반적으로, 학생들은 연구 기반 접근 방식의 아이디어를 수용하는 것으
로 보인다. 심지어 연구 기반 접근이 더 강조되기를 원했다. 학생들은 교
사교육이 석사학위를 요구할 정도로 높은 수준으로 이루어져야 함을 인

정했다. 즉, 한결 실천적인 교사 훈련보다는 장기간의 학문적 연구가 더 가치 있다고 인식하며, 연구방법론을 일찌감치 시작하는 것이 중요하다고도 생각했다. 학생들이 교사교육과정의 기본 개념을 이해하고 있는 것으로 보이고, 이는 매우 고무적인 현상이다(Jyrhämä, Kynäslahti, Krokfors, Byman, Maaranen, Toom & Kansanen, 2008).

무엇을 의미하는가?

국제 보고서에서는 탐구 지향적 태도를 갖춘 교사가 된다는 것은 탐구수업을 활용하는 것을 의미하는 경우가 많다. 하지만 지금까지 살펴본 핀란드 교사들의 생각에 의하면, 핀란드에서 탐구 지향 개념은 훨씬 광범위하다. 핀란드 교사들도 탐구수업이 탐구 지향의 한 부분이라 언급하고는 있지만, 탐구 지향적 교사가 된다는 것은 훨씬 큰 의미를 지닌다. 즉, 반성적 사고를 하는 교사reflective teacher에 가깝다. 자이크너와 리스턴(Zeichner & Liston, 1996, p. 6)에 따르면, 반성적인 교사란 ① 수업 실천의 딜레마를 조사하고, 구조화하고, 해결을 시도하고, ② 자신이 교육에 사용한 가정과 가치를 인식하고, 의심하고, ③ 자신이 교육하는 곳의 제도적, 문화적 맥락에 주의를 기울이고, ④ 교육과정 개발과 학교를 변화시키기 위한 노력에 참여하며, ⑤ 자기 자신의 전문적인 발전을 위한 의무를 다한다. 개념적으로, 교사의 비전은 자이크너와 리스턴(Zeichner & Liston, 1996)의 정의와 비슷하다.

'반성적 탐구, 실천연구, 현장연구'(Lunenberg, Ponte & Van De Ven, 2007)와 같은 용어는 성찰의 일정 측면과 밀접한 관련이 있고, 어느 정도는 반성적 실천의 동의어로 볼 수도 있다. 쇤(Schön, 1987)의 연구를 바탕으로, 자이크너(Zeichner, 1990)는 교사practitioner는 자신의 실제 행위를 개선하기 위해 자신의 수업을 일종의 연구 형식으로 사용하는 것이 도움이 될 수 있고, 연구 기반 교사교육은 실제 수업에 대한 교사의 탐구를 장려하고, 지원하기 위한 노력을 포함한다고 결론을 내렸다.

탐구 지향은 교사 연구원, 현장 연구원, 또는 전문(예컨대, 박사) 연구원이 수행하는 것이라고 언급한 교사는 없다는 사실은 주목할 만하다. 수십 년 동안 핀란드를 포함한 여러 나라에서 교사 연구가 이와 같이 '뜨거운 감자'가 되었기 때문에, 지금 우리의 흥미를 자극하고 있다.

더 나아가, 이것들이 캐슬(Castle, 2006)에 의해 제기된 교사의 연구와 자율성에 관한 논의와 매우 흡사한 이슈들을 불러일으켰다는 점에서 더욱 흥미롭다. 캐슬(Castle, 2006, p. 1096)은 교사는 연구를 함으로써 책임 있는 전문가로서의 지식과 자신감을 획득하며, 이것은 수업의 자율성과도 연관이 있다고 했다. "자율성, 다양한 관점과 모든 사람의 최상의 이익을 고려하여 지적·도덕적으로 판단할 수 있는 능력은 교사로서의 전문성을 보여주는 것이다. 자율적인 교사는 무엇을 왜 수행하는지 이해하고 다른 이들을 설득할 수 있다."

본 연구 결과에 따르면, 교사의 탐구 지향은 무엇보다도 교사 자신이 직무에 대하는 태도라고 할 수 있다. 이는 교사 자신의 계발, 학교 공동체의 개선, 업무와 성찰, 동료들과의 소통, 학생들로부터 피드백을 받는 것 등에서 더 나은 방법을 고안하는 것에 초점이 맞추어져 있다. 응답자들은 예비교사의 멘토 역할을 하고 있거나 곧 그러한 역할을 할 것이므로 탐구 지향의 개념에 대해 인식하고 있는 사람들이다. 그러므로 그들은 교사교육기관(대학)과 근무지(학교)의 관계에도 관심이 있다. 또한 교사교육을 위한 조직된 주요 주제와 이념은 그 분야에 잘 적용된 것처럼 보인다.

더 나아가, 우리는 교육실습생이 이른바 '연구 실습'이라고 부르는 교육실습에서 '진짜' 연구를 수행하여야 한다고 본다. 교육실습에서 중요한 점은 실습 기간 동안 학생들이 수집된 자료를 자신의 연구와 결합한다는 것이다. 현실에서는 꽤 자주 있는 수업 개입intervention의 일종이다 (Jyrhämä, 2011; Jyrhämä & Maaranen, 2008 참조). 교육실습 환경(현장 학교뿐만 아니라 교사훈련학교 둘 다)은 교육실습 경험을 제공해야 하는 그들의 역할 때문에 연구 지향을 지원한다. 또한 멘토 교사의 대부분은 박사 과정을 통해 교육에 더 많은 관심을 가지게 된다(예를 들어, Syrjäläinen & Jyrhämä, 2008 참조).

우리는 학교와 대학 간의 관계를 강화하는 것을 목표로 한다. 왜냐하면 두 부분의 요소를 새롭게 하는 것이 효과적이기 때문이다. 그리고 그 것은 앞으로 학계와 현장 간의 대화를 위해 매우 중요하다.

참고 문헌

Aho, I. (2011). *Mikä tekee opettajasta selviytyjän?* [What makes a teacher a survivor?]. Acta Universitatis Tamperensis 1470. Tampere: Tampere University Press.

Basic Education Act (1998). Internet: http://www.finlex.fi/en/laki/kaannokset/1998/en19980628.pdf

Blomberg, S. (2008). *Noviisiopettajana peruskoulussa. Aloittelevien opettajien autenttisia kokemuksia ensimmäisestä opettajavuodesta.* [As a Novice Teacher at Comprehensive School. The authentic experiences of the beginning teachers during their first year of teaching]. Helsingin yliopisto. Käyttäytymistieteellinen tiedekunta. Soveltavan kasvatustieteen laitos. Tutkimuksia 291.

Castle, K. (2006). Autonomy through pedagogical research. *Teaching and Teacher Education 22*(8), 1094-1103.

Jakku-Sihvonen, R., & Niemi, H. (Eds.) (2007). *Education as a Societal Contributor.* Frankfurt-am-Main: Peter Lang.

Jakku-Sihvonen, R., & Niemi, H. (Eds.) (2006). *Research-based Teacher Education in Finland-Reflections by Finnish Teacher Educators.* Research in Educational Sciences 25. Finnish Educational Research Association.

Jyrhämä, R. (2006). The Function of Practical Studies in Teacher Education. In R. Jakku-Sihvonen (Ed.), *Research-based Teacher Education in Finland—Reflections by Finnish Teacher Educators* (pp. 51-69). Research in Educational Sciences 25. Finnish Educational Research Association.

Jyrhämä, R. (2011). The Theory-Practice Relationship in Teaching Practicums. A paper presented in the American Educational Research Association annual congress "Inciting the Social Imagination: Education Research for the Public Good", New Orleans, April 7th-12th, 2011.

Jyrhämä, R., Kynäslahti, H., Krokfors, L., Byman, R., Maaranen, K., Toom, A., & Kansanen, P. (2008). The appreciation and realization of research-based teacher education: Finnish students' experiences of teacher education. *European Journal of Teacher Education, 31*(1), 1-16.

Jyrhämä, R., & Maaranen, K. (2008). Tutkimuspraktikumi—maisteripraktikumin ja pro gradu-tutkielman integrointi. [Research practicum—integrating master's practicum and master's thesis]. *Didacta Varia 13*(2), 17-30.

Kansanen, P. (2006). Constructing a research-based program in teacher education. In F. K. Oser, F. Achtenhagen, & U. Renold (Eds.), *Competence oriented teacher training. Old research demands and new pathways* (pp. 11-22). Rotterdam & Taipei: Sense Publishers.

Kansanen, P., Tirri, K., Meri, M., Krokfors, L., Husu, J., & Jyrhämä, R. (2000). *Teachers' pedagogical thinking. Theoretical landscapes, practical challenges.* New York: Peter Lang.

Krokfors, L, Kynäslahti, H., Stenberg, K., Toom, A., Maaranen, K., Jyrhämä, R., Byman, R., & Kansanen, P. (2011). Investigating Finnish teacher educators' views on research-based teacher education. *Teaching Education 22*(1), 1-13.

Luneberg, M., Ponte, P., & Van De Vev, P-H. (2007). Why Shouldn't Teachers and Teacher Educators Conduct Research on their Own Practices? An Epistemological Exploration. *European Educational Research Journal* 6(1), 13-24.

OECD (2010). *Education at a Glance 2010: OECD Indicators*, OECD Publishing. doi: 10.1787/eag-2010-en

OPM (2005). Opetusministeriön selvitys koulun työajoista. http://www.minedu. fi/export/sites/default/OPM/Koulutus/yleissivistaevae_koulutus/perusopetus/perusopetus/opetusministerioen_selvitys_koulun_tyoeajoista/tyoaika23052005.pdf

OVTES 2014-2016 [Local Government employers] http://www.kuntatyonantajat. fi/en/Pages/ default.aspx Retrieved Jan 16th 2015.

Schön, D. (1987). *Educating the reflective practitioner.* San Francisco: Jossey-Bass.

Suomen Kuvalehti (2004; 2007; 2010). [The Finnish News Magazine]

Syrjäläinen, E., & Jyrhämä, R. (2008). The network of teaching practice schools. A partnership for teachers' professional development and lifelong learning. *LLinE Lifelong learning in Europe XIII*(3), 208-215.

Zeichner, K. (1990). Changing Directions in the Practicum: Looking Ahead to the 1990s. *Journal of Education for Teaching 16*(2), 105-132.

Zeichner, K. M., & Liston, D. P. (1996). *Reflective teaching: An introduction.* Mawah, NJ: Lawrence Erlbaum Associates, Inc.

제3부

삶을 위한
교수-학습:
학문 분야별 교과

8. 수학적 사고력 증진시키는 핀란드 수학교육

헤이디 크르쉬바키Heidi Krzywacki
레일라 페코넨Leila Pehkonen
아누 라이네Anu Laine

요약

이번 장에서는 핀란드의 교육적 맥락에서 수학교육의 주된 특징 몇 가지를 다룬다. 모든 핀란드 교사들은 자율적이고 발전을 추구하는 전문가로 교육받는다. 이는 교사의 독립성과 자율적 책임감을 강조하는 것으로, 수학 수업에서 많은 성과를 보였다. 먼저, 우리는 국가핵심교육과정의 개괄을 통해 그리고 학문적, 교육학적으로 사고하는 교사 양성을 위한 교사교육에서의 강조점을 통해 핀란드 수학교육의 특징을 논의하고자 한다. 핀란드의 수학교육은 교사들, 그리고 그들이 수학 교수·학습을 어떻게 생각하고 있는지에 달려 있다. 다음으로 학교교육과 수학 학습 방식에 영향을 미치는 수업 실천적 및 환경적 요인들을 상세히 안내한다. 수업시간의 배치, 교육학 원리에 맞추어 잘 구조화된 교재, 평가 기준들과 같은 핀란드 수학교육을 특징짓는 주요한 측면들이 논의된다. 끝으로, 수학의 가르침에 책임감을 가진 핀란드 교사들은 학교 수학교육의 질을 향상시키고 유지하는 데 중요한 역할을 수행하고 있다.

*핵심어: 수학교육, 종합학교, 교육과정, 교사교육

도입

핀란드의 기본 수학교육은 처음 6년, 즉 7~12세에는 1~6학년으로서 초등 교사들에 의해 수행되고 13~16세, 즉 7~9학년까지는 중등학교의 수학 교사들에 의해 이루어진다. 실제적으로 종합학교 단계에서의 수학 교과 내용 중 3분의 2 이상을 초등 교사들이 담당한다. 핀란드 학생들의 높은 성취도는, 적어도 어느 정도는 양질의 교사교육에 의한 것이다. 예비 교사들을 수학 교수·학습의 전문가로 양성하며 수학교육에 관심을 갖도록 하는 교사 양성과정의 수는 학교의 급에 따라 다르다. 특히, 초등 교사 프로그램은 늘 인기가 높고, 재능이 뛰어난 상위 10% 지원자만이 오직 그 기회를 가질 수 있다. 물론 중등학교는 선호도가 조금 떨어지긴 하지만, 자질을 갖춘 수학 교사를 공급하는 데에는 전혀 부족함이 없다. 핀란드 종합학교 교사들은 잘 교육받은 학문적 전문가이자 석사학위 소지자일 뿐만 아니라, 자기 일에 헌신적이고 자발적이고 의욕적인 전문가들이다(Simola & Hakala, 2001; Simola, 2002).

핀란드 수학교육의 성과는 PISA에 의해 아주 훌륭한 것으로 입증되었다(OECD 2004, 2010). 하지만 지난 20년 동안 수학교육이 발전해온 모습을 고려해보면 그리 놀라운 것도 아니다. 1980년대 후반부터, 수학 교수·학습법을 향상시키기 위한 많은 노력이 이루어졌다. 이때에 수학교육 각계각층의 출판가, 연구자, 행정가들로 이루어진 '1990년대의 수학'이라는 비공식적·자발적 모임이 출범했다. 수학교육의 미래와 개선의 필요성을 논의하던 이 모임에서 수학 교사들은 정말 필수적인 역할을 했다. 이러한 비공식적인 모임은 2년간 꾸준히 이어졌고, 실제 수업을 개선할 수 있는 몇몇 실천적 아이디어와 적용 사례와 같은 연구 성과 및 권고 사항을 수록한 책자가 출판되었다(Halinen et al., 1991). 모임은 현 시점에서, 그리고 미래 수학교육의 발전 방향을 성공적으로 제시한 것이었다. 따라서 그 책자는 1994년의 교육과정 개혁을 비롯한 미래 교육개혁의 중요한 밑거름이 되었다.

(이를 기점으로)[16] 수학, 과학교육의 발전을 위한 바람이 불어왔다. 1995년에, 국가교육위원회National Board of Education는 1996년부터 2000년까지 진행된 LUMA(LU는 과학을, MA는 수학을 의미)라는 국가적 프로젝트를 발족했다(Heinonen, 1996). 이것은 모든 학교급의 수학, 과학교육의 지식과 기능을 강화하는 것을 목표로 하는 한편, 해당 과목을 배우는 것의 중요성을 특히 강조하는 것이었다. 21세기에 이른 오늘날 더 이상의 획기적인 변화는 없지만, 수학, 과학교육을 중요시하는 기풍은 여전하다. 국립 LUMA 지원센터는 헬싱키대학과 협력하여 학교, 대학, 관련 업계 간의 협력을 도모하는 조직으로서 발전적인 과제를 수행해왔다. 이들의 활동은 모든 학교급에서 자연과학, 수학, 컴퓨터, 응용과학 교육의 개선을 목표로 한다. 하지만 고등교육기관 수학과 입학생들의 자질과 경쟁력 부족이 지적되기도 한다. 고등교육 관계자에 따르면, 신입생들의 컴퓨터 활용 능력과 수학적 능력이 대학의 기대 이하이기 때문에 수학과의 학습 목표를 어떻게 성취할지 고민이 된다고 한다. 교육문화부는 취학 전 단계와 기초교육 단계에서 자연과학 및 수학 수업의 개선을 목표로 하여 2014~2019년에 걸친 국가 차원의 프로그램을 발족하였다.

이번 장에서는, 수학과 교수·학습법, 국가교육과정상의 핵심 아이디어, 수학교육에 영향을 미치는 학교 환경에 대해 검토해봄으로써 핀란드 수학교육의 특징을 기술할 것이다. 특히 교수·학습의 계획을 세우고 실행, 평가에 이르는 일련의 과정을 책임지고 수행하는 자율적 전문가인 교사의 관점에서 살펴볼 것이다. 이와 같이 교사들이 자율성을 갖고 역할을 하고 있기에, 핀란드의 수학 수업은 교사 개개인에게 달려 있는 부분이 많다.

---

16. [역주] 매끄러운 문맥을 위해 역자가 삽입.

핀란드 수학교육의 출발점

핀란드에서 수학교육이 수행되는 방식에 영향을 미치는 두 가지 필수적인 측면이 있다. 하나는 교사들이 수업을 구안할 때 따라야 하는 국가교육과정에 기술된 수학교육의 전체적인 측면이고, 다른 하나는 교사교육기관(대학)에 의해 구성된 교사교육이다. 초중등학교 교사들은 수학교육의 핵심 아이디어를 수행하는 데에 필수적인 역할을 한다.

국가교육과정상 수학교육의 핵심 아이디어

국가교육위원회가 1994년에 발표한 구 국가핵심교육과정인 FCCS 1994(Framework Curriculum for the Comprehensive School 1994)는 성공적인 수학교육의 초석이었다. 그 이전인 1980년대에는 국가학교교육과정National School Curriculum에서 각 교과의 목표와 내용을 무척 상세하게 기술했었다. 그러다 구성주의constructivism의 관점에 따라 교육과정이 작성되기 시작하면서 큰 변화가 일어났다. FCCS 1994는 그 이전의 것들보다 훨씬 유연했으며, 덜 세분화되었고 동시에 분권화되었다(더 자세한 것은 6장을 참고). 모든 교사들이 수학 담당은 아니지만, 핀란드 교사는 누구나 교육과정의 계획과 작성과정에 의미 있게 관여했다.

내용적, 방법적 측면을 포괄하여 문제해결능력이 수학적, 논리적 요구에 의한 수학교육의 기본 원리로 설정되었다. 이에 더하여, 기하학과 통계학, 기본적인 산수 능력과 수 체계를 교육하는 것도 폭넓게 논의되었다. 학생들이 수학에 대해 사고하고 이해하는 것, 그리고 협력적인 문제해결 방법을 찾아가는 것에 강조점을 두었다. 또한 "나이와 단계에 관계없이 모든 학생들이 직접 머릿속에 있는 추상적인 개념과 이미지들을 직접 도안에 설계할 수 있도록 하여야 한다"라는 것이 교육과정에 분명하게 명시되어 있다. 보조 자료로는 다양하고, 쉽게 생산되고, 값싸고 스스로 만들 수 있는 도구들, 그리고 폭넓은 활동들이 제공되었다. 실제로 이러한 보조 자료를 통한 활동들은 PISA 검증에 사용되는 것과 맥락이 유사하다.

수학 학습에 대한 교육학적, 심리학적 연구는 1994 FCCS에서 본격적으로 이루어졌는데, 따라서 수학교육의 주된 변화는 거의 대략 30년 전에 이루어졌다고 볼 수 있다. 그러나 이러한 수학교육의 주요 아이디어를 위에서 기술한 전반적인 실천 과정에 실질적으로 도입하는 것은 결코 쉬운 일이 아니었다. (수학교육의 새로운 방향에 대한 교사들의) 이해를 돕고 이를 수학교육의 실제적 실천인 수업에 적용할 수 있도록 보조교재가 제공되었음에도 말이다(Opetushallitus, 1995). 지금의 (국가)핵심교육과정(Finnish National Board of Education, 2014)은 일반적인 면으로는 종합학교에 대한 믿음에서부터 수학 교과 측면으로는 수학교육이 구성주의 관점으로 바뀐 것까지 1990년의 그것과는 여러모로 다르다. 현재의 교육과정은 교수·학습 내용을 좀 더 자세히 규정하였고, 결과적으로 교육의 전반적인 개요가 더 상세하게 기술되었다. 수학교육은 (학생들이) 장래에 사회에 진출하여 활동할 때 중요한 것으로 (잠재적으로) 여겨지는 수학적, 논리적 사고력 발달의 초석으로 여겨진다. 수학학습은 아이들이 이해하기에 추상적이고 어렵기 때문에, 좋은 수학 수업을 위해서는 잘 구안된 교육학적 수업 모형didactical model[17]과 구체적인 (조작이 가능한) 학습 도구concrete material가 사용되어야 한다.[18] 수학학습을 좀 더 가시적이고 구체적인 것으로 바꾸

---

17. [역주] 교육학적 수업 모형(didactical model)이란 다소 생소한, 그러나 광범위한 의미를 이해하려면 4장을 참고하라.
18. [역주] 구체적인 (조작이 가능한) 학습 도구란 수학 교과에서 필연적으로 존재하는 추상성을 학생들이 직접 보고(visualizing), 만지도록(operational) 해주는 것을 말한다. 피아제의 인지발달이론에서 제시한 구체적 조작기(concrete operational stage)와 관련이 깊다. 예를 들면, 이등변삼각형은 두 변의 길이가 같은 특징을 가진다는 점을, 이등변삼각형을 직접 만들어서 반으로 접어봄으로써 익히도록 하는 식이다. 물론 본문에서는 구체적 조작기에 해당하는 초등교육 저학년과 중학년에 국한하여 기술하고 있는 것이 아니고, 초등 고학년 및 중등교육 단계에서도 이러한 구체적 조작을 통해 학습할 수 있음을 의미한다. 이를테면, 삼각형의 내심과 외심을 직접 그려보고 받쳐봄으로써 이해할 수 있다.

는 것뿐만 아니라 수학적 사고를 실제에 적용하고 합리적인 추론의 중요성을 강조하는 것도 학습 목표의 핵심이다. 학생들은 어떻게 합리적으로 사고할 수 있으며 다른 학습자들과 어떻게 수학적인 의사소통을 할 수 있는지를 배워야 한다. 수학 학습의 본질적인 목표는 수학적인 개념들을 철저하게 익히고, 그것을 기반으로 여러 상황에서 적용하는 방법을 배우는 것이다. 결론적으로, 지금의 국가교육과정은 수학교육의 주된 아이디어를 개략적으로 그리는 단계에 여전히 머물러 있다. 더 구체적인 세부사항은 지역수준 교육과정에서 자세하게 다루어진다.

좋은 수학교육의 교사교육과 주요 원리들

핀란드 교사들은 교실 수업에서 상대적으로 자율적인 권한을 갖고 있으므로, 수학교육에 대한 교사의 가치관, 숙련, 지식 그리고 이를 실제적인 수업으로 옮기는 능력이 중요하다(Krzywacki, 2009). 단계에 상관없이 수학 교사는 어려움에 직면하기 마련이다. 그러나 핀란드 교사들은 이런 어려움을 극복하는 데 헌신적이고, 그들만의 방법으로 잘할 수 있는 역량을 가졌다. 그렇기에 교사교육의 질이 중요한 것이고, 양성교육이 얼마나 잘 이루어지는가가 수학교육 전문성 계발의 출발점이라 할 수 있다. (양성과정을 운영하는) 각각의 대학이 프로그램을 조금씩 다르게 설계할 수 있으므로, 양성과정 내 수학교육과정의 실행과 양, 내용이 약간은 다르다(Laine & Kaasila, 2007; 2장에서 교사교육 부분에 대해 더 알아보라). 본문에서는 헬싱키대학의 사례를 살펴볼 것이다.

초등 교사교육의 초기 단계에서는, 초등교육 단계의 모든 교과를 공부하는 다학문적 교육과정임에도 수학교육에 주안점을 둔다. 실제로 헬싱키대학에서는 전체 300학점credit points 중 7학점을 수학교육에 할당하고 있다. 기본적인 의무 코스에 더하여 모든 예비교사들이 20학점이 부여된 실습 기간을 통해 수학 수업을 해보아야 한다. 일부는 심화과정을 통해 수학교육에 특화한다. 10~15%의 예비 초등 교사가 25%의 수학교육 심화과정을 이수하는데, 심화과정은 내용학(수학 그 자체) 및 교수·학습법(이를테면 특수학생을 위한)으로 이루어져 있다. 전기중등 단계의 수학 수업에 특화된 소규모(60학점) 과정을 따로 이수하는 것도 가능하다. 약 5% 정도의 학생이 이를 수강하는데, 이 과정은 수리통계학과Department of Mathematics and Statistics에서 제공하는 수학 내용학으로 대부분 구성되어 있다.

중등교사 교육과정은, 다른 대학도 마찬가지이지만 헬싱키대학을 예로 들면, 전공인 대학 수학 과정이 학위 취득까지 5~6년 기간 동안의 주된 구성 요소이다(교사교육의 더 자세한 내용은 2장을 참조하라). 탄탄한 수학 내용 지식mathematical content knowledge을 쌓는 것이 프로그램의 목표이며, 150학점의 대학 수학(내용학), 화학 혹은 물리와 같은 60학점의 기타 교과, 20학점의 실습을 포함한 1년(60학점) 간의 교육학 연구로 프로그램이 이루어져 있다. 교육학적 이슈는 일반교육학 강좌(20학점)를 통해 다루어지고, 수학과 특수적 교수·학습 문제는 수학교육 특수 과정을 통해 다루어진다. 수학교육 소논문 작성도 프로그램에 포함되어 있다.

이제 핀란드 대학의 교사 양성 교육에 녹아 있는 수학교육의 기조를 특징짓는 네 가지 주제를 소개하겠다. 교사교육 프로그램의 구조는 변할지라도, 교수·학습의 질을 중요시한다는 점은 공통적이다. 첫째, 수학 학습에서 정서적인 측면이 무척 중요하게 다루어진다. 핀란드뿐 아니라 세계적으로도, 전통적으로 수학교육의 뼈대는 인지적 측면의 학습 내용 서술 및 수학적 기술과 지식에 관한 산출물을 목표로 이루어졌다. 그러나 최근의 교육자들은 수학에 대한 관점과 태도의 중요성을 강조하기 시작했다(Hannula, 2004; Pietilä, 2002). 지금의 국가교육과정(Finnish National Board of Educarion, 2014)에는 수학에 대한 긍정적인 태도와 관심을 함양하는 것이 필요하다고 기술되어 있다. 이처럼 (수학)교육의 목표에 정서적인 측면까지 고려됨으로써 수학교육의 전통적인 학습 목표가 확장되고 있다고 볼 수 있다.

둘째, 수학 개념의 이해를 돕는 구체적인 학습 자료와 교육학적 수업 모형didactical model을 사용하는 것은 핀란드 수학교육의 기저를 이룬다. 이는 교사교육과정을 통해 다루어지는데, 예를 들면, 그룹 활동 및 실습에서 구체적인 수업 자료를 사용해 보는 것이다. 헬싱키대학의 교사교육 프로그램에서는, 수 체계의 피상적 이해를 넘어 그 진정한 의미의 이해를 돕기 위해 구체적 자료를 사용한다. 그것들은 학생들로 하여금 주된 수학적 개념을 이해할 수 있도록 돕고 특히, 학습자들이 십진법에 기반을 둔 수 체계를 배울 때 겪게 될 어려움들을 이해하는 과정을 통해 그런 특정한 관점을 그들의 교육에 어떻게 반영할지 생각하게 한다.

셋째, 문제해결 및 합리적 추론 과정의 중요성은 양성교육과정에서 잘 다루어진다. 핀란드뿐 아니라 세계적으로 수학 교수·학습 과정에서는 의사소통 및 협력학습법의 중요성은 통상 강조되지 않았다. 그러나 또래들과의 상호작용이 그들을 기반으로 하는 수학적인 추론과 사고의 소통에 대한 필요를 충족시키기 때문에, 짝을 이루거나 소규모 집단으로 이루어지는 협력적인 배움과 과제해결 과정은 문제해결능력을 향상시키는 데에 효과적인 기능을 한다(Good, Mulryan & McCaslin, 1992). 그 강조점은 복잡한 수학적인 상황을 유연하고 창의적인 방식으로 해석하는 것을 배우는 것이다. 다른 사람들과 함께 과제를 수행할 때, 학습자들은 수학적인 문제와 그것의 해결 과정에 대해 잘 설명해야 하는 상황에 처하게 된다.

넷째, 특수 학생을 비롯해 수학에 어려움을 느끼는 학생들을 이해하고 지원하는 것이다. 종합학교 교사, 특히 초등학교 1학년 교사들은 학습장애와 난산증dyscalculia에 대한 기본적 지식을 갖추어 이에 해당하는 학생을 인지하고 추가적인 지원을 받도록 해야 한다. 이와 같은 심각한 학습 장애 이외에도, 흔한 오개념misconception 혹은 학생 스스로 수학 지식을 구성하는 과정에서 발생한 잘못된 이해가 종종 문제가 된다(Claxton, 1993). 수학 학습에 어려움을 겪는 학생들을 식별하고 지원하는 것뿐만 아니라, 자주 발생하는 오개념을 염두에 두고 이를 예방하는 것도 몹시 중요하다. 예를 들어, 유리수 특징을 이해하는 것과 관련한 개념의 변화들은 학습 도구를 이용하고, 분수에 대해 설명하고, 유사한 과제를 제공함으로써 설명할 수 있다(Merenluoto & Lehtinen, 2004).

핀란드 종합학교에서의 수학교육

이제 핀란드 종합학교에서의 수학교육에 영향을 미치는 환경적, 실제적 특징들을 살펴보자.

수학 수업시수

OECD 국가 중 핀란드보다 수학 수업시수가 적은 나라는 네덜란드밖에 없다(Välijärvi et al., 2002: 262). 종합학교 1~9년 동안 학생들이 이수해야 하는 수학과 프로그램은 총 32학점lesson hours이다. 다른 교과에 비해서는 시수가 많은 편이지만, 수학에 지나치게 집중하는 것도 아니다. 사실, 수학보다 수업시수가 많은 과목은 국어뿐이다. 2012년에는 수업시수 조정안이 국무회의에서 의결되었는데[기초교육에서 수업시수], 이에 따르면 종합학교에서는 1~2학년군에서 6학점, 3~6학년군에서 15학점, 7~9학년군에서 11학점을 이수하게 된다. 따라서 초등 및 전기중등 단계에서 주당 수학 수업시수는 3~4시간이 된다. 마찬가지로, 학생의 최소 주당수업시수와 과목별 최소 주당수업시수도 정해져 있다. 그렇지만 최대 주당수업시수가 규정된 과목은 없다. 아울러 국무회의에서 의결된 최소 수학 수업시수만을 이수했다 하더라도 상급학교에서의 수학 학습에 지장이 없도록 지역 (수학) 교육과정이 작성되어야 한다. 이러한 (제도적) 제약 하에서, 각각의 학교는 고유하게 과목별 수업시수를 할당할 수 있다.

교수·학습 자원으로서의 학습 자료

학습 자료, 특히 교과서는 중요한 역할을 한다. 다른 나라도 마찬가지겠지만 핀란드 초등 교사들은 특히 교과서 내용에 매우 충실하다. 핀란드 초등학교 교사들은 수학 교과서와 교사용 자료에 매우 만족하고 있다. 니에미(Niemi, 2004)의 연구에 의하면, 53%의 6학년 담당 교사가 학교교육과정보다 교과서를 토대로 수학교육 계획을 설계한다는 결과가 나왔다. 이는 사실 지역교육과정을 수립하는 근본적 목표에 부합하지는 않는다고 할 수 있다. 중등학교 교사들의 태도는 약간 다르다. 그들은 수학 내용 지식과 수학 교수·학습법에 특화되었으므로 교사용 자료 및 교육학적 아이디어를 대하는 태도가 초등 교사의 그것과는 약간 차이가 있다.

핀란드에서 학습 자료는 수학교육에 관심 있는 현직 교사에 의해 제작된다. 따라서 학교현장에서 사용되기에 매우 적합하다. 최근에는 5~6종의 초등 교과서와 4~6종의 중등 교과서가 출판된다. 세부사항에서는 약간의 차이가 있을 수 있으나, 모든 학습 자료와 교과서에서 다루는 바는 기본적으로 동일하다. 문제해결 및 통계 분석을 위한 다양한 학습 자료와 협동 과제가 제시된다. 간단한 것부터 더욱 복잡한 것까지 학생들이 스스로 연습할 거리도 제공된다. 실력이 뛰어나거나 흥미를 보이는 학생을 위한 심화학습 자료도 풍부하게 제공된다. 교수·학습 방법을 결정하는 것만큼이나, 학생들의 상태를 고려하여 교재를 선정하는 것도 교사의 몫이다. 같은 품질의 학습 자료를 사용하더라도 교사가 이를 얼마나 적절하게 활용할 수 있는지에 따라 학습의 질이 달라진다는 점은 다시 한 번 짚고 넘어가야 한다. 드문 경우이기는 하지만, 교사가 원한다면 교과서 없이 수업할 수도 있다.

교수·학습 자료에 대한 교사들의 인식은 핀란드 수학교육의 한 단면을 보여준다. 9명의 초등 교사를 대상으로 안정적인 양질의 수학 교수·학습이 이루어질 수 있도록 뒷받침하는 요소가 무엇인지 물었다(Pehkonen, 2004b). 그 결과 교사가 (학생의 수준을 고려하여) 적당한 수준의 교수·학습 활동이 지속적으로 유지되도록 하고, 새로운 교수·학습 방법을 모색하는 데에서 수학 교과서가 중요한 역할을 하는 것으로 나타났다. 따라서 교사들이 교과서 사용을 긍정적으로 생각한다는 점을 알 수 있다. 교사들은 교과서가 논리적이고 명료하기 때문에 일정 수준 이상의 수업의 질을 안정적으로 보장할 수 있다고 생각한다. 교과서에는 필수적으로 학습해야 할 사실들과 일상생활에서의 적용 활동이 포함되어 있다. 아울러 교과서를 사용함으로써 논리적이고 일관성 있는 수업을 유지할 수 있게 된다. 또한 잘 구조화된 학습 구성과 질 좋은 문제들을 포함하고 있기 때문에 교사들의 업무량을 줄이는 데에도 기여한다.

교과서는 학생들과 그들의 학습 과정을 충분히 고려하여 집필되었다. 게다가, 교과서는 동기를 유발하는 데에 효과적이고, 컬러 인쇄되어 있으며 연습문제도 다양하다. 학생들의 흥미가 높다는 점은 교과서의 품질이 뛰어나다는 증거가 된다. 초등 1학년 교사들은 아이들이 수학 교과서를 좋아한다고 생각한다. 요즘의 많은 수업이 소규모 그룹 활동으로 조직되기 때문에 교사들은 학생들이 과제를 그들의 수준에 맞추어 개별적으로 수행하는 것에 즐거워하는 모습을 볼 수 있다고 이야기한다. 교과서를 통해, 아이들이 자신이 배우길 기대했던 내용들을 배울 수 있다는 것이 공통된 생각이다.

최근 들어, 학습 자료는 더욱 다양해지고 컴퓨터가 많이 사용되고 있다. 교사들은 각자의 수업 방식에 맞게 어떤 시설을 어떻게 이용할지 결정한다. 핀란드의 학교가 시설이 잘 발달되었다 하더라도(Eurydice, 2004; 2011), 이를 수학 학습을 의미 있게 만든다는 관점으로 활용하는 것 역시 어려운 일이다. 첨단 자료들은 종종 책과 같은 기존의 학습 자료를 보충하는 역할을 한다. 구체적인 학습 자료와 교육학적 수업 모형을 사용하는 근본적인 까닭에 부합하도록, 교과서에는 초등학교 1학년 학생들을 위한 10진법 체계나 기본 산수법과 같은 부가 인쇄물 자료가 포함되어 있다. 교사용 지도서에도 보충 자료가 실려 있는데, 예를 들면 기하학 교수·학습 과정에서 사용되는 기하학 문제들이 실려 있는 것을 볼 수 있다.

핀란드의 교사용 지도서는 일상적 수업을 잘 지원할 수 있도록 구성되어 있다. 따라서 교사용 지도서는 수학 수업을 구상하고 핀란드 수학교육의 기본 원리들을 이행하는 데 도움이 된다. 실제로, 교사용 지도서에 드러난 교육학적 아이디어는 수학 수업의 통상적인 방식에 따라 구성되어 있고, 이는 학습자의 시각과 유사한 방식이다([그림 1] 참조).

핀란드 교실에서의 수학 수업

핀란드 수학교육이 아주 혁신적인 교수·학습 방법을 활용한다고 볼 수는 없다. 사실 핀란드 교육, 특히 수학교육은 전통적인 방식으로 이루어지는 경우가 많다(Andrews et al., 2014; Norris et al., 1996). 교사 중심의 교수·학습법이 주로 사용되지만, 학생의 활동과 참여 역시 활발하다. 전통적인 교수·학습법을 옹호하는 목소리도 높지만, 이것에 지나치게 의존하는 것은 바람직하지 못하다. 핀란드 교사들은 너무 급한 변화를 추구하기보다는 학생을 가르칠 실질적 기회를 보장받기를 원한다. 따라서 수업이 지나치게 흥미 위주로 흐르는 것은 피하려 한다(Pehkonen, 2007). 하지만 유용하고 의미 있다고 여기는 아이디어와 방법은 적극적으로 채택한다.

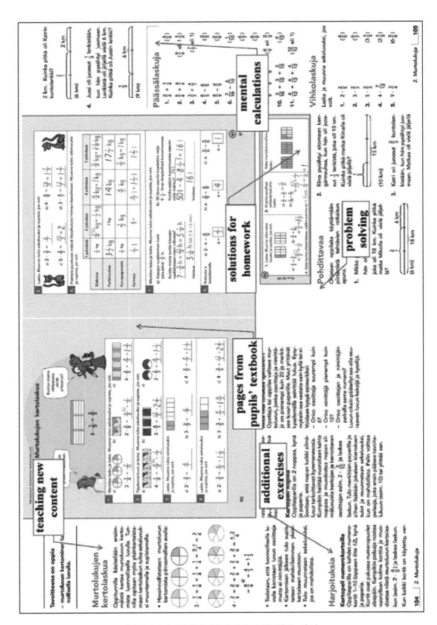

[그림 1] 교사용 지도서의 수학 활동 예시

예를 들어, 몇몇 교사들은 일주일에 한 번 정도, 문제해결능력 함양을 위한 수업 혹은 협력수업 등 특별한 시간을 갖는다. 니에미(Niemi, 2004)에 따르면 초등학교 교사 중 60% 이상이 수학 수업에서 다양한 협력적인 교육 방식을 활용한다.

핀란드 교사들은 전통적인 방식과 혁신적인 방식을 결합하는 성공적인 방식을 모색했다. 수학교육에서 몇몇 전통적이고 일상적인 방식은 무척 효과적이고, 수학 수업의 기본적인 구조는 안정적이다. 수업 시작 후 5분 동안의 준비 활동은 암산이나 기타 수업 활동에 효과를 발휘한다는 것이 수십 년간 전통으로 알려져왔다. 교사용 보충자료는 수업시간마다 활용할 수 있는 연습문제를 제공하여 수업 준비를 돕는다. 비록 시간은 짧지만, 이런 활동이 매 수업시간마다, 나아가 매년 반복된다.

다음으로, 지난 수업의 핵심을 반복하기 위해 주어지는 과제 검사가 이루어진다. 핀란드 학생들의 과제 시간이 대부분의 OECD 국가 학생들보다 적을지라도(Välijärvii et al., 2002: 262) 수학수업에서 숙제는 정말 중요한 역할을 한다. 대부분의 교사들은 교실을 빠르게 돌며 모든 학생들이 숙제를 했는지 검사한다. 보통, 어렵거나 복잡한 문제들은 선별된 학생들이 나머지 학생들에게 설명한다. 그 결과, 학생들은 숙제한 것에 대해 충분한 보충 설명을 받게 된다. 학생이 숙제를 하지 않았을 때 혼나지는 않지만 부모님에게 그 사실이 전달된다.

수업은 교사가 새로운 주제를 소개하고 설명한 후에 그 수업의 목표를 습득시키기 위해 학생들을 개별적으로 돕는 것으로 진행된다. 교사용 지도서에서는 교사가 어떤 주제를 다룰 때 염두에 두어야 하는 몇 가지 교육학적 아이디어를 강조한다. 수학 수업의 많은 부분은 조용한, 개인적인 습득 과정으로 이루어진다. 학생은 그들의 수준에 맞추어 공부하고 교사는 도움이 필요한 학생을 돕는다. 개인적인 습득 과정은, 현대적인 방법이 아니더라도 구성주의 아이디어에 밀접하게 연관되어 있다. 숙제는 보통

학습을 장려하기 위해 수업의 마지막에 주어진다.

평가 정책

핀란드 교사들은 학교에서의 의사결정 과정에 상당한 영향을 미칠 수 있기 때문에, 특히 교육 내용이나 학생 평가 정책의 많은 것들을 결정할 수 있다. 핀란드에는 전수 국가수준 학업성취도 평가가 없으므로, 개별 교사에 의한 평가가 중요하다. 국가수준 학업성취도 평가는 종합학교의 6학년 및 9학년 말에 이루어지는 표본 검사밖에 없다. 그 결과는 교육체제의 개선을 도모하는 기초 자료로만 활용되고, 각 학교의 결과는 외부에 공표되지 않고 해당 학교에만 전달된다.

1990년대에, 교육과정 개혁과 더불어 학생 평가 원칙이 재구성되었다. 학생들 간의 (학력) 차이를 찾아내는 것(줄 세우기)이 아니라 학생들의 학습을 개선하는 방향으로의 변화였다. 가장 중요한 목표는 어떻게 하면 학생들이 수학을 더 잘 이해할 수 있을지를 찾아내는 것이었다. 학생의 수학문제해결 과정을 평가하거나, 수학적 활동으로 인한 생산물을 평가하는 방식 등의 다면적 평가 방법이 도입되었다. 학생 스스로에 의한 자기평가self-assessment 방식도 완전히 새로운 아이디어였음에도 불구하고 그 당시에 도입되어 현장에 뿌리내리게 되었다. 평가는 학습의 자연스러운 부분으로 여겨지고 있으며 그리고 교사와 학생에게 교수·학습에 관한 정보를 주는 역할을 한다.

평가의 설계 및 실행은 교사교육의 필수 과정으로 되어 있다. 초등 교사들은 스스로 시험과 평가 장치를 설계할 수 있다. 초등학교 수학 교과서는 형성평가 모음집을 제공하고, 교사들이 원한다면 보충자료로 활용할 수 있다. 이러한 자료의 사용은 평가의 통일성을 강화하는 하나의 방법이다. 어쨌든, 모든 교사들이 학교교육과정을 계획하는 과정에 참여하기 때문에, 핀란드 초등 교사들은 수학 학습 목표를 숙지하고 있다는 것이다.

또한, 학생들이 어떤 내용을 어떤 수준으로 배워야 하는지 알고 있다.

단 한 명의 학생의 재능 계발도 포기하지 않는 교육

기초교육법(Basic Education Act, 1998/628)에 의해 모든 핀란드 아이들은 의무교육이 보장된다. 동법이 의무교육을 통해 실현하고자 하는 바는 교육과 수업에서 학생들의 나이와 재능이 충분히 고려되어야 한다는 것이다. 현 기초교육법은 기초교육 단계에서의 형평성과 통일성uniformity을 특히 강조하고 있다. 상기 형평성에 대한 강조는 2011~2016년 사이 출판된 교육부의 교육개발계획Development Plan in Education and Research에서도 나타난다. 다음 인용문을 보자.

> 학교에서 아동 안전과 고품질의 교육이 보장될 것이고 기초교육은 동년배 학생 모두를 위한 동질의 수업을 제공하며 모든 학생들이 준비되도록 할 것이다. (ibid: 24-25)

핀란드 교육정책의 핵심 중 하나는 모든 학생이 양질의 교육 기회를 평등하게 가질 수 있도록 하는 것이고, 특히 저성취자들least successful pupils 이 겪는 학습상의 어려움을 제거하는 것이다. 가급적이면 (초기 단계인) 1학년 시기에 지원이 이루어지도록 한다. 이는 이상적인 것으로 여겨질 수 있지만 실용적이기도 하다. 교육적 평등은 인적자본에 대한 투자로 여겨졌다. 핀란드와 같은 작은 국가들은 (인적) 재능이 낭비되지 않도록 하여야 한다. PISA 결과물로 볼 때, 이런 목표는 잘 성취되어온 것으로 보인다 (e.g., OECD, 2004, pp. 144-145).

기초교육법에 의해 학교는 반드시 학부모(양육자)와 협력해야 한다. 이러한 협력 원칙에 의해 서로 다른 역량과 재능을 지닌 학생 모두를 위한 교육 기회가 만들어진다. 학교, 양육자, 학생 간의 긴밀한 협력은 학습 및 학교생활이 잘 이루어질 수 있도록 한다. 학습자의 특별한 필요special needs를 신속하게 인지할수록 학습 과정에서 더 나은 지원을 제공하고 미래의 어려움을 피할 수 있다. 동법에 의해 이러한 지원과정은 시간제part-time 지원으로부터 특수교육 지원까지 3단계로 구분된다.

영재는 어떠한 교육 관련 법률과 공식 문서에서도 특수 집단으로 언급되지 않는다. 영재교육은 핀란드 교육체제에서 중요사항이 아니기 때문에 일상적인 교육과정에서 중요하게 고려되는 사항은 아니다. 그러나 모든 학생이 그들의 필요에 따라 재능을 발달시킬 수 있다는 관점에서, 적절한 기회가 주어진다고 할 수 있다(Pehkonen, 2004b). 그러나 영재교육은 상당 부분 교사의 관심과 역량에 달려 있다. 수업 집단의 크기는 각각 다르며, 이질적인 정도도 다르다. 특히 초등학교에서는, 전문적인 수학교육을 받지 않은 교사가 정말 수학에 예외적으로 뛰어난 학생을 위한 어려운 문제를 제공하기 어려울 수도 있다.

결론짓자면, 교육과 영재성에 대한 핀란드의 관점은 영재를 위한 교육이라기보다는 학생의 재능을 발달시킨다는 쪽이다. 그렇다고 해서 정말 뛰어난 학생을 그냥 방치하는 것을 의미하는 것은 아니고, 모든 학생의 재능을 발달시킬 수 있도록 학습에 어려움을 겪는 학생들을 관리하는 것이 핵심이다. 학생들의 재능이 완전히 발현되도록 하는 것은 어려운 과제인 동시에 미래를 위한 투자이다. 교육적 평등은 학교교육의 한 부분으로 수학에 어려움을 겪는 학생들을 지원함으로써 촉진된다. 학생들을 수학적인 재능을 기준으로 선별하는 것이 아니라, 서로 다른 재능을 가진 학생들을 혼합된 교실에서 개별적으로 지원하고, 특정한 요구를 수용할 수 있는 교사와 협력해 설계된 특별한 수업과 활동을 통해 학생들의 요구를 수용하는 것이 핵심이다.

결론

핀란드 학생들의 수학에 대한 태도가 긍정적이라는 여러 가지 연구 결과로 미루어 보아, 핀란드 학생들이 특히 초등학교 과정에서 수학을 좋아하는 것으로 보인다. 쿠파리(Kupari, 1999)에 따르면, 수학이 4학년과 6학년 학생들 사이에서 가장 인기 있는 과목이라고 한다. 그러한 태도는 1학년 과정에서 가장 긍정적으로 발견된다. 그러나 시간이 갈수록 그러한 긍정적인 태도가 약해지기 시작한다. 니에미(Niemi, 2008)는 6학년 학생들이 여전히 수학을 살짝 좋아하거나 적어도 흥미를 잃지는 않았다는 연구 결과를 내놓았는데, 2004년 연구에서는 6학년 학생들의 3분의 1이 수학을 가장 좋아한다고 답했었다. 핀란드 문화에서 강렬한 감정이나 느낌을 표현하는 것이 흔하지 않다는 것을 눈여겨보아야 하고 그렇기 때문에 수학을 배우는 것 역시 감성적인 방식으로 보이지는 않는다. 핀란드 학생들은 대개 학교 수업을 받는 것에 대해 매우 신중하거나 혹은 중립적인 입장을 취하고 있으며 수학은 감정적으로 대해야 할 것이라기보다는 중요하고 유용한 학교 과목으로 여긴다(Niemi, 2004, pp. 151-152).

우리는 핀란드의 수학교육이 기능하는 데에 중요한 장치들을 설명하기 위해 핀란드 종합학교의 수학 교수·학습 방법의 핵심을 제시했다. 핀란드 교육 시스템에서 수학교육이 가진 특징 중 하나는 교사의 역할이 독립적이라는 것이다. 비록 초등학교 교사들이 대개 수학에 전문성을 가졌다고 보기 힘들지만, 그들은 교육의 전문가이다. 모든 교사는 교육에 대한 견고한 지식 기반을 갖추고 있으며 업무상의 자기 계발을 위한 적절한 역량 역시 가지고 있다. 중등학교에서는, 전문화된 교과교사가 수학교육을 책임진다. 그들은 각자의 과목에서 전문가이며 그들 중 대부분은 수학 교수·학습법을 개발하고 수학 학습에서 학습자의 흥미를 촉진하는 데에 깊은 관심을 갖고 있다. 교사들은 역량을 개발하고, 재능이 있는 학생을 양성하며, 한 학생의 전반적인 성장을 관리하는 방법을 알고 있다. 설령 핀란드 교실에서 수학교육이 많이 전통적이라고 할지라도(Andrews et al., 2014; Norris et al., 1996), 그러한 교수·학습 과정은 핵심교육과정에 있는 학습 목표를 충분히 숙지한 전문가에 의해 설계된다. 이러한 목표를 수행하기 위해 적절한 활동과 학습 자료들을 선별하는 것은 교사의 책임 중 하나이다. 국가에서 주관하는 시험 대신에 교사가 중심이 된 평가를 채택하는 것은 교사가 수학을 교육하고 학습 과정을 설계하는 데에 충분한 권리를 제공한다. 초등학교에서 수학을 가르치고 배우는 것은 중등학교 과정을 이수하는 데에 중요한 기반을 제공한다. 핀란드 교사들은 수학을 잘 가르치는 여러 가지 방법을 보여왔다.

참고 문헌

Andrews, P., Ryve, A., Hemmi, K. & Sayers, J. (2014). PISA; TIMSS and Finnish mathematics teaching: an enigma in search of an explanation. In Educational Studies in Mathematics DOI 10.1007/s10649-014-9545-3

Basic Education Act [Perusopetuslaki] 21.8. 1998/628. Available in: http://www.finlex.fi/en/laki/kaannokset/1998/en19980628.pdf.

Claxton, G. (1993). Minitheories: a preliminary model for learning science. In: P.J. Black & A.M. Lucas (eds.) *Children's informal ideas in science*. (pp. 45-61). London: Routledge.

Eurydice (2004). Key Data on Information and Communication Technology in Schools in Europe. 2004 edition. The information network on education in Europe. Available in: http://eacea.ec.europa.eu/education/eurydice

Eurydice (2011). Key Data on Learning and Innovation through ICT at school in Europe. Available in: http://eacea.ec.europa.eu/education/eurydice

FCCS (1994). Framework curriculum for the comprehensive school 1994 (in Finland). Helsinki: State Printing Press and National Board of Education.

Finnish National Board of Education. (2014). *Perusopetuksen opetussuunnitel man perusteet 2014 [National Core Curriculum of Basic Education 2014]*. Retrieved 18.12.2015, http://www.oph.fi/download/163777_perusopetuksen_opetussuunnitelman_perusteet_2014.pdf

Good, T. L., Mulryan, C. & McCaslin, M. (1992). Grouping for instruction in mathematics: A call for pragrammatics research on small-group process. In D. Grouws (Ed) *Handbook for research on mathematics teaching and learning*. (pp. 165-196). New York: MacMillan.

Halinen, I., Hänninen, L., Joki, J., Leino, J., Näätänen, M., Pehkonen, E., Pehkonen, L., Sahlberg, P., Sainio, E., Seppälä, R. & Strang, T. (1991). Peruskoulun matematiikan opetuksen kehittämissuunnasta 1990-luvulla. [About the developing trends in mathematics education in the comprehensive school in 1990's] Opetus ja kasvatus. Helsinki: VAPK-kustannus.

Hannula, M. S. (2004). Attitude towards mathematics: emotions, expectations and values. *Educational Studies in Mathematics* 49 (1), 25-46.

Heinonen, O-P. (1996) Suomalaisten matematiikan ja luonnontieteiden osaaminen vuonna 2002: kansalliset kehittämistalkoot [Finnish knowhow in mathematics and natural sciences in 2002: joint national action]. Koulutus-ja tiedepolitiikan linjan julkaisusarja; 38. Helsinki: Opetusministeriö.

Krzywacki, H. (2009). Becoming a teacher: emerging teacher identity in mathematics teacher education. Research Report 308. Department of Applied Sciences of Education. University of Helsinki. (available in http://urn.fi/ URN:ISBN:978-952-10-5757-1)

Kupari, P. (1999). Laskutaitoharjoittelusta ongelmanratkaisuun. Matematiikan opettajien matematiikkauskomukset opetuksen muovaajina. [From practising computational skills to problem solving. Mathematics teachers' mathematical beliefs and the construction of their teaching.] Jyväskylän yliopisto: Koulutuksen tutkimuslaitos, tutkimuksia 7.

Laine, A. & Kaasila, R. (2007). Mathematics education in primary teacher program. In E. Pehkonen, M. Ahtee & J. Lavonen (Eds.), *How Finns learn mathematics and science* (pp. 133-141). Rotterdam: Sense Publishers.

Lilli, M., Ranta, P., Hänninen, L. & Laine, A. (2010). Matikkamatka 5 syksy. Opettajan opas. Helsinki: Osakeyhtiö Tammi.

Merenluoto, K. & Lehtinen, E. (2004). Number concept and conceptual change. Towards systemic model of the processes of change. *Learning and Instruction* 14 (5), 519-534.

Ministry of Education (2012). Education and research 2011-2016. A Development Plan. Available in http://www.minedu.fi/export/sites/default/OPM/Julkaisut/2012/liitteet/okm03.pdf?lang=fi

The new distribution of lesson hours in basic education (pdf, in Finnish) Available in http://www.oph.fi/english/curricula_and_qualifications/basic_education

Niemi, E (2004). Perusopetuksen oppimistulosten kansallinen arviointi ja tulosten hyödyntäminen koulutuspoliittisessa kontekstissa. Perusopetuksen matematiikan oppimistulosten kansallinen arviointi 6. vuosiluokalla vuonna 2000. [The National Evaluation and Exploitation in Education Policy of Learning Results in Primary Education. The National Evaluation of the Education Outcomes in Mathematics in the Sixth Grade of primary Education in the Year 2000] Turku: Turun yliopiston julkaisuja C 216.

Niemi, E. (2008). Matematiikan oppimistulosten kansallinen arviointi 6. vuosiluokalla vuonna 2007. Oppimistulosten arviointi 1/2008. Opetushallitus.

Norris, N., Aspland, R., MacDonald, B., Schostak, J. & Zamorski, B. (1996). An independent evaluation of comprehensive curriculum reform in Finland, Helsinki: National Board of Education.

OECD (2004). Problem solving for tomorrow's world: first measures of cross curricular competencies from PISA 2003. Organisation for Economic Co-operation and Development. Paris : OECD. Available in http://www.oecd.org/document/54/0 ,2340,en_32252351_32236173_34002550_1_1_1_1,00.html

OECD (2010). PISA 2009 Results: What students know and can do—student performance in reading, mathematics and science. Volume I. Retrieved from http://dx.doi.org/10.1787/9789264091450-en

Pehkonen, L. (2004a). How Finnish education meets the needs of the gifted? In J. Touron (Ed.), *Proceedings of the 9th Conference of the European Council for High Ability* 2004. University of Navarra.

Pehkonen, L. (2004b). The magic circle of the textbook-an option or obstacle for teachers change. In M. J. Høines & A. B. Fuglestad (Eds.), Proceedings of the 28th Conference of the International Group for the Psychology of Mathematics Education, Vol 3, pp. 513-520. Bergen University College.

Pehkonen, L. (2007). To change or not to change-How primary school teachers speak about stability and change. *Nordic Studies in Mathematics Education* 12(2), 57-76.

Pietilä, A. (2002). the role of mathematics experiences in forming pre-service elementary teachers' views of mathematics. In A. Cockburn & E. Nardi (Eds.), *Proceedings of the PME* 26(4), pp. 57-64. Norwich: University of East Anglia.

Opetushallitus (1995). Toimi, laske ja ajattele [Act, Count and Reflect]. Helsinki: Opetushallitus [National Board of Education].

Simola, H. (2002). Finnish Teachers Talking about Their Changing Work. In K. Klette, I. Carlgren, J. Rasmussen, & H. Simola (Eds.), *Restructuring Nordic Teachers: Analysis of interviews with Danish, Finnish, Swedish and Norwegian Teachers*, pp. 49-70. Oslo: University of Oslo, Institute for Educational Research. Report 3.

Simola, H. & Hakala, K. (2001). School Professionals Talk about Educational Change-Interviews with Finnish school level actors on educational governance and social inclusion/exclusion. In S. Lindblad & T. Popkewitz (Eds.), *Listening to Education Actors on Governance and Social Integration and Exclusion*, pp. 103 -132. Uppsala: University of Uppsala, Department of Education, Uppsala reports on Education 37.

Välijärvi, J., Linnakylä, P., Kupari, P., Reinikainen, P. & Arffman, I. (2002). *The Finnish Success in Pisa-and some reasons behind it: PISA 2000.* Jyväskylä: University of Jyväskylä, Institute for Educational Research.

9. 핀란드 의무교육 학교의 과학교육

야리 라보넨Jari Lavonen
칼레 유티Kalle Juuti

요약

이 장은 국가수준의 과학교육정책이 국가와 지역수준의 교육과정과 교사교육을 통하여 실행되는 과정을 기술한다. 우리는 다음의 (1) 의무교육학교의 과학 교육과정과 이를 지역수준에서 실행하는 핀란드의 접근 방식 (2) 과학 교사교육 프로그램 (3) 학교에서 과학과 교수 학습과 평가 사항에 집중한다.

핀란드 국가수준 교육과정은 PISA 2006년 과학 프레임 워크에서 서술된 역량들과 유사한 역량들을 강조해왔다. 우리는 핀란드 과학 교사들이 학문적 전문가이므로, 핀란드의 수준 높은 교육과정을 수업시간에 집행할 수 있다는 점을 강조한다. 핀란드 과학 교사들은 교과 전공에서 석사 학위를 가지고 있고, 교육학에서는 중급의 공부를 한 사람들이다.

* 핵심어: PISA 과학적 소양평가, 과학교육정책, 과학교육과정,
과학과 교수 학습, 과학 교사

도입

핀란드 학생들은 PISA 2003, 2006, 그리고 2009년의 과학적 소양평가에서 최고의 성적을 거두었고, 2000년 과학적 소양평가에서도 3위를 했다. 과학의 평균성적은 PISA 측정방식(PISA 측정방식은 OECD 전체 학생들의 평균을 500으로 하고 표준편차를 100으로 둔다)으로 538에서 563 사이로 다양했다. 2006년도 PISA는 과학이 중심 과목이어서, PISA 2006년 과학평가 자료에서 학생들의 성취도, 태도 및 과학교육에 대한 의견 등 매우 구체적인 정보를 얻을 수 있다. 예를 들면, 숙달 수준이 낮은 (다시 말해, 낮은 성취 수준을 보인) 학생들의 비율은 OECD가 19.3%였는데 핀란드는 4.1%였다. 숙달 상위 2단계 수준의 학생 비율은 OECD 평균이 9%에 지나지 않았는데 핀란드의 경우 20.9%였다. 핀란드 학생들은 성취도가 높은 OECD 국가 중에서 가장 작은 표준편차(81.4점)를 보여주었다. 핀란드의 평균 과학점수는 남학생은 562점 여학생은 565점이었다. 여학생의 점수가 높지만, 그 차이가 통계적으로 유의미하지는 않다(Lavonen, 2008). 하지만 2012년 PISA 결과가 공표되었을 때 핀란드 정책 입안자들, 연구자들, 그리고 교사들은 새로운 상황에 직면했다. 쿠파리, 밸리애르비, 안데르손, 아르프만, 니시넨, 푸하카, 그리고 베텐란타(Kupari, Välijärvi, Andersson, Arffman, Nissinen, Puhakka, and Vettenranta, 2013)는 PISA 2012에서 수학, 읽기 및 과학적 소양 성취도에서 핀란드 학생들의 숙달도가 현격하게 나빠지고 있는 경향을 보고했다.

2006년 PISA 결과가 나온 후 핀란드의 과학교육 학자들은 핀란드 학생들의 성공 요인 몇 가지를 제시하였다. 이에 대해 페코넨, 아흐티, 그리고 라보넨(Pehkonen, Ahtee and Lavonen, 2007)은 단 하나의 요인으로 설명할 수 없고 몇 가지 요소들이 복합적으로 핀란드 학생들의 PISA 결과를 설명할 수 있을지 모르겠다고 주장했다. 핀란드에서는 다음과 같은 이유들이 제시되었다.

- 국가수준의 핵심교육과정과 자치시 수준의 실행과정 때문이다.
- 과학 수업이 초등학교와 중학교 수준에서 교과 중심이고 더구나, 수업이 과학의 본질을 포함하여 개별 교과의 핵심적인 요소들을 전달하는 것을 목표로 하기 때문이다.
- 교사들이 자율적이며 성찰하는 전공학문의 전문가들이기 때문이다.
- 교사와 학생의 '전통적' 역할 및 교사의 전문성에 대한 일반적 신뢰가 있기 때문이다(Kupari, Reinikainen and Törnroos, 2007; Pehkonen, Ahtee and Lavonen, 2007; Kim, Lavonen & Ogawa, 2009; Krzywacki, Lavonen and Juuti, 2015; Simola, 2005).

핀란드 교육 시스템은 교육과정과 평가 정책의 결정 권한이 지역 수준의 일반 교사들에게 이양되어 분권화된 특징을 보인다. 개별 자치시—심지어 개별 학교—가 국가핵심교육과정의 체제 안에서(FNBE, 2004; 2014) 지역의 교육과정을 계획하고 교육을 평가하기 위하여 측정 자료를 수집한다. 지역단위의 교육과정 설계는 교육과정 문서라는 최종 결과물보다 설계하는 과정에 가장 큰 의미를 둔다. 이를 통해 교사가 학교교육의 발전에 참여하게 한다.

2013년의 TALIS 조사에서 학교 운영과 과학 교사의 몇 가지 약점이 드러났다. 교사의 전문성 계발을 지원하는 현직 연수에 대한 교사들의 참여는 줄어들고 있다. 특히 장기간 지속적으로 전문적 역량을 계발하는 계속교육에 대한 수요는 현저하게 줄어들고 있다. 또한 핀란드 교사들은 양성교육만으로는 과학 교사의 직무를 수행할 수 있도록 충분히 준비되지 못한다고 느끼고 있다(Taajamo, Puhakka & Välijärvi, 2014).

핀란드 학생들이 PISA 과학에서 좋은 성과를 나타냈지만, 학생들의 과학 학습의 참여 및 21세기 역량 습득의 실패에 관한 몇몇 논의가 있었다. 이런 이유로 교육부 장관 크리스타 키우루Krista Kiuru는 2014년 봄에 '미래의 초중등 (과학)교육'을 계획하는 프로젝트를 시작했다(보도자료 2014[19]). 그녀는 이 계획 과정에 연구자, 교사교육자, 교장, 그리고 교사들을 초대했다. 이 프로젝트의 주목표는 현재 상태를 평가하고, PISA 검사에서 학습 성과가 하락하는 원인을 점검하며, 학생들에게 한층 높은 동기를 부여하여 학교를 즐겁게 다니도록 만드는 방안들을 찾는 것이었다. 이 프로젝트는 2015년 3월에 완결되었다.

'미래 초중등 교육' 프로젝트의 결과로 초중등 교육과 교사교육을 위한 개선안이 제시되었다. 발표된 문서에 따르면, 과학교육을 위해서 다음과 같은 조치들이 제시되었다(Ouakrim-Soivio, Rinkinen & Karjalainen, 2015).

- 배움과 교육학의 발전: 개인 학습과 팀별 학습을 지원하고, 학생들의 과학 학습 참여를 위한 새로운 교육적 해결책을 찾아야 할 필요성을 강조하고 있다.
- 교사교육의 발전: 연구에 기초한 교사교육은 대학과 자치시가 협력하여 양성교육의 품질을 높이고 전문성 개발의 연속성을 구성해야 한다.
- 평생에 걸친 교사 전문성 개발의 지원: 체계적인 계속교육 활동은 교사의 전문적 역량을 개발하기 위한 전제 조건이다.
- 교사의 노동시간 모형 개발: 교사의 노동시간 모형들에 관한 다양한 실험을 계속하고 확대하는 노력이 필요하다.

---

19. Kiuru(2014). Press release: Broad-based project to develop future primary and secondary education. Ministry of Education. http://www.minedu.fi/OPM/Tiedotteet/2014/02/perusopetus.html?lang=en

개선안에는 이전의 도전 과제들을 정리하면서, 소수의 학교 개선 프로젝트들을 2015년에 착수한다고 발표하였다. 이 프로젝트들은 핀란드 정부 프로그램으로 발표되었다.[20] 이 프로그램은 국가 평가 문서, PISA 및 TALIS에 나타난 도전 과제들을 해결하는 것을 목표로 한다.

다음에서 우리는 과학교육과정에 초점을 둔다. 핀란드 과학교육을 개괄하기 위해서 교사교육뿐 아니라, 교육과정, 교실에서의 과학 교사와 과학수업에 중점을 두고자 한다.

이 장에는 교육과정과 연관된 다음의 용어들을 쓴다. 목적goals은 학교 교과나 국가수준의 교육과정 내에서 한 과정의 전반적인 의도purpose이고, 목적은 구체적인 목표aims와 측정 가능한 행동을 나타내는 달성 지표 objective로 나뉜다. 과목별 교수요목syllabus은 한 교과나 과정의 주제나 주요 내용에 대한 기술이다. 성취기준은 학생들이 알고 수행할 수 있기를 또는 과정이나 의무교육 학교가 끝났을 때 도달하기를 바라는 것을 설명한 것이다.

과학 국가교육과정

앞서 언급한 (과학) 교육의 도전 과제에 대응하기 위하여, 새로운 국가교육과정 프레임워크가 2014년에 시작되었다(Finnish National Board of Education, 2014). 특히 교육과정 프레임워크를 기획하는 과정에서 21세기에 필요한 역량에 관한 논의가 있었다. 미래사회담론에 따르면, 개인들은 비판적이고 창조적인 사고력을 필요로 하며, 또 환경과 효과적인 상호작용을 위해 다양한 범주의 도구, 사회문화적 언어나 기술적 도구ICT를 사용할 수 있어야 하고, 다양한 그룹에 참여하고 상호작용할 수 있어야 하며, 자신의 삶을 관리하고 자율적으로 행동할 수 있어야 한다. 결국,

---

20. Finland government programme. http://valtioneuvosto.fi/documents/10184/1427398/
Ratkaisujen+Suomi_EN_YHDISTETTY_netti.pdf/8d2e1a66-e24a-4073-8303-ee3127fbfcac

2013-2014 국가수준 교육과정 개혁은 핀란드가 직면한 도전적 과제들에 대응하는 전략의 하나였다(Vahtivuori-Hänninen, Halinen, Niemi, Lavonen, Lipponen & Multisilta, 2014).

영국, 미국 스웨덴과 같은 나라에서 과학은 일반적으로 7학년에서 9학년 사이에 과학 과목 모두를 전공하지 않는 과학 교사들이 통합교과로 가르치고 있다. 핀란드에서 과학은 전기 중등학교에서부터, 그리고 과거에는 초등학교부터 물리, 화학, 지리, 생물, 그리고 보건 교과 등 독립된 교과들로 나뉘어 있다. 지리학은 그 교과의 뿌리가 자연지리학natural geography에 있기 때문에 과학교과에 포함되었다. 문화지리학은 역사와 사회과학에서 소개된다. 핀란드 교육과정에서 각 학년별 과학 교과들의 배당시수는 [표 1]에 나타나 있다.

[표 1] 의무교육에서 학년별 과학 과목 시수

학년	1	2	3	4	5	6	7	8	9
연령	7	8	9	10	11	12	13	14	15
수준(비공식적)	초등학교						중학교		
	의무교육, 기초교육								
과학 교과목	통합 환경은 통합 교과로 생물, 지리, 물리, 화학, 그리고 보건으로 구성되어 있다. 각 학년도 매주 3.3시간 씩.			통합 생물과 지리 1.5시간. 물리와 화학은 각 1시간.			개별과목: 생물 1.2시간 지리 1.2시간 물리 1.2시간 화학 1.2시간 보건교육 1시간		

비고: 시간 배분의 단위는 주당 연간 수업시간이다. 1시간 배분은 한 학년 동안에 45분인 수업의 배당시수이다.

새 과학교육과정은 21세기에 필요한 역량을 일반적으로 묘사하고 있다. 과학교육과정은 학생들이 핵심적인 과학지식과 더불어 과학 및 공학의 실행에 익숙하게 함으로써 적절한 역량을 획득하는 것을 강조하고 있다. 이러한 것은 과학 학습에서 탐구와 문제해결력, 비판적·창조적 사고력을 강조하는 것이다.

새로운 교육과정 프레임워크(Finnish National Board of Education, 2014)에서 일반적으로 학습은 사전 지식, 역량, 그리고 감정과 경험에 기초한 학생들의 목표 지향적 행동으로 정의된다. 학생들은 적극적인 참여자로서 독립적으로 혹은 협력하여 목표를 설정하고 문제를 해결하는 방법을 배운다. 이러한 학습에 더하여, 학생들은 배우는 과정, 경험 및 감정에 대해 성찰하는 법을 배우면서 새로운 지식과 역량을 발달시킨다. 학습의 최선의 결과는 긍정적인 경험을 하고 배움의 기쁨을 느끼는 자신만의 고유한 전문성을 발전시키는 것이다. 배움은 한 사람의 생애에 걸친 포괄적 성장의 통합적 부분이자, 좋은 삶을 구축하는 재료이다.

교육과정은 과학 학습을 다음과 같이 상세하게 기술하고 있다(Finnish National Board of Education, 2004; 2014).

"물리학과 화학 교육의 출발점은 학생들이 사전에 가지고 있는 지식, 역량 및 경험과 대상, 물질, 현상에 관한 관찰과 탐구이다. 이것으로부터, 교육의 과정은 물리학과 화학의 법칙과 근본적인 원리들로 나아간다."

"생물학 수업은 학생들에게 사람과 자연과의 상호관계에 집중하도록 안내하고 자연의 다양성을 보호하는 인간의 책임을 강조한다. 이 수업은 자연에 대한 학생들의 지식을 발달하게 하고 그들로 하여금 기초적인 자연 현상을 이해하도록 안내한다"(FNBE, 2004).

국가수준 교육과정의 '학습 성과learning outcomes'에 대한 기술은 학습 성과에 대한 책무성과 투명성, 그리고 학습의 질을 향상시키기 위해 국가핵심교육과정 문서에 점차 더 많이 사용되고 있다(Spady, 2003). 그러나 미리 정의된 학습 성과나 국가수준의 평가는 교수·학습의 질을 보증하는 유일한 방법은 아니다. 교육의 질에 대한 보증은 다양한 관점에서 접근할 수 있다(Hargreaves, Earl, Shawn and Manning, 2001; Sahlsberg, 2004). 핀란드에서는 학습자들이 학습해야 할 목표나 지식, 역량을 나타내기 위해 학습 성과learning outcomes를 사용하지 않는다. 핀란드 국가핵심교육과정은, 개별 학교교과(교과과정)의 핵심적인 내용뿐 아니라 일반적, 구체적 목표들을 제시하고 있다(FNBE, 2004).

핀란드 국가핵심교육과정에서 구체적 목적과 학습 내용은 특정 학년이 아니라 학년군, 예를 들면 '7~9학년', 단위로 제시되어 있다. 핀란드 교육과정에서 과학교육의 목적은 교육과정 프레임워크에서 가장 중요한 부분이다. 교사들은 과학 수업을 설계하고 가르치고 평가할 때 과학교육의 목적에 부합하도록 하여야 한다. 교육과정 프레임워크는 학습 내용, 교수요목, 수준별 성취에 대해 기술하여 교사들이 교수·학습 운영에 도움을 주고자 함이다. 국가수준의 문서에 담긴 과학 내용은 약 30여 쪽 정도 된다.

핀란드 국가핵심교육과정 목표와 PISA 2006을 비교하여 〈부록〉에 기술했다. 여기에서 과학교육의 목표는 과학교육 선행연구를 기반으로 다음과 같이 분류되어 있다(eg. Hodson, 1996; Millar, Le Maréchal & Tiberghien, 1999, pp. 42-47). ① 과학 교과 내용, ② 과학 방법론, ③ 과학의 특성, ④ 학습자의 과학과목에 대한 흥미, ⑤ 학습자가 사회와 의사결정에 익숙해지기, ⑥ 협동 역량.

PISA 2006의 프레임워크에 따르면, PISA의 평가는 '과학적 역량', 즉 '개인의 과학적 지식, 그 지식을 활용하여 과학적 쟁점 파악하기, 과학적 현상을 설명하고, 증거에 기초한 결론을 도출하는 것'을 강조한다. 또한 프레임워크는 인류의 지식과 탐구로서의 과학 특징들을 이해하고 과학과 기술이 물질적, 지적, 문화적 환경을 어떻게 형성하는지를 자각할 것을 강조한다. 핀란드 국가수준 과학교육과정은 〈부록〉에 기술되어 있는 바와 같이 과학적 방법을 학습하는 것을 강조하여 학습 목표로 나타내었다.

그러나 국가핵심교육과정에는 PISA에서 사용되는 '과학적 문제들을 파악하는'이라는 표현 대신에 '인식하기, 관찰하기, 질문 만들기, 지식 습득, 정보 탐색하기'로 기술되어 있다. 더 나아가 '과학적 현상 설명하기' 대신에 '해석하기, 지식 적용하기, 가설 검증하기, 다양한 그래프와 수식적 표현 사용하여 설명하기'로 기술되어 있다. 마지막으로 '증거 기반으로 결론 이끌어내기'라는 표현 대신에 '결론 도출하기, 다양한 모델 만들기, 일반화하기, 일상의 선택을 위한 역량 제공하기'라고 기술되어 있다(Lavonen, 2008).

PISA가 과학적 소양을 평가하는 관점에서 볼 때 또 다른 중요한 부분은 국가핵심교육과정(FNBE, 2004)에 명시되어 있는 학습 내용이다. PISA 2006(OECD, 2006)에서 과학적 소양은 과학의 지식(다른 과학 영역과 자연세계의 지식)과 인류의 탐구 형태로서의 과학에 관한 지식을 모두 포함한다. 전자는 근본적인 과학적 개념과 이론에 대한 이해를 포함하며 후자는 과학의 특성을 이해하는 것을 의미한다. 라보넨(Lavonen, 2008)은 PISA 2006에 기술되어 있는 지식에 관한 기술과 '기초교육을 위한 국가핵심교육과정 2004'(FNBE, 2004)에 나타난 학습 내용을 비교했다. '기초교육을 위한 국가핵심교육과정 2004'에서 생물학, 화학, 물리학, 물리적 지리학의 내용은 PISA 2006의 물리적 시스템, 생명 시스템, 지구와 우주 시스템, 그리고 기술 시스템에 속한다. 특히 PISA 2006에 기술되어 있는 학습 주제들은 모두 핀란드에서 가르치는 생물학, 화학, 물리학, 물리 지리학의 내용들로 다음과 같다. 물질과 화학반응의 구조 및 특징; 파동, 전기, 운동과 힘, 에너지, 그리고 변환, 천문학의 기초; 인류, 인구, 생태계; 지구의 역사, 우주, 지구 시스템의 변화, 기술과 건강관리, 일상의 환경문제를 해결하기 위해 생물, 화학, 물리적 지식의 적용과 더불어 과학에 대한 지식을 어떻게 효과적으로 증진시키는가에 대한 안내가 기술되어 있다.

PISA 체제에는 과학에 관한 지식을 '과학적 탐구'와 '과학적 설명', 두 가지로 분류하여 정의했다. 핀란드 교육 목표는 위의 두 가지에 대해 각각 교육적 목표와 예시들을 제시하고 있다. '과학적 탐구'와 관련해서는 과학적 질문과 모델의 탐색 및 모델 만들기, 측정하기, 관찰하기, 조사하기가 기술되어 있다. 반면 '과학적 설명'과 관련해서는 과학적 설명(가설, 과학적 법칙, 모델, 이론)과 같이 표현하기와 연구(새로운 지식, 새로운 방법론, 새로운 기술, 새로운 탐구)의 결과와 지식의 형성이 기술되어 있다.

요약하면, '기초교육 2004를 위한 국가핵심교육과정'(FNBE, 2004)에 기술된 과학교육 목표와 학습 내용은 PISA 2006 프레임워크에 기술된 역량 체계와 매우 유사하다. 핀란드 과학교육에서 교육과정은 탐구활동inquiry activities, 즉 '학습자들이 과학적 문제를 파악하고 인식하거나 관찰하고, 실험을 설계하고, 실증적 데이터를 수집하고, 문서화된 자료 정보들을 활용하여, 과학적 현상을 해석하거나 설명하고, 증거에 기초해서 결론을 내리거나 단순한 모형이나 일반화를 만들어내는 것'을 강조한다.

과학 교사

초등학교 담임교사(1~6학년), 중·고등학교 교사(7~12학년)들은 대학 석사학위 과정에서 교육받는다. 초등학교 교사들은 초등학교에서 모든 과목―12과목―을 가르칠 수 있는 자격을 갖고 있으며, 중고등학교 교사들은 일반적으로 두 과목을 가르칠 수 있는 자격을 갖고 있다. 초등학교 교사들은 과학교육에서 15 ECTS 학점을 이수하는 교육학 석사학위를 가지고 있다(헬싱키대학의 경우). 초등학교 교사 양성과정을 위한 과학교육과정은 교육학을 강조하지만, 교과에 관한 일정한 수준의 지식도 포함되어 있다. 하지만 이 교육과정의 과학지식에 배당된 시간은 매우 제한되어 있다.

중학교 교사들은 과학 분야 석사들이다. 여기에서는 중학교 교사교육 프로그램을 중점적으로 설명한다. 일반적으로 핀란드 교사교육 프로그램은 과학 교육학the pedagogy of science에 5~9 ECTS 학점을 배정한다. 교사교육 프로그램은 과목과 관련된 지식보다 일반적인 교수, 계획, 평가, 학문적 역량을 강조한다.

생물학, 화학, 물리학, 지리학의 교사교육과정은 과학 및 생명과학의 단과대학과 행동과학 대학(교육학)에 의해 설계된다. 학업은 크게 두 가지 영역으로 구분되는데 내용학 지식과 관련된 공부는 물리학처럼 전공학과에서 이루어지고 교육학 공부는 교사교육과 관련된 교육과학과에서 이루어진다. 과목을 가르치는 교사교육 프로그램에서 학생들은 학교에서 가르칠 전공과 부전공을 이수하며 동시에 교육과 관련된 부전공도 이수한다(더욱 자세한 내용은 Lavonen, Krzywaski-Vainio, Aksela, Krokfors, Oikkonen & Saarikko, 2007 참조).

전공을 이수하는 동안 가르칠 교과는 학생들이 학부 수준의 전공 관련 강좌들에 참여하여 공부한다. 이 강좌들은 해당 과목의 개념적인 프레임워크로서 교과 내용학적 지식과 개념들에 대해 학생들이 깊이 이해하도록 돕고자 하는 것이다. 상급 강좌는 학생들에게 과학의 핵심 개념, 인식론과 방법론, 과학과 기술의 상호작용, 학교 물리학과 화학에서 핵심 영역의 개념 구조와 과정 구조, 물리학과 화학 교실에서 실험과 시범을 계획하고 수행하기 위한 방법, 과학의 철학과 역사, 그리고 과학교과들 사이의 관계, 그리고 사회와 기술의 관계를 소개한다(Lanoven, Jauhianinen, Koponen & Kurki-Suonio, 2004).

과학 전공들에 대한 석사수준의 공부와 함께 교육과 관련된 공부가 교사 자격 요건에 해당된다. 교육에 관한 공부는 크게 세 부분으로 나눠진다. ① 교육에 관한 기초 공부(교육의 사회적, 철학적, 심리학적, 사회학적, 그리고 역사적 기초), ② 과학교육 공부—과학교육에 관한 소규모 연구를 포함하는—예를 들어 과학 교수·학습 방법론, 학습, 태도, 동기 및 흥미와 관련된 이슈, ③ 실제 학교—교사훈련학교 혹은 현장학교—에서의 실습이다. 분야를 넘어서는 통합주제들은 미래의 예비교사들이 교직에서 개인적 교수학적 '이론'이나 '가정'을 폭넓게 성찰할 수 있어야 한다는 것과, 교육과학 문헌을 비판적으로 읽을 수 있음으로 일생 동안의 전문성 발달을 예비하는 것을 강조한다.

PISA 2006의 학교 설문지를 분석한 결과, 97.2%의 학교가 물리, 화학, 생물학 교사들이 부족하지는 않은 상태라고 응답했다(OECD 평균 81.9%). 오히려 새롭게 졸업한 지리 교사들이 일자리를 얻는 데 어려움을 겪는 수준이다. 한편, PISA 설문에 참여한 정규직 교사의 10%는 적절한 자격을 갖추지 못한 것으로 나타났다. 달리 말하면 대부분의 학교에는 높은 수준의 교육과 자격을 갖춘 교사들이 있으며 이들은 교과에 대한 깊은 이해와 함께 교육학적 지식을 갖고 있다. 현장에 훌륭한 자격을 갖춘 교사들이 충분한 이유는 핀란드에서 교직이 높은 공공적 존경과 감사를 받아왔기 때문이다(Simola, 2005).

교사들은 독립성을 가지고 가장 적합한 교육적 방법을 선택하고 있다. 핀란드 교사들의 교육 수준은 지난 30여 년간 가파르게 상승하여왔다. 핀란드 교사들은 석사학위를 갖고 있다. 따라서 교사들은 자율적이고 성찰하는 학문적 전문가들로 교육을 받아왔고 결과적으로 그들을 감독할 사람과 학습 자료에 대한 국가수준의 평가 또는 국가수준의 학업성취 평가의 필요성이 사라졌다. 1980년대 이후 감독을 폐지했으며 1990년대 이후 학습 자료와 학생들의 학업성취에 관한 국가수준 평가를 모두 폐지했다. 교사들은 학생들의 학업에 대하여 매우 큰 책임을 갖고 있다(Lavonen, 2008). 이와 동시에 초등학교 수준에서 교직은 인기가 매우 높아 대학의 교사교육 학부는 대학 입학자격 시험에서 최상의 지원자들, 점수가 가장 높은 매우 우수한 학생들 중에서 교사교육을 받을 입학생을 선택할 수 있다(Jakku-Sihvonene and Niemi, 2006). 과학 교사가 되기 위한 과정은 초등 교사교육과정만큼 인기가 높지 않다. 과학 교사가 되고자 하는 학생들과 과학자가 되고자 하는 학생들은 관련 학과에서 같은 수업을 3년간 함께 듣는다. 그럼에도 불구하고 수요에 대응할 수 있는 충분한 수의 과학 교사들이 배출되었다.

핀란드 교사들이 OECD 국가의 평균 수치에 비해 더 많은 전문적 자율성을 갖고 있다는 것은 PISA 2006의 학교 설문지 결과를 통해서 알 수 있다. 설문에 참여한 핀란드 학교들은 학교의 교사들이 교장 선생님과 함께 교과서를 선택하고(핀란드 100%, OECD 평균 83.5%), 강좌 내용을 결정하며(핀란드 70.1%, OECD 평균 65.9%), 강좌 개설을 결정하는(핀란드 90.1%, OECD 평균 69.9%) 등 학교수준의 교과별 정책이나 평가정책에 대해 큰 책임을 지고 있다고 보고했다(Lanoven & Laaksonen, 2009). 핀란드에서 평가는 학교 수준에서 기본적으로 교사에 의해 시행된다. 이러한 '분권화 decentralization'는 교사로 하여금 자신의 교실에서 일어나는 교수·학습을 성찰할 수 있도록 할 것이다. 즉, 교사들은 각각의 상황에 따라 학생들의 자기평가, 요약평가와 더불어 실험적 활동에 대한 형성평가 등 상황에 따라 적절하고 다양한 평가 방법을 사용할 수 있다. 일반적으로 교사들은 모든 학교 수준에서 교육과정 개발, 교수, 평가의 전문가로 평가된다(FNBE, 2004; Krzywacki et. al 2015).

학교에서의 과학 교수·학습

국가교육과정(Finnish National Board of Education, 2004; 2014)은 학생들이 과학의 과정적 기술을 익히기를 요구한다. 따라서 핀란드에서는 실질 작업과 시범 시연이 과학과목의 교수·학습의 중요한 구성 요소로 오랫동안 수용되어왔다. '조사investigation' 혹은 '탐구inquiry'라는 용어 대신 '실험practical work'과 '시연demonstration'이라는 용어가 쓰인다.

'교수방법teaching method'이라는 개념은 핀란드에서 학습learning 또는 교수 방법/모델/전략 또는 학습자들의 개념, 사고방법, 역량과 가치관의 형성을 돕기 위해 계획된 학생들의 활동이나 교실의 실험활동과 동의어로 사용된다. 교수 방법은 목표 지향적이며 학습자와 교사 사이의, 학습자들 사이의 사회적 상호작용을 강조한다(Leach and Scott, 2000, p. 54).

유티, 라보넨, 우이토, 뷔만, 그리고 메이살로(Jutti, Lavonen, Uitto, Byman & Meisalo, 2010)는 학생들을 대상으로 과학수업에서 특정한 과학 교수방법이 얼마나 자주 사용되는지를 조사했다. 자료는 PISA 2003년과 비슷한 절차에 의해 수집되었다. 9학년 학생들 2,626명(나이 15~16세)이 설문지에 응답했다. 학습자들의 인식 결과에 따르면 과학수업은 꽤 전통적인 수업에 가까웠다. 교사가 직접 가르치고, 기초 문제들을 풀고, 교과서를 읽고, 그리고 실험활동을 지휘하는 방식이 자주 활용되었다. 산업현장을 방문하거나 과학관을 방문하는 일은 좀처럼 없었다. 생물학이나 지리학은 야외활동이 더 많았지만, 생물학과 지리학의 학문적 특성 때문에 물리학이나 화학 수업보다 학교 밖 활동을 하는 경우가 상대적으로 많은 것은 있을 수 있는 일이었다. 한 가지 예기치 못한 발견은 조직하기가 상대적으로 쉬운 '전문가의 교실 방문'이 과학교실에서 없었다는 것이다. 우리의 설문 결과는 50개의 중고등학교에서 과학수업 관찰과 교장을 인터뷰한 노리스, 아스플룬드, 맥도날드, 초스탁, 그리고 자모르스키(Norris, Asplund, MacDonald, Schostak and Zamorski, 1996)의 연구 결과와 맥락을 같이 한다. 연구의 결과는 (a) 핀란드 물리학과 화학 교사들은 교육학적으로 보수적이며 (b) 교수·학습은 전형적인 형태로 주로 모든 학생들을 직접 가르치는 과정임을 보여주었다.

유티 등(Juuti et al., 2010)의 조사에 의하면 학생들은 교수·학습 방법에서 변화를 원하지 않았다. 그러나 대부분의 학생들은 소규모 토의 및 논쟁들을 원했는데 이것은 학생들 간의 상호작용을 강화한 것으로 이해되었다. 이 결과는 핀란드에서 더욱 다양한 과학 교수 방법을 시행할 필요성이 있다는 것을 보여준다.

PISA 2006의 과학적 소양평가에 참여한 학생들은 다음과 같은 질문에 응답했다. "학교에서 과학 주제를 학습한 후에 이와 관련된 활동을 얼마나 자주 했습니까?" 설문지에는 활동과 소통과 관련해 학생들이 이해할 수 있는 수준의 교실 활동 혹은 소통으로 학습 과정을 돕는다고 하는 흔히 알려진 내용으로 기술되어 있었다. 각 질문에 대해 "모든 수업에서 시행한다"의 경우 최고점을, "전혀 없거나 거의 하지 않았다"의 경우 최하점을 부여하는 4점 만점의 리커트 척도에 따라, 학생들은 적절하다고 생각하는 답에 체크했다(OECD, 2005b).

설문문항을 살펴보면 다른 종류의 소통 방식에 대해 묻는 총 8개의 문항이 있다. 예를 들어 학생들 간의 토론에 대해 묻는 문항과 교사들이 과학적 아이디어를 다른 현상에 적용하여 설명하는지를 묻는 문항이 있다. 활동에 대해 묻는 문항의 경우 얼마나 다른 종류의 활동을 자주 하는지에 대한 9개의 문항이 있다. 예를 들어 학생들이 실험을 하는지 혹은 교사들이 시범을 보여주는지에 대한 문항이다. 문항수를 줄이기 위해 라노벤과 락소넨(Lanoven & Laaksonen, 2009)은 [표 2]와 같이 통합변수를 구성했다. 그러나 '학생들의 토론Student discussion', '시연Demonstration'과 같이 몇몇 변수들은 하나의 변수로만 구성한다. 통합 변수의 예를 들자면 "학생들의 생각과 의견을 경청한다"를 의미하는 변수는 "ST34Q01의 학생들은 자신의 아이디어를 설명할 기회를 가진다"와 "ST34Q05의 학생들의 주제에 관한 의견도 수업의 하나로 포함된다"를 통합한 변수이다. 두 변수 모두 학생들이 자신의 의견을 표현할 수 있는 가능성과 학생들의 생각이 얼마나 경청되는지를 의미하기 때문이다. 또 다른 예로 '실험학습'에 관한 통합변수는 "ST34Q02의 학생들은 실습실험을 하기 위해 실험실에서 시간을 보낸다", "ST34Q14의 학생들은 교사의 지시를 따르는 실험을 한다"를 기반으로 산출된다. 핀란드에서 학생들은 실험활동에서 대부분 교사의 지시를 따르거나 교사가 선택하거나 준비한 실험실 가이드를 따르고 있었다.

통합된 변수의 내적 합치도를 구하기 위해 각 변수들의 크론바흐의 알파Cronbach's Alpha가 산출되었다. 0.81과 0.82 사이의 값으로 통합된 변수들은 내적으로 일관성이 있다고 결론지을 수 있었다.

핀란드 학생들은 교사의 지시(혹은 교과서)에 따라 실험 및 실습 활동을 자주 수행한다고 생각한다. 교사와 교과서 모두 학생들이 수행한 실험으로부터 결론을 이끌어낼 수 있도록 안내한다. 이러한 활동은 OECD 평균에 비해 핀란드 교실에서 더 자주 이루어진다. 교사들은 적극적으로 시

[표 2] 핀란드 과학교실에서 소통과 활동에 관한 학생의 응답 및 통합변수

	핀란드		OECD		
	평균	표준편차	평균	표준편차	차이d*
소통(크기: 0=전혀 혹은 거의 안 함, 100=모든 수업에서 함)					
학생들의 생각과 의견을 경청(a=0.82)	55.9	24.9	54.6	26.4	0.05^A
교사가 설명(가르침)(a=0.82)	43.2	19.3	46.9	22.5	−0.18^A
학생 간에 토론	41.9	27.3	45.2	29.5	−0.12^A
학생 간에 논쟁	26.2	24.2	40.8	28.7	−0.55^C
과학 활동(크기: 0=전혀 혹은 거의 안함, 100=모든 수업에서)					
학생들이 결론을 도출	52.2	27.1	50.5	29.6	0.06^A
실습 활동(a=0.82)	41.6	20.9	38.7	23.4	0.13^A
시연하기	33.7	24.8	40.1	27.7	−0.24^B
학생들이 적용하고 모델링	36.3	23.8	36.1	28.2	−0.01^A
과학 문답(a=0.82)	18.2	16.3	26.1	21.1	−0.42^B

*A. 핀란드 효과가 없음(d⟨0.2), B. 적은 효과가 있음 (0.2≤ d ≥0.5), C. 약간의 효과 (0.5≤d≥0.8), D. 많은 효과 (d≥0.8)

범실험을 보여주지만, 학생들이 자기 자신의 실험을 설계하거나 그들의 아이디어를 검증하기 위해 탐색하는 활동을 좀처럼 허락하지 않는다. 다른 OECD 국가들의 학생들은 핀란드 학생에 비해 이러한 활동을 자주 한다고 한다.

핀란드 학생들은 대부분의 수업에서 논제에 대해 자신의 생각을 표현하고 의견을 표현할 수 있는 기회를 갖는다고 생각한다. 교실 안에서 모든 구성원이 참여하는 논쟁이나 토론은 부분적으로만 이루어진다. 핀란드 학생들은 소그룹 토의나 독립적인 활동보다 교사와의 상호작용을 더 중요하게 여기는 듯하다. 학생들은 종종 과학 교사의 이야기를 통해서 '폭넓은 과학' 개념들이 생활상의 타당성을 가지는지 생각할 기회를 가질 수 있었다.

핀란드에서는 교수·학습의 질을 높이기 위하여 과학교육의 목표를 의도된 학습 성과 형태로 전환하는 것을 기피하려고 노력했다. 이와 일맥상통하게 "평가는 학습의 여러 영역들에서 학생들의 배움과 발달을 짚어보려는 것이다"라고 NCCBE(National Core Curriculum for Basic Education: 기초교육을 위한 국가핵심교육과정)에 기술되어 있다(FNBE, 2004). 따라서 교사는 측정과 평점assessment and grading에 책임을 진다. 이런 평가체제와 더불어 지역 단위의 교육 당국은 교육 자원을 배분하기 위해, 그리고 특히 낮은 성취를 나타내는 학교에 더 많은 지원을 할당하기 위해 평가 자료가 필요하다. 이를 위해 교육 당국은 의사결정에 사용될 기초 자료로서 표본 기반의 시험sample-based testing으로 학습 성과를 모니터링해왔다. 국가수준에서는 교육정책을 평가하고 학교교육을 발전시키기 위해 대표 표본a representative sample을 기반으로 의무교육의 수학 및 핀란드어 학업성취를 위한 모니터링 과정을 설계하고 운영해왔다. 그러나 실질적으로 핀란드 교사들과 학교는 외부 평가에 의해 좌우되지 않는다. 교육 당국과 국가수준의 교육정책 결정자들은 교사들을 신뢰하고 그들의 전문성을 신뢰한다. 이는 교사가 모든 어린이와 청소년에게 좋은 교육을 제공하기 위한 결정을 스스로 할 수 있기 때문이다. 게다가 부모와 교사는 상호 신뢰한다.

논의

2000년, 2003년, 2006년 그리고 2009년의 PISA 자료를 보면, 핀란드 학생들은 과학 소양평가에서 매우 좋은 성취도를 보여주었다. OECD 국가 중에서 낮은 수준의 성취 학생들은 가장 적으며, 높은 수준의 성취자들은 가장 많고 학생과 학교의 분산도 가장 작다(Lanoven & Laaksonen, 2009). 하지만 2012년과 2015년에는 그 상황이 분명하지 않다.

2000년 첫 PISA 평가 이후에 연구자들은 핀란드 학생의 성공은 종합학교의 교육, 학생들의 흥미와 여가 활동, 교육 시스템의 구조, 교사교육, 학교에서의 실행, 핀란드 문화 등 요약하여 교육철학과 실천에 있다고 설명했다(Välijärvi, Linnakylä, Kupari, Reinikainen & Arffman, 2002). 2003년의 PISA 이후 결과에 대해서도 같은 설명이 이루어졌으며, 2006년과 2009년의 과학적 소양평가의 성공적인 결과에 대해서도 같은 설명이 이루어졌다. 2006년의 PISA에서는 과학교실에서 학생들의 활동과 의사소통에 대한 새로운 자료를 얻을 수 있었다. 주로 2006년의 PISA 자료를 기반으로 지금까지의 결과를 반추하며 논의를 해보고자 한다.

PISA 학생 설문지를 분석한 결과에서, 핀란드 과학교실에서 교사 역할은 OECD 국가들과 조금 비슷했으나 [표 2]와 같이 다른 국가들에 비해 더 적은 수의 과학 탐구활동을 실행했다. 이에 대한 해석으로 학습자들이 새로운 개념을 받아들일 때, 교사와 같은 전문가가 새로운 정보를 보여주거나 정보를 어떻게 적용하여 과제를 해결하고 수행할 수 있는지를 시범으로 보여주는 것과 같은 핀란드의 '전통적인' 과학교수법이 PISA 과제에서 우수한 결과를 가져왔다는 것이다. 이것에 대한 한 가지 가능한 설명은 학생들은 과학지식의 전문가를 만난다는 점이다. 전문가인 교사가 처음 제시한 정보가 어떻게 문제를 해결하고 과업을 수행하는 데 활용되는지 보여줌으로써 새로운 개념이 도입된다.

그러나 이것이 과학 교사가 수업에서 토론을 일방적으로 이끌어가는 것과 같이 교사가 혼자서 이야기하는 것을 의미하지 않는다. 전문가가 개념을 설명하고 일상생활과의 연관성을 보여주며, 발견된 현상에 대해 이야기하고 결론이 만들어지는 과정에 대해 설명하는 것은 학습자를 안내하는 측면에서 매우 중요하다(Bransford & Donovan, 2005). 만약, 교사들이 수업에서 중심적인 역할을 하고 대부분의 학생들이 이것을 수용한다면, 이 방법은 효과적이다. 초등학교에서는 학생 중심의 학습보다 교사 중심의 학습이 더 높은 학업성취를 유발한다는 연구가 있다(Chall, 2000). 사회 문화적 관점의 학습 개념은 학습자와 학습자 간의 상호작용을 너무 강조하여, 교사가 학습자의 과학적 사고 촉진에 가장 중요한 역할을 한다는 사실을 종종 망각한다(Scott, 1998). 교사와 학습자 간에 쌍방향의 상호작용이 일어나기 위해서는 교사가 수준 높은 교과 지식을 갖고 있어야 한다(Scott, 1998).

PISA 평가에서 핀란드 교사들은 핀란드 학생들이 성공하는 중요 요인으로 꼽는다. 최근에 아우게스테, 킨, 그리고 밀레르(Augeste, Kihn and Miller, 2010)는 PISA 평가에서 가장 좋은 성과를 보여준 싱가포르, 핀란드, 한국을 대상으로 교사교육을 분석했다. 그들은 교사교육의 성공 요인이 성공적인 채용 과정과 프로그램에 있다고 보았다. 이 연구들은 예비교사교육이 교사가 되고 교직에서 독립적인 주체로서 일하기에 필요한 지식을 쌓는 과정에서 중요하다는 것을 지지한다. 교사들은 자율적으로 수업을 계획하고, 실행하며, 학습 성과를 측정할 수 있다.

PISA에서 핀란드의 과학점수가 높은 중요한 이유 중 하나는 국가수준의 지침서인 '기초교육을 위한 국가핵심교육과정'(FNBE, 2004)에 있는 물리, 화학, 생물 교육의 목표와 PISA 2006 프레임워크에 기술되어 있는 역량의 유사성에 있다는 것이다(OECD, 2006; Lavonen, 2008; Lavonen & Laaksonen, 2009). 현재의 기초교육을 위한 국가핵심교육과정(FNBE, 2014)은 21세기 역량을 유사하게 강조하고 있다. 교육과정은 학습자가 과학적 현상을 규정하고, 설명하며, 과학적 현상과 관련 있는 데이터를 해석하는 활동뿐만 아니라 증거를 기반으로 결론을 내리는 활동을 강조한다. 핀란드 과학 과목의 교수·학습에서는 실습과 시연이 중요 부분이다. 그러나 국가수준의 지침서에 있는 기본적인 지침들은 처음 PISA 프레임워크가 형성되기 10년 전 즈음에 만들어졌다.

[표 1]에 나타난 바와 같이 핀란드에서는 일주일을 기준으로 6시간의 과학시수가 할당되어 있으며 석사학위를 가진 교사가 물리, 화학, 생물학과 같은 관련 과목을 가르친다. 일주일에 6시간의 수업은 국제적으로 다른 국가와 비교했을 때 상대적으로 많다(Waddington, Nentwig & Schaze, 2007).

과학교과서는 국가핵심교육과정에 기반을 두고 설계되었고 이 또한 PISA의 프레임워크에 기술되어 있는 역량과 학습 내용이 매우 유사하다(Lavonen, 2008). 교과서는 학생으로 하여금 증거에 기반을 두고 결론을 도출하고 과학적 현상을 설명하도록 한다. 물론 이 같은 유사성은 다른 나라에서도 나타난다. 국가수준 지침서의 실행자이자 교과서를 활용하는 자로서 교사들은 매우 큰 의사결정의 자유를 갖고 있다. 교사들은 그들이 잘 알고 있는 주제에 집중할 수 있으며 특정 주제를 강조하여 가르칠 수도 있다. 이는 감독관과 국가수준의 시험이 없기 때문이다.

PISA 학생 설문지의 자료([표 2])와 선행연구에 의하면 실험은 핀란드 과학 수업에서 종종 이루어진다. 그러나 특히 핀란드에서는 학생들이 스스로 실험을 설계하도록 허락되지 않으며 또한 스스로 자기 탐구를 선택할 수 없다. 겡가렐리와 아브람스(Gengarelly and Abrams, 2009)의 표현을 빌리자면 핀란드 과학수업은 '안내된 혹은 구조화된 탐구'이다. 학습자들은 교사에 의해 PISA에서 강조하는 중요한 역량, 예를 들면 과학적 문제를 정의하고 과학적 현상을 설명하고 증거 기반의 결론을 이끌어내는 역량을 인도받는다.

핀란드 학생들은 2000년, 2003년, 2006년 그리고 2009년의 PISA 과학적 소양평가의 인지적 능력과 관련이 있는 문항에서 매우 우수한 성과를 나타내었다. 따라서 지금과 동일한 과학교육정책과 시행을 지속하는 것은 적절하다고 할 수 있다(Schleicher, 2006). 특히 평가 결과에 남녀 간의 차이가 없었으며 낮은 성취의 학생들은 다른 국가의 낮은 성취도를 보인 학생들에 비해 훨씬 높은 성과를 보였다. 더욱이 핀란드 교육정책가들은 학생들 간의 격차가 가장 적을 뿐만 아니라 학교 간에도 격차가 적다는 사실에 매우 큰 자부심을 가지고 있다.

앞에서 기술한 바와 같이 2013년의 TALIS 조사의 결과는 학교 운영과 과학 교사의 측면에서 몇 가지 약점을 드러내었다. 교사의 전문성 개발을 지원하는 현직 연수에 대한 교사들의 참여는 줄어들고 있다. 특히 장기간 지속되고 전문적 역량을 계발하는 계속교육에 대한 수요는 현저하게 줄어들고 있다. 더구나, 핀란드에서 교사들은 초기 교사교육이 그들이 과학 교사의 직무를 수행할 수 있도록 충분하게 준비해주지 않는다고 느끼고 있다(Taajamo, Puhakka & Välijärvi, 2014). 학생들의 학업성취 결과의 하락 그리고 교사들의 역량 및 전문성 개발 프로젝트 조직화 취약성을 극복하기 위하여 교육부 장관 크리스타 키우루Krista Kiuru는 '미래의 초중등 교육'을 계획하기 위한 프로젝트를 2014년 봄에 시작했다. 이 프로젝트의 결과로 초중등 교육과 교사교육을 위한 권고 사항들이 만들어졌다.

2013~2014년도에 기초교육을 위한 새로운 국가교육과정 프레임워크가 협동적인 프로젝트로 준비되었다. 지역수준의 교육과정들은 2016년 8월 이전에 디자인되었다. 다양한 분야의 광범위한 전문가들이 교육과정개혁 과정에 참여하도록 초대되었다. 교육과정 개정 절차가 시작되기 전에 핀란드 교육의 기본 목표와 수업시수에 대한 정치적 결정이 우선 이루어진다. 이에 따라 이루어지는 새로운 교육과정 개정 절차는 보통 이 개정된 교육과정이 실행되기 1년 전에 결정된다. 새로운 교육과정은 21세기 역량들과 경계를 넘어서는 광범위한 전문성을 뒷받침하게 될 것이다.

미래 도전 과제 중 하나는 학생들에게 과학에 대한 개인적인 경험과의 연관성이 부족하다는 점이다. 2006년의 PISA에 참여한 대부분의 중등학생들은 과학적 소양평가 학생용 설문에서 과학은 자연을 이해하기 위해 중요하고 인류의 삶의 질을 높인다고 응답했다. 그러나 오직 절반의 학생들만이 과학이 개인적으로 특별한 관련성이 있다고 생각했으며 그보다 더 적은 수의 학생들이 과학 관련 직업 진로를 좋아했다. 비록 PISA 성적이 하락할지라도, 정책적 차원에서 학교 과학과 과학에 대한 학습자들의 흥미를 증진시키는 것이 중요한 일인 것 같다.

참고 문헌

Auguste, B., Kihn, P. & Miller, M. (2010). Closing the talent gap: Attracting and retaining top third graduates to a career in teaching: An International and market research-based perspective. McKinsley & Company.

Black, P. & William, D. (2003). In praise of educational research: formative assessment. *British Educational Research Journal*, 29(5), 623-637.

Bransford, J. D. & Donovan, S. M. (2005). *How students learn science in the classroom*. Washington, D.C.: National Academies Press.

Chall, J. S. (2000). *The academic achievement challenge: what really works in the classroom?* New York: Guilford Press.

Finnish National Board of Education. (2004). National Core Curriculum for Basic Education 2004. Helsinki: National Board of Education. Available online: http://www.minedu.fi/minedu/education/translations/basicedu_act.pdf, visited

Finnish National Board of Education. (2014). Perusopetuksen opetussuunnitel man perusteet 2014 [National Core Curriculum of Basic Education 2014]. Retrieved 18.12.2015, http://www.oph.fi/download/163777_perusopetuksen_opetussuunnitelman_perusteet_2014.pdf-

Gengarelly, L. & Abrams, E. (2009). Closing the gap: Inquiry in research and the secondary science classroom. *Journal of Science Education and Technology*, 18(1), 74-84.

Hargreaves, A., Earl, L., Shawn, M. & Manning, S. (2001). *Learning to change. Teaching beyond subjects and standards*. San Francisco: Jossey-Bass.

Hodson, D. (1996). Laboratory work as scientific method: three decades of confusion and distortion. *Journal of Curriculum Studies*, 28, 115-135.

Jakku-Sihvonen, R., & Niemi, H. (Eds.) (2006). Research-based Teacher Education in Finland-Reflections by Finnish Teacher Educators. *Research in Educational Sciences* 25. Turku: Finnish Educational Research Association.

Juuti, K., Lavonen, K., Uitto, A., Byman, R. & Meisalo, V. (2009). Science Teaching methods preferred by grade 9 students in Finland. *International Journal of Science and Mathematics Education*.

Juuti, K., Lavonen, J., Uitto, A., Byman, R., & Meisalo, V. (2010). *International Journal of Science and Mathematics Education* 8(4), 611-632. DOI: 10.1007/s10763-009-9177-8

Kim, M., Lavonen, J. & Ogawa, M. (2009). Experts' opinion on the high achieve ment of scientific literacy in PISA 2003: A comparative study in Finland and Korea. *Eurasia Journal of Mathematics, Science & Technology Education*, 5(4), 379-393.

Krzywacki, H., Lavonen, J., & Juuti, K. (2015). There are no effective teachers in Finland-Only effective system and professional teachers. In O-S. Tan & W-C Liu (Eds.), *Teacher effectiveness: capacity building in a complex learning era* (pp. 79-103). Andover: Cengage learning.

Kupari, P., Reinikainen, P. & Törnroos, J. (2007). Finnish students' mathematics and science results in recent International Assessment Studies: PISA and TIMSS. In E. Pehkonen, M. Ahtee & J. Lavonen (Eds.), *How Finns learn mathematics and science?* pp. 11-34. Rotterdam: SensePublishers.

Kupari, P., Välijärvi, J., Andersson, L., Arffman, I., Nissinen, K., Puhakka, E. & Vettenranta, J. (2013). PISA12 ensituloksia. Opetus-ja kulttuuriministeriön julkaisuja 2013:20.

Lavonen, J. (2008). Finland in PISA 2006 Scientific Literacy Assessment. In J. Hautamäki, E. Harjunen, A. Hautamäki, T. Karjalainen, S. Kupiainen, J. Lavonen, E. Pehkonen, P. Rantanen & P. Scheinin (Eds.), *PISA 2006: Analysis, Reflections, Explanations*, pp. 65-113. Helsinki: Ministry of Education Publications 2008:44. Retrieved Feb 27, 2009, from http://www.minedu.fi/OPM/Julkaisut/2008/PISA06._Analyses_Reflections_and_Explanations?lang=en

Lavonen, J. & Laaksonen, S. (2009). Context of teaching and learning school science in Finland: Reflections on PISA 2006 Results. *Journal of Research in Science Teaching* 46(8), 922-944.

Lavonen, J., Jauhiainen, J., Koponen, I. & Kurki-Suonio, K. (2004). Effect of a long term in-service training program on teachers' beliefs about the role of experiments in physics education. *International Journal of Science Education*, 26(3), 309-328.

Lavonen, J., Krzywacki-Vainio, H., Aksela, M., Krokfors, L., Oikkonen, J. & Saarikko. H. (2007). Pre-service teacher education in chemistry, mathematics and physics. In E. Pehkonen, M. Ahtee & J. Lavonen (Eds.), *How Finns Learn Mathematics and Science*. Rotterdam: Sense Publisher.

Leach, J. & Scott, P. (2000). Children's thinking, learning, teaching and constructivism. In M. Monk & J. Osborne (Eds.), *Good practice in science teaching: What research has to say* (41-54). Buckingham: Open University Press.

Millar, R., Le Maréchal, J.-F. & Tiberghien, A. (1999). 'Mapping' the domain: Varieties of practical work, pp. 33-59. In J. Leach and A. C. Paulsen (Eds.), *Practical work in science education*. Roskilde: Roskilde University Press.

Norris, N., Asplund, R., MacDonald, B., Schostak, J. & Zamorski, B. (1996). *An independent evaluation of comprehensive curriculum reform in Finland.* Helsinki: National Board of Education.

OECD (2005a). School Questionnaire for PISA 2006: Main Study. Paris: OECD.

OECD (2005b). Student Questionnaire for PISA 2006: Main Study. Paris: OECD.

OECD (2006). *Assessing Scientific, Reading and Mathematical Literacy: A Framework for PISA 2006.* Paris: OECD.

OECD (2007a). *PISA 2006: Science Competencies for Tomorrow's World, Volume 1: Analysis.* Paris: OECD.

OECD (2007b). *PISA 2006: Volume 2: Data.* Paris: OECD.

Ouakrim-Soivio, N., Rinkinen, A. & Karjalainen, T. (toim.) (2015). Tulevaisuuden peruskoulu. Opetus-ja kulttuuriministeriön julkaisuja 8:2015. http://www.minedu. fi/export/sites/default/OPM/Julkaisut/2015/liitteet/okm8.pdf?lang=fi

Pehkonen, E., Ahtee, M. & Lavonen, J. (2007). *How Finns learn mathematics and science?* Rotterdam: Sense Publishers.

Sahlberg, P. (2004). Teaching and Globalization. *Managing Global Transitions*, 2(1), 65-83.

Schleicher, A. (2006). *The economics of knowledge: Why education is key for Europe's success.* Brussels: Lisbon Council Policy Brief.

Scott, P. (1998). Teacher talk and meaning making in science classrooms: a Vygotskian analysis and review. *Studies in Science Education, 32*, 45-80.

Simola, H. (2005). The Finnish miracle of PISA: Historical and sociological remarks on teaching and teacher education. *Comparative Education*, 41(4), 455 -470.

Spady, W. G. (2003). Outcome Based Education. In Guthrie, J. W. (Ed.), *Encyclo pedia of Education*, 2nd ed., pp. 1827-1831. New York: Macmillan Reference.

Taajamo, M., Puhakka, E., & Välijärvi, J. (2014). *Opetuksen ja oppimisen kansainvälinen tutkimus TALIS 2013. Yläkoulun ensituloksia.* Opetus-ja kulttuuriministeriön julkaisuja 2014:15.

Wellington, J., (1998). Practical Work in Science. In J. Wellington (Ed.), *Practical work in school science: Which way now?*, (pp. 3-15). London: Routledge.

Vahtivuori-Hänninen, S. H., Halinen, I., Niemi, H., Lavonen, J. M. J., Lipponen, L. & Multisilta, J. (2014). A new Finnish national core curriculum for basic education (2014) and technology as an integrated tool for learning. In H. Niemi, J. Multisilta, L. Lipponen & M. Vivitsou(Eds.), *Finnish Innovations & Technologies in Schools: A guide towards New Ecosystems of Learning*, (pp. 33-44). Sense Publishers.

Välijärvi, J., Kupari, P., Linnakylä, P., Reinikainen, P., Sulkunen, S., Törnroos, J. & Arffman, I. (2007). The Finnish success in PISA-and some reasons behind it 2.

Jyväskylä: Institute for Educational Research.

Välijärvi, J., Linnakylä, P., Kupari, P., Reinikainen, P. & Arffman, I. (2002). *The Finnish success in PISA-and some reasons behind it.* Jyväskylä: Kirjapaino Oma Oy.

부록 | 핀란드 국가핵심교육과정의 목표와 PISA의 체계 비교
(PISA 2006의 프레임워크와 관련된 내용은 굵은 글씨로 강조되어 있다)

과학에서 물질과 관련된 학습 목표의 예

- 5~6학년에서 과학수업은 생물, 화학, 물리학, 물리적 지리학의 기초 개념
  과 법칙들로 옮겨 간다.
- 7~9학년에서 화학수업의 과제는 학습자들이 각기 다른 일상적인 환경에
  자신의 지식을 적용할 수 있도록 안내받는 것이다.
- 7~9학년에서 물리학 학습자들은 적절한 개념, 수량 및 단위를 물리적 현
  상과 기술적 문제를 묘사하는 데 활용하는 것을 배운다.
- 생물학에 특징적인 정보 획득과 연구의 개념과 방법을 활용하는 것을 배
  운다.

과학적 방법들을 학습하기 위한 목표의 예

5~6학년의 물리학과 화학에서 아동들은 다음에 대해 학습하게
된다.

- 질문을 만드는 것과 같은 과학적 역량들
- 관측, 측정 및 결론을 생성하고 비교하며 분류하는 것
- 가정을 제시하고 시험하기
- 결과를 처리하고, 제시하고, 해석하기
- 단순한 모델들을 만들고 현상을 설명하는 데 모델들을 사용하기
- 관찰과 측정에 관한 결론을 도출하고 자연현상과 물체들의 특성들 사이
  의 인과관계를 인식하는 것
- 현상들의 특성을 명확하게 하는 단순한 과학적 실험들을 수행하는 것

5~6학년의 아동들은 생물학과 물리적 지리학에서 다음을 배운다.

- 야외의 자연현상을 관찰하고 탐구하기
- 지역에 있는 주요 동물들과 식물들을 파악하기
- 관찰, 측정 및 결론을 만들고 비교하고 분류하기
- 물리적 지도와 주제별 지도를 활용하고 해석하는 것을 배우기와 지질학적 정보의 다른 자원들−다이어그램, 통계, 선행연구, 뉴스, 전자정보, 사진, 항공 및 위성사진과 같은−을 활용하는 법을 배우기
- 지구 위에서 일어나는 행성과 관련한 사건들의 영향을 이해하기
- 현상, 조직, 물질, 물체의 특성과 그들 사이의 상호관계를 이해하기 위해 단순한 과학적 실험을 수행하기

7~9학년의 물리 수업의 핵심과제는 실험적인 정보 획득 역량을 강화하는 것이다. 앞서 기술한 5~6학년도 목표에 더하여, 학생들은 다음을 더 배운다.

- 결과를 발표하고 해석하기
- 일정하게 유지되거나 변화하며 자연현상에 영향을 미치는 변수들을 통제하거나 변화를 줌으로써 변수들 간의 상관관계가 나타나는 과학적 탐구를 계획하고 수행하는 것
- 연구과정과 결과의 타당성을 평가하기
- 다양한 그래프와 수학적 모델을 사용하여 자연현상을 설명하거나 예측하거나, 문제를 해결함

7~9학년의 화학 과목은 우리가 살아가는 환경과 관련된 현상과 물질을 탐구하고 관찰하는 것에서부터 출발하는 실험적 접근에 기반을 두고 있다. 학습자들은 거기서 출발하여 현상에 대한 해석, 설명 기술

에 도달하며 화학의 상징적 언어로 물질의 구조와 화학적 반응을 모델링하는 수준에 도달한다. 더욱이 7~9학년의 학습자들은 앞에서 기술한 5~6학년의 목표에 더하여 다음을 화학에서 배운다.

- 다른 생명 조건들에 대한 지식을 얻기
- 결과를 해석하고 발표하기
- 과학적 지식을 얻기 위한 관점에서부터 출발하여 전형적인 연구방법을 활용하기
- 과학적 탐구를 수행하기
- 연구 과정과 결과의 타당성을 평가하기

7~9학년의 생물학 과목은 탐구 중심 학습이어야 한다. 이는 학습자의 자연과학에 대한 사고력을 계발하기 위한 것이다. 생물학을 가르치는 목적은 학습자가 관찰하고 자연을 탐구할 수 있는 능력을 갖기 위한 것이다. 앞서 5~6학년의 목표에 더하여 7~9학년의 생물학 교과의 학습 목표는

- 인간 생명학과 유전학에 대한 기초 개념과 과정을 알기
- 생태계의 구조와 그 사례
- 종의 다양성과 더불어 자신이 살고 있는 지역에 있는 주요한 식물, 곰팡이, 동물의 종류들을 파악하기
- 학습자가 살고 있는 지역의 환경 변화를 인식하기

7~9학년의 지리 수업 탐구활동에서는 세계와 다양한 지역, 지역적 현상에 대한 탐구를 진행한다. 지리 과목을 학습하는 이유는 학습자가 세계적 지리 개념과 지리에 대한 기초적인 개념을 계발하도록 하는 데 있다. 지리를 지도하는 목적은 학습자가 자연, 건축물, 사람과

환경 간의 상호작용으로서 사회적 환경을 지역수준에서부터 전 지구적 범위까지 평가할 수 있도록 하기 위한 것이다.

학습자는 7~9학년의 지리 과목에서 다음을 배운다.

- 물리적 지리 지도와 주제별 지도를 사용하는 것, 다이어그램, 통계, 선행연구, 뉴스, 전자정보, 항공 및 위성사진과 같은 다양한 정보 자료를 사용하는 것을 배운다.

과학의 본성을 학습하는 목표의 예

- 7~9학년까지 물리교과 수업의 핵심 과제는 물리학의 본성에 대한 개념을 확장하는 것이다. 수업은 학습자가 지식을 획득하고 사용하는 데서, 그리고 서로 다른 생활 상황에서 지식의 중요성과 신뢰 수준을 평가하는 데서 과학적 방식으로 사고하도록 안내하는 것이다. 실험 지향성은 학습자들이 과학의 본성을 의식하도록 돕기 위한 것이다.
- 생물학 수업은 탐구 중심 학습이어야 하며, 이것은 학생들의 과학적 사고를 계발하는 것이다.

과학을 공부하는 아이의 흥미를 촉진하기 위한 목표의 예

- 5~6학년에서 과학교육은 아이들이 과학을 공부하도록 격려해야 한다.
- 7~9학년에서 실험을 기반으로 하는 활동의 목적은 아이들이 물리와 화학을 공부하도록 격려하기 위함이다.

학생들이 사회와 의사결정에 익숙해지도록 하기 위한 목표의 예

- 5~6학년 과학수업은 학생들이 자신들의 환경을 돌보고 그 속에서 책임 있게 행동하도록 고무해야 한다.
- 7~9학년에서 물리 교육은 학생들이 일상생활, 생태환경, 그리고 사회에

서 물리학과 기술의 중요성을 이해하도록 돕고, 특히 에너지 자원 활용과 환경 보호와 관련된 문제와 관련하여 일상적 선택을 할 수 있는 능력을 제공한다.

협동 능력 계발에 관한 목표의 예시
• 7~9학년에서 실험 중심 활동의 목적은 학생들이 협력하는 역량을 배우도록 돕기 위한 것이다. 학습자들은 물리에서 다른 친구들과 함께 어떻게 자연현상을 안전하게 탐구하고 작업할 수 있는지를 배우게 될 것이다.

10. 언어와 문학교육:
모국어와 문학에 관한 원칙과 성찰

리사 타이니오Liisa Tainio
사투 그룬탈Satu Grünthal

요약

'모국어와 문학'은 유치원에서 대학에 이르기까지 모든 교육 단계에서 학습된다. 국제적 평가 결과로 보면 핀란드는 이들 교과에서 성공하고 있다. 이 글은 기초교육(유·초·중학교)의 '모국어와 문학'의 교수·학습에 초점을 맞추었다. 이 교과의 핵심은 주제 영역의 다양성을 여는 '언어와 문학' 사이의 상호관계이다. 이것은 한 핀란드 작가의 우화의 예를 들어서 자세히 설명하는데 이런 우화는 통상적으로 이 교과의 교수·학습을 위한 연습 과제가 뒤따른다. 먼저 배경이 되는 정보로, 핀란드에서 제2의 언어로 핀란드어를 배우는 학생들의 언어적 상황을 소개한다. 그리고 교과의 원리와 목표를 상세히 살펴본 후 '모국어와 문학'을 가르치는 교사들의 연수에 대해 검토하고, 모국어 교사협회가 관리하는 양질의 교수 자료와 교사 연수의 중요성을 강조하고자 한다.

도입

이 글의 목표는 '모국어와 문학' 과목을 개관하고 이 교과의 원리와 목표를 상세히 서술하는 것이다.[21] 다음으로, 종합학교의 모든 교과의 학습 기술에 필요한 이 교과의 중요성과 주제 분야의 다양성을 보여줌으로써 '모국어와 문학' 교과의 핵심교육과정을 설명한다.

주된 요점은 첫째로 이 교과의 핵심을 구성하는 언어와 문학 사이의 긴밀한 상호관계를 기술하는 것이다. 이것이 PISA(Hautamäki & al., 2008 참조)[22]와 PIRLS와 같은 국제평가에서 핀란드 학생들이 문해력 점수가 지속적으로 높은 이유 중 하나라고 생각한다.

두 번째로, 이 교과교사들이 활용 가능한 혁신적인 교육 실천법과 다양성을 구체적으로 기술한다. 또한 유명한 현시대 작가인 한넬레 후오비 Hannele Huovi가 쓴 짧은 우화를 활용해서 교사들이 학생들의 읽기, 쓰기, 자기표현 능력의 개발과 문학적 분석, 언어학과 드라마의 관점에서 서로 다른 텍스트와 문학 작품을 분석하는 역량의 개발을 결합시키는 교육을 교실에서 어떻게 할 수 있는지 보여준다.

셋째로, 교사들이 자신들의 전문적인 교육 역량을 어떻게 성장시켜 나가는지를 모국어 교사협회에서 조직하는 교사 연수와 교사 활동의 예를 통해 보여준다.

---

21. 이 논문에서는 모국어(mother tongue)라는 용어를 사용하고 있는데, 이는 그 용어가 핀란드 교과명을 그대로 영어로 옮긴 것이고, 그 용어가 국가교육과정에서 사용되었기 때문이다(Finnish National Board of Education, 2014). 언어학 연구에서는 이 용어에 대한 문제가 제기되어왔고 제1언어라는 개념으로 대체되었다(Kecskes & Papp, 2000).
22. http://timssandpirls.bc.edu/pirls2011/downloads/P11_IR_Executive%20Summary.pdf (Accessed 9.12.2015.)

핀란드의 언어 상황

핀란드는 두 개의 공식 언어, 즉 핀란드어(인구의 89.3%)와 스웨덴어 (5.3%)가 있다. 또한 사미어Saami(인구의 0.04%)[23]가 북핀란드 코민 법에 의해 보장받는 특별한 위상을 가지고 있다. 기초교육의 틀 속에서 국가교육과정 내의 비슷한 지위를 갖는 로마니어Romany와 핀란드어 수화Finnish sign language라는 두 개의 또 다른 모국어도 있다. '모국어와 문학' 교과에서 우선 결정해야 할 사항은 핀란드어, 스웨덴어, 사미어, 로마니어, 또는 핀란드어 수화[24](Finnish National Board of Education, 2014 참조)와 같은 서로 다른 모국어들 중에서 하나를 선택하는 것이다. 이는 2004년에 제정된 새로운 언어법New Language Law에 기반을 두고 있다(Nuolijärvi, 2005; Mantila & Sulkala, 2010).

핀란드어는 핀란드 전 지역에서 사용되고, 서남부 해안 지역에서는 스웨덴어가 사용된다. 위에 언급한 대로 사미어는 북핀란드에서 사용되며 그들만의 고유한 소수어법을 가지고 있다.[25] 사미어를 사용하는 사람들은 라플란드Lapland의 특정 지역에서 사미어로 기초교육을 받을 권리가 있고, 또한 건강보험이나 법적·공식적인 문제에 관해 그들의 모국어를 사용할 권리도 있다.

핀란드에는 위에 언급한 언어들뿐 아니라 특별한 법적 지위가 있는,

---

23. 이 통계는 핀란드 전체 인구가 5,400만 명이던 2013년 말의 상황이다. 핀란드 통계를 참고하라. http://www.stat.fi/index_en.html http://www.stat.fi/tup/suoluk/suoluk_vaesto.html. (Accessed 9.12.2015.)
24. 학생이 모국어와 문학으로 사미어 혹은 로마니어를 선택한다면 그 학생은 반드시 핀란드어 또는 스웨덴어를 공부해야 하고, 만약 핀란드 수화를 선택한다면 그 학생은 수화 사용자를 위한 핀란드어/스웨덴어를 공부해야 한다.
25. 정확하게 말해서, 사미어(Saami)는 단 하나의 언어가 아니라 스칸디나비아 북쪽과 콜라(Kola) 반도에서 사용되는 10개에서 11개의 사미어들로 구성된다. 가장 크고 가장 널리 퍼져 있는 언어는 북쪽 사미어(North Sammi)로 핀란드에서도 대부분의 사미어 원어민들이 사용하는 언어이며, 핀란드에서는 두 개의 다른 사미어도 사용하고 있다. 더 많은 정보를 얻고자 한다면 다음을 참고하라. The Saami-a Cultural Encyclopedia. http://bar-enc.didaktekon.se/Editor/Examples/Ex-Enc-Saami-1.pdf(Accessed 29.5.2011.)

100명 이상의 원어민이 사용하는 약 60개 정도의 또 다른 언어들도 있다. 이중 가장 큰 언어 집단은 러시아어(대략 54,000명)이며, 에스토니아어 (약 28,000명), 소말리어(약 13,000명), 아랍어(약 10,000명)[26] 등이 있다. 언어학 연구들은 학습자의 모국어 실력과 지식이 제2의 언어나 외국어를 성공적으로 배우는 데 주요한 요인임을 밝히고 있다(e.g. Cummins, 1976; 1978; Klein, 1986; Doughty & Long, 2003). 이는 자신의 모국어를 더 잘 알수록 다른 언어를 더 잘 배울 수 있다는 것을 의미한다. 기초교육에서 각 학생은 그들의 언어로 교육받을 권리가 있다(Finnish National Board of Education, 2004, 95). 모국어가 핀란드어나 스웨덴어가 모국어가 아닌 학생들은 자신들의 모국어를 자유롭게 결정할 수 있으나 제2언어로 반드시 핀란드어나 혹은 스웨덴어를 배워야 한다(Finnish National Board of Education, 2004, p. 42). 종합학교에서 다른 모든 교과는 핀란드어나 스웨덴어로 가르치며 이 언어 선택은 학교의 공식어에 따라 달라진다. 만약 학생들이 핀란드어나 스웨덴어의 언어능력이 충분하다면, 그들은 모국어로 핀란드어나 스웨덴어를 선택할 수도 있다.

물론 대부분의 핀란드 학생들은 당연히 핀란드어를 그들의 모국어로 학습한다. 이 글에서는 모국어인 핀란드어의 입장에서 '모국어와 문학' 교과를 기술하고 있으나 다른 모국어를 사용하는 경우에도 교육과 교수법은 동일 선상에서 설계되어야 한다.

---

26. 이 데이터는 2013년 말의 것이다. 좀 더 자세한 정보를 얻고자 한다면 다음을 참고하라. http://www.suomi.fi/suomifi/suomi/valtio_ja_kunnat/perustietoa_suomesta/vaesto/index.html 그리고 http://www.suomi.fi/suomifi/english/index.html (Accessed 9.12.2015.)

모국어와 문학

'모국어와 문학'은 핀란드 종합학교의 기초 교과 중 하나이다. 교과의 주요 목표는 학생들에게 학교의 모든 학습에서 근본적으로 중요한 능력, 다시 말해 무엇보다 읽기, 쓰기와 같은 기술적인 능력을 포함하는 문해력을 기르는 것이다.

'모국어와 문학'은 후기중등학교와 더불어 종합학교에서도 주요 교과로 많은 시수가 확보되어야 하는 과목이다. 수업시수 배분은 교육과정에 규정되어 있으며, '모국어와 문학'은 최소 연 42시간을 확보해야 하고 또한 모든 학년에서 배운다(Finnish National Board of Education, 2014). 이는 종합학교에서 그 어느 개별 교과보다 '모국어와 문학' 시수가 많다는 것을 의미하며, 이 교과는 고등학교 말에 치르는 국가 대입시험에서 유일한 필수과목이기도 하다.[27]

'모국어와 문학' 교과의 주요 과업은 학생들이 언어와 문학 그리고 그것의 상호작용에 흥미를 갖게 하는 것이며, 모국어는 그 자체가 학습의 대상이고 학습의 도구이기도 하다. 문해력은 사회문화적인 관점으로 접근할 수 있다. 문해력 교육의 목표는 학생들이 문화 활동에 관여하며 사회에 참여하고 또 사회에 영향을 줄 수 있는 능동적이고도 윤리적인 책임감 있는 의사소통자communicator이자 독자로 성장하게 하는 것이다(Finnish National Board of Education, 2014). '모국어와 문학'은 언어학, 문학과 드라마 그리고 의사소통과 미디어 분야에 토대를 두고 있다. '모국어와 문학' 교과는 학생들에게 자신의 정체성과 자아 존중감 형성에 도움을 주는 것을 목표로 하는 정보를 제공하는 한편, 예술적이면서 동시에 기능적인 교과이다. 여러 관점에서 전통적인 테스트를 비롯한 다양한 형

---

27. 핀란드 대입시험(the matriculation examination)에 대한 정보는 다음을 참고하라. http://www.ylioopilastutkinto.fi/en.index.html

태의 텍스트를 검토하거나, 다양한 교수학적 방법들을 사용하여 학생들이 분석적이고 예술적인 상상력을 발달시키도록 많은 노력을 기울였다. 2014 새 교육과정에서는 다중 문해력, 읽기 전략, 현상적인 학습들이 매우 강조되었다.

국가교육과정에서, '모국어와 문학'의 핵심 내용은 7~9학년까지 상호작용 능력, 텍스트 해석, 텍스트 창작text production, 언어·문학·문화의 이해라는 네 가지 차원으로 범주화된다(Finnish National Board of Education, 2014). 예를 들어 학생들은 다양한 상황에서 말로 혹은 글로 의사소통을 하거나 스스로를 표현하기 위한 용기와 자신감을 발달시켜야 한다. 또한 학생들은 인쇄 매체와 정보 제공 자료의 내용뿐만 아니라 장르, 스타일, 글의 구조, 그리고 언어적인 선택에 집중하면서 다양한 종류의 글들을 이해하고 비판적으로 읽는 능력을 발달시켜야 한다. 학생들은 또한 핀란드어의 역사, 구조, 변화에 대한 기본 지식과 핀란드 안팎의 언어적 상황에 대한 지식을 배워야 한다. 더불어 학생들은 핀란드 문학의 역사와 변화에 대한 지식이 있어야 하고 문학의 장르와 구조를 분석하며 그들의 상황에서 허구적인 내용의 의미를 파악할 수 있는 능력이 있어야 한다(Finnish National Board of Education, 2014). 이와 같은 교육을 하고자 하는 기저에는 이런 내용을 배우고 기술을 습득함으로써 학생들이 긍정적이고 자신감 있는 개인으로 그리고 인권과 민주주의를 가치 있게 여기는 사회 구성원으로 성장하게 될 것이라는 기대가 있다. 또한 모국어와 문학 그리고 문화에 높은 가치를 두며 즐길 줄 알고, 사회를 발전시키는 데 적극적인 역할을 할 수 있는 학생으로 성장하게 될 것이라는 바람이 있다.

'모국어와 문학' 교과에서 특수교육은 이미 1학년부터 강조된다. 특정 문제나 학습장애를 가진 학생들은 특수교육 교사로부터 추가 학습을 받을 수 있고, 보조 교사로부터 개인적인 도움을 받을 수 있다. 이런 식으로, 맞춤형 도움은 모든 교수·학습 과정에서 제공된다.

핀란드 (모국어) 교육에서 언어와 문학 사이의 상호 관련성은 최초에 문자화된 핀란드어의 역사와 교육의 역사가 같은 사람들에 의해 발전되어 온 것에 기인한다. 최초의 핀란드어 책은 1543년에 출판되었는데, 그것은 핀란드어 문자 개발자이며 루터교회 주교였던 미카엘 아그리콜라Mikael Agricola가 만든 알파벳 서적이었다. 핀란드어 교육은 꽤 성공적으로 이루어졌다. 이미 18세기 중반에 핀란드 인구의 30~50%가 글을 읽을 수 있었고, 1880년에는 인구의 98%가 이미 글을 읽고 쓸 수가 있었다(Kauppinen, 1986, p. 23; Hakulinen et al., 2009, p. 17). 이렇게 문해율이 높았던 것은 루터교회에서 결혼의 필요조건으로 글을 읽고 쓸 수 있어야 한다고 요구했기 때문이다(Markkola, 2007). 학교 체제는 19세기에 이르러서 루터교회에서 분리되어 독립적으로 발달하였다. 스웨덴 왕정 또는 러시아 제국의 한 부분이었다가 1917년에야 독립되었던 핀란드의 정치적 역사 때문에 학교에서 핀란드어 교육은 처음에는 당연한 일이 아니었다. 핀란드어는 1841년에 외국어로 학교에서 교육되었고, 1856년부터 모국어로서 교육되었다 (Hakulinen et al., 2009).

20세기 초에 이르러서야 교육학적 사고를 바탕으로 하는 새로운 개념이 학교교육과정에 영향을 주었다(Kauppinen, 1986). 모국어 교육의 방법론과 교육용 자료들은 학생들에게 학습 활동에서 더 큰 동기 유발이 될 수 있도록 그들의 삶과 현실적인 관심사들을 고려하여 설계되었다. 오늘날에도 이 가이드라인은 여전히 유효하다. 타이니오Tainio와 빙클레르 Winkler는 읽기 문해력 관점에서 핀란드와 독일의 국가교육과정을 비교 분석했을 때, 핀란드 학습 자료는 학생을 "학습에 흥미가 있으며, 삽화를 보거나 텍스트를 읽고, 시각적으로 정보를 얻을 수 있고, 자신의 사전 지식을 가치 있고 의미 있게 활용하며, 글을 읽고 쓸 줄 아는 문명사회의 적극적이고 독립적인 구성원"으로 보고 있다고 요약했다(Tainio & Winkler, 2014, p. 21). 모국어 교육의 두 가지 주요한 측면은 핀란드어 문법을 배우는 것과 핀란드어 문학 지식을 얻는 것이었고, 현재도 그렇다. 이러한 언어학과 문학의 결합은 '모국어와 문학' 교과 교수법의 기초가 되어왔으며, 이 특징은 1997년 교과명이 '모국어'에서 '모국어와 문학'으로 바뀜으로써 더욱 강조되었다.

'예시'를 통해 본 모국어와 문학 교과의 기본 원리들: 단편소설 「카멜레온」

'모국어와 문학'의 교수법은 언어학과 문학의 틀 속에서 동시에 여러 기술들을 발달시킬 수 있도록 설계되었다. 예를 들어 하나의 단편소설은 다양한 연습과 교육의 출발점이 될 수 있다. 단편소설을 가지고 여러 문제를 해결하는 과정을 통해 다양한 읽기 전략을 수행할 수 있으며, 그것은 창의적이고 분석적인 글쓰기 연습을 위한 출발점이 될 수도 있다. 언어학적인 관점(문법, 사회언어학, 장르 교육)과 문학의 관점(문학 장르의 대표로, 수사를 사용하는 시적 내용으로, 여러 가지 화술 전략을 결합하는 내용으로)으로 분석될 수 있다. 그리고 드라마와 구술 발표의 자료로, 혹은 소셜 미디어에서 텍스트를 창작하기 위한 자원으로도 분석될 수 있다. 또한 소설 읽기는 정서적인 능력과 소수자minorities와 타자성otherness에 대한 이해력을 높일 수 있다(e.g. Bal & Veltkamp, 2013). 이러한 다양한 연습으로 학생들은 자신이 속한 사회적 맥락 안에서 창의적이고 독립적으로 배우고 생각하고 표현할 수 있는 능력을 발달시키고 성장하게 된다.

구체적인 예시를 살펴보자. 이는 작가 한넬레 후오비의 「카멜레온」이라는 최근 단편소설(2003년에 발표)을 교육에 활용하는 구체적 예이다. 이 예시를 통해 언어학과 문학적 능력의 밀접한 연관성에 대해 자세히 서술하고, 드라마를 활용하여 과업을 구체화시켜, 어떻게 이러한 능력들이 동시에 훈련될 수 있는지를 제시하고자 한다. 먼저 텍스트를 제시하고 이를 통해 전술한 여러 가지 원리들을 구현할 수 있는 다양한 활동 목록을 제시하고자 한다. 여기에 제시된 연습문제(활동 과제)들은 기본적으로 7~9학년(13~16세) 학생들을 위한 것이며 교과서와 수업 자료들 속에 제시된 수업 내용과 같은 맥락 안에서 만들어졌다. 따라서 이러한 연습문제들은 교실 상황에서 '모국어와 문학' 교육의 실제 모습을 보여준다.

카멜레온

새 감독관이 사무실로 들어왔다.

"새 단장을 해야 할 시간이야." 감독관이 크게 웃으며 말했다. 카멜레온도 웃었다. 카멜레온은 복도를 달려 지나가고 있었는데 그의 몸통 색깔은 복도 벽 콘크리트와 똑같은 회색이었다. 그러나 감독관은 카멜레온이 웃는 것을 볼 수 있었다.

"이 사무실은 이제 새롭게 변해야 해." 감독관은 웃으며 말했다.

"네, 벌써 되었어야 할 일이죠." 카멜레온이 말했고 그의 피부는 감독관의 가는 세로 줄무늬 셔츠처럼 줄무늬로 변하기 시작했다.

"시대는 새로운 방법들을 요구한다."

"일은 헌신을 요구하지." 감독관이 말했다.

그는 매우 활기가 넘쳐 보였고 그가 들고 있는 날렵한 가죽 서류가방이 공기를 획획 가로질렀다. 카멜레온의 피부는 서류가방의 금속 색깔을 닮아가기 시작했고 감독관은 만족스럽게 쳐다보았다.

"헌신, 바로 그거야." 감독관은 이렇게 말하고는 되돌아보지 않고 그의 길을 계속 갔다. 카멜레온은 복도에 서 있었고 공기를 킁킁 들이마셨다. '파리 사무실the Fly Office'의 주방에서 나는 커피 냄새가 복도를 맴돌았다. 그는 서둘러 책상 쪽으로 가기 전에 커피 한잔을 마셔야겠다고 생각했다.

도마뱀들은 불만족스러운 표정으로 커피를 마시며 부엌에 앉아 있었다. 도마뱀들이 새로운 상황에 대해 논의하고 있었으나 카멜레온이 문을 열자 그들은 이야기를 멈추었다.

케이크 접시에는 뱀 꼬리 한 조각이 있었고, 이구아나는 그것을 카멜레온에게 던졌다.

"고마워, 하지만 나는 무척추동물만 먹어." 뱀 꼬리에는 눈길 한번 주지 않은 채 카멜레온이 말했다. 카멜레온은 점차 테이블보처럼 오렌지 색깔로 변해갔다.

"모든 것이 끝장나고 말걸." 뿔이 달린 도마뱀이 말했고 새로 들어온 카멜레온을 한번 쳐다보았다.

"오래지 않아 우리가 하는 모든 일들이 쓸모없어질 거야."

카멜레온의 한쪽 눈은 동쪽을 보고 있었고, 다른 쪽 눈은 서쪽을 보고 있었다. 서로 다른 방향으로 쳐다보는 것은 혼란스럽고 뿔 달린 도마뱀을 어지럽게 만들었다.

"동의하는 거니?" 도마뱀이 확인하듯이 물었다.

"오, 물론! 조직을 바꿀 필요는 없어." 다른 도마뱀들만큼이나 격앙된 모습으로 말했다. 그는 테이블보만큼 오렌지 색깔로 달아올랐다.

"저항의 시간이군." 뿔 달린 도마뱀이 말했다.

그때 한쪽 눈으로, 카멜레온은 감독관이 주방 쪽으로 다가오는 것을 보았다. 그는 정신을 차리고 즉시 피부색깔을 회색빛으로 엷게 바꾸었다. 감독관이 문을 열었을 때 카멜레온은 이미 몇 줄의 가느다란 줄무늬로 그의 피부색을 바꾸었다.

"내려가서 일해." 감독관은 심각한 표정으로 말했다.

"지금 막 가려고 했어요." 카멜레온이 부드럽게 말했다.

카멜레온이 복도 쪽으로 미끄러져 내려가는 동안 다른 도마뱀들은 새로운 커피와 식사시간, 헌신, 새로운 기업정신과 '파리 사무실'의 목표에 대한 감독관의 이야기를 듣고 있었다.

카멜레온은 그의 책상에 자리를 잡고 벌레를 기다리며 편안히 누웠다.

카멜레온은 즉시 사무실 색깔과 조화를 이루기 시작했다. 그의 연한 피부는 상기된 초록과 갈색 그리고 약간의 오렌지 점들로 변하기 시작했다. 그는 일하기 시작했고 의자에서 바른 자세를 취하고 꼬리로 의자 뒤를 누르고서 발가락으로 의자 다리를 꽉 잡았다. 책상의 한쪽 끝에는 몹시 나이든 이구아나가 앉아 있었고, 다른 쪽에는 신참 도마뱀이 앉아 있었다. 이 어린 아가씨(신참 도마뱀)가 예쁘게 차려 입고 있어서, 카멜레온은 자신의 한쪽 측면을 그녀의 드레스 색깔로 물들이고, 그녀를 그윽한 눈길로 쳐다보았다. 둘은 모두 이미 그들 앞에 한 무더기의 곤충들을 포획해놓고 있었다. 그들은 오전 내내 자기 책상에서 열심히 일하고 있었다.

카멜레온의 눈은 양쪽으로 종잡을 수 없이 움직이고 있다가 파리를 한 마리 보았다. 그는 양쪽 눈을 그 사냥감(파리)에 집중하고 몸을 이쪽저쪽으로 움직여 방향을 잡기 시작했다. 카멜레온은 양쪽에서 먹잇감을 주의 깊게 살피면서, 때때로 그의 눈은 감독관의 사무실이 보이는 유리 창문에 머물러 있었다. 감독관이 문으로 막 들어오는 순간 카멜레온은 파리를 낚아챘다.

"잘했어." "훌륭해." 감독관이 말했다.

카멜레온은 감독관에게 그가 잡은 파리를 혀로 보여주었다.

"이 신사(카멜레온)를 본보기로 삼아봐." "그러면 모든 일들이 잘될 거야." 감독관이 말했다.

카멜레온은 만족스럽게 미소 지었고, 즉시 감독관의 타이와 같은 은회색으로 바꾸었다. 늙은 이구아나가 쳐다보았고, 신참 아가씨는 감독관이 자신이 잡은 엄청난 파리들을 전혀 눈치채지 못하는 것에 대해 몹시 분노했다.

그날 내내 카멜레온은 감독관이 지나갈 때마다 그의 혀를 발사하는 것에 최선을 다했고 그의 전체 수확이 특별히 대단하지 않았음에도 불구하고 여러 번 칭찬을 받았다. 하루 일과 후에 잡힌 곤충들은 무게를 재고 포장되어 판매하기 위해 보내졌다. 새로운 감독관이 기뻐했다.

카멜레온은 하루 동안 때로는 감독관과, 때로는 그의 동료들에게 맞춰 여러 번 그의 색을 바꾸어야만 했다. 그는 사무실 벽과 복도 색으로 바꾸었다. '파리 오피스' 상점에 있는 통조림 식품들이 놓인 선반들만큼이나 많은 색들로 바꾸었다. 일과 후 저녁에 체육관에서는, 그의 주변에서 땀 흘리는 사람들의 피부처럼 자신의 피부가 광채가 나도록 바꾸는 데 노력했다.

그는 완전히 지친 상태로 집에 왔다. 그는 마치 단 하루도 더 이상 카멜레온이 될 수 없을 것 같이 느꼈다. 색깔을 바꾸는 일은 정말 지치는 일이다.

그러나 그다음 아침이 되어 눈을 떴을 때, 햇빛이 카멜레온의 꼬리 끝을 비추자 그의 꼬리색은 해가 비추는 나뭇가지처럼 노랗게 색이 바뀌었다. 카멜레온은 색을 바꾸는 일을 포기할 수 없었다.

변신력의 비밀은 유연성이다.

[2004년 핀란드에서 출간된 책에서 허버트 로마스(Herbert Lomas)가 번역]

연습문제(활동과제)

1. 이 스토리는 고대까지 거슬러 올라가는, 우화라 불리는 문학 장르를 나타낸다. 그 장르에 대해 알아보고 당신이 알고 있는 다른 우화들에 대해 떠올려보자. 그것들의 대표적인 특성은 무엇이며, 「카멜레온」이라는 이 단편소설은 우화라는 장르를 잘 표현하고

있는가?

2. 내레이터를 카멜레온이나 다른 등장인물들 중 하나로(감독관, 이구
   아나, 신참 도마뱀 등) 바꾸어 다른 관점에서 새로운 단편 소설을 써
   보라.

3. 단편소설의 양식들에 대해 탐색해보라.
   a. 텍스트에서 사용된 정형동사들finite verbs을 찾아보고, 그것들을
      다른 동의어로 바꾸어보라. 내용과 등장인물들characters에 어떤
      변화가 나타나는가?
   b. 명사를 골라보고, 명사구에 형용사를 추가해보라. 내용상의 맥
      락과 등장인물이 어떻게 변화하는가?
   c. 문단 속에서 여러 개의 절을 하나의 문장으로 결합해보라. 어떤
      종류의 새로운 리듬이나 분위기를 내용 안에서 만들어볼 수 있
      는가?

4. 핀란드어로 된 원래의 단편소설을 상세히 읽어보고 영어 버전과
   비교해보라. 영어 버전에서 등장인물의 성별은 he/she의 대명사 선
   택에 의해 공개적으로 드러난다. 핀란드어 버전에서는, 인칭 대명
   사가 성별 구별이 없기 때문에 인물의 성별이 좀 더 암묵적으로
   드러난다. 핀란드어에서 인물들의 성별을 구분할 수 있는 언어학적
   인 방법에 대해 분석해보라. 감독관의 성별은 명백한가?

5. 이 단편소설은 하나의 모토로 끝맺고 있다. 당신은 그것을 어떻게
   이해하는가? 이 글 속의 다양한 인물들(카멜레온, 감독관, 늙은 이구
   아나, 신참 도마뱀)이 가지고 있는 삶의 원칙과 가치들을 가지고 그

들에 대한 모토를 써보라.

   a. 삶에 대한 당신 자신의 모토는 어떻게 기술할 수 있는가? 당신 삶의 모토를 칠판에 적어보고 그것들에 대해 논해보라.

   b. 단편소설 속의 삶의 방식과 학교 혹은 친구들 간의 관계와 같은 당신의 공동체 속에서 삶의 방식을 비교해보라. 무엇이 다르고 무엇이 유사한가? 당신은 다양한 환경 속에서 당신의 기본 원칙들에 대한 모토를 만들 수 있는가?

6. 이 스토리에서 일어나는 사건들을 시(예컨대, 하이쿠나 단가)로 요약하여 표현해보라.

7. 당신이 카멜레온이라고 상상을 하고 다음의 과제들을 주어진 역할 속에서 적어보라.

   a. 카멜레온에 대한 페이스북 프로파일을 만들어보라. 그는 어떠한 그룹에 속해 있는가? 그의 친구들은 누구인가? 어떤 종류의 음악 등을 좋아하는가?

   b. 페이스북 프로파일에 5~10번 업데이트를 하여 하루에 일어난 일들을 기술하여보라. 또한 카멜레온 친구들이 작성한 프로파일에 코멘트를 추가해보라.

   c. 당신의 일과를 블로그에 작성해보라.

8. 카멜레온(혹은 감독관)이 일하는 회사 사보에 실릴 그들에 대한 인터뷰를 작성해보라.

9. 지원자를 뽑아서 소설 속 하나의 역할을 선택하게 하고 교실 앞 의자에 앉게 하라. 다른 사람들은 그/그녀에게 그 스토리 안에서

의 그/그녀의 기분, 결심, 행동들에 대해 물어보고 지원자는 질문에 대답해보라.

10. 학생들을 4~5명씩 묶어서 그룹으로 나눠라. 각 그룹 내에서 한 학생을 카멜레온이라 가정하고 다른 학생들은 그 학생 머릿속의 '내면의 목소리' 역할을 수행하라. 카멜레온 역할을 맡은 학생은 말없이 앉아 있고 다른 내면의 목소리를 맡은 학생들이 다음 세 가지 다른 상황들에 대해 카멜레온의 관점에서 말해보라.
   a. 카멜레온이 새 감독관을 처음 만났을 때
   b. 친구들과 커피 테이블에 있었을 때
   c. 저녁에 집에 돌아왔을 때

11. 학생들을 4~5명씩 묶어서 그룹으로 나눠라. 각 그룹은 이 단편소설에서 세 가지 상황들을 선택하고 그 상황을 '영상'으로, 다시 말해 무성영화로 설명하라.

12. 학생들을 4~5명씩 한 조로 하여 그룹으로 나눠라. 각 그룹은 '진짜 카멜레온'이 교실로 와서 그/그녀의 학우들과 만나고 교장을 처음 만나는 상황을 설정하고 그 상황에 대해 5분짜리 짧은 역할극을 만들어라.

각 활동은 과제의 결과와 학생들의 느낌, 그들의 의견들에 관한 그룹 토론으로 이어지도록 한다. 이 토론을 하는 동안 교사는 더 큰 교육적 틀 안에서 이러한 활동의 목적들을 좀 더 분명하게 설명해준다.

모국어와 문학의 교사 연수

핀란드 교사교육 제도는 이 책의 다른 곳에서도 기술되므로, 여기에서는 '핀란드어와 문학' 교과 영역의 교사교육과 연수의 몇 가지 특징만 간략히 서술한다. 보통 1학년에서 6학년까지는 '모국어와 문학'을 담임교사가 가르치고, 이 글의 관심 대상이 되는 7학년에서 9학년까지는 교과교사가 가르친다.

교사라는 직업의 본질은 독립적인 전문성을 갖는다는 것이다. '모국어와 문학' 교과의 교사들은 교육행정 당국뿐만 아니라 학생들, 동료들 그리고 학부모들로부터 직업적인 측면에서 또는 교육 및 교과 교수법 면에서 전문가로 인정받고 있다. 이러한 사실을 토대로 동료 교사들, 학부모들과 함께하는 교사들의 모든 교수 활동의 협력이 이루어진다. 또한 이것은 국가핵심교육과정(Finnish National Board of Education, 2004)에 제시된 지침을 준수하는 한, 개별 교사들이 자유롭게 다양한 교육 방법을 선택할수 있고 다양한 교육 자료들을 활용할 수 있다는 것을 의미한다. 핀란드 교사들은 독립적인 전문가이고 직무 수행 면에서 교육적 권위를 갖고 있다(Harjunen, 2009).

핀란드 전역에, '모국어와 문학' 교사들을 위한 지역 협회들이 있다. 이 협회들은 세미나, 강의 등 회원들을 위한 모임을 조직한다. 그 협회들의 대표 조직인 전국모국어교사협의회(Äidinkielenopettajain Liitto[ÄOL], http://www.aidinkielenopettajainliitto.fi/index.html을 보라)는 매우 효율적인 토론의 장이다. 전국모국어교사협의회는 회원용 학술집과 다른 전문 자료들을 책과 전자문서 형태로 동시에 출간하고 있으며, 다양한 문제들에 전문적인 도움을 주고 있다.

그 협회는 일 년에 두 번 저명한 초청 연사 강연을 포함하는 2~3일 간의 대규모 세미나를 조직하고, 저녁에는 수많은 워크숍과 흥미로운 문화 프로그램을 기획한다. 많은 수의, 아마도 대부분의 '모국어와 문학' 교사들을 위한 여러 활동들(지역적 또는 전국적인 교사 연수와 다양한 활동들, 즉 ÄOL에서 제공하는 토론 템플릿과 같은 활동들에 대한 참여)은 교사 정체성 형성과 전문적 성장에 기여한다. 또한 최근 연구 결과에서 보여주듯이 자신감을 갖춘 교사들이 가르친 학생들이 전국적인 읽기와 쓰기 평가에서 더 좋은 결과들을 보여주는 것을 확인할 수 있다(Harjunen & Rautopuro, 2015).

모국어와 문학교육 분야에는 유용한 교수·학습 자료들이 매우 풍부하며, 이러한 자료들은 핀란드의 매우 훌륭한 출판사에서 발행되고 있다. 전자 자료들의 비율은 현재 점차 증가하고 있으며, 그 자료들의 학습 주제는 출판업자들과 교과서 저자들 사이에서 활발하게 논의된다. 또한 교사들이 무료로 교수 자료들과 교육적인 아이디어를 공유할 수 있는 인터넷 플랫폼들과 페이스북 그룹들도 있다.

모든 교과서는 별도의 교사용 책자와 전자 자료들과 함께 제공된다. 교사용 자료에는 추가적인 배경 정보, 정교해진 아이디어들, 이론, 그리고 여러 가지 교수 방법들에 대한 제안이 포함되어 있다. 기본적으로, 교사들은 선호하는 교과서를 채택할 수 있지만, 현실적으로 학교의 경제적 여건이나 동료 교사들의 의견을 고려하여 다소 조정되기도 한다(예를 들면 같은 학년의 여러 반에서 서로 다른 교과서를 사용하는 것이 늘 가능한 것은 아니다). 그러나 중요한 것은 교사들에게 어떤 특정 교육 자료나 교과서를 사용하도록 결정하거나 명령하는 지역기관이나 국가기관은 없다는 것이다.

'모국어와 문학' 교사들은 교과서를 대안적인 방법들과 함께 사용하거나, 사용의 정도를 조절한다. 교과서의 역할은 안내서 같은 것인데, 학생들과 교사들에게 압축적인 형태로 (배우거나 가르쳐야 할) 기본적인 사실들을 제공하는 것이라고 본다. 고전문학, 현대 산문이나 시, 미디어 텍스트, 다양한 종류의 다중모드 텍스트, 다양한 종류의 최신 텍스트와 같은 학습 자료들이 교실에서 교육적인 목적에 따라 사용된다는 것이다. 교실에서 여러 가지 종류의 텍스트를 읽고, 그것들에 대해 이야기하는 것은 젊은이들의 문해력 향상에 긍정적인 영향을 미치는 것으로 나타난다 (Harjunen & Rautopuro, 2015; Kauppinen, 2011).

이 책의 여러 글에서 선명하게 나타났듯이 핀란드에서 교사라는 직업은 견고한 학문적 토대를 지니고 있으며 교사교육은 교사교육학과, 교과학과와 학부 그리고 예비교사 훈련학교와 전국적인 교사협회들과 국가교육위원회 간의 긴밀한 협력적 상호관계 속에서 이루어진다. 대학의 교수진과 예비교사 훈련학교의 교사들은 일 년에 수차례에 걸쳐 만나면서 수업과 교육과정을 논의하고 피드백을 주고받으며 앞으로의 연구 협력 청사진을 그린다. 다른 여러 나라와는 달리, 대학 관계자들은 일선 교사들에게 권위적이거나 고자세를 취하지 않는다. 국가적 수준에서 새로운 교육과정은 대략 10년마다 새롭게 개정되며, 모든 관계자들은 국가교육위원회가 주관하는 새로운 교육과정의 발전 과정에 참여한다. 이는 '모국어와 문학'의 발달에 관여하는 다양한 관계자들 사이의 협력이 얼마나 긴밀한지를 보여주는 하나의 실례이다. 국가수준의 평가(e.g. Harjunen & al., 2011; Harjunen & Rautopuro, 2015)와 교육적인 연구들 그리고 일선 교사들과 교사교육자들의 목소리로 전달되는 학교 학생들의 소리 역시 존중되고 고려된다.

Bal, M. P. and Veltkamp, P. (2013). How does fiction reading influence empathy? An experimental investigation on the role of emotional transportation. PLOS/one. DOI: 10.1371/journal.pone.0055341/http://journals.plos.org/plosone/article?id=10.1371/journal.pone.0055341 [Accessed 9.12.2015.]

Cummins, J. (1976). The influence of bilingualism on cognitive growth: a synthesis of research findings and explanatory hypotheses. *Working Papers on Bilingualism* 9, 1-43.

Cummins, J. (1978). Bilingualism and the development of metalinguistic awareness. *Journal of Cross-Cultural Psychology* 9, 131-149.

Doughty, C. & Long, M. (2003). *Handbook of second language acquisition.* Oxford: Blackwell.

Finnish National Board of Education. (2004). *Perusopetuksen opetussuunnitel man perusteet 2004* [*National Core Curriculum of Basic Education 2004*]. Retrieved 18.12.2015, http://www.oph.fi/download/139848_pops_web.pdf

Finnish National Board of Education. (2014). *Perusopetuksen opetussuunnitel man perusteet 2014* [*National Core Curriculum of Basic Education 2014*]. Retrieved 18.12.2015, http://www.oph.fi/download/163777_perusopetuksen_opetussuunnitelman_perusteet_2014.pdf

Hakulinen, A., Kalliokoski, J., Kankaanpää, S., Kanner, A., Koskenniemi, K., Laitinen, L., Maamies, S. & Nuolijärvi, P. (2009). *Suomen kielen tulevaisuus. Kielipoliittinen toimintaohjelma.* [*The future of Finnish. An operational program for language policy.*] Research Institute for the Languages of Finland. http://scripta.kotus.fi/www/verkkojulkaisut/julk7/suomen_kielen_tulevaisuus_kotus_verkkojulkaisuja_7.pdf [Accessed 9.12.2015]

Harjunen, E. (2009). How do teachers view their own pedagogical authority? *Teachers and Teaching.* 15(1), 109-129.

Harjunen, E., Juvonen, R., Kuusela, J., Silén, B., Sääskilahti, M. & Örnmark, M. (Eds.) (2011). Miten peruskoululaiset kirjoittavat? [How do students of comprehensive school write?] http://www.oph.fi/download/132345_Miten_peruskoululaiset_kirjoittavat.pdf [Accessed 9.12.2015]

Harjunen, E. & Rautopuro, J. (2015). Kielenkäytön ajattelua ja ajattelun kielentämistä. Äidinkielen ja kirjallisuuden oppimistulokset perusopetuksen päättövaiheessa 2014: keskiössä kielentuntemus ja kirjoittaminen. [Thinking about language use and languaging. Evaluation of mother tongue and literature in the end of lower secondary education 2014.] Helsinki: Kansallinen koulutuksen arviointikeskus.

Hautamäki, J., Harjunen, E., Hautamäki, A., Karjalainen, T., Kupiainen, S., Laaksonen, S., Lavonen, J., Pehkonen, E., Rantanen, P. & Scheinin, P. (2008). *PISA06. Analyses, reflections, and explanations.* Ministry of Education Publications 2008: 44. http://www.minedu.fi/OPM/Julkaisut/2008/PISA06._Analyses_Reflections_and_Explanations?lang=en [Accessed 27.4.2011.]

Huovi, H. 2004. Chameleon. Translated by Herbert Lomas. In: *Books from Finland* 2. Originally published 2003 in *Gepardi katsoo peiliin. Faabeleita.* Helsinki: Tammi.

Klein, W. (1986). *Second language acquisition.* Cambridge: Cambridge University Press.

Kauppinen, A., Lehti-Eklund, H., Makkonen-Craig, H. & Juvonen, R. (Eds.) (2011). Lukiolaisten äidinkieli: suomen- ja ruotsinkielisten lukioiden opiskelijoiden tekstimaisemat ja kirjoitustaitojen arviointi. Helsinki: Suomalaisen Kirjallisuuden Seura.

Kauppinen, S. (1986). *Äidinkielen didaktiikka.* [*Didactics of mother tongue.*] Helsinki: Otava.

Kecskes, I., & Papp, T. (2000). *Foreign language and mother tongue.* Mahwah N.J.: Lawrence Erlbaum Associates.

Mantila, H. & Sulkala, H. (eds.) (2010). *Planning a new standard language. Finnic Minority languages meet the new millennium.* Helsinki: Finnish Literature Society.

Markkola, P. (2007). Oma kieli ja kinkerikansan lapset. [Your own language and Christian education.] *Historiallinen aikakauskirja* 4/2007, 397-399.

Nuolijärvi, P. (2005). Suomen kielet ja kielelliset oikeudet. In Johansson, M., & Pyykkö, R. (Eds.) *Monikielinen Eurooppa. Kielipolitiikkaa ja käytäntöä.* [*Multilingual Europe. Language policy and practice.*] Helsinki: Gaudeamus.

Tainio, L. & Winkler, I. (2014). The construction of ideal reader in German and Finnish textbooks for literacy education. L1-Educational Studies in Language and Literature 14, p. 1-25. http://dx.doi.org/10.17239/L1ESLL-2014.01.0

11. 언어교육 – 외국어 교육

라일리 힐덴Raili Hildén
리트바 칸텔리넨Ritva Kantelinen

요약

이 논문은 핀란드 기초교육 단계에서 현재 수준의 외국어 교수teaching의 토대를 이루는 쟁점들을 기술하는 데 초점을 두었다. 그 토대는 연구기반 교사교육research-based teacher education과 언어교육 분야 관련 당사자들의 적극적인 네트워크를 기반으로 이루어진 것이다. 이 글은 교수적 접근법, 교수 방법, 그리고 평가의 역할 등의 가장 최근의 경향뿐만 아니라 언어교육의 주요 목표와 핵심 내용들을 소개한다. 그리고 언어교육의 최근 연구 결과들과 지역 학교에서 이루어지는 국가핵심교육과정의 실행, 이 두 가지를 적용해보려는 노력의 일환인 프로젝트와 네트워크를 기술한다. 또한 이 논문의 마무리는 핀란드 종합학교의 언어교육이 당면한 미래의 도전들에 관해 논의한다. 이는 수준을 유지하는 것만으로는 충분하지 않고, 언어교육의 질을 향상시킬 필요가 있기 때문이다.

*핵심어: 언어교육, 언어 유창성, 외국어 교수와 학습, 언어 교사,
　　　　기초교육, 교육과정 개정

언어교육의 토대

현재 상황의 소개

핀란드 민족 언어인, 핀란드어와 스웨덴어를 쓰는 사람들의 숫자는 큰 유럽 국가들과 그들의 언어에 비하면 미미한 편이다. 핀란드 국민들은 서로 다른 언어적·문화적 배경을 가진 사람들과 일을 하거나 여가를 즐기는 동안 소통하고 협력하기 위해서 여러 언어들을 능숙하게 사용할 수 있는 언어능력이 필요하다. 스웨덴어조차도 실제로 이 나라의 대부분 지역에서 외국어나 마찬가지다. 스웨덴어를 사용하는 사람들은 소수자(약 5%)로서 주로 서부 해안과 남부 핀란드에 집중되어 있기 때문이다. 따라서 핀란드가 언어교육에 많은 투자를 하고 있고, 그렇게 해야 한다는 상황을 이해하는 것은 어렵지 않다. 외국어, 그리고 외국어 유창성의 필요성과 이종문화 간 의사소통 기술은 대인 관계 상황에서나 전통적인 미디어나 소셜 미디어의 사용이 확대된 현상황에서 어떤 식으로든 핀란드 사람들의 일상생활의 일부가 되고 있다. 예를 들어 핀란드 텔레비전 프로그램은 대부분 더빙을 제공하지 않는데, 이로 인하여 핀란드 사람들은 텔레비전을 보는 동안에 외국어에 일상적으로 노출된다.

1970년대 이래로 언어 유창성, 의사소통 능력, 이종문화 간 의사소통 능력, 다언어주의, 다문화주의는 유럽인들의 공통 관심사가 되었다. 예를 들어 유럽회의the Council of Europe는 서로 다른 언어와 문화적 배경을 가진 유럽인들 사이의 의사소통의 질을 향상시키는 데 관심을 가지고 있다(CEFR, 2001, xi, 3-6). 핀란드 언어교육의 다양한 이해 당사자들은 유럽 전체의 언어 교수·학습 분야를 발전시키기 위한 노력에 적극적으로 참여했다(예를 들어 CEFR와 ELP의 사용). 국제화, 세계화와 동시에 언어 유창성의 개념과 언어교육의 목표들은 크게 수정되어왔다. 현재 언어학습은 개별적으로, 평생의 과업으로, 학교 안팎에서 이루어지는 노력으로 여겨지며,

이는 교육의 모든 단계에서 장려하고 지원되고 있다(CEFR, 2001).

1970년대 핀란드에서 9년제 종합형 기본 학교 체제가 출범한 이후로 학교교육이 시작되는 단계에서부터 모든 사람이 외국어를 학습할 권리와 의무를 갖게 되었다. 현재, 최소한으로 모국어와 두 개의 민족 언어 중 하나, 그리고 적어도 한 개의 외국어를 포함하는 언어 학습은 핀란드 학교 체제의 각 단계에서 필수과목이다. 외국어 학습은 늦어도 아홉 살이 되는 종합학교 3학년에서 시작된다. 가장 많이 개설되어 학습하는 첫 번째 외국어는 영어다. 2012년에 3학년생의 90.5%, 그 연령층의 58,000여 명이 첫 번째 필수 외국어로 영어를 배우기 시작했다. 반면에 약 5.3%는 핀란드어, 1%는 스웨덴어를 배우기 시작했다. 독일어(1.2%) 또는 프랑스어(0.9%)를 배우기 시작했던 학생의 비율은 각 언어별로 약 1% 정도였고, 러시아어(0.3%)와 다른 언어들은 훨씬 더 적었다(Kumpulainen, 2014).

종합학교에서 학습해야 하는 최소한의 필수 언어는 세 개이다. 1학년부터 배우는 모국어, 늦어도 3학년부터 배우는 첫 번째 외국어, 그리고 늦어도 7학년부터 배우는 민족 언어(국가공용어) 중 하나(대부분의 학생들이 핀란드어를 모국어로 사용하기 때문에 스웨덴어를 선택하게 된다)까지 모두 세 가지이다. 2016년 가을부터, 두 번째 민족 언어(국가공용어)는 1년 더 빨리, 6학년에서 시작하게 되었다(Valtioneuvoston asetus 422/2012). 덧붙여 5학년이나 8학년부터 외국어를 선택할 기회가 주어진다. 하지만 이러한 선택의 기회가 현실적인 경제적 이유 때문에 모든 지역에서 언제나 가능한 것은 아니다. 대체로 학생들은 핀란드어와 스웨덴어에 덧붙여서 기초교육에서 최대 세 개의 외국어를 학습할 기회가 있다. 그러나 이 기회를 완전히 다 이용하는 학생들의 비율은 지난 몇 년 동안 감소해왔다. 2012년 3학년이 되기 전, 1학년의 6.9%, 2학년의 12.5% 미만 학생들이 외국어 학습을 시작했다. 2012년, 5학년의 약 26.6%가 상급 교과과정에 포함되어 있는 외국어 중 2개를 배웠고, 8학년과 9학년의 약 17.2%가 14세의 8학년부터 단

기교육과정에서 외국어를 선택하여 배웠다(Kumpulainen, 2014 참조). 종합학교 학생들이 학습하는 가장 일반적인 언어 조합은 핀란드어, 스웨덴어, 영어이다.

이 논문의 제목에서 언급한 대로, 외국어 교수는 핀란드뿐만 아니라 국제적으로도 경험론, 사회문화 이론, 생태론 등과 같은 학습 이론들을 통합하는 외국어 교육(교육이라는 측면에 집중해서)으로 패러다임이 전환되고 있다(Kohonen, 2009 참조). 언어교육은 개인적 경험, 사회적 상호작용 그리고 성찰에 기반을 둔 의미 있는 학습을 강조한다. 언어교육은 전인적인 인간 성장을 지향한다. 이러한 접근법은 필연적으로 교사의 전문적 역량과 교사교육에 새로운 도전적 과제들을 야기하게 되며, 그로 인해 학교에서 새로운 종류의 상호작용하는 공통의 학습 문화가 가능하게 된다(Kohonen, 2009, pp. 16-26). 언어적인 의사소통 외에도, 핀란드 기초교육의 최근 교육과정 개정에서는(Finnish National Board of Education, 2014) 언어교육을 위해서 단순한 언어학적인 기능들linguistic skills보다는 좀 더 넓은 관점이 필요하다는 것을 인식하고 있다. 이러한 견해는 일상적인 상황과 문화적인 접촉 속에서 개인의 기능적인 언어 유창성을 강조함으로써, 다언어주의multilingualism와 다중문해력multiliteracy이라는 보다 큰 언어적 능력의 프레임워크와 밀접하게 연관되어 있다.

연구 기반 교사교육과 외국어 교육

핀란드 외국어 교육의 간략한 역사

이제 지난 수십 년간의 일반적인 의무교육과 관련된 정식 문서에 기록되어 있는 언어교육의 중요한 내용과 강조점을 개략적으로 살펴볼 것이다. 외국어 교수·학습과 학습 결과를 평가하기 위해서 그 당시에 어떤 방법들이 많이 사용되었는지 구별해보고 핵심교육과정이 지역적 배경에 따라 어떻게 이행되었는지도 살펴볼 것이다.

모든 시민에게 의무적으로 부여된 평등한 종합교육이 시작되기 전에는, 핀란드 교육체제의 특징은 학생들에게 장래에 필요한 자격증 제공을 목적으로 하여 차별화된 경로들로 구성되었다. 1970년 이전에는 더욱이 학문적인 전문직을 목적으로 하는 교육기관(중고등학교)에 다니는 학생들에게만 외국어 학습 기회가 주어졌다. 언어교수법은 고전적인 방법에 주로 의존했는데, 즉 문법과 번역, 그리고 쓰기 중심으로 현재 사용되는 언어를 가르쳤다.

언어교육에서 기능function보다 형식form을 중요시하는 것은 오늘날까지도 해결되지 않은 과제로 남아 있지만, 언어 교수·학습의 풍토는 그 당시 이후로 많은 변화를 겪어왔다. 1970년대 중반 이후 종합학교의 언어 교과의 교수요목은 유럽인들의 유동성을 증가시키기 위해 제안된 개념-기능 중심 모델Notional-Functional models의 영향을 받았다. 또한 1980년대까지는 교사들이 이러한 언어 교과의 교수요목에 제시된 구조와 상황들의 상세 목록에 따라 언어를 가르쳐야 했다. 그런 목록들은 하향식 권력 이양, 교사의 자율성 경시, 교수·학습의 행동주의behaviorist 전통을 고수하는 것 등으로 해석될 수 있다. 그러나 외국어 교수·학습의 목적으로 의사소통 능력을 중요시하려는 정교한 노력이 취해졌다. 의사소통 중심으로의 전환은 일상적인 언어 사용과 말하기에 중심을 둔 텍스트를 포함한 새로운 교육 자료에서 명확히 나타났다. 자율성autonomy에 대한 관심이 증가함에 따라 1980년대에 이어 1990년대까지 교사 및 학생들에게 구두 언어 유창성의 중요성이 더 커졌다. 국가교육과정의 핵심 내용에서 지역 교육과정이 파생되었는데, 이는 교사들에게 지역적 여건에 맞게 자신의 교수 방법을 선택할 수 있는 권한을 부여했다. 학생들의 다양성과 학습자 요구에 더 많은 관심을 기울이게 되었다. 인본주의적 학습 개념들이 학교 학습 환경을 여유 있게 만들었고, 1994년 핵심교육과정에서 최초로 도입된 구성주의와 통합되었다(POPS, 1994).

이 핵심교육과정은 단지 교수·학습을 위한 큰 범주의 틀을 명시했을 뿐이고, 교사에게 지역적 해석과 교육적 선택을 할 수 있는 많은 자유를 부여했다. 국가적 차원에서 볼 때, 1994년 교육과정에서 부여한 지역 교육과정의 자율권에 대한 긍정적, 부정적 측면의 결과들이 지적되었다. 몇몇 자치시의 지역 교육과정은 상당히 높은 수준이었으며, 학교들은 지역과의 협력을 강화하기 위해서 스스로에 대해 프로파일링을 했으나 지역 간에 상당한 차이가 발견되었다. 더 나아가 교사들은 그들의 일에 더욱 표준적인 지침을 요구했다.

새천년이 시작될 무렵(2004) 교육과정 설계 단계에서 여러 가지 국제적, 사회적, 교육적 도전에 대응하는 방안을 모색했다. 국가들 간의 국제적 유동성을 가로막는 요소들을 해결할 방안에 대한 필요성이 핀란드에서 제기되었으며, 핀란드 언어 전문가들은 유럽회의the Council of Europe의 활동에 적극적으로 참여하여, 그로부터 혜택을 얻기도 했다. 장기간의 이런 활동들의 결과로 언어교육을 체계적이고 종합적이며 투명하게 만들 수 있는 효과적인 도구들이 개발되어 제시되었다. '유럽 언어 공통 기준'(CEFR, 2001) 그리고 국가 버전들(EVK, 2003; Kohonen, 2005)과 함께 '유럽 언어 포트폴리오ELP'는 그중에서 가장 뛰어난 것으로, 유럽회의의 현대 언어 프로젝트 내 수십 년간 개발 사업의 결과물이다. 2004 핵심교육과정에서 주요 개정 사항이 다양한 교수요목에서 언어 능력 향상 정도를 설명하기 위해 CEFR의 유창성 수준 시스템(A1-C2)을 채택하기로 한 것은 분명하다(Hildén & Takala, 2007).

언어 핵심교육과정의 주요 목표들

핀란드 종합학교의 언어교육은 1994년 교육과정에서 시작하여 2004년, 그리고 가장 최근의 기초교육을 위한 2014년 국가핵심교육과정에 기반을 두고 있다(Finnish National Board of Education, 2014). 가장 최근에 구성된 기초교육 국가핵심교육과정은 교수teaching를 위한 규범적 지침이자, 교육기관, 자치시와 학교에서 준수해야 할 교육 활동을 위한 규범적 지침서이다. 또한 다양한 교과의 목표와 주요 내용들뿐만 아니라 기초교육을 조직하기 위한 더 넓은 프레임워크와 가이드라인, 즉 수반되어야 할 기본적 가치들, 일하는 문화, 그리고 그것의 개발 등을 명세화하는 교육적 노력이다(Finnish National Board of Education, 2014 참조). 교육과정 개정 과정(Finnish National Board of Education, 2014; Halinen, 2015 참조)은 최근에 이루어진 학술적 연구에 크게 의존한다. 교사 전문가, 교사교육자들, 연구자들이 새 교육과정의 구조와 내용의 초안을 잡는 데 참여했다. 언어교육과 관련하여 국가교육위원회는 2013년의 기초교육 마지막 단계에서 외국어 교육의 결과를 표본기반sample-based 방식으로 평가하는 작업에 투자했다(Finnish Education Evaluation Centre & Finnish National Board of Education, 2015 참조). 평가 결과들을 참조하여 언어교육 핵심 개발 목표들을 만들었고, 그 결과들을 활용하여 새 교육과정에서 언어교육을 위한 가이드라인을 만들었다. 추가적으로, 교육과정 개정 과정과 병행하여, 국가교육위원회는 지역 수준에서 교육 공급자들과 교사들의 편익을 위해 연구에 기반을 둔 논문집들을 발행했다. 새 교육과정의 정신과 아이디어들이 현장에서 실제로 구현될 수 있도록 학자들과 젊은 현역 활동가들, 그리고 그 분야 전문가들의 참여를 유도하여, 논문들을 통해 교육적 그리고 교수학적 과정에 관한 그들의 경험을 공유할 수 있게 했다(Hildén & Härmälä, 2015; Mustaparta, 2015 참조). 이러한 자료들은 모두 인터넷에 공개되어 누구나 이용 가능하다. 또한 핵심교육과정의 초안 작성에도 공개의 원칙이 적용되었는데 교육과정 개정 과정 동안 특정 웹사이트를 통해서 누구나 의견을 제시할 수 있도록 공개했다. 이전의 교육과정 개정을 준비하는 과정에서도 다양한 이해 당사자들에게 자문을 받았지만 최근 교육과정 개정 과정은 예전보다 훨씬 더 개방되어 있었다. 언어교육 관련 주체들에는 교사 노동조합 연구자들, 고용주 협회, 그리고 다양한 문화 집단들이 포함된다. 또한 이번 개정에서는 개인 누구라도, 즉 학부모, 학생 혹은 관심 있는 사람 누구나 그 과정에 영향을 미칠 수 있는 기회가 있었다.

외국어 교육에서 언어는 역량 교과이며 의사소통의 수단일 뿐만 아니라 문화를 다루는 교과가 되었다. 최근 교육과정 개정과정을 보면 언어교육을 발전시키고자 많은 노력을 기울이고 있음을 알 수 있다. 처음으로 언어교육(핀란드어로 'kielikasvatus')의 개념이 모국어를 포함한 모든 언어 교수요목에 포함되었다. 핵심교육과정에 언어교육이라는 개념을 다음과 같이 기술하고 있다(National Core Curriculum for Basic Education, 2014). 나아가, 언어교육을 교육 전반에 포함시켰는데 이는 기초교육의 실천 단계에서 언어교육이 이루어지려면 서로 다른 교과 간에 긴밀한 협력이 이뤄져야 한다는 것을 분명히 하고 있다. 물론 이것은 다른 교과교사들 사이의 협력을 의미한다. 다시 말해 자신의 교과에 상관없이, 각각의 교사는 해당 교과의 언어 교사이기도 하다. 새로운 교육과정 정신은(예를 들어 Finnish National Board of Education, 2014, pp. 28, 325, 348), 언어는 모든 학습과 사고를 위한 전제 조건이라고 여기고 있다. 최근의 기초교육을 위한 국가핵심교육과정은 인간의 호기심을 바탕으로 모든 학년의 언어 학습에 즐거움, 놀이성, 창의성의 여지가 있음을 명시적으로 밝히고 있다(Finnish National Board of Education, 2014, p. 197, 348).

최근 핵심교육과정을 살펴보면, 다언어주의와 다문화주의, 언어 인식, 문화적 다양성이 기초교육 전체에 침투해 있다. 핵심교육과정의 토대를 이루는 기본 가치들을 보면 언어적·문화적 다양성을 풍부하게 담고 있는 것을 알 수 있다(Finnish National Board of Education, 2014, p. 16). 이 모든 것들의 배경은 유럽의 정책들과 유럽 기관 단체들의 협력으로부터 기인한다(CEFR 2001; ECML 참조).

2016년 8월부터 시작된 최근의 기초교육을 위한 국가핵심교육과정 (Finnish National Board of Education, 2014, p. 18)은 학교를 학습 공동체로 발전시키는 것을 목표로 하고 있으며, 이를 위해서 학습과 학교생활에서 학생의 자율성을 증진시키는 것뿐 아니라 학습의 즐거움과 협력적인 분위기도 강조한다. 기초교육은 교육체제 전체의 토대이면서 동시에 초등교육 이전부터 시작되는 평생교육과정의 일부분이다.

최근 핵심교육과정은 지식, 기능, 가치, 태도, 동기 그리고 상황에 맞게 그것들을 적절히 사용할 수 있는 능력 등으로 구성된 어떤 실체인 범용적인 역량들transversal competencies을 강조한다(Finnish National Board of Education, 2014). 범용적인 역량의 학습 목표는 7개이며 역량 영역 (L1-L7)을 기술하면 다음과 같다. 생각하고 배우는 것을 배우기learning to learn(L1), 문화적 소양, 상호작용과 자기표현(L2), 자신과 다른 사람 돌보기, 일상생활 기술(L3), 다중문해력(L4), 정보통신기술 역량(L5), 직장생활 기술과 기업가 정신(L6), 그리고 지속가능한 미래를 위한 참여, 열정, 책임(L7)을 총망라한다. 언어교육과 관련하여 언어 교수·학습 과정에 통합된 다른 모든 목표들도 있지만, 문화적 역량과 다중문해력은 핵심 내용으로 가장 명확하게 제시된 학습 목표들이다. 이것은 역량-기반competence-based과 교과-기반subject-based의 교수·학습을 통합하는 새로운 방법이다 (Finnish National Board of Education, 2014).

또한 여러 교사들이 특정한 숫자의 학생들과 함께 동시에 작업할 수 있는 여러 학문 분야에 관련된 현상phenomenon 또는 프로젝트 기반 학습에서는 협력적인 교실 학습이 새삼 강조될 것이다. 따라서 언어 교사들은 동일 교과교사들끼리의 협력뿐만 아니라 교과 경계를 넘어서, 나아가 해외 교사들과도 광범위하고 지속적인 협력을 구축하게 되는 것이다.

언어 학습 목표는 언어적 능력뿐만 아니라 전략적 능력, 즉 의사소통과 학습 전략 그리고 문화적 능력을 포함한다는 점에서 기초교육 단계의 언어학습은 언어의 평생학습을 위한 토대가 된다. 외국어 학습의 목표와 핵심 내용은 1학년과 2학년, 3학년에서 6학년, 7학년부터 9학년이 서로 다르다. 3학년에서 6학년과 7학년에서 9학년까지의 학습 목표와 핵심 내용은 1, 2학년에 비해 더 구체적이다. 또 핵심교육과정은 학습 목표, 학습 과정 그리고 평가가 서로 일관성이 있어야 한다는 것을 강조하고 있다. 1학년과 2학년, 3학년에서 5학년, 4학년에서 9학년의 언어 교수의 목표는 다음 다섯 가지 주요 구성 요소를 포함한다. 그것은 바로 문화적 다양성과 언어 인식으로의 성장, 언어 학습 기술들, 상호 의사소통을 위한 언어 유창성의 개발, 이해 중심의 언어 유창성receptive language proficiency 개발, 표현 중심의 언어 유창성productive language proficiency 개발이다. 이 요소들은 교수와 평가 실행과 관련하여 범용적 역량들과 교육학적 지침들의 목적들과 보완적으로 실행된다. 의사소통을 위한 언어 유창성, 이해와 표현 중심의 언어 유창성을 위해서 학생들의 적극적인 토론 참여를 격려하고, 다양한 언어학적 텍스트를 풍부하게 제공하고, 목적에 맞는 구어 또는 문어 텍스트를 표현할 수 있도록 언어 교수의 목표를 설정해야 한다 (Finnish National Board of Education, 2014, p. 349).

핀란드 언어 수업에서의 접근법과 방법들

전통적으로 핀란드 핵심교육과정은 목표와 중심 내용 그리고 평가(목표 달성과 결과의 보고라는 관점에서의 평가)의 가이드라인과 관련 규범들 norms을 보여주고 있으나, 이러한 규범들을 어떻게 실행할 것인지에 관해 명백하게 지시하고 있지 않다. 그래서 교사들에게 부여된 교육적 자유는 다른 많은 나라들의 상황과 비교해볼 때 매우 예외적이다. 오늘날 아이들(또는 언어 학습자나 사용자 누구라도)이 외국어 평생학습을 막 시작하는 단계에서부터 학교 안팎에서 겪게 되는 새로운 언어 경험들에 직면하면서 언어적 레퍼토리를 확장하려 할 때 학습 동기motivation와 기술skills과 자신감을 갖게 하는 것이 외국어 학습의 가장 중요한 목표이다(더 구체적인 내용은 CEFR, 2001, pp. 1-5; EVK, 2003, pp. 19-25 참조).

만약 외국어 교과수업이 1학년과 2학년에서 시작된다면, 그것은 사실상 신체적 활동들, 게임, 노래, 동요와 같이 기능적이고 놀이와 같은 즐거운 활동 위주의 수업이 될 것이다. 듣기, 이해하기 그리고 말하는 기술이 강조되는 반면에, 쓰기는 단계적으로 도입되고 구두 연습을 지원하기 위해 사용된다. 외국어 학습의 핵심 내용은 집이나 학교와 같은 학생들의 일상생활과 관련된다. 또한 학생들은 학습하고 있는 목표 언어가 쓰이는 지역과 문화에 대해서 배우게 된다(Finnish National Board of Education, 2014).

교육학적 이론과 실천에 관련하여 볼 때, 방법론적으로 다양한 뿌리를 가진 수많은 접근법들이 언어 교실에서 혼재되어 사용된다. 여러 가지 형태의 의사소통 중심 언어 교수가 가장 보편적인 접근법이며, 이것은 전통적인 문법 공부에 집중하는 형태 중심 학습form-focused study과 혼합된 것이다. 문법 위주의 형태 중심 학습의 필요성은 고등학교를 마칠 무렵에 치르는 대학 입학 자격시험 때문에 강화된 것이다. 좀 더 최근에 초점을 두고 있는 것들은 학습자의 자율성, 구두 유창성, 문화학습, 그리고 ICT와 최근에는 소셜 미디어에 의해서 지원되는 사회문화적 중심의 학습 환경 등이다.

최근 몇 년 동안 전반적인 발전 경향은 언어의 구조를 학습하는 것에서 실생활 목적들을 위해 언어를 사용하는 것으로 변화되었다. 쓰기에서 구두 언어로, 문법에서 실생활 필요에 맞는 언어 유창성으로, 번역에서 의사소통적 언어의 사용으로, 교사 중심에서 학습자 자율성으로, 언어 역량skills 중심에서 문화 간 의사소통 능력과 이종문화 간 접촉으로 증진되는 문화적 감수성의 전환이 있었다(Kohonen, Jaatinen, Kaikkonen & Lehtovaara, 2001; EVK, 2003; Takala, 2009; Kohonen, 2009). 2010년대 들어 과학기술 장비들의 큰 발전, 그 장비들에 의해 지원받는 환경, 그리고 인공 지능의 적용으로 멀티미디어와 언어 능력을 포함한 다양한 의사소통 자원을 활용할 수 있는 놀라운 가능성과 기회가 제공되었다. 언어 학습자들은 수많은 가상 공동체의 구성원이 되고, 지식을 습득하고, 정규 교육과정의 학습을 훨씬 뛰어넘는 학습 동기와 기술들을 발휘하게 되었다. 최근 교육과정 내용에 이런 상황이 공식적으로 제시되어 있다(Finnish National Board of Education, 2014, p. 354).

교수·학습 기법에 관한 선택의 자유가 있기 때문에 언어 수업을 위한 어떠한 표준적인 기준도 바람직하지 않다. 그러나 예비교사들이 언어 수업을 시작하기 위한 예비적인 청사진으로서, 언어 수업을 구조화하기 위해 폭넓게 합의된 기본 지침이 있다. 그 지침은 행동주의 원리(Engeström, 1982), 인지 이론(Kristiansen, 1998), 사회문화적 이론(Vygotsky, 1982; Lantolf & Thorne, 2006) 그리고 가장 최근에 등장한 생태학적 이론(van Lier, 2009) 등 몇 가지 언어학습 이론에서 도출된다. 생태학적 이론은 다중적 위치와 다중 모델의 과정으로서 개인들의 역량을 증대하고 강화시키는 언어 습득에 대한 총체적 이론(Ortega, 2009)이다.

상위 개념 수준이라고 알려진 위 목표들과는 별개로, 현재 효과적인 교실 수업은 과업 기반task-based 언어 교수로 정리되는 것 같고, 좀 더 구체적으로는 약한 버전으로 과업 지원task-supported 언어 교수라고 볼 수 있을 것이다(Ellis, 2003; Skehan, 1998; van den Branden, Bygate & Norris, 2009).

이것은 가르치고자 하는 언어 요소에 부합하는 일련의 활동을 선택하여 학생들에게 제시함으로써 실제 생활에서 의미 있는 활동을 언어 학습 과정에 적용할 수 있도록 하는 것(아무 말 없이 단순히 케이크만 굽는 것이 아니라 케이크 굽는 과정을 다른 학생들에게 설명하도록 하는 것)이다. 결과적으로, 그 상황에서 자연스럽게 제시된 언어적 요소들을 분석하여 학생들로 하여금 언어 형태forms와 언어 사용focus on form에 주의를 집중할 수 있게 한다(Willis, 1996). 언어 형태 요소들은 더 추가적인 상황에서 연습될 수도 있다.

언어 교수·학습에서 과업task과 연습exercise의 구별은 중요하게 여겨진다. 과업은 언어의 형태form보다는 언어의 기능function과 메시지의 내용에 초점을 두고서 의미 있고 자유로운 의사소통을 위한 실제적인 언어 사용을 목표로 한다. 따라서 과업은 상호작용과 문제해결, 교사로부터의 교육적 개입을 제공하며, 심지어는 동급생이 지원할 비계scaffolding의 기회들을 제공한다. 반면에 연습은 언어 형식의 정확성, 일대일 대응을 전제로 하는 활동이다. 그 과업이 언어 교사교육에서 그리고 선도적인 언어 교수 전문가들 사이에서 선호되는 수업 모드라는 것은 말할 필요가 없다(Hildén, 2009).

과업은 하나의 세트로 된 차별화되고 연속적인 문제를 제기하는 활동들이라고 정의되며, 공동의 탐구에서 기존 지식을 활용하고 새로운 지식을 획득하기 위해 교사와 학생이 공동으로 참여하여 인지적 그리고 의사소통적 방법들을 선택해가는 과정이다(modified from Candlin, 2009, pp. 27-29).

과업과 학습자 중심의 수행의 중요한 특징은 주류 핀란드 언어 교사교육에서 강조되고 있다. 과업 지원 수업의 수행은 통상적으로 순환적으로 이루어지는데(Willis, 1996; Willis & Willis, 2009), 계획에서 시작하여 실행을 통한 진행 그리고 피드백 과정은 새로운 통찰력을 키우고 새로운 순환을 시작하게 한다.

첫 번째 단계에서 학습하고자 하는 언어 요소들을 학생들에게 제시한다. 실제 생활에서 사용하는 언어 기능과 어휘의 유용성을 제시하면서, 학생들의 사전 경험과 상황에 관한 이야기를 나누며, 수업목표가 되는 언어 구조나 어휘를 배우도록 학생들에게 동기를 부여한다.

다음 단계에서 일반적으로 학생들은 텍스트를 듣거나 비디오의 한 장면을 보게 된다. 이 과정이 언어 내용 제시, 즉 투입이다. 학생들은 주위 학생들이나 교사를 통해서 자신이 배우고 있는 내용을 제대로 잘 이해하고 있는지 확인할 수 있게 된다. 학생들에게 발음과 억양 패턴을 가르치고 나서 대개는 혼자서 또는 친구와 짝을 지어 소리 내어 텍스트를 읽어보게 한다. 이러한 활동이 이루어지고 난 후 학생들은 질문 프롬프트 또는 마인드맵과 같은 그림 형태의 지시에 따라 텍스트 내용을 토론한다. 그들은 수업의 진행 과정에서 서로 돕는 한편, 동료들에게 피드백을 제공한다. 수업에서 구두 연습이 우선시되는 반면에 쓰기 과제는 보통 숙제로 부과된다. 같은 방식으로 문법도 처음에 구두 연습에서 차차 쓰기로 진행된다. 시작 단계부터 학생들에게 학습 내용을 창조적으로 사용할 수 있도록 장려하여 짝과의 즉석 토론, 규모가 작은 드라마 그리고 교과서나 다른 경로를 통해 주어지는 어휘들로 구성된 즉흥적인 이야기 등을 해보게 한다.

수업 과정의 세 번째 단계는 언어 학습들과 연관된 새로운 상황에서 언어적 자료를 적절하게 사용할 수 있게 하는 과정으로 이루어진다. 이러한 '외현화externalization'의 가장 좋은 사례로서, 학습한 어휘나 문법 항목을 활용하여 이야기를 쓰게 하거나 또는 이전 수업에서 배웠던 주제와 관련하여 동영상video clip을 찍어 제출하도록 하는 구두 언어활동을 시킬 수 있다. 이러한 과제물은 다음 차시 수업에서 동료들과 교사 앞에서 발표하게 하여 피드백을 받을 수 있는데, 학급 전체가 아니라 동료들의 의견들을 받을 수 있도록 작은 그룹 단위로 주어지는 것이 더 바람직하다.

사회문화적 이론으로 교수·학습 과정을 볼 때, 과업은 이미 만들어져 있는 독립적인 개체라기보다는 작업 계획 혹은 청사진이라 할 수 있다 (Breen, 2009). 이러한 관점은 학습 결과물에 반영되는데, 그 결과 과제 내용을 다양하게 해석할 수 있으며 과업 과정의 어느 단계에서든지 학생들의 참여를 허용한다. 학생들은 또한 환경settings과 행동action을 직접 선택할 수 있으며, 현대 기술의 발전과 국내 환경 속에서도 다문화적 접촉을 쉽게 할 수 있게 됨에 따라 학교 안팎의 학습 경계가 모호해지고 있다. 이와 동일한 이유로 학습learning과 습득acquisition의 차이가 점차 줄어들고 있으며, 학교 수업에서도 여가 활동에서 사용하는 언어도 포함하게 되는 것이다.

하지만 실제로는 교사교육자들이 바라는 바와 달리, 총체적인 언어 학습에 대한 이상이 현실화되지 않고 있으며, 학교 안과 밖의 일상생활을 유연하게 조율하는 것이 잘 구현되지 않고 있다. 어떤 이유에서든 교사들은 자신의 교수법에 정보통신기술을 적용하는 데 자신감이 없다 (Pöyhönen & Luukka, 2007). 최근 연구에 따르면, 핀란드 교실의 모습은 비교적 전통적인 모습을 보여준다. 현대적 기술과 실제 자료 그리고 실제 삶의 경험들을 활용하는 대신 만들어진 교재와 교과서 연습 문제 등을 활용하는 수업을 매우 선호한다. 한편 짝과 말하기 활동은 의사소통적 언어 사용을 위한 수업활동으로 꾸준히 활용되고 있다(Härmälä, Huhtanen & Puukko, 2014; Hildén & Rautopuro, 2014a).

학습 결과의 평가

기초교육법(Perusopetuslaki 628/1998)에 의하면 기초 종합 교육에서 학생 평가는 주로 공부하는 것을 안내하고, 결과적으로 학습을 촉진하고, 학생들의 자기평가 기술을 향상하는 데 목표를 두고 있다. 모든 평가의 출발점은 해당 교과목의 발달progress, 활동과 학습의 기술 그리고 행동

behaviour을 포함하는 교육과정의 목표들이다. 평가 과정의 출발점으로서 평가 목적들과, 그리고 평가 결과의 타당성으로 제시되는 근거들 사이의 구분은 중요하다. 기초교육 교육과정(Finnish National Board of Education, 2014)에서 두 가지 형태의 평가가 인정된다. 학습이 진행되는 과정 중에 이루어지는 평가와 학기나 학년이 끝난 뒤 그리고 전체 기초교육이 끝나고 최종적으로 이루어지는 평가 두 가지이다.

그렇기 때문에 평가 방식과 평가 요구 수준은 다양하다. 교육과정 중 형성적 목적을 위해서는 지속적인 피드백과 구두 기록이 수반되는 준거-참조 평가들criterion-referenced measures이 가장 적합할 수 있다. 이는 아마도 1학년에서 7학년까지의 학생들에게 가장 적합한 유일한 평가 방법일 것이다. 늦어도 7학년 이후부터는 등급을 학생들에게 제시하게 된다. 그러나 그것이 학생의 성장에 피드백을 주는 유일한 방식은 아니다. 기준 지향을 바탕으로 한 반의 학생들을 서로 비교하고자 등급을 부여하는 것이 아니라, 교육과정의 목표 성취 여부에 기반을 두고서 등급을 부여한다는 사실에 주목해야 한다. 등급은 다양한 원천의 정보에 기반을 두어야만 한다. 이것은 언어 과목에서 쓰기와 말하기 수행의 두 가지가 모두 고려되어야 한다는 것을 의미한다. 게다가 외국어 학습에서는 연관된 전략적이고 문화적 기술뿐만 아니라 공부하는 데 투입된 노력도 포함하여 등급을 부여한다. 학생들의 자기 평가와 동료 평가를 향상시킬 수 있는 아주 훌륭한 도구들(유럽 언어 포트폴리오, ELP)이 있지만 아직은 드물게 활용되고 있다. 이것들은 언어 유창성의 다면적 평가에 관한 안목을 확장시킬 수 있다.

2014 국가핵심교육과정은 형성평가formative assessment와 학습 과정의 한 부분으로서 형성평가의 주요한 기능에 중점을 둔다. 형성평가는 자기 관리self-regulation 능력과 점진적인 학습 향상 노력에 대해 책임을 질 수 있는 학생의 역량과 밀접하게 관련되어 있다. 이러한 목적은 유럽 언어

포트폴리오의 전자 버전과 같은 교수 자료들을 제공함으로써 지속적으로 뒷받침될 수 있으나, 의도된 만큼 널리 적용되고 있지는 않다(Finnish Education Evaluation Centre & Finnish National Board of Education, 2015; Härmälä, Huhtanen & Puukko, 2014; Hildén & Rautopuro, 2014a). 유럽 언어 포트폴리오, ELP의 핀란드 버전들은 국가교육위원회 자금 지원으로 국가적인 프로젝트로 개발되었다. 교사들을 위한 보조 자료들뿐만 아니라 ELP의 핀란드 버전에 대한 배경 정보(핀란드어, 스웨덴어 그리고 영어로 된)를 포함하는 3개의 다른 ELP 버전들(1~3학년, 4~6학년, 7~9학년용)은 인터넷에서 공식적으로 사용 가능하다(Eurooppalainen kielisalkku, 2015 참조).

기초 단계의 교육이 끝나는 시점에서 전국적으로 학생들의 등급을 비교해야 할 필요성이 강력히 제기된다. 왜냐하면 그 등급은 다음 수준에서의 심화학습을 위한 선발의 근거를 제공하기 때문이다. 형평성과 전국 수준의 비교 가능성을 담보하기 위해 두 개의 연결점(6학년 말과 9학년 말)을 설정했고, '훌륭한good' 수행(4~10 척도로 8개 등급)의 준거를 제공했다.

훌륭한 수행good performance이라고 기술한다면 그것은 학교나 지역을 망라하여 교사가 실시한 평가가 동일한 수준이라는 의미를 담게 되는 것이다. 그러나 연구 결과에 따르면, 이렇게 단일한 기술 방법만으로는 전국적으로 최종 학교 성적들 간에 대응성이 있다고 확신하기에는 충분하지 않으며, 오히려 서로 다른 교사들과 학교들에 의해서 부여된 등급들과 실제 교과 내용의 성취 사이에는 상당한 차이들이 나타나고 있다(Hildén & Rautopuro, 2014b; Hildén & Rautopuro, 2014c).

교사들이 직접 평가 도구들을 개발하여 사용할 수도 있지만, 지역의 필요에 따라 교사가 교과서 저자에 의해 발행된 평가 도구, 또는 각 언어별 교사 단체가 매년 개발하는 평가 도구 등을 자유롭게 변형하여 사용하는 것이 훨씬 더 일반적이다.

핀란드에서 언어 교사들의 교육적 자유는 평가 도구의 선택을 광범위하게 보장한다. 다만 학습 결과를 국가적으로 평가하는 경우에만, 그리고 OECD PISA 기준 과학 교과, 모국어(L1) 읽기 그리고 수학 평가 등을 위해서 표집된 학교들과 교사들은 독립적인 전문가 팀에 의해 만들어진 외부 시험 관리에 따라야 한다. 이들 국가수준 평가 개요에 대한 보고서는 핀란드 국가교육평가센터Finnish Education Evaluation Centre에서 발표하고 해당 웹사이트에서 열람할 수 있다FINEEC. 외국어의 경우 국가수준 평가는 10년마다 한 번 실시되는데, 다른 모든 교과들과 마찬가지로, 평가 결과는 전적으로 정보 제공 차원에서 그리고 교육적인 목적을 위해서만 사용되고 있으며, 학교와 개별 학생 및 교사에 관한 평가로서 높은 신뢰 수준을 보여준다. 지역 학교의 관리자들은 전국 점수와 관련하여 비교된 해당 지역 표본 학생들의 점수를 받는데, 이를 통해 지역적으로 최종적인 판단을 하고 적절한 조치를 할 수 있게 된다. 국가수준에서는, 2013년에 시행된 평가 결과들이 최근 언어교육과정을 준비하거나 설계하는 데 반영되었다.

2013년 평가에 따르면, 언어교육의 목표들은 대체적으로 양호한 성취를 보였고 매우 탁월한 경우도 있었다. 학생들의 성취도는 영어에서 가장 좋은 것으로 나타났는데, 9학년 학생 대부분이 훌륭한 성취good mastery 수준보다 한 단계 또는 두 단계 높은 수준을 보여주었다. 두 번째 민족 언어(국가공용어)인 스웨덴어 또한 긍정적인 결과로 나타난 반면에 다른 언어들의 결과는 언어 능력과 교수요목 면에서 다양하게 나타났다. 평균적으로 스웨덴어를 사용하는 학교 학생들이 핀란드어로 교육하는 학교 학생들보다 성취도가 더 높았고, 여학생이 남학생들보다 더 잘하는 경향을 보였고, 고학력의 부모를 가진 아이들이 또래의 다른 아이들보다 더 성공적인 결과를 나타냈다(Finnish Education Evaluation Centre & Finnish Naitonal Board of Education, 2015).

언어 교사교육

앞에서 언급한 바와 같이 핀란드 기초교육을 위한 국가핵심교육과정 (Finnish National Board of Education, 2004)은 국가수준의 목표를 지역적 상황에 맞춰 적용하고 이를 구체적으로 제시하기 위해서 개별적인 언어 교사와 교사 팀들에게 많은 교육적 자유를 허용한다. 실제로 국가핵심교 육과정에 따라 지역 수준의 학교교육과정을 수립할 때 교사들은 실제로 그렇게 해야만 한다. 최근 개정된 국가핵심교육과정에도 이런 기조는 유 지되고 있다(Finnish National Board of Education, 2014). 핀란드 언어 교사 들은 이러한 규범적 문서의 내용을 잘 해석하여 학생들의 학습을 촉진하 기 위한 일상적인 수업에 적용할 수 있도록 교육을 받는다. 이런 작업을 하는 동안 예비교사 시절에 교육받았던 이론과 실천의 상호작용에 관해 되짚어보게 되고 또 전문가 네트워크의 도움을 받기도 한다. 외국어 교사 의 졸업부터 은퇴까지 경력은 평균 40년 정도 이어지므로 재직자 연수와 능력 개발 프로젝트들은 전문적 역량과 실행력을 유지하고 발전시키기 위해서 교사들을 지원하는 가치 있는 일이다.

기초교육법(Perusopetusasetus 852/1998)에 따르면 1학년부터 6학년의 아이들은 주로 담임교사에게 배우고, 7학년에서 9학년 아이들은 교과교 사에게 배운다. 하지만 핀란드의 '외국어교사전국연맹'인 SUKOL은 이미 1990년대 말에 1학년에서 6학년의 경우에도 외국어를 교과교사가 지도할 것을 권장했다. 이 주장은 반복적으로 되풀이되고 있다. 이는 기초교육의 일반적인 국가 목표들과 수업시수 배당에 관한 정부법(Government Decree on the General National Objectives and Distribution of Lesson Hours in Basic Education)(Valtioneuvoston asetus 422/2012)에 따라 2016년 8월부터 두 번 째 민족 언어(국가 공용어) (대체로 스웨덴어) 수업이 7학년 대신 6학년에서 시작되었기 때문이다. 우리가 이해한 바에 따르면 담임교사 자격과 7학년 에서 9학년을 가르칠 수 있는 교과교사 자격증을 모두 가지고 있는 교사들이 원칙적으로 초등학교(1학년부터 6학년까지) 학생들을 가르치기에 가장 적합한 전문성과 자격을 갖추었다고 볼 수 있다. 이런 전문성 교육을 받음으로써 교사들은 외국어 유창성을 갖추게 되고(그들이 가르칠 언어에서 대학 공부의 적어도 60 ECTS[28]를 취득), 어린 학습자를 가르치는 방법도 익히게 된다.

핀란드에서 담임교사와 교과교사의 자격은 석사학위[29](300 ECTS)에 근거한다. 일반적으로 담임교사는 어린 학습자들을 가르치는 데 전문가이지만 반드시 그들 스스로가 어느 외국어에 대한 충분한 지식과 기술을 갖추어야 한다거나, 특히 어린 학습자들에게 외국어를 가르치는 방법을 알아야 한다는 것은 아니다. 반면에 외국어 교과교사는 유창성을 지녀야 하지만 반드시 십대 이하 어린 학생들을 가르칠 수 있는 적절한 교육을 받거나 경험을 갖출 필요는 없다.

외국어 교과교사들을 양성하는 대학들은 조기 언어교육에 관심이 있는 교과교사 또는 초등 교사가 되기 위한 학위과정에 다양한 부전공 과목을 자유롭게 개설할 수 있다. 이러한 강좌들은 초등학교 수준에서 언어를 가르치기 위해서 필요한 지식과 기술을 제공하는데, 예를 들어 언어 유창성, 교육적 지식, 교수 기술, 다문화 역량들이다. 그러한 학습 프로그램들은 조기 언어 교수·학습에 좋은 기초를 제공한다. 예를 들어 이위베스퀼레Jyväskylä 대학의 JULIET studies(25+10 ECTS), 동부핀란드대학, 요엔수Joensuu 캠퍼스의 Teaching Foreign Languages to Young Learners, TeFoLa, studies(25 ECTS) 등이 그러하다(JULIET, 2015; TeFoLa, 2015).

---

28. [역주] ECTS(European Eredits Transfer System)는 EU에 속한 대부분의 유럽 대학들이 운영하고 있는 유럽고등교육기관의 상호 학점교환체계를 말한다. 스웨덴에서는 한국의 학기제와 달리 한 학기를 두 쿼터(period)로 나누고 보통 한 쿼터 안에서는 한 달에 1과목씩 듣는 쿼터제(한 쿼터는 대략 10주) 시스템을 운영하고 있다. 스웨덴의 경우 1년에 60CP(CP는 ECTS의 학점단위이며, 스웨덴에선 HP라는 단어 사용)까지 취득할 수 있으며, 한 학기엔 30HP, 한 쿼터(period)에 7.5HP짜리 과목을 두 개 듣는 것이 보통이다.
29. [역주] 스웨덴은 3+2 제도로, 대부분 학사과정(first program)은 3년, 석사과정(master program)은 2년으로 이루어져 있다.

현직 언어 교사들을 대상으로 한 연수 프로그램을 위해서 협력체계가 이루어졌는데, 핀란드 국가교육위원회의 계획, 전국교사협회들, 혹은 가장 최근의 국제적인 시도들(유럽회의의 지원을 받는 프로젝트와 관계망들) 또는 대학교수나 전문 강사들이 관여하는 국가 기반 연구 개발 계획 등에 의해서 관례적으로 확립되었다. 국가교육위원회가 마련한 현직 교사 연수는 일상적인 업무에서 직면하게 되는 여러 가지 문제들에 초점을 두었으며, 교사 연수에 대해서는 특히 교육과정 개혁 시작부터 관심을 기울이고 있다. 교사 협회들은 회원들의 다양한 주제에 대한 수요에 맞춰 여행, 세미나 그리고 하계 연수 과정을 마련하고 있다(SUKOL, 2015). 유럽 언어 정책과 관련된 관계망들의 역할은 핀란드가 유럽연합EU에 가입한 1995년 이후에 중요해졌다. 몇몇 언어 교사들은 오스트리아 그라츠에서 개최된 유럽현대언어센터ECML의 프로젝트 전파 세미나에 참석하여 유럽인 동료들과 개인적이고 전문적인 네트워크를 구축했다. 점점 많은 교사와 학생들이 에라스무스Erasmus나 노르드플루스Nordplus의 지원을 받으면서 유럽 다른 나라들과의 교환 프로그램을 이용하고 있으며, 유럽 이외의 지역까지 가는 숫자도 점차 증가하고 있는 추세이다.

언어 교사들을 위한 재직자 지원

위에서 언급한 바와 같이, 핀란드 기초교육에서 언어 교사들은 광범위한 학문적 자유가 있다. 국가핵심교육과정, 특히 가장 최근 교육과정(Finnish National Board of Education, 2014)의 높은 수준의 목표들을 고려할 때, 교사들이 현장에서 교육과정을 수행하기 위한 그리고 전문성 개발과 평생학습을 가능하게 하는 협력체계를 필요로 한다는 점은 충분히 이해된다. 교사들이 다각적으로 그리고 많은 이해 당사자들과 함께 네트워크를 구축하는 것을 장려하고 지원해야 한다(Luukka et al., 2008, p. 153). 언어교육 발전을 위해서, 국내 또는 국제적으로 연구자들, 교사교육자들,

교사들, 예비교사들 간의 연구 기반 협력체계를 적극적으로 구축함으로써 더욱 개방적으로 사고하는 방법을 확장시킬 수 있을 것이다.

외국어 교사들이 네트워크를 만들고 전문적인 협력을 할 수 있는 몇몇 기회들에 대한 예시가 아래 절에서 기술된다.

교육과정 개혁

언어 교사들의 네트워크 활동들은 적극적으로 장려되어왔고, 국가적으로나 지역적으로 특히 핀란드 국가교육위원회에서 자금 지원이 이루어졌다. 교육과정을 개정하는 동안(Halinen, 2015), 교육위원회는 국가핵심교육과정을 개발하고 작성하는 과정에 교사들, 교사교육자들, 그리고 연구자들이 함께 참여할 수 있게 했다. 덧붙여, 개정과정 동안 교육위원회는 교육현장에서 교사들이 교육과정을 수행하는 데 도움이 되도록 교육자료 개발에 착수했다(Finnish Education Evaluation Centre & Finnish National Board of Education, 2015; Hildén & Härmälä, 2015; Mustaparta, 2015). 힐덴과 해르맬래(Hildén& Härmälä, 2015)는 교육적 이행 지침을 편집했는데 이는 기초교육 종료 시점에서 실시한 외국어 학습 평가 결과를 토대로 구성되었으며, 언어 교사들에게 ICT, ELP 사용법, 그리고 다양한 언어 학습, 실제 문화 접촉 등과 관련하여 여러 가지 방법과 조언을 제시하고 있다.

이 지침서의 저자들은 교사 훈련과 지도에 많은 경험이 있는 숙련된 언어 교사들과 연구자들로 구성되었다.

개발자들의 네트워크

2009년부터 2011년까지 국가 교육위원회가 기초교육의 외국어 교육 발전을 위해 키엘리티볼리(KIELITIVOLI, 언어놀이공원) 프로젝트에 자금을 지원했다(Tuokko, Takala & Koikkalainen, 2011). 그 프로젝트의 대상은 교육기관, 학교장, 언어 교사, 종합학교 학생과 학부모 등 종합학교 언어교육 분야의 관계 당사자들을 포함해 다양하다. 이 프로젝트는 두 가지의 주된 목표를 가지고 있다. 첫 번째는 종합학교에서 학습할 언어를 다양하게 선택할 수 있도록 개설하는 것이고, 두 번째는 언어 교수의 질을 발전시키는 것이다. 이 프로젝트는 ICT나 소셜 미디어를 활용한 언어 지도와 같은 맞춤형 현직 교사 연수, 교사들 간의 네트워크를 위한 지원, 그리고 외국어와 외국 문화 연계 등이 포함된다.

언어놀이공원 사업의 목적을 위해서, 국가교육위원회는 2009년에 웹 사이트 Kieltenopet vekossa(언어 교사 연계망)를 만들었다. Kieltenopet vekossa는 언어 교사들과 외국어 교수 개발자들을 위해 개방된 국가수준 네트워크가 되고 있다. 그 네트워크는 교육위원회의 언어교육 전문가 팀에 의해서 운영된다. 그 공동체에 참여하기를 원하는 사람은 누구든지 이 네트워크의 회원으로 등록하여 참여할 수 있으며 다양한 주제 모임이나 포럼 또는 개인 블로그에서 아이디어를 공유할 수 있다(Kieltenopet verkossa, 2015 참조).

이론과 실천의 결합

21세기 이후 7개 대학에 구성되어 있는 교사교육기관들 사이의 협력체계는 연구 기반 프로젝트 형태로 확장되고 강화되어왔다. 이러한 협력체계 속에서 1990년부터 ViKiPeda 학회(외국어 교육학회)의 컨퍼런스가 지속적으로 열리고 있다. ViKiPeda 학회는 2년마다 열리는 국가 단위의 학회로 외국어 교과의 교사교육과정을 운영하는 7개 대학(Helsinki, Joensuu Jyväskylä, Oulu, Tampere, Turku, and Vaasa)이 돌아가면서 주최하고 있다. 그 학회는 다양한 평생학습 과정에서 이루어지는 언어 교수·학습에 관한 최근의 연구 결과들을 공유하기 위한 포럼도 개최하고 있다. 포럼의 주목적은 교사교육가들과 연구자들뿐만 아니라 외국어를 가르치는 교사들이 참여하여 최근 연구 결과들을 보면서 현장에서 언어를 가르치는 데 도움을 얻을 수 있게 하고, 또 자신의 실험과 경험을 발표할 수 있도록 하는 것이다.

초창기부터 ViKiPeda 학회의 중심 목표 중 하나는 국가수준의 네트워크 구축이었으며, 점차 국제적인 수준의 네트워크를 갖추고 있다. 그래서 이 학회는 항상 외국인 연사를 초청하고, 점차 논문들을 핀란드어 대신 영어나 독일어로 쓰게 한다(지금까지 출판된 컨퍼런스에 발표된 논문들은 Kaikkonen & Kohonen, 2000; Kohonen & Kaikkonen, 2002; Mäkinen, Kaikkonen & Kohonen, 2004; Koskensalo, Smeds, Kaikkonen & Kohonen, 2007; Tella, 2008, Kantelinen & Pollari, 2009; Bendtsen, Björklund, Forsman & Sjöholm, 2012; JYVÄSKYLÄN KIELIPEDASTA JULKAISU LISÄTÄÄN 등이다). 2013년 봄, 이위베스퀼레대학에서 ViKiPeda 학회의 두 번째 라운드가 시작되었으며, 국제적인 패러다임 전환이라는 의미에서 학회의 명칭이 KieliPeda(언어교육학회)로 바뀌었다.

전국교사협회

핀란드의 외국어교사전국연맹인 SUKOL은 1957년에 설립되었으며, 외국어교사협회들의 전국적인 조직체이다. 현재 SUKOL은 지역 회원들로 구성된 29개의 협회들과 전국 회원들로 구성된 8개의 협회들로 이루어져 있다. 여기에 전체적으로 대략 5,000명의 회원이 참가하고 있다. SUKOL은 교육 조직이며, 핀란드에서 외국어 교육과 학습을 발전시키는 것을 목표로 하고 있다. SUKOL은 외국어 교사들의 전문성 개발을 지원하기 위해 세미나와 강좌에 참여하는 교사들에게 보조금을 지급한다. 또 SUKOL은 외국어 교사들의 일상 업무를 지원하기 위해 교수 자료들과 언어 평가 자료들을 제작하고 판매한다(SUKOL, 2015).

SUKOL은 전문 잡지 『템푸스*Tempus*』를 연간 6회 발행하는데, 언어 교수·학습에서 가장 최근의 연구 결과들을 대중적인 논문으로 작성하여 보급하고 있다. 덧붙여, 외국어 교사들이 교수·학습에 관한 유익한 정보를 『템푸스』에 게재하여 서로 공유할 수 있도록 한다. SUKOL은 언어 교사들과 연계되는 것을 목표로 하지만 동시에 하나의 협회 자체로 네트워크를 구축하기를 원한다. SUKOL은 언어교사협회국제연맹인 FIPLV(Fédération Internationale des Professeurs de Langues Vivantes)의 회원이며, 유네스코United Nations Educational, Scientific and Cultural Organization의 B-등급 회원이다. SUKOL은 매우 자연스럽게 북유럽국가의 유사한 조직들과도 밀접한 관계를 맺고 있다(SUKOL, 2015).

외국어 교수·학습의 미래 도전들

언어 교수·학습을 발전시키기 위해 핀란드는 확고한 노력을 기울여왔는데 그 결과 많은 발전이 있었고, 그 발전은 지속되어야 한다. 그러나 동시에 해결해야 할 많은 도전 과제들도 분명히 존재하는 것도 사실이다.

핀란드 언어교육의 장애물로 수년 동안 지속적으로 제기되어온 첫 번째 문제는 국가 차원의 전반적인 계획이 결여되어 있다는 것이다(Pyykkö, 2009). 또 다른 중요한 도전은 서로 다른 수준의 교육과 서로 다른 언어들의 교육과정이 기능적인 연속체a functional continuum를 형성하지 못한다는 사실이다(Pyykkö, 2009, p. 49). 세 번째는 앞서 언급한 두 가지 도전들과 부분적으로 연결되는 문제인데, 학습할 언어 선택의 폭이 좁다는 것이다. 즉 스웨덴어, 러시아어, 독일어, 스페인어, 중국어 등 다양한 언어 학습에 대한 요구가 명백함에도 불구하고 영어 학습에만 지나치게 집중하고 있는 것이 현실이다. 이러한 문제들을 해결하려는 노력과 함께 공식적 이중 언어 국가에서는 모국어 숙달이 우선적으로 확보되어야만 한다. 학생들이 일상생활에서 미디어를 통해 접할 수 없는 외국어인 경우 언어 학습을 일찍 시작할수록 유리할 것이다(Mård-Miettinen & Björklund, 2007; Sajavaara, Luukka & Pöyhönen, 2007).

학생들이 다양한 언어를 학습하고 있다는 점을 고려한다면, 학습할 내용과 시기를 결정할 때 불필요한 중복이나 공백을 피하기 위해서 포괄적 교육과정 계획을 수립할 필요가 있다. 모든 언어 학습에서 모든 영역의 내용 학습이 이루어져야 하는 것은 아니다. 학교교육과정은 복수 또는 다언어주의plurilingualism/multilingualism의 원칙들을 인식하고 학습 목표로 더 다양한 프로파일의 언어 기술들language skills을 허용해야 한다. 예를 들면 대동소이한 교수요목들 대신에, 어떤 언어에서는 이해 능력만으로도 충분할 수가 있고 또 다른 언어에서는 표현의 유창성을 달성하려고 노력해야 하는 경우가 있다. 학교 상황에서 구두 언어의 의사소통 활용을 증진시키려면 문화적 접촉이 가능한 활동들을 더 많이 하게 하여 학교 학습의 진정성을 확보해야 한다.

현재 가장 큰 도전들 중의 하나는 매우 심각한 경제 상황으로부터 비롯되었다. 학령기(6세부터 17세) 학생들에게 기초교육은 무료이다. 교육 재정 지원은 국가와 자치시가 책임을 나누어서 지고 있다. 아직까지는 중앙정부에서 기초교육을 위한 교육 재정을 자치시에 배정하지 않는다. 즉, 기초교육에 필요한 재원을 어떻게 확보할 것인가는 자치시에서 결정해야 한다는 의미이다. 그로 인해 자치시들 간에 그리고 학교들 간에 필수 언어와 선택 언어 학습에 불평등을 초래할 수 있다(이미 초래한 것인가?). 연구 결과들은 전통적으로 사회 발달에서 기회의 평등을 매우 중시해온 핀란드에서 학교들 간에 그리고 자치시들 간에 학습 결과의 격차가 점차 커지고 있다는 것은 보여주고 있는데, 이는 놀랄 만한 일이다(Finnish Education Evaluation Centre & Finnish National Board of Education 2015; Hautamäki & al., 2000; Tuokko, 2007).

2013년 외국어와 제2국어인 스웨덴어를 대상으로 국가수준 평가를 실시했는데 그 결과 언어 학습을 위한 몇 가지 권고 사항들이 제시되었다. 첫 번째로 제안된 사항은 자율성autonomy, 진정성authenticity, 그리고 현대적인 방식으로 제공할 수 있는 가능성modern affordances의 원칙들이다. 학생들에게 자신의 학습을 계획하고 평가할 수 있는 기회를 더 많이 주어야 하고, 실제적 자료 제공과 해외 학교들과의 교류뿐만 아니라 ICT 사용도 증가되어야 한다. 더 나아가, 숙제 내용과 실제 연습은 현대화되어야 한다. 게다가 질적인 면을 강화하기 위해서, 다양한 학습 목표와 학년 사이의 관련성을 명확히 해야 한다. 마지막으로, 의사소통 능력을 평가하려면 언어 사용에서 말하기 측면과 글쓰기 측면을 동등하게 보아야 한다(Finnish Evaluation Centre & Finnish National Board of Education, 2015; Härmälä, Huhtanen & Puukko, 2014; Hildén & Rautopuro, 2014a; 2014b; 2014c).

기초교육에서 유럽 언어 포트폴리오(ELP: European language portfolio)를 의미 있게 그리고 체계적으로 사용한다면, 현재 언어교육이 당면한 여러 가지 도전 과제들, 즉, 학생 자율성/자기주도성, 다언어주의와 다문화주의의 개발, 총체적 정체성 개발 등과 같은 도전들에 대한 해답을 구할 수 있을 것이다. ELP 수행을 위해서는 새로운 사고, 충분한 교사 연수/전문성 지원 활동 등에 관한 헌신(책무성)이 동반되어야 한다.

또 다른 현저한 도전은 광범위한 내용을 가르치겠다고 종종 스스로 선언한 교사들의 노력을 주목한다. 핵심교육과정이 개별 교사들에게 가르치는 내용이나 가르치는 방법들에 대해서 광범위한 자유를 주었음에도, 교사들은 종종 야심찬 과정 내용으로 교사 자신뿐 아니라 학생들의 부담을 가중시킬 수 있다. 교육과정이 허용하는 상대적인 자유 범위 내에서 핵심교육과정의 의도를 해석해내야 한다는 것이 교사가 당면해야 하는 과제인 것 같다. 10년 주기로 실시되는 교육과정 개정은 교사들에게 자신의 전문적인 실천 능력을 다시 분석하고 수정할 것과 때로는 거대한 변화 과정에 참여할 것을 요구하는 도전 과제를 주고 있다. 그렇기는 하지만, 학문적인 전문가들로서 핀란드 교사들은 이러한 변화 과정을 감당하고 그들의 전문성을 혁신할 수 있는 것 이상의 능력이 있다.

결론적으로, 언어 학습은 핀란드 기초교육에서 가장 중요하고 핵심적인 부분이다. 오늘날 세계에서는 언어가 정보의 분리된 독립체로서 학습되지 않는다는 것을 명심하는 일은 다른 무엇보다도 중요하다. 현대 언어교육은 모든 과목 내용들과 밀접하게 관련이 되어 있고, 평생학습과 전체인간 성장을 위한 지식과 기술의 습득 및 개발을 위한 토대가 된다. 나아가 언어 학습을 통해 전반적인 학습 능력을 향상시킬 수 있으며 개인적 성장을 도울 수 있고 심화된 지식을 구축하는 데 필요한 자산을 확보할 수가 있다.

현대적 언어 유창성을 위해서는 기능적 언어능력이 강조되며, 이종문화 간의 접촉이 일상적으로 이루어지는 사회에서 자명하게 요구되는 범용적 언어 능력transversal skills이 필요하다.

언어교육을 향한 지속적인 패러다임의 전환은 일반적으로 유럽의 다언어주의와 다문화주의로 표방되는 목표들을 강조하고 있다. 또한 오늘날 언어교육에서는 교수·학습 방법, 내용, 맥락, 그리고 실행의 다양성을 수용하며 외국어 교수·학습에서 학교 안팎의 활동들을 창의적으로 결합하는 수업도 장려한다. 핀란드에서 일어나는 이러한 변화는 가장 최근의 기초교육을 위한 국가핵심교육과정이 추동하고 있으며, 이는 범용적인 이문화 간 언어교육을 지향하는 환영받는 개혁의 기반을 닦아놓았다(Finnish National Board of Education, 2014).

참고 문헌

Bendtsen, M., Björklund, M., Forsman, L. & Sjöholm, K. (Eds.) (2012), Global Trends Meet Local Needs. Report from the Faculty of Education, Åbo Akademi University. Vasa. Rapport No 33/2012.

Breen, M. P. (2009). Learner contributions to task design. In K. van den Branden, M. Bygate & J. M. Norris (Eds.) (2009). *Task-based language teaching. A reader*. 333-356. Amsterdam/Philadelphia: John Benjamins Publishing Company.

CEFR (2001). Common European Framework of Reference for Languages-Learning, Teaching, Assessment. Council of Europe. Cambridge: Cambridge University Press. Retrieved November 17, 2015, from http://www.coe.int/t/dg4/linguistic/cadre1_en.asp

ECML. European Centre for Modern Languages of the Council of Europe. Retrieved December 5, 2015 from http://www.ecml.at/

Ellis, R. (2003). *Task-based language learning and teaching*. Oxford: OUP.

ELP. European Language Portfolio. Council of Europe. Language Policy Division. Retrieved November 17, 2015, from http://www.coe.int/t/dg4/education/elp/

Engeström, Y. (1982). Perustietoa opetuksesta. [Foundations of Teaching and Learning] Helsinki: Valtiovarainministeriö. HELDA-The Digital Repository of University of Helsinki. Retrieved December 8, 2015, from http://hdl.handle.net/10224/3665

Eurooppalainen kielisalkku. Finnish National Board of Education. Retrieved December 5, 2015 from http://kielisalkku.edu.fi/fi

EVK (2003). Eurooppalainen viitekehys. Kielten oppimisen, opettamisen ja arvioinnin yhteinen eurooppalainen viitekehys. Translated from Common European Framework of Reference for Languages-Learning, Teaching, Assessment. By I. Huttunen & H. Jaakola. (2001). Helsinki: WSOY.

FINEEC. Finnish Education Evaluation Centre. Retrieved December 2, 2015, from http://karvi.fi/en/

Finnish Education Evaluation Centre & Finnish National Board of Education (2015). Outcomes of language learning at the end of basic education in 2013. Information materials 2015:1. Retrieved December 5, 2015, from http://karvi.fi/publication/outcomes-language-learning-end-basic-education-2013/

Finnish National Board of Education. (2004). *Perusopetuksen opetussuunnitel man perusteet 2004* [*National Core Curriculum of Basic Education 2004*].

Retrieved 18.12.2015, http://www.oph.fi/download/139848_pops_web.pdf

Finnish National Board of Education. (2014). *Perusopetuksen opetussuunnitel man perusteet 2014* [*National Core Curriculum of Basic Education 2014*]. Retrieved 18.12.2015, http://www.oph.fi/download/163777_perusopetuksen_opetussuunnitelman_perusteet_2014.pdf

Halinen, I. (2015). What is going on in Finland?-Curriculum Reform 2016. Retrieved November 20, 2015, from http://www.oph.fi/english/current_issues/101/0/what_is_going_on_in_finland_curriculum_reform_2016

Hautamäki, J., Arinen, P., Hautamäki, A., Ikonen-Varila, M., Kupiainen, S., Lindblom, B., Niemivirta, M., Rantanen, P., Ruuth, M. & Scheinin, P. (Eds.) (2000). Oppimaan oppiminen yläasteella. Oppimistulosten arviointi 7. [Learning to learn in the upper classes of the comprehensive school. Evaluation of learning outcomes 7.] Helsinki: Opetushallitus.

Hildén, R. (2009). Transforming Language Curricula through a Research and Development Project-a Case from Finland. In E. Ropo & T. Autio (Eds.) *International conversations on curriculum studies. Subject, society and curri culum.* Rotterdam: Sense Publishers, 235-256.

Hildén, R. & Härmälä, M. (2015). Hyvästä paremmaksi-kehittämisideoita kielten oppimistulosten arviointien osoittamiin haasteisiin. [Becoming better than good-Pedagogical ideas based on the national evaluation of learning outcomes in foreign languages] Publications Vol. 2015, No 6. Helsinki: Finnish Education Evaluation Centre & Finnish National Board of Education. Retrieved December 5, 2015 from http://www.oph.fi/download/165698_hyvasta_paremmaksi_kehittamisideoita_kielten_oppimistulosten_arviointien_oso.pdf

Hildén, R., & Rautopuro, J. (2014a). Ruotsin kielen A-oppimäärän oppimistulok set perusopetuksen päättövaiheessa 2013. [Learning outcomes in advanced syllabus of Swedish at the end of basic education in 2013]. Publications Vol. 2014, No 1. Helsinki: Finnish Education Evaluation Centre & Finnish National Board of Education. Retrieved December 6, 2015 from http://karvi.fi/publication/ruotsin-kielen-oppimaaran-oppimistulokset-perusopetuksen-paattovaiheessa-2013

Hildén, R., & Rautopuro, J. (2014b). Saksan kielen A-ja B-oppimäärän oppimistulokset perusopetuksen päättövaiheessa 2013. [Learning outcomes in advanced and short syllabi of German at the end of basic education in 2013]. Publications Vol. 2014, No 4. Helsinki: Finnish Education Evaluation Centre; Finnish National Board of Education. Retrieved December 6, 2015 from http://www.oph.fi/download/162060_saksan_kielen_A_ja_B_oppimaaran_oppimistulokset_perusopetuksen_paattovaihees.pdf

Hildén, R., & Rautopuro, J. (2014c). Venäjän kielen A-ja B-oppimäärän oppimistulokset perusopetuksen päättövaiheessa 2013. [Learning outcomes in advanced and short syllabi of Russian at the end of basic education in 2013]. Publications Vol. 2014, No 5. Helsinki: Finnish Education Evaluation Centre & Finnish National Board of Education. Retrieved December 6, 2015 from http://www.oph.fi/download/160079_venajan_kielen_a_ja_b_oppimaaran_ oppimistulokset_perusopetuksen_paattovaihee.pdf

Hildén, R. & Takala, S. (2007). Relating Descriptors of the Finnish School Scale to the CEF Overall Scales for Communicative Activities. In Koskensalo, A., Smeds, J., Kaikkonen, P. & Kohonen, V. (Eds.) Foreign languages and multicultural perspectives in the European context; Fremdsprachen und multikulturelle Perspektiven im europäischen Kontext. DICHTUNG, WAHRHEIT UND SPRACHE. LIT-Verlag, 291–300.

Härmälä, M., Huhtanen, M. & Puukko, M. (2014). Englannin kielen A-oppimäärän oppimistulokset perusopetuksen päättövaiheessa 2013. [Learning outcomes in advanced syllabus of English at the end of basic education in 2013]. Publications Vol. 2014, No 2. Helsinki: Finnish Education Evaluation Centre & Finnish National Board of Education. Retrieved December 6, 2015 from http://www. oph.fi/download/160066_englannin_kielen_a_oppimaaran_oppimistulokset_ perusopetuksen_paattovaiheessa.pdf

Härmälä, M., Huhtanen, M., Silverström, C., Hilden, R., Rautopuro, J., & Puukko, M. (2014). Inlärningsresultaten i främmande språk i de svenskspråkiga skolorna 2013. A-lärokursen i engelska samt B-lärokurserna i franska, tyska och ryska. [Learning outcomes in advanced syllabus of English and short syllabi of French, German and Russian at the end of basic education in 2013]. Publications Vol. 2014, No 6. Helsinki: Finnish Education Evaluation Centre & Finnish National Board of Education. Retrieved December 6, 2015 from http://www.oph.fi/ download/160083_inlarningsresultaten_i_frammande_sprak_i_de_svensksprakiga_ skolorna_2013.pdf

JULIET. University of Jysäskylä. Department of Teacher Education. Retrieved December 5, 2015, from https://www.jyu.fi/edu/laitokset/okl/opiskelu/sivuaineet/ juliet/en/intro/overview

Kaikkonen, P. & Kohonen, V. (toim.) (2000). Minne menet, kielikasvatus? Näkökulmia kielipedagogiikkaan. [Where are you going, language education? Perspectives to language pedagogy.] Jyväskylän yliopisto. Opettajankoulutuslaitos.

Kantelinen, R. & Pollari, P. (Eds.) (2009). *Language education and lifelong learning.* University of Eastern Finland. Philosophical Faculty. School of Applied

Educational Science.

Kieltenopet verkossa. Kielitivoli-Vieraiden kielten opetuksen kehittäjien yhteisö. [Language teachers in the net. Kielitivoli-Community for developers of foreign language teaching]. Retrieved December 5, 2015, from http://kieltenopetverkossa. ning.com/

Kohonen, V. (Eds.) (2005). Eurooppalainen kielisalkku Suomessa. Tutkimus -ja kehittämistyön taustaa ja tuloksia [European Language portfolio in Finland. Background and selected results of research and development work.] Helsinki: WSOY.

Kohonen, V. (2009). Autonomy, authencity and agency in language education: The european language portfolio as a pedagogical resource. In R. Kantelinen & P. Pollari (Eds.) *Language education and lifelong learning.* University of Eastern Finland. Philosophical Faculty. School of Applied Educational Science and Teacher Education, 9-44.

Kohonen, V., Jaatinen, R., Kaikkonen, P. & Lehtovaara, J. (2001). *Experiential Learning in Foreign Language Education.* London: Pearson Education.

Kohonen, V. & Kaikkonen, P. (Eds.) (2002). Quo vadis foreign language education? Reports from the Department of Teacher Education in Tampere University. A27/2002.

Koskensalo, A., Smeds, J., Kaikkonen, P. & Kohonen, V. (Eds./Hg.) (2007). Foreign Languages and Multicultural Perspectives in the European Context / Fremdsprachen und multikulturelle Perspektiven im europäischen Kontext. Dichtung-Wahrheit-Sprache. Berlin: LIT Verlag.

Kristiansen, I. (1998). Tehokkaita oppimisstrategioita: esimerkkinä kielet. [Effective learning strategies: languages as an example] WSOY: Helsinki.

Kumpulainen, T. (Ed.) (2014). Koulutuksen tilastollinen vuosikirja 2014-Årsbok för utbildningsstatistik 2014. Koulutuksen seurantaraportit 2014:10. National Board of Education. Retrieved November 17, 2015, from http://www.oph.fi/ download/163331_koulutuksen_tilastollinen_vuosikirja_2014.pdf

Luukka, M.-R., Pöyhönen, S., Huhta, A., Taalas, P., Tarnanen, M. Keränen, A. (2008). Maailma muuttuu-Mitä tekee koulu? Äidinkielen ja vieraiden kielten tekstikäytänteet koulussa ja vapaa-ajalla. [The world is changing-How about the school? In-school and out-of-school text practices in mother tongue and foreign languages] University of Jyväskylä. Centre for Applied Language Studies.

Mustaparta, A-K. (Ed.) (2015). Kieli koulun ytimessä-näkökulmia kielikasvatuk seen. Helsinki. National Board of Education. Retrieved December xx, 2015, from···

Mård-Miettinen, K. & Björklund, S. (2007). Kielikasvatus ja kielikoulutus varhaiskasvatuksessa ja esiopetuksessa: alku elinikäiselle kielenoppimiselle [Language education and language schooling in early and preprimary language education: the start for lifelong language learning]. In S. Pöyhönen & M-R. Luukka (Eds.) Kohti tulevaisuuden kielikoulutusta. Kielikoulutuspoliittisen projektin loppuraportti. [Towards future language education. The final report of the Project Finnish Language Education Policies] Jyväskylän yliopisto. Soveltavan kielentutkimuksen keskus, 45-55.

Mäkinen, K., Kaikkonen, P. & Kohonen, V. (Eds.) (2004). Future Perspectives in Foreign Language Education. Oulun yliopiston kasvatustieteiden tiedekunnan tutkimuksia 101/2004.

Ortega, L. (2009). *Understanding second language acquisition.* London: Hodder Education.

POPS (1994). Peruskoulun opetussuunnitelman perusteet 1994. [Core Curriculum for Basic Education 1994]. Helsinki: Opetushallitus.

Perusopetusasetus 852/1998. [Basic Education Decree]. Retrieved December 2, 2015, from http://www.finlex.fi/fi/laki/ajantasa/1998/19980852

Perusopetuslaki 628/1998. [Basic Education Act]. Retrieved December 22, 2015, from http://www.finlex.fi/en/laki/kaannokset/1998/en19980628.pdf

Pyykkö, R. (2009). The Main Challenges of Language Education Policy in Finland. In Koskensalo, A., Smeds, J. & de Cillia, R. (Eds.) *The Role of Language in Culture and Education.* Münster: LIT Verlag, 45-55.

Pöyhönen, S. & Luukka, M.-R. (Eds.) (2007). Kohti tulevaisuuden kielikoulutusta. Kielikoulutuspoliittisen projektin loppuraportti. [Towards future language education. The final report of the Project Finnish Language Education Policy.] University of Jyväskylä. Centre for Applied Language Studies.

Sajavaara, K., Luukka, M-R. & Pöyhönen, S. (2007) Kieleikoulutuspolitiikka Suomessa: lähtökohtia, ongelmia ja tulevaisuuden haasteita.[Finnish language education policy: starting points, problems and future challenges] In S. Pöyhönen & M-R. Luukka (Eds.) Kohti tulevaisuuden kielikoulutusta. Kielikoulutuspoliittisen projektin loppuraportti. [Towards future language education. The final report of the Project Finnish Language Education Policies.] Jyväskylä: Soveltavan kielentutki muksen keskus, 13-42.

Skehan, P. (1998). *A cognitive approach to language learning.* Oxford: OUP.

SUKOL. The Federation of Foreign Language Teachers in Finland. Retrieved November 28, 2015, from www.sukol.fi

Takala, S. (2009). Plurilingualism-(how) can it be realized? In A. Koskensalo, J. Smeds, & R. de Cillia, (Eds.) *The role of language in culture and education.*

Sprache als Kulturelle Herausforderung. Münster: LIT Verlag, 173-191.

TeFoLa. University of Eastern Finland. School of Applied Educational Science and Teacher Education, Joensuu. Retrieved December 5, 2015, from http://www2. uef.fi/fi/filtdk/tefola

Tella, S. (Ed.) (2008). From Brain to Brain: Strong Signals in Foreign Language Education. Proceedings of the ViKiPeda-2007 Conference in Helsinki, May 21-22, 2007. University of Helsinki. Research Report 290.

Tuokko, E. (2007): Mille tasolle perusopetuksen englannin opiskelussa päästään? Perusopetuksen päättövaiheen kansallisen arvioinnin 1999 Euro oppalaisen viitekehyksen taitotasoihin linkitetyt tulokset. [What level do pupils reach in English at the end of the comprehensive school? National Assessment results linked to the Common European Framework.] University of Jyväskylä. Jyväskylä Studies in Humanities 69.

Tuokko, E., Takala, S. & Koikkalainen, P. (2011). KIELITIVOLI. Perusopetuksen vieraiden kielten opetuksen kehittäminen. Seurantaraportti 2009-2010. [Amuse ment park of languages. Developing the foreign language teaching in the basic education. Follow-up report 2009-2010] Opetushallitus. Raportit ja selvitykset 2011:13. Retrieved November 28, 2015, from http://www.oph.fi/download/132462_ Kielitivoli.pdf

Valtioneuvoston asetus 422/2012.Valtioneuvoston asetus perusopetuslaissa tarkoitetun opetuksen valtakunnallisista tavoitteista ja perusopetuksen tuntijaosta [Government Decree on the General National Objectives and Distribution of Lesson Hours in Basic Education]. Retrieved December 2, 2015, from http://www. finlex.fi/fi/laki/alkup/2012/20120422

van den Branden, K., Bygate, M. & Norris, J. M. (2009). (Eds.) *Task-based Language Teaching. A reader.* Amsterdam/Philadelphia: John Benjamins Publishing Company.

Vygotsky, L. (1978). *Mind in Society: The development of higher psychological processes.* Cambridge, MA: Harvard University Press.

Willis, D., & Willis, J. (2009). Task-based language teaching: Some questions and answers. *The Language Teacher*, 33(3), 3-8.

Willis, J. (1996). *A framework for task-based learning.* Essex: Longman.

12. 핀란드 학교의 종교교육

아르토 칼리오니에미Arto Kallioniemi

마르틴 우바니Martin Ubani

요약

핀란드 공립학교의 종교교육에 대한 해법은 다른 유럽 국가들과 비교했을 때 독창적인 모델이다. 판란드의 종교교육은 학생들의 종교에 따라 다르게 제공된다. 핀란드의 종교교육 모델은 민주 시민 사회의 아이디어를 내포하는데, 그 아이디어는 다양한 신념, 믿음 그리고 세계관이 함께 공존한다는 것이다. 핀란드의 종교교육 교육과정은 종교적인 문해력과 종교적인 역량을 강조한다. 더 나아가서 문화적 유산의 요소들과 정체성 또한 교육과정에 제시되어 있다. 학생들은 서로 다른 종교 간의 대화 능력과 다종교 사회multi-religious society에서 살아가는 능력을 필요로 한다. 핀란드의 종교교육 접근 방식은 다른 사람들에 대한 관용을 강조한다. 종교교육 교과교사들은 상당히 높은 수준의 교육을 받는다. 그들은 대학에서 석사학위를 받고, 동시에 다른 교과, 보통은 심리학을 가르칠 수 있는 자격을 가지고 있다. 종교교육은 PISA에 속한 교과가 아니지만, 이 교과는 핀란드 종합학교에서는 학생들의 태도와 세계관 형성을 지원하는 역할을 수행하고 있다.

*핵심어: 종교교육, 정체성, 종교교육 교사들의 교육, 교육과정

배경

이 논문은 핀란드 기초교육의 종교교육에 중점을 두고 있다. 종교교육은 최근 몇 년 동안 국제 연구와 정치 토론의 초점이 되었다. 대부분의 유럽 사회는 학교교육과정에 종교교육을 제공한다. 국제적으로는 다문화와 포스트모던 사회에서 공립학교 종교교육의 기능, 그리고 종교교육에 가장 적합한 방안이 무엇인지, 그리고 유럽연합 국가들 사이에 유럽의 문화와 종교적 다양성의 일부라는 맥락에서 종교를 가르치거나 다루기 위해 종교교육을 더 통일적으로 만들 수 있는지에 대한 논의가 활발하다(Everington, 2007 참조). 또한 학자들은 최근에 종교교육을 학교의 가치 교육 같은 주제와 어떻게 연결시킬 수 있을지, 그리고 인권, 민주주의의 다른 이상들, 시민권, 다문화주의 같은 교육과 어떻게 연관시킬 수 있을지에 대해 논의했다.

전통적으로 다양한 사회의 종교교육과 국적, 시민권, 소수 집단의 사회 통합, 다문화주의 문제 등과 같은 수용된 개념들과 밀접하게 상호 관련되면서 상당히 최근에 생겨난 추세가 바로 종교교육의 유럽화이다(Skeie, 2001, p. 237; Plesner, 2002, p. 111; Hull, 2002, pp. 123-125; Willaime, 2007, pp. 62-65). 그런데 유럽 사회에서는 현재 세대의 소수민족 청소년들에게 어떤 일이 일어날지에 대한 공통된 우려가 있었다. 종교교육은 소수자들을 사회에 통합시키는 하나의 방법으로 보였다. 종교교육은 젊은이들에게 삶의 기술과, 다양한 문화와 사회에서 서로 다른 생활양식과 관습을 수용할 수 있는 대화와 관용을 기르게 한다(Williume, 2007, p. 63; Sakaranaho, 2007, pp. 7-8). 더 나아가 종교교육은 학생들의 정체성 형성 과정에도 중요한 지원을 할 수 있다고 주장된다. 종교교육은 학생들에게 인간으로서 그들 자신의 정체성을 이해할 수 있는 도구를 주고 다문화 세계에서 살아가고 행동할 수 있는 길을 열어준다(Nienmi, 2005, pp. 42-43).

이 논문은 핀란드 종교교육의 해법에 대한 배경 설명과 함께 유럽과 북유럽 국가의 종교교육을 검토할 것이다. 그다음 좀 더 실제적인 문제를 다루며 그 뒤에는 종교교육 교사에게 초점을 맞출 것이다. 핀란드 학교교육에서 종교교육의 역할을 설명하고, 마지막으로 핀란드 종교교육에 대한 몇 가지 현안과 발전 과제로 글을 맺고자 한다.

공립학교 종교교육을 위한 핀란드의 해법

핀란드의 종교교육 해법은 공립학교에서 종교교육을 매우 독특한 방식으로 조직하는 것이다. 핀란드는 공립학교 전통이 매우 강하며 사립학교는 거의 없다. 종교를 기반으로 한 사립학교는 매우 소수이고, 교회와 종교공동체의 역할은 공교육에서 매우 제한적이다. 핀란드의 교육체제는 종교공동체가 기초교육에서 대단히 큰 역할을 하고 있는 다른 사회들과는 구별된다. 1990년도에 복음주의 개신교 학교들이 세워졌음에도 불구하고 현재 핀란드 내에서 종교학교는 20개교 미만으로 종합교육에서 그들의 역할은 아주 미미하다. 따라서 핀란드 학교 체제는 본질적으로 비종교적이다(Kallioniemi, 2008; Ubani & Tirri, 2014).

핀란드에서 종교를 가르치는 것은 일반적으로 사회의 기능으로 볼 수 있다. 시간이 지나면서 공립학교 종교교육의 기능과 내용에 관한 논쟁이 있었다. 핀란드 학교 역사 중 어느 시기에서는 종교교육을 다른 교과, 예를 들어 공공윤리와 같은 교과로 대체하자는 제안도 있었으나, 핀란드 학교정책 입안자들과 핀란드 의회의 논의 후 공립학교에서 종교교육은 필수 교과로 수용되었다. 이 결정의 배경에는 핀란드 사회의 종교 상황이 있다. 국민 대부분이 루터교 구성원으로 핀란드 사회는 종교 문제에서는 매우 동질적인 집단이다. 이슬람교도들은 핀란드에서 두 번째로 큰 종교적인 소수 집단이다. 거의 이슬람교도와 같은 크기의 또 다른 종교적인 소수 집단은 그리스 정교회이다. 그리스 정교회의 지위는 종교개혁 이후 국가 교회인 루터파 교회와 거의 비슷해졌다. 종교교육에서 현재 해법의 역사적 뿌리는 1920년대로 거슬러 올라간다. 그 시대 문법학교grammar school의 종교교육은 학생 대다수의 종교에 따라 가르쳐야 한다고 여겼다. 그 이후로 종교교육의 조직 모델은 큰 변화가 없었고 종교교육 조직의 기본 구조는 바뀌지 않은 채 남아 있다(Kallioniemi, 2004, pp. 146-148).

핀란드의 종교교육 해법은 국제적 관점에서 공립학교에서 종교교육을 조직하기 위한 종교 기반 모델로 특징지을 수 있다(Schreiner, 2001, p. 263). 그러나 핀란드 종교교육은 교리상의 종교적 고백을 촉구하는 교육catechetical confessional education과는 다른 목적과 기능을 가지고 있다. 스케이(Skeie, 2001, p. 243)는 유럽의 종교교육을 비교할 수 있는 틀을 만들었다. 그에 의하면 유럽 종교교육의 해법은 a) 통일성을 강조하는 강한 해결 방법, b) 다중 형태를 강조하는 약한 해결 방법이라는 두 가지로 볼 수 있다. 통일성을 강조한 강한 해결 방법에서는 종교교육에서 하나의 모델을 채택하려고 하는 사회의 자발적 의지가 있는데, 그것은 고해성사적 종교교육이거나, 또는 고해성사적 종교교육과는 거리가 먼 것일 수 있다. 다른 모델은 다중 형태를 허용하는 약한 해법이라 불리는데 이것은 종교교육을 위해 통일적 해결책을 채택하는 것을 꺼리는 사회의 의지를 강조한다. 핀란드의 해법은 다중 형태를 허용하는 약한 해법 그룹에 속한다. 실제 핀란드 해법은 다양한 종교에 기초한 다양한 종류의 종교교육들이 학교에서 나란히 작동하는 세속적인 체계의 하위 범주에 속하기 때문이다(Skeie, 2001, p. 241-243).

유럽의 관점에서 볼 때 핀란드의 해법은 독특하다. 왜냐하면 소수 종교의 학생들이 공립학교에서 자신의 종교에 따른 종교교육에 참여할 수 있기 때문이다. 또한 핀란드 모델은 다른 북유럽 국가들의 모델과도 다르다.

예를 들어 스웨덴에서는 1962년에 종교교육이 부활됐고 그 교과는 성격 상 특정 종파와 관계가 없다(Lasson, 1996, pp. 70-71). 1997년 노르웨이에서 도 같은 유형의 해법을 받아들였다. 유럽에서는 유일하게 오스트리아 모 델만이 핀란드 해법과 유사하다. 그러나 오스트리아에서는 종교계가 종 교교육의 교수요목을 담당하고 종교교육 교과서를 승인한다(Pollitt, 2007, p. 19; Schreiner, 2001, p. 97). 핀란드에서는 종교교육 교수요목을 국가교육 위원회와 종교공동체가 공동으로 개발한다. 그러나 교육은 국가에 의해 통제되고 시행된다. 이것은 공립학교 체제에서 종교교육을 조직하는 아 주 독특한 방법이다(Davie, 2000, pp. 90-91; Kodela & Bassler, 2004).

2000년 초기에 법률적 기초에 따라 종교교육의 변화가 다시 일어났다. 핀란드 의회는 2003년에 종교 자유법을 새롭게 개정했다. 종교 자유법 개 정 후 종합학교(454/2003)에 관한 법률도 개정되었다. 법률에 따르면, 일 부 규정이 충족되면 학생들은 학교에서 종교교육을 받을 권리가 있다(예 를 들어 세 학생의 학부모가 요구한 특정 형식의 종교교육 교육과정을 교육위원 회가 승인했다). 개정된 법의 배경은 종교로부터의 적극적인 자유라는 아 이디어였다. 국가는 종교의 자유에 대한 권리를 보장하고 개인이 종교를 실천할 수 있는 가능성을 보장했다. 법률은 또한 종교로부터 자유라는 소극적인 정신보다는 적극적인 정신에서 종교교육에 대한 권리를 공식화 했다. 이것은 학교에서 종교교육에 대한 변화를 불러일으켰다. '고해성사 적인 종교교육'에서 '자신의 종교에 따른 종교교육'으로 바뀐 후 종교공동 체에 속하지 않은 학생들도 더 이상 종교교육 수업의 면제를 요청할 수 없었다. 이 법은 모든 종교를 같은 입장에 두도록 짜여 있으며 종교 평등 을 장려하고 있다(Seppo, 2003, pp. 177-179). 핀란드에는 어떤 종교공동체에 도 속하지 않은 학생들을 위한 '삶의 문제와 윤리'(세속 윤리)라는 특정 교 과가 있다. '삶의 문제와 윤리'는 주로 철학에 기반을 둔다. 그 이름에도 불구하고 '삶의 문제와 윤리'의 내용은 종교학 연구와 문화인류학을 포함한다. 종교교육의 핀란드식 해결책은 국가 인정 종교공동체에 대한 개인의 구성원 자격에 기초하고 있으므로, 학교는 각기 다른 종교에 따라서 교육을 제공할 뿐 아니라 동일한 종교의 서로 다른 형태, 예를 들어 루터교, 정교회, 가톨릭교 등과 같은 기독교의 다양한 형태를 가르친다. 근래에 올수록 어떤 종교공동체에 속한 학생 수가 줄어들고 있다는 사실에도 불구하고 약 90%의 핀란드 학생들은 종합학교에서 루터교 종교 수업을 듣는다. 종교교육은 가장 어린 학생들에게는 대단히 인기 있는 교과목이지만 학년이 올라갈수록 그 인기는 감소한다.

새로운 법이 제정된 이후, 교육위원회는 종교교육을 위한 새로운 교육과정을 준비하기 시작했고, 2004년에 완성되었다. 2006년에 루터교와 정교회 종교교육 교육과정뿐만 아니라 11개의 다른 교육과정이 종합학교 수준에서 작성되어 수용되었다(2006 다른 종교를 위한 종합 교육과정 체제 [Framework of Comprehensive Curriculum for Other Religions 2006]). 소수 종교교육을 위한 기본 틀은 종교공동체와 교육위원회가 협력하여 만들었다. 이 교육과정은 종교교육의 모든 모델에 대한 공통 목표를 설정하고 또한 루터교와 그리스 정교회의 종교교육 목표를 기술했다. 2000년대 초반 이후, 학교에서 종교의 다양성이 증가하여 일부 학교는 적어도 6~7가지 형태로, 즉 루터교, 정교회, 이슬람교, 가톨릭, 재림 교회 종교교육 및 생명 문제 및 윤리와 같은 종교교육 수업을 제공할 수 있다(Kallioniemi & Siitonen, 2003, p. 53).

2004년에 모든 종교 기반 그룹 교육과정의 일반적인 목표는 학생의 발달이라는 관점과 사회의 더욱 폭넓은 현상이라는 관점으로 삶의 종교적, 윤리적 측면을 바라보도록 작성되었다. 종교교육의 목표는 총체적 문해력을 형성하는 것이다. 종교교육의 일반적인 목표에 따르면, 교육의 과제는 학생들이 종교의 문화적, 인간적 의미를 이해하도록 돕고, 학생들에게 윤리적 책임감을 소개하고, 종교의 윤리적 차원을 이해하도록 돕기 위해서 학생 자신의 종교와 핀란드의 종교적 전통 그리고 다른 종교들에 익숙해지도록 만드는 것이었다(2004 기초교육을 위한 국가핵심교육과정[National Core Curriculum for Basic Education 2004]). 종교교육의 모든 다른 형태가 동일한 일반적인 목표를 가지고 있었지만, 그것들에 대한 해석은 각각의 교육과정에서 크게 달랐었다. 원칙적으로 소수 종교 단체의 교육과정은 이러한 일반 목표와 일치하지만 대부분의 강조점에서 국가적으로 인정된 목표들과는 차이가 있다. 예를 들어 정교회와 가톨릭 종교교육은 분명하게 교과 자체의 종교적 전통을 기반으로 하고 있으며, 학생들의 가톨릭 또는 정교회의 정체성을 지지하려고 시도했다. 이러한 불협화음은 2014년 국가교육과정에서 다루어졌다(Finnish National Board of Education, 2014). 앞서 언급했듯이 기초교육을 위한 새로운 국가핵심교육과정(Finnish National Board of Education, 2014)의 종교교육 목표는, 예를 들어 종교교육 전통 내와 서로 다른 종교 전통 간의 상호 대화, 삶에 대한 경영, 종교와 관련된 갈등에 대한 기술에 더욱 중점을 둔 점에서는 2004년 국가핵심교육과정과 매우 유사하다. 2004년과 2014년 종교교육 교육과정의 주요 차이점은 지식에서 숙련과 역량으로 전환한 것인데, 그것은 교육과정에 대한 사고의 전반적인 변화를 반영한다(Finnish National Board of Education, 2014).

기초교육에서 종교교육의 본질과 역할

종교교육은 기초교육의 한 교과목이다. 이 교과는 두 가지 관점에서 접근할 수 있는바, 교과 자체의 특성과 학교의 법적 지위라는 관점이다. 이 두 관점은 중복되므로 종교교육은 두 경우 모두에서 보통 다른 교과 및 학교교육과 관련된다. 하지만 이 논의에서는 교과로서의 특성을 법률적 측면보다 더 중요하게 다룬다. 교과목 특수적 의제 중 일부는 2000년 대 일어난 변화들에 관한 논의 가운데 다루어졌다. 이러한 차이점과 관련 하여 종교교육의 법적 지위는 원칙적으로 다른 교과와 유사하다는 점에 주목할 수 있다. 그것은 국가가 부여한 것으로 의무적이며 모든 교사는 의무로 가르쳐야 한다.

최근 몇 년간 종교교육의 총 수업시간은 크게 감소하여 보통 종합학교 에서는 일주일에 1시간 내외의 종교수업을 한다. 그러나 목표는 매우 포 괄적이다. 모든 종교 기반 집단의 교과 과정에 대한 일반적인 목표 중 하 나는 학생 자신들의 발전이라는 관점으로, 또한 사회의 광범위한 현상으 로 삶의 종교적, 윤리적 차원들을 바라보는 것이다. 종교교육의 목표는 여 전히 여러 종교들과, 신념, 가치 영역에서 총체적 문해력을 만드는 것이다. 종교교육의 일반적인 목적에 따르면, 목표는 학생들이 자신의 종교와 다 양성에 익숙해지는 것뿐만 아니라 핀란드와 전 세계의 종교 및 비종교 전 통에 친숙해지고 종교와 문화의 관계를 이해하는 것이며, 종교적 세계관 과 비종교적 세계관의 균형 잡힌 문해력을 발달시키는 것이다. 또한 학생 들에게 비판적으로 사고하는 한편, 종교와 비종교적 세계관을 다른 관점 에서 성찰하고, 종교에 전형적인 상징주의, 언어 및 개념을 고찰하면서 신 념과 지식 사이의 관계를 성찰하게끔 독려한다. 그 목적은 종교(전통) 간 의 대화 또는 각 종교(전통) 내부의 대화를 위한 도구를 제공하고 학생들 이 삶과 인간의 존엄성, 그리고 자신의 전통과 다른 전통들의 신성함을 존중하도록 격려하는 것이다. 수업에서, 학생들이 공부하고 있는 종교와 기타 종교 및 비종교 전통에 대한 윤리적 사고에 익숙해지도록 하며, 윤 리적으로 생각하고 윤리적 문제를 개인적으로 고찰하도록 권장한다. 교육 의 목적은 자신에 대한 지식, 자존감 및 생활 관리 기술 개발을 지원하는 것이다. 이 교육은 또한 자신의 정체성, 세계관 및 삶의 접근 방식을 구성 하고 평가하는 도구를 제공한다. 마지막으로, 이 교육은 학생들이 세계

시민성을 포함하여 지역공동체와 사회의 책임 있는 구성원으로 발전하도록 지원한다(Finnish National Board of Education, 2014).

종교교육의 주요 교수학 개념은 수십 년 동안 매우 맥락 의존적이었다. 원래 이 교육은 아이들의 주변 환경에서 시작되었고 그다음 다른 영역으로 질문들이 확장되었다. 최근 수십 년 동안 이러한 변화는 종교 연구로 옮겨 갔다. 현재 기초교육을 위한 국가핵심교육과정(Finnish National Board of Education, 2014)에서 종교교육의 내용은 좋은 삶, 자신의 종교와의 관계 그리고 종교들의 세계 등 세 가지 주제로 구분된다. 이 주제들은 모든 종교에 적용된다. 첫 번째 내용 영역은 좋은 삶이다. 윤리 및 삶의 문제에 대해 가르치는 것은 핀란드에서 종교교육의 핵심 부분이었다. 일반적으로 삶의 문제 및 윤리는 매우 아동 중심적 방식으로 종교교육에 접근한다. 즉, 내용의 기본 목표는 아동과 청소년들이 자기 자신에 대해서 잘 알도록 지원해주고 또한 긍정적인 자아상을 유지하도록 돕는 것이다. 또한 여기에서 인권 및 종교의 자유와 같은 윤리적 의제가 논의된다.

두 번째 내용 영역은 자신의 종교와의 관계다. 주요 주제는 아이들 자신의 종교와 집과 사회에서의 종교적 관례를 다룬다. 예를 들어, 핀란드 가족들이 크리스마스와 부활절, 그리고 견진성사, 결혼 및 장례식과 같은 전형적인 생활주기에서 교회 축제를 어떻게 축하하는지를 다룬다.

세 번째 내용 영역은 종교들의 세계에 초점을 맞춘다. 다른 신앙과 종교에 관해 배우는 것은 지역 환경에서 시작된다. 어린이 공동체에서 관찰되는 종교에 관한, 그리고 이러한 종교의 추종자들의 관례와 의식에 관한 조사가 저학년에서 이루어진다. 점차적으로 종교 간의 대화, 문화 및 정치 속의 종교와 같은 더욱 광범위한 문제로 전환된다(NCCBE, 2016).

이 세 가지 내용 영역은 교육의 필수 내용 목록이라기보다 주제topics와 같은 것이다. 요약하면 다음과 같다. 내용은 초등교육에서 중학교 교육의 연속체를 대표하며 기초교육과정에서 학생의 지식이 발달되는 기초로서 스키마schema를 제공한다. 사실 기초교육 전체 교육과정에서와 마찬가지로, 지식 기반 교육과정에서 숙련 및 역량 기반 교육으로의 전환에 따라 내용이 크게 줄었다(Finnish National Board of Education, 2014). 문화의 이해와 지역사회에서의 삶에 대한 강조 역시 교육과정에서 더욱 필수적으로 되었다. 그와 마찬가지로 종교교육에서도 교육과정은 학습 환경이 특성화하는 가운데, 윤리와 삶의 문제와 더불어 종교수업 시간에 나타나는 다양한 집단 사이의 협조를 촉진한다(Finnish National Board of Education, 2014).

종교교육을 위한 다양한 교과서가 있다. 보통 각 학교의 학생들은 매년 새로운 종교교육 교과서를 받는다. 교과서는 상업적인 출판사가 제작하는데, 종교교육 전문가와 교사가 협력하여 작성한다. 교과서는 끊임없이 갱신함으로써 높은 수준을 유지한다. 인터넷에도 교사를 위한 좋은 교육 자료들과 학생들을 위한 학습활동 자료들이 많이 있다.

종교교육은 가장 어린 학생에게는 매우 인기 있는 학교 교과이지만, 그 인기는 고등 학년으로 갈수록 감소한다. 종교교육을 다른 기초교육 교과와 비교할 때 실제적으로 내용의 차이를 넘어서는 독특한 성격이 존재한다(Finnish National Board of Education, 2014). 이 특징들은 통합적 교육 실행, 친밀한 상호작용, 비판적 사고 및 전체론적 지식, 이렇게 네 가지로 묘사되는 질적인 특성으로 구분될 수 있다.

통합적 교육실행

첫째로 종교교육은 통합 교과이다. 종교교육의 고전적 내용인 교회사, 성경 이야기, 종교 축제 및 의식이 종교교육 교육과정의 핵심 부분이고, 그것들을 통합적인 접근으로 가르친다. 통합은 종교교육의 실천과 목표를 특징짓는다. 교육 실천에서 종교교육의 내용은 예를 들어 역사, 예술, 음악 및 문학을 다룬다. 또한 인권교육, 시민교육, 환경교육은 종교교육 교육과정의 핵심 부분이다.

마찬가지로 이 수업은 다른 교과 및 관련 분야의 방법을 사용하기 때문에 방법론적으로 다양하다.

다른 한편, 교과의 목표는 교육의 기저에 있는 통합적 접근, 즉 개인의 세계관 형성을 지원하고 학생들의 삶에 대한 질문을 강조하는 것을 포함한다. 핀란드에서 종합학교가 처음 소개된 1970년대 이후, 개인들의 세계관 형성과 학생의 삶의 문제에 대한 검토가 종교교육의 목표와 내용을 이끌어왔다. 서로 다른 종류의 많은 학생들의 자전적 자료들이 기초적인 가르침에서 사용된다. 예를 들어 저학년 수업에서 학생들은 여러 종류의 자아상을 그려 자신의 자아상에 대해 곰곰이 생각해보고, 고학년 수업에서 학생들은 자기반성self-reflections에 관한 다양한 종류의 설문에 답해보는 것이다. 학생들의 실제 삶에 관한 여러 가지 종류의 질문은 종교교육 교육과정의 매우 핵심적인 부분이다(NCCBE, 2016).

친밀한 상호작용

둘째로 종교교육은 점점 더 학생들 사이를 친밀하게 만드는 교과가 되고 있다. 종교교육에 포함된 종교 전통의 수가 늘어남에 따라 각 교육 그룹의 학생 수가 감소했다. 학생들의 영성에 초점을 맞추는 종교교육의 교육 방식은 저학년에서 아주 두드러진다. 저학년에서 오랜 전통에 따라 가르쳐온 성경 이야기에 더하여, 2000년대에는 명상, 조용함, 평화 및 자연에 대한 경이로움과 같은 요소들을 포함하는 방법의 사용이 증가했다. 현재 학급에서 종교교육이 나눔과 경이로움에 대한 강조가 이어짐으로써 일상적인 분주함과 전통적인 공격성을 지닌 교육과 대비를 이루고 있다 (Kallioniemi, 2007 참조). 핀란드에서 종교교육의 교수법은 최근 몇 년 사이에 좀 더 협력적인 방향으로 발전해왔다. 저학년 수업에서 가르치는 전형적인 방법들은 스토리텔링, 그룹 과제 그리고 창조성에 초점을 둔 방법들이다.

비판적 사고

셋째로 핀란드 종교교육은 비판적 사고를 강조한다. 교육에 특정 교과의 요소가 여전히 포함되어 있지만, 최종 결론에 대해 열려 있는 것open-endedness과 개인적인 신념의 진실성을 점점 더 강조하고 있다. 대화를 통해 종교에 관한 삶과 윤리 및 기타 문제에 대한 개인적인 논증과 견해의 발전을 지원한다. 1980년대 이래 교파적 요소는 그 자체로 수용되기보다는 개인적 삶의 의미에 대한 성찰의 재료가 되었다(Kallioniemi & Ubani, 2008). 종교교육에서 유의미성에 대한 강조는 지속적으로 나타났으며, 이 접근 방식의 배경에는 실존 철학과 인간 심리학이 있다(Niemi, 1991, pp. 37-38; Niemi, 2005).

총체적 지식

내용 목표를 가진 다른 이론 교과와 비교할 때, 종교교육은 삶의 현상을 인식하고 개념화하는 다양한 방법으로 인하여 비교적 포괄적이다. 이 배경에서 학생의 총체적 발달holistic development에 중점을 둔다. 이것은 신앙, 신념, 믿음, 또는 감정과 같은 교과 특수적 주제에 대한 내용 접근 방식에서 실현된다. 이것들은 현상으로서 인지적 개념화로 반드시 충분하게 축소될 수 있는 것은 아니다. 개념화conceptualisations가 그러한 현상을 이해하기 위해 사용되는 반면에 공식화formulations는 그것들을 규범적으로 설명하기 위해 사용되지 않는다.

핀란드의 종교교육 교사

핀란드 공립학교에서의 종교교육 교사 자격은 학문 분야와 밀접한 관련이 있다. 다시 말해, 종교 전문가들은 적절한 교사교육을 받지 않고는 종교교육을 가르칠 수 있는 자격이 없다. 보통 종교교육도 저학년(1학년에서 6학년)은 초등 교사들이 가르치고, 7학년 이상의 학생들은 교과교사들이 가르친다.

핀란드에서 종교교육 교사의 교육은 대학의 기능이다. 핀란드 종교교사의 대다수는 신학자이지만 최근에는 종교를 공부한 종교교육 교사들이 점차 많아지고 있다. 대부분의 종교교육 교사는 다른 교과, 예를 들어 심리학이나 역사를 전공한다. 그들은 해당 교과 교수들의 내용 수업 과정을 이수해야 하고, 교사교육과의 교육학 수업을 이수해야 한다. 최근 종교교육 교과교사교육의 새로운 형태가 개발되었다. 가장 중요한 아이디어는 이 교육을 연구 중심의 방향으로 발전시키는 것이다. 실천 연구자 action researcher로서 교사라는 개념은 종교교육 교사교육을 이끌고 있는 아이디어 중 하나다. 종교교육의 교과 교수에 대한 연구는 주로 교육 연구를 기반으로 하고 있기 때문에, 종교교육 교사가 되고자 하는 학생은 교육 연구방법론에 대한 과정을 이수해야 한다. 모든 종교교육 교사는 교사교육 프로그램에서 학업의 일부로 세미나에 참가해야 한다. 이 세미나의 작업은 교육의 부전공 석사학위 논문을 쓰는 것과 같다. 학생들은 보통 연구 주제를 선택하고, 연구 자료를 수집하고, 자료를 분석한 후 보고서를 작성한다. 연구 주제는 다양하다. 최근 수십 년 동안 가장 인기 있는 연구 주제는 종교교육에서 학습이 어떻게 일어나는가에 관한 것이었다. 또한 종교교육 교사교육에서 점점 많은 연구 프로젝트가 진행되고 있다(Kallioniemi, 1997; Hella, 2007; Ubani, 2011).

종교교육 교사의 직업 정체성은 1970년대 이후 특히 신학적 전문성에서 더욱 교육학적인 전문성으로 옮겨 왔다. 학교는 종교교육 교사의 지위와 기능을 전문 분야의 대표자로서 강조해왔다. 종교교육 교사들 또한 자신의 직업 정체성을 분명히 강조했으며 학교에서 종교 또는 종교 전통의 대표자가 아닌 학교 교직원으로 대우받기를 원했다(Kallioniemi, 1997, 153). 한 국제 비교 연구는 핀란드 종교교육 교사의 교육학적 지향을 15개국 다른 유럽 국가의 교사들과 비교한 결과, 핀란드 종교교육 교사의 직업 지향을 현대적인 전통주의자로 기술했다. 다른 한편으로 그들은 핀란드 사회의 다문화적이고 다원화된 경향에 감사하고 스스로 적응해왔다. 이 연구에 참여한 대부분의 핀란드 교사(99.6%)는 종교교육의 가장 중요한 목적은 종교들에 관해서 가르치는 것teaching about religions이라고 동의했다. 그러나 같은 교사 중 2/3(62.7%)는 특정 종교 자체를 가르치는 것 teaching religion의 중요성에 대해서도 동의했다. 또한 핀란드 종교교육 교사는 가르치는 방법에서도 다재다능한 것 같았다(Räsänen & Ubani, 2009; Ubani, 2011).

초등 교사는 종교교육을 가르치기 위해 특정 과정을 이수해야 한다. 대학마다 과정은 동일하지 않지만 일반적으로 초등 예비교사들이 종교교육의 기능을 학교교육과정의 일부로 이해하도록 돕는 강의와 모임들이 있다. 더 나아가 그들은 인간, 인류 및 사회의 삶에서 종교의 의미를 이해할 준비가 되어 있다. 그들은 종교교육 교육과정을 계획하는 방법과 종교교육을 위한 여러 가지 교수 방법을 활용하는 것을 배운다. 초등 예비교사의 약 10%는 종교교육에서 더 전문성을 갖추기 위하여 학업을 계속한다. 그들은 그들을 위한 특별 과정을 제공하는 신학부에서 공부함으로써 전문성을 갖춘다. 일부 학생들은 종교교육 분야에서 석사학위 논문도 쓴다. 예비 초등 교사는 종교교육이 학생과 사회에 중요한 교과라고 생각하지만 실제 학교 상황에서 종교교육을 가르치는 데 문제가 있다. 많은 예비 초등 교사들은 종교교육의 교육 동기가 낮고 종교교육의 내용 지식에 문제가 있다고 지적한다(Kallioniemi & Ubani, 2010, pp. 260-261).

현재 종교교육 교사교육의 핵심 과제는 소수자 종교교육 교사 자격이다. 이 그룹의 교사를 위한 교사교육은 2007년 교육부의 재정 지원으로 헬싱키대학University of Helsinki에서 시작되었지만 아직 해결되지 않은 많은 문제가 있다. 예를 들어, 핀란드에서 모든 교사의 교육은 석사학위 수준이지만, 많은 소수 민족 그룹에는 핀란드어를 잘하지 못하는 종교교육 교사 후보자들이 있다. 종합학교에서 가르칠 때 교사는 핀란드어를 유창하게 말할 수 있어야 한다. 또한 필수적인 기초교육을 받은 후보자가 많지 않다. 예를 들어 핀란드 학교에서 이슬람 종교교육을 가르치기를 원하는 많은 후보자는 기초적인 핀란드 교육을 이수하지 못했다. 또한 핀란드에는 이슬람 연구를 위한 학과(장)도 없었다. 그러나 현재는 종교학부에서 이슬람교와 불교에 관한 내용 지식을 위한 특정 교육 프로그램을 개발했다.

논의

공립학교에서 종교교육에 관한 핀란드의 최근의 토론회에서, 학교에서 종교교육과 윤리교육을 위한 공동 교육과정의 필요성이 제기되었다. 기초교육에서 현재의 실천 방법을 수정할 수 있는 두 가지 선택이 제안되었다. 첫째는 모든 학생에게 공통된 종교교육 교과를 개발하는 것이다. 또 다른 선택은 현재의 관행을 계속하면서, 상급학년에서는 모든 학생이 공유하는 프로그램을 포함하는 것이다. 2000년대 초반부터 핀란드 학교교육에서 종교교육의 합법성에 대한 논의는 줄어들었다. 핀란드 국가 교육이 시작된 이래로 종교교육이 포함되었기 때문에 교과에서 어떤 변화가 있었거나 또는 종교교육을 중단했더라면 전체론적 관점에서 모든 핀란드 종합교육과 핀란드 헌법을 재평가하고 재분석해야 할 필요성이 제기되었을 것이다. 더 나아가 종교교육은 PISA에서 직접적으로 측정하는 과목은 아니지만, 교과가 통합적 방식으로 핀란드 교육과정의 균형을 맞추는 데 기여하고 있다.

종합학교 종교교육 모델에 대한 많은 논쟁이 있었지만, 대다수의 핀란드 시민, 교장 및 교사는 종교교육을 가르치는 것은 종합교육에서 매우 중요하다고 생각한다. 최근 종교교육의 중요성은 핀란드 사회에서 다문화 사회로의 변화가 두드러졌기 때문에 더욱 분명해졌다. 종교교육에 대한 핀란드 모델은 독창적인데, 그것은 교육에서 태생적 권리를 존중하고 있기 때문이다. 모든 사람은 자신의 종교에 따라 종교교육을 받는다. 종교교육의 배경은 자신의 종교에 따라 다르지만, 종교교과는 여러 종교의 다양성을 이해하도록 교육할 수 있다. 또한 일상생활에서 종교적 대화에 참여할 기회를 창출할 수도 있다. 더 나아가 비판적 이해와 윤리적 사고를 촉진하는 것을 목표로 삼고 있지만, 포스트모던적인 다종교 사회에서 시민으로서의 삶의 기본 능력을 기르게 할 수 있다.

참고 문헌

Davie, G. (2000). *Religion in Modern Europe. A Memory of Mutates.* New York: Oxford Press.

Everington, J. (2007). Freedom and direction in religious education. In C. Bakker & H.-G. Heimbrock (Eds.), *Researching RE teachers. RE teachers as researchers* (pp. 111-124). Münster: Waxmann.

Finnish National Board of Education. (2014). *Perusopetuksen opetussuunnitel man perusteet 2014* [*National Core Curriculum of Basic Education 2014*]. Retrieved 18.12.2015, http://www.oph.fi/download/163777_perusopetuksen_opetussuunnitelman_perusteet_2014.pdf

Framework for Comprehensive Curriculum for Other Religions. (2006). Finnish National Board of Education: Helsinki.

Haakedal, E. (2000). From Lutheran Catechism to World Religions and Humanism: Dilemmas and Middle Ways through the Story of Norwegian Religious Education. *British Journal of Religious Education, 23*(2), 88-97.

Hella, E. (2007). *Variation in the understanding of Lutheranism and its implications for religious education: Meaning discernment of students and teachers in Finnish upper secondary schools.* Doctoral dissertation.

Hull, J. M. (2002). Understanding Contemporary European Consciousness: An Approach though Geo-politics. *Panorama, 12*(2), 123-140.

Kallioniemi, A. (1997). *Uskonnon aineenopettajan ammattikuva.* Helsingin yliopiston opettajankoulutuslaitos. Tutkimuksia 180. Helsinki: Yliopistopaino.

Kallioniemi, A. (2004). Research in religious education in Finland. In R. Larsson & C. Gustavsson (Eds.), *Towards a European perspective on religious education* (pp. 145-156). Biblotheca Theologiae Practicae 24. Skellftåe: Artos & Norma Förlag.

Kallioniemi, A. (2007). Uskonnonopetus alakoulussa. In J. Luodeslampi & S. Nevalainen (Eds.), *Opetan uskontoa alakoulussa* (7-24). Helsinki: LK-kirjat.

Kallioniemi, A. (2008). Perspectives for religious education in a multicultural society. *Europäische Perspektiven 1: Jahrbuch des Büros für internationale Beziehungen, Studienjahr 2007/08/Hrsg. Pädagogischen Hochschule Wien* (pp. 74-84). Wien: LIT.

Kallioniemi, A. & Siitonen, M. (2003). Religious Education Teachers' Conceptions of the Solution of Religious Education-a Finnish Case Study. *Journal of Religious*

Education, *51*(4), 52-60.

Kallioniemi, A. & Ubani, M. (2008). Eksistenssinalyyttinen didaktinen teoria uskonnonopetuksen uudistajana. In A. Kallioniemi, A. Toom, M. Ubani, H. Linnansaari, & K. Kumpulainen (Eds.), *Ihmistä kasvattamassa: koulutus-arvotuudet avaukset. Cultivating Humanity: Education-Values-New Discoveries. Professori Hannele Niemen juhlakirja* (pp. 311-330). Suomen kasvatustieteellinen seura. Kasvatusalan tutkimuksia 40. Helsinki.

Kallioniemi, A. & Ubani, M. (2010). Uskonnon didaktiikan opetus luokano pettajankoulutuksessa. In A. Kallioniemi, A. Toom, M. Ubani & H. Linnansaar (Eds.), *Akateeminen luokanopettajankoulutus. 30 vuotta teoriaa, käytäntöä ja maistereita* (pp. 243-270). Suomen kasvatustieteellinen seura. Kasvatusalan tutkimuksia 52. Helsinki.

Kodela, Z. & Bassler, T. (2004). *Religion and Schooling in Open Society*. A Framework for Informed Dialogue. Open Society. Slovenia: Ljubljana.

Larsson, R. (1996). Svensk religionspedagogik. In Larsson, R. (Ed.), *Nordisk religionspedagogik, Religionpedagogiska Institutets skriftserien. Raport 1996: 1* (pp. 63-77). Löddeköping.

National core curriculum for Basic Education. 2004. Helsinki: Finnish Board of Education.

Niemi, H. (2005). Identity formation and religious education-Meeting the challenge for a meaningful life. In K. Tirri (Ed.), *Religion, Spirituality and Identity Religion, Spirituality and Identity* (27-44). Bern: Peter Lang.

Plesner, I. T. (2002). Religio-political models and models for religious and moral education. *Panorama, 14*(2), 111-122.

Pollitt, H.-E. (2007). Religious education in Austria. In E. Kuyk, R. Jensen, D. Lankshear, E. Löh Manna, & P. Schreiner (Eds.), *Religious education in Europe. Situation and current trends in schools* (pp. 17-22). Oslo: IKO Publishing House.

Räsänen, A. & M. Ubani. (2009). The Finnish RE teacher-a modern traditionalist. In H.-G. Ziebertz & U. Riegel (Eds.), *How teachers in Europe teach religion. An international empirical study in 16 countries. International Practical Theology Vol. 12* (pp. 57-67). LIT: Berlin.

Sakaranaho, T. (2007). Pienryhmäisten uskontojen opetus ja monikulttuuri suuden haasteet. In A. Kallioniemi & E. Salmenkivi (Eds.), *Katsomusaineiden kehittämishaasteita. Opettajankoulutuksen tutkinnonuudistuksen virittämää keskustelua* (3-16). Helsingin yliopiston soveltavan kasvatustieteen laitoksen tutkimuksia 279. Helsinki: Yliopistopaino.

Skeie, G. (2001). Citizenship, identity politics and religious education. In H.-

G. Heimbrock, C. Sheilke, & P. Schreiner (Eds.), *Towards religious competence. Diversity as a challenge for education in Europe* (pp. 237-252). Schriften aus dem Comenius-Institut. Münster: Lit.

Ubani, M. (2011). Expertise over character? The perceptions of the competent RE teacher before and after training: the case of Finland. *Religious Education Journal of Australia, 27*(2), 3-9.

Ubani, M. & Tirri, K. (2014). Religious education at Finnish schools. In M. Rothgangel, M. Jäggle & G. Skeie (Eds.), Religious education at schools in the Europe. Part 3: Northern Europe (pp. 99-120). Wien: Vienna University Press.

Willaime, J.-P. (2007). Different models of religion and education in Europe. In R. Jackson, S. Miedema, W. Weisse, & J.-P. Williaime (Eds.), *Religion and education in Europe. Developments, contexts and debates* (pp. 57-66). München: Merlin: Waxmann.

13. 역사·사회·지리교육:
핀란드 학교와 교사교육을 중심으로

아리아 비르타Arja Virta
에이야 윌리파눌라Eija Yli-Panula

요약

이 장에서는 핀란드 종합학교의 인문 교과 또는 인문학적 경향을 갖는 교과들의 주요한 특징을 지리, 역사, 사회 교과를 중점으로 살펴보겠다. 현재 기초교육을 위한 국가핵심교육과정에서 이 세 교과의 교육 목표는 학생들의 사고력, 역사, 사회 및 지리 지식의 성격에 대한 이해력, 그리고 역사적인 자료를 활용하는 역량을 발달시키는 것이다. 배움, 사고력 및 역량에 대한 강조는 활동중심 교수 방법이 수업에 활용되고, 학습 결과의 평가는 역량 기반의 인문 교과 고유의 흐름을 따라간다는 것을 의미한다. 이 논문은 또한 미래의 과제에 관해서도 초점을 맞추었는데 한 예로, 이종 문화 간 교육이 있다. 이것은 역사, 사회 및 지리 교과에서 점점 더 중요한 요소가 되고 있다.

*핵심어: 평가, 여러 학문 분야에 걸쳐 있는 주제들, 지리, 역사, 사회 교과 교수법

도입

학교교육과정의 구성과 구체적인 교과목들의 지위와 전통은 나라마다 크게 다르다. 교과목의 구성이 복잡한 인문 교과의 경우는 이런 차이가 더욱 분명하게 나타난다. 핀란드에서는 인문 교과가 하나의 통합교과가 아니다. 의무교육을 시행하는 학교에서 독립 교과로 가르치는 역사, 사회, 종교, 지리와 같은 과목들이 인문학적 경향을 가진 학교 교과목에 포함된다. 예를 들어 미국 학교에서는 군집 교과인 사회 과목social studies과 달리, 핀란드에서는 역사와 사회가 독립 교과목이다. 그러나 지리 교과는 과학 교과목으로 간주되어, 생물을 가르치는 교사들이 가르친다. 핀란드 교육체제에서 사회 교과는 시민교육, 경제, 사회학, 법학의 요소를 포함하는 교과를 지칭한다.

이 장에서는 지리, 역사, 그리고 사회 교과에 초점을 맞추어, 기초교육(종합학교들)을 위한 현 핀란드 국가핵심교육과정에서 이 교과목들의 목적과 내용에 중점을 두고, 학교 교과목으로서의 주요 특징들을 다룬다(Finnish National Board of Education, 2004). 나아가 이들 과목을 가르치는 교사교육에 대해서도 기술한다. 이 세 과목의 공통점은 지역적, 사회적, 문화적 환경의 사람들과 그들의 활동들을 기술하고 탐색하는 것이다. 기초교육을 위한 국가핵심교육과정The National Core Curriculum for Basic Education(Finnish National Board of Education, 2014)과 고등학교 핵심교육과정(The National Core Curriculum for Upper Secondary Schools, 2003)은 기본적으로 유사한 가치들, 즉 인권, 평등, 민주주의, 자연의 다양성에 대한 존중, 지속가능한 발전, 문화적 다양성의 수용을 강조한다. 이것들은 인문 교과 교육에서 교과목의 특수한 목표와 내용, 두 가지 면에서 매우 중요한 것들이다. 하지만 이 교과들은 그 목표, 내용 및 지식의 특성으로 보면 서로 다르다.

수십 년 동안, 역사와 사회 교과는 일종의 교과목 융합을 형성했고 각 교과목의 내용은 독립적이었지만, 공통의 교육과정이 있었다. 2003년에서 2004년의 교육과정 개혁에서, 이 두 교과들은 마침내 독립된 교과목이 되어 학생들의 학업성취가 독립적으로 평가되었다. 그러나 두 교과 모두 사회를 부전공한 역사 교사들이 가르치고, 초등학교에서는 일반적으로 대부분의 교과처럼 담임교사가 가르친다. 두 교과를 분리한 주요 이유는 근본적으로 다른 학문 분야에 기초하는 교과들로서 다른 특성이 있기 때문이다. 역사와 사회 교과를 분리하는 결정은 사회 교과의 지위를 높이고자 하는 시도로 볼 수 있는데, 정치인들은 젊은이들의 정치적 무관심과 불참에 대해 우려해왔고 시민교육을 독려하고자 했기 때문이다.

지리 교과에 대해서는 문화지리를 중점으로 살펴보고자 한다. 그러나 물리적 지리 교과도 학교 지리 교과 교육과정의 중요한 일부이기 때문에 이 관점 또한 핀란드 교육체제에서 무시할 수 없다. 핀란드에서 지리 교과는 독립된 과목으로 가르친 지 오래되었다. 저학년에서 지리 교과는 생물, 화학, 물리, 보건교육과 같은 다른 자연과학 교과들과 연계되는데 이 과목들은 환경이라는 교과군을 형성한다. 인문학적 지리 교과 관점에서 보면 2004 교육과정 개정까지 사회적 환경이 저학년 교과서에 포함되지 않았다는 것은 주목할 만한 일이다. 핀란드에서 지리가 인문 교과나 혹은 사회가 아닌 자연과학 교과와 연계된 이유는 지리학의 뿌리가 물리적 지리학에 있기 때문이다(이 책의 Lavonen & Juuti를 참조하기 바란다). 또한 대학 수준에서도 지리학이 자연과학과의 밀접한 연계를 가졌기 때문에 지리학이 인문학과 밀접한 다른 유럽 국가에서보다 물리적 지리 교과가 학교 교과목으로서 강력한 지위를 갖는 데 기여했을 가능성이 높다. 현재 핀란드에서 문화지리학, 특히 인문지리학이 점점 더 중심이 되고 있고 이 때문에 핀란드 교육체제에는 인문 교과나 사회 교과들과 밀접하게 연계된 몇 개의 지리 교과 주제들이 생겨났다. 바로 인간 삶의 다양성, 문화적 정체성과 세계 시민성 등과 같은 것들이다. 이것들이 이 책에서 바로 지리 교과를 인문 교과목 그룹에 포함하여 검토하는 이유이다.

핀란드 종합학교의 국가핵심교육과정에서 역사, 사회, 그리고 지리 교과

인문 교과는 특히 종합학교 저학년에서는 수학, 모국어, 외국어 교육과 비교해서 그 비중이 매우 작은 교과목들이다. 이 과목들에 배당된 시간들은 [표 1]과 같다.

[표 1] 종합학교의 각 학년별 인문교과목 수업시간 배당(수업시간 또는 45분/주당/년)

학년	1	2	3	4	5	6	7	8	9
연령	7	8	9	10	11	12	13	14	15
수준(비공식적)	초등학교						중학교		
인문교과									
역사와 사회과목	–	–	–	5 (주당 최소 5시간; 사회과목 최소 2시간)			7 (주당 최소 7시간; 사회과목 최소 3시간)		
환경과목 (지리+4개의 다른 교과목)	통합된 환경과목 연간 주당 4시간			통합된 환경과목 연간 주당 10시간			지리 연간 주당 1.2 시간		

보통 역사교육을 학생들이 11살이 되는 5학년 이전에는 시작하지 않는다. 다만 모국어, 지리, 종교교육과 같은 교과에서 역사 관련 주제들이 다루어지기는 한다. 현재 기초교육(2014)을 위한 역사 요목은 4학년에서 6학년(10~12세)을 위한 부분과 7학년에서 9학년(13~15세)을 위한 부분으로 나눈다. 역사 교과 최소 수업시수는 주당 3시간이고, 이것이 전부다. 2014 새 교육과정에서 사회 교과가 저학년 수준에서 2시간이 도입되었지만 역사 교과의 수업시간은 변화하지 않았다. 종합학교 중학교 수준 3년 동안,

보통 7, 8학년에서 역사를 가르치고(주당 2시간), 9학년에서 사회(주당 3시간)를 가르친다.

2014 새로운 국가핵심교육과정(Finnish National Board of Education, 2014)에서 역사교육의 목적은 학생들의 역사의식과 다양한 문화 지식을 발전시키고, 학생들이 적극적이고 책임 있는 시민으로 성장하게 하는 것이다. 또한 역량 요소skills component와 학생들의 역사적 사고에 매우 분명한 초점을 두고 있다.

역사 교과의 교수요목은 선사시대부터 현재까지 연대기별로 구조화되어 있다. 5학년과 6학년 역사교육은 학생들이 자신들의 뿌리, 역사적 지식, '시간과 변화'와 같은 핵심 개념들의 특성을 이해하고 습득하는 것에 친숙하도록 하는 것을 목표로 한다. 특별히 역사교육 초기에는 역사적 공감을 체험하는 기회를 가져야 하며, 이 목표는 역사의 본질과 역사적 사고와 관계가 있다. 역사적 내용은 선사시대부터 고대, 중세, 프랑스 혁명까지, 핀란드 역사에서는 선사시대부터 19세기 초 스웨덴 지배의 종식까지의 중심 사건들과 현상들로 구성되어 있다. 7학년에서 9학년까지 교수요목은 학생들의 역사적 지식을 심화하는 것을 목표로 한다. 학생들은 다양한 자료에서 역사적 정보를 찾고 활용하는 법을 배워야 하며, 역사적 변화에 대한 지식을 바탕으로 자신의 역사적 견해를 형성하고, 해석들을 이해하고, 인간의 활동을 설명하고 미래의 대안들을 생각할 수 있어야 한다. 일반적으로 7학년과 8학년에서는 19세기와 20세기 역사를 각각 다룬다. 핀란드 역사 교과 교수요목의 전형적 특징은 현대 역사, 특히 가장 최근의 역사에 대한 강조에 있다. 8학년 교수요목에서, 핀란드 역사의 중심적인 사건들(독립의 쟁취, 핀란드 내전, 2차 세계대전 등), 20세기의 정치적 소용돌이를 강조한다. 핀란드의 역사가 유럽과 세계의 역사와 밀접하게 연계되어 있다는 것이 강조되고 있고, 교육의 내용은 핀란드의 역사로 제한되어 있지 않다.

사회 교과는 시민성 교육의 핵심 과목으로, 시민교육의 내용을 체계적으로 다루는 통로로 간주된다. 이 과목은 학생들에게 사회에 참여하고 사고하기 위해 필수적인 지식 기반과 도구를 제공하는 것을 목표로 한다. 하지만 이 과목의 지위는 종합학교의 마지막 학년에만 가르치기 때문에 핀란드 학교 체제에서 그다지 높지 않은 편이다. 그러나 최근 교육과정 개혁은 사회 교과의 지위를 높여주었다. 2004년에 이미 수업시수가 증가되었고, 초등 수준primary level에 교과목으로 도입되기 시작했다. 초등과 중학교 수준에서 사회 교과의 내용은 일상생활과 개인 삶의 경영, 민주주의 사회, 적극적인 시민의식과 참여, 경제 활동의 네 가지 주제 영역으로 나뉘었다. 초등 학년에서 사회 과목은 의사결정 하기, 인권과 평등에 대해 토론하기, 돈을 버는 것과 사용, 절약과 지속가능한 소비와 같은 아동들과 밀접한 문제들을 다룬다. 중등 수준, 일반적으로 9학년에서는 사회 제도들과 기능, 의사결정 구조에 더 초점을 맞춘다. 이 교과의 주요 주제는 공동체의 일원으로서 개인, 개인의 복지, 영향력 행사 및 의사결정(정치 체제, 행정, 미디어), 시민의 안전, 자기 자신의 금전관리, 경제학과 경제 정책 등이다.

　지리 교과는 1학년부터 9학년(7~15세)까지 계속해서 가르치고([표 1] 참조), 고등학교(16~18세)에서는 선택과목이다. 1학년에서 6학년까지는 환경 과목의 일부로 소개된다(Finnish National Board of Education, 2014). 환경 과목에서 인문학적 접근과 자연과학적 접근이 결합된다. 이는 1학년에서 6학년까지 지리 교과는 생물, 물리, 화학, 보건교육과 통합되어 있다는 의미이다. 이것은 담임선생님이 가르친다는 것을 의미하며, 7학년에서 9학년까지는 교과교사가 가르친다. 1학년에서 6학년까지 기본은 자연에 대해 감사하는 법과 인권에 대한 이해 속에서 가치 있는 삶을 사는 법에 대해 배우는 것이다. 지리 교과의 중요한 목표는 1학년에서 6학년 학생들이 자연과 환경에 긍정적인 관계를 맺고 지속가능한 발전을 위하여 실천할 뿐만 아니라 개인과 환경의 상호작용의 중요성을 배우는 것이다. 지리적인 세계 형상을 만드는 것은 기초교육의 저학년 단계에서 시작한다. 1학년과 2학년에서 핵심적인 내용은 살고 있는 지역과 인간이 살아가는 환경에 대한 것이다. 3학년부터 6학년까지에서는 세상의 다양한 지역들이 검토 대상이 된다. 학생들은 또한 핀란드 시민이 되는 것과 유럽 문화의 한 부분이 되는 것에 무엇이 관련되었는가에 대해 생각하기 시작한다.

지리 교과 수업은 학생들에게 인간 존재와 자연 세계의 활동과 연계된 현상들을 이해하는 기회를 제공한다. 학습하는 지리 지역은 다양한 종류의 지도와 다른 지오미디어geomedia를 이용하여 핀란드에서부터 유럽과 세계 곳곳까지 이른다. 따라서 지역 지리학에서는 체계적으로 초점이 맞추어져 있다. 7~9학년에서 지리 교과는 독립 교과목으로 가르치는데, 자연적인 것과 인위적으로 구축된, 또는 사회적인 환경에 대한 더 자세한 묘사들이 지역적 차원과 세계적 차원에서 소개된다. 그리하여 지리학은 인문학적 성향의 과학 교과목이자 여러 학문 분야의 지식을 연계한다. 지리교육은 학생들의 경험의 세계에 토대를 두고 있다.

정부 주도의 수업시수 배정은 다른 모든 과목과 마찬가지로 지리 과목에 필요한 최소 시간을 규정하고 있다. 대부분의 학교에서와 마찬가지로 지리와 생물을 같은 양으로 가르친다면, 핀란드에서 지리는 3학년에서 6학년까지 최소 주당 0.8시간이 배정된다(Cantell et al., 2007).

개별 교과의 핵심적인 특성

역사 교과와 역사교육

학교에서 가르치는 역사 교과의 과제, 목표와 기대는 매우 다양하며, 시간이 지남에 따라 변화한다. '어떻게'와 '무엇'을, 내용과 역량을 다루는 문제들 사이의 균형을 찾는 것은 핀란드 역사교육에서 몇십 년 동안 논쟁적인 주제가 되고 있다. 연관된 구분은 가치, 사실, 그리고 역량의 삼 각관계이다. 물론 분절적으로 구분되는 것이 아니라, 내용과 역량은 서 로 얽혀 있다. 그럼에도 불구하고, 역사교육에 접근하는 방식들은 강조점 에 따라 범주화할 수 있다. 그것들은 기본적으로 '역사 교수학과 인식론 epistemology'의 서로 다른 경향들을 반영하고 있다(Seixas, 2000). 핀란드의 경우를 예로 들면, 역사를 가르치는 고전적인 방법은 애국주의를 전승하 고 독립 투쟁의 역사를 지지하는 가치들에 초점을 맞추는 것이다. 이 에 토스ethos는 20세기 초반 50년 동안 매우 강했다. 이 뒤를 잇는 객관주의 적 경향을 추구함으로써, 사실과 내용을 중립적으로 전달하고 가치와 태 도에서 순수함을 유지하고자 했다. 한때 객관주의적 교수teaching 양식이 매우 강했었다(Castrén, 1992; Arola, 2002). 이것은 교사들이 충돌하는 정 보나, 논쟁이 되는 예민한 의제를 피하고 사실만을 전달하기mediate를 원 한다면, 인지적으로나 교수학적으로 쉬운 접근 방식이자 안전한 해결책이 된다. 하지만 적어도 학교교육과정과 교육학 문헌에 따르면, 핀란드를 포 함하여 서구 사회에서 역사를 가르치는 일반적인 경향은 역사에 대한 다 양한 관점뿐 아니라 학생들의 사고력, 지식을 획득하는 역량을 강조한다 (van der Leeuw-Roord, 2003). 이것은 핀란드 기초교육의 역사 교육과정에 서 매우 분명하다. 이것은 학습에 대한 구성주의적이고 사회문화적인 개 념을 뚜렷하게 강조하고 있다.

역사는 또한 동일한 역사적 사건들에 대해 충돌하는 이야기와 다중적 인 진실로서, 다중의 여러 창문들로서 비판적인 렌즈들을 통해서 볼 수 있어야 한다. 결국 오늘날에는 역사를 가르치는 것에 대한 다중 관점의 접근 방법이 매우 강조되는데, 그것은 역사를 가르치는 것을 다양한 해석 의 담론으로 보는 것이다(Stradling, 2003). 그러나 교실에서 역사교육의 실 제 과정에 대한 증거는 거의 없다. 아마도 다중 관점의 원칙들이 온전히 실현되고 있지는 않을 것이고 다만, 학생들에게 역사적 자료를 검토하고 증거에 기초한 결론을 도출하도록 훈련시키는 것은 아주 일반적인 방법일 것이다.

기초교육을 위한 국가핵심교육과정은 학교 교과목의 기초로서 학문 영역들을 중요하게 여기고 있다. 그것은 비판적 사고력 숙련을 목표로 하고, 역사에 대한 다중관점을 인정하고 또한 시간, 인과관계, 변화와 연속성의 개념을 인정하고 있다(Finnish National Board of Education, 2014). 현역사 교육과정의 핵심적인 개념은 역사의식으로, 과거, 현재, 미래를 연속성으로 보는 것과 관련이 있다. 역사는 학생들이 정체성을 형성하고 참여하는 시민으로 성장하는 것을 지지함으로써 시민교육과 관련이 있다고 여겨진다.

사회 교과와 사회과학교육

사회 교과는 간학문적cross-disciplinary 교과라는 특징이 있는데, 이는 그 내용이 사회과학의 서로 다른 분과 학문들인 정치학, 경제학, 사회정책, 사회학, 법학에 토대를 두고 있기 때문이다(Elio, 1993; Löfström, 2001). 사회과학의 역할은 실제적 내용과 관련이 있을 뿐 아니라, 생각하는 방식과 기본 개념과 더 많은 관련성이 있다. 뢰프스트룀, 비르타 그리고 반 덴 베르그(Löfström, Virta and van den Berg, 2010)가 언급한 것처럼, 사회 교과는 폭넓은 사회과학의 분과학문에 기초하고 있기 때문에 사회과학의 본질에 충실하기가 매우 힘들 것이다. 사회과학으로부터 끌어온 실제 내용들은 다소 얇은데, 종합학교교육과정에서는 특히 그러하다.

그 대신, 사회 교과 교육과정은 사회의 조직과, 제도들, 구조들(예를 들면, 의회, 정부, 선거, 저축과 도시 서비스와 같은)에 대해 설명하는 교육을 포함하고 있다. 실제 가르치는 경우에는 미시 수준의 사회에 관심을 갖는데, 예를 들어 청소년이 일상생활에서 사회적 의사결정이나 경제적 문제와 어떻게 마주하게 되는지에 초점을 둔다. 이 교과목의 중요한 측면은 사회화이다. 즉, 사회 교과 교육의 주된 목표 중의 하나는 학생들을 시민으로 교육시키는 것으로, 그들이 사회에 적극적으로 참여할 수 있는 역량을 강화하며, 나아가 사회에 대한 정보를 활용하고 비판적으로 평가할 수 있도록 훈련시키는 것이다(OchoaBecher, 2007). 이러한 내용의 다양성은 사회 교과 교육과정의 목표에 매우 분명하게 반영되어 있다.

가치에 근거를 둔 원칙들이 사회 교과의 목표에서 강조되고 있고, 예를 들어 윤리적 배려의 훈련과 같은 것들이 평가에도 포함되어 있으나 그러한 목표들이 평가에 바로 활용되지는 않는다. 이는 아마 가치와 연계된 목표들을 평가하는 난해함 때문으로 설명될 수 있을 것이다(Löfström et al., 2010). 사실 사회 교과의 많은 목표들, 예를 들면, '참여하는 시민이 되는 것'과 같은 것들은 학생들이 성인이 될 미래에 온전히 관찰할 수 있을 것이며 무엇이 진정 사회 교과 수업의 결과인지 매우 불확실하다.

청소년의 시민적 지식, 태도 및 참여에 관한 최근의 국제적 연구, ICCS(International Civic and Citizenship Education Study 2009: 2009 국제 시민 및 시민권 교육에 관한 연구)에서 설문 문항에는 핀란드 교사들과 교장들에게 시민교육 목표들의 순위를 매길 것을 요구하는 항목이 있었다. 그들의 최우선순위는 '학생들의 비판적이고 독립적 사고를 촉진하는 것'이었고 그다음 순위는 환경을 보호하고 중요하게 여기는 것이었다. 다른 높은 순위의 목표들 대부분은 사회와 정치제도를 알고 이해하는 것과 연관되어 있었다. 학생들이 지역 공동체에 참여하는 것, 미래의 정치적 참여에 대비해 학생들을 준비시키는 것과 같은 목표들은 매우 낮은 순위였다. 교사들의 4%와 교장들의 1%만이 이들 목표가 중요하다고 응답했다. 인종차별주의와 외국인 혐오증에 저항하는 전략을 중요한 목표로 간주하는 이들은 거의 없었다(Suoinen, Kupari & Törmäkangas, 2010). 이 결과들은 인지적인 목적을 중요하게 강조한 결과로 사회 과목의 사회-윤리적 목적들이 가려져버렸을 위험성이 있음을 암시한다. 사회과학교육에서 윤리적·참여적 측면은 미래의 교육과정 개발에 도전이 될 것이라는 것은 의심할 여지가 없다. 평가 방법들은 일반적으로 최근에 더욱 다양해졌고, 더욱 자료에 기반하고 있으면서(기록된 문서, 통계 및 도식) 역량 개발을 강조하고 있다. 그러나 사회가 작동하는 것에 대해 생각해보면, 사회 교과 수업의 주요한 역할이 무엇인지에 대한 의문을 제기할 수 있다. 그것은 민주주의에 대해 아는 것인가? 또는 사회에서 행동하는 시민을 교육하는 것인가? 이 목표들은 상호 배타적인 것은 아니다. 알지도 못하면서 무조건 행동하는 시민을 양성하는 것이 더 나쁜 일이 될 것이다.

그러나 사회와 연관된 내용들은 다른 과목들, 즉 역사, 지리, 종교교육, (모)국어교육, 윤리, 과학, 보건 및 가정 등의 과목에 또한 포함되어 있다. 이에 더해, 시민교육은 학교교육의 일반적이고 종합적인 목표이다. 2009년 ICCS에서 대부분의 핀란드 교사들과 교장들이 과목의 특수성과 상관없이 시민교육은 학교 전체와 전체 교사의 책임이라는 의견을 나타냈다(Suoninen et al., 2010). 그러나 한 가지 구별은 분명하게 해야 한다, 즉 넓은 의미의 시민교육은 사회화와 연계된 목적들과 함께 전체 학교에서 공동의 것이지만, 사회과학 교과는 사회를 체계적으로 탐구하는 것을 목표로 하는 과목이라는 점이다.

지리 교과와 지리교육

전통적으로 핀란드 지리학은 일반 지리학과 지역 지리학, 두 분야로 나넌다. 일반 지리학은 물리적 환경에 기초를 둔 사물과 현상과 사람이 만든 사물(인간 환경) 및 그 영향에 초점을 맞추고 있다. 그리고 지역 지리학은 세계의 지역, 즉 그 지역의 자연과 문화에 연계된 지역 특성을 탐구한다. 따라서 일반 지리학은 물리적 지리학과 문화적 지리학으로 나뉜다. 문화지리학의 인문학 분과는 다른 무엇보다도 사람이 사는 지역의 정체성, 지역의 이미지 및 자연경관에 대한 해석을 공부하고, 그 환경과 사람들의 개인적 관계에 초점을 맞춘다(Haarni et al., 1997; Olwig & Jones, 2008). 인간과 환경과의 관계는 물리적 지리학에서는 역시 더욱 중요한 교육의 목표가 되고 있다. 지리학의 분과가 여럿 있지만, 모든 공부의 주제는 구역 area, 지역(지방적, 세계적), 공간과 시간의 개념들과 연계되어 있다. 오늘날의 지리학은 다각화된 과학으로 자연과학, 인문학 및 사회과학과 연계되고, 공부하는 대상들 사이의 차이 대신 유사성에 초점을 맞춘다(Mei-Po & Weber, 2003). 핀란드에서는 대학 지리학은 수학·자연과학부에서 가르친다.

핀란드에서 지리 교과는 자연과학과 사회과학적 사고의 다리를 놓는 역할을 하고 있으며, 부분적으로는 사회과학과 연결된 학교 교과이다(Finnish National Board of Education, 2004). 이것은 '무엇(또는 어떤 종류의), 어디에, 왜?'라는 것과 관련이 있는 질문들에 답을 한다. 학생들이 학교에서 어떻게 지리학적 지식을 얻으며 어떻게 지리학적으로 사고할 것인가를 익히는 것이 매우 중요하다. 학교 교과목으로서 지리 교과는 학생들이 인간이 만든 것과 물리적 환경 그리고 그 구성 또는 현상 사이의 연결을 개략적으로 설명함으로써 학생들이 전 지구적인 전체를 인식하도록 노력하는 것을 지원한다. 이것들은 '지속가능한 환경을 창조하는 것'의 경우처럼 수업 중에 지리 교과 주제들의 물리적인 측면들과 인간적 측면들이 공존하고, 학습할 문제들이 매끄럽게 함께 결합되었을 때 가장 분명하게 나타난다. 지리학의 주요 목표는 고등학교 국가핵심교육과정(the National Core

Curriculum for Upper Secondary School, 2003)의 다음 문장에 잘 표현되어 있다. "지리 교과는 생명이 있거나 생명이 없는 자연과 인간이 만든 시스템의 구조들과 기능들을 탐구하는 것이다." 즉, 핵심 아이디어는 학생들이 자연과 인간 활동의 상호 의존성을 깨닫고, 문화적으로 다양하게 변모하고 있는 생활환경으로서의 세계를 탐구하는 것이다. 이것은 자연과학과 인문학의 학습 주제들을 통합하는 과목으로 지리학의 중요성을 강조하는 것이다.

인문 교과의 문해력(PISA, TIMMS, ICCS)

학생들의 지식, 역량 및 태도를 국내외적으로 검증한 몇몇 조사들이 있다. 초기 조사에서는 주로 학생들의 지식을 검사한 반면, 현재의 검사들은 학생들의 역량과 사고력을 측정하고 있다. 먼저, 핀란드 국가시험에 대해 설명하면, 7학년 초기에 생물과 지리에 관련된 학생들의 지식과 역량을 측정하는 선택형 시험이 있고, 의무교육 마지막인 9학년에는 학교나 교사들이 자발적으로 선택할 수 있는 또 다른 지리 시험이 있다. 이 시험에는 모든 학교가 참여하는 것이 아니기 때문에 결과를 전국적으로 활용하는 것은 가능하지 않다.

핀란드는 몇 개의 학습 결과에 대한 국제적 조사에 참여하고 있다. 제3차 국제 수학과학 조사the Third International Mathematics and Sciences Study (Kupari et al., 1999)에서 핀란드 학생들은 과학 중에서 지리와 생물을 선호했다. 핀란드 학생들의 성적 평균은 탐구를 통해 과학적 정보를 확보하는 능력에서 국제평균보다 유의미하게 높았다. 이 조사는 환경과 자연 자원에 관한 학생들의 지식도 측정했는데 핀란드 학생들은 유사한 성취를 보였다.

2006 PISA에서 최초로 지리 교과를 포함하는 자연과학에 주요 관심을 두었다. 15세 핀란드 학생들의 지식과 역량은 자연과학의 모든 영역에서 최고였다. 최고의 점수를 받은 영역은 과학적 증거를 활용하고, 과학적 이슈를 찾아내고, 현상을 과학적으로 설명하는 것이었다. 이러한 결과들은 학생들이 지리학적 이슈들도 잘 해결할 수 있다는 것을 의미하지만, 2006년 PISA에서는 인문지리학은 조사되지 않았다. 2009년 PISA에서도 같은 영역이 조사되었는데 과학 분야에서 학생들 역량의 인지적·정의적 양 측면 모두 핀란드 학생들은 2006년과 마찬가지로 가장 우수했다.

지난 20년 동안 핀란드 내에서 청소년들의 역사적 사고에 관한 몇 차례의 조사 결과를 분석한 논문이 발표되었지만, 우리는 교실에서 실제 어떤 일이 진행되는지 거의 알지 못한다. 시르카 아호넨(Sirkka Ahonen, 1998)은 청소년들의 역사의식과 정체성, 그리고 핀란드 역사의 주요 현상에 관한 개념들을 조사했다. 핀란드는 국제 청년 및 역사 조사에 참여했는데, 이 조사는 그 연속선상에 있는 것이다(Angvik & von Borries, 1997). 아호넨은 조사 후, 국가적인 결과의 일부를 제시했으며, 16세와 17세 고등학생들 100명에 대한 인터뷰 결과를 보고했다. 주요한 발견 중 하나는 민족적 서사가 여전히 강조되었고, 청소년들은 1939~1944년 전쟁[30]을 국가 역사에서 가장 중요한 이슈로 간주한다는 점이다. 아호넨은 이 애국주의를 교육에서 부분적으로 객관주의적 전통을 따르는 역사교육에 기초한다기보다 핀란드의 일반적인 역사적 문화에 기초하고 있다고 추정했다. 이 조사는 고등학교 학생들에 관한 것이지만, 더 어린 학생들도 큰 차이가 나지 않았다. 핀란드의 청년 및 역사 자료Youth and History data는, 15~16세 핀란드 학생들이 다른 북유럽 국가들의 상대 학생들보다 더 애국적이라는 것을 보여준다. 핀란드 응답자 중에서 국민국가nation가 매우 중요하다는 응답

---

30. [역주] 핀란드는 이 시기에 러시아, 즉 소련과 두 차례의 전쟁을 치른다.

이 65%이고, 자신들의 나라country가 중요하다는 응답은 74%였다.

또 다른 연구는 유하 밴티넨(Juha Vänttinen, 2009)의 학위 논문인데, 한 다문화 학교에서 13세와 14세 아동을 대상으로 하는 야심적인 교수 프로젝트였다. 저자는 학생들을 가르치며 매우 체계적인 자료를 활용함으로써 학생들이 자료를 어떻게 해석하고 결론을 도출할 수 있는지를 실험하였다. 연구 결과에 따르면, 자료에 기초한 교수방법들은 중학교 수업에 매우 적절하다는 것이었다. 이것은 매우 고무적인 일이고 현재의 역사 교육과정의 목표와 매우 잘 부합된다. 하지만 이것은 역사 교사들에게 매우 도전적인 일이며, 교과 내용과 교수법 양 측면에서 매우 심오한 전문 역량expertise을 요구하는 것이다.

시민교육에 관한 두 개의 대규모 국제평가(CIVED 1999; ICCS 2009)가 있는데, 이것은 청소년들의 사회에 관련된 지식, 참여 및 태도들을 평가하는 것이다. 이 평가들은 핀란드 청소년(14세)들이 사회에 관한 매우 훌륭한 지식을 갖추고 있으나 이 분야 흥미도는 매우 낮다는 결과를 보여준다. 핀란드 176개 학교의 3,300명의 학생들이 ICCS 2009 조사에 참여했다. 핀란드 청소년들은 국제 평균인 500점과 비교하여 매우 높은 평균 576점을 획득했고, 덴마크 학생들과 함께 최고 수준을 보였다. 여학생들이 남학생들보다 훨씬 더 잘했으며, 학교 간의 차이는 매우 작았다. 핀란드 표본에는 최고 수준을 달성한 학생들이 다른 어떤 나라보다 많았고, 낮은 수준을 보인 학생들의 비율은 가장 낮았다. 1999년에 조사한 결과도 매우 좋았지만, 학생들의 성과는 그때보다 조금 더 개선되었다. 이 결과가 더욱 특별한 이유는 CIVED와 ICCS의 국제 조사의 대상 그룹이 14세 아동들로 체계적인 시민교육을 받지 않았다는 점이다. 그럼에도 양 조사에서 학생들의 지식이 최상위 수준이었다는 것은 학생들이 비판적으로 사고하는 역량과 사회에 관한 상당한 양의 정보가 수업을 통해, 예를 들어 역사와 지리 수업이나 전반적인 학교생활을 통해 효과적으로 침투되고 있음을 나타내고 있다. 지식 항목에서 우수한 결과는, 비록 개별 학생들의 성취 수준이 가정 배경과 부모들의 정치적·사회적 이슈에 대한 관심과 관련이 있다고 하더라도, 일반적으로는 상당히 학교에 기인하는 것이며, 시민성 교육의 내용에 기인하는 것이다(Suoninen et al., 2010; cf. Suutarinen, 2002).

핀란드 학생들이 좋은 성과를 내지 못한 영역은 정치적·사회적 이슈에 대한 태도이다. 그들은 스웨덴, 노르웨이, 벨기에 학생들과 함께 정치적 이슈, 특히 정당에 관한 관심이 적었다. 그럼에도 불구하고 더 중요한 것으로 경험되는 영역이 있는데 주로 환경 이슈에 관한 것이다. 청소년의 다수는 미래에 투표를 할 것이라고 생각한다. 그러나 그들이 정당에 가입하거나 선거에서 후보로 나설 것이라고 생각하는 학생들은 거의 없었다. 핀란드 청소년들은 조사에 참여한 다른 나라 청소년들에 비해 제도를 더 신뢰하고 있고, (비록 남학생들은 보다 보수적 태도를 갖고 있음에도 불구하고) 국제적인 평균보다 양성 평등을 더 지지하고 있다. 이 청소년들은 전체적으로, 그리고 남학생들보다 여학생들이 소수 민족의 권리에 관해 관대한 태도를 보였다.

이러한 결과는 역사 및 사회 과목에서 핀란드 국가교육위원회Finnish National Board of Education가 처음 실시한 2012년 국가 평가와 비교할 수 있으며 부분적으로 대조를 이루었다(Ouairim-Sovio & Kuusela, 2012; Ouakrim-Sovio, 2013). 참여 학생들(약 4,700명)은 109개 학교의 15세 9학년 학생들이었다. 시험 문항들은 2004 NCCBE의 평가 기준을 기초로 설계되었는데, 역사, 사회 교과와 관련 있는 능력, 예를 들어 역사적 공감, 시간 개념, 자료의 비판적 해석, 통계, 사회적 이슈들을 설명하거나, 미디어를 통해 제공되는 그래프, 메시지들을 해석하는 능력들에 초점을 두고 있다. 9학년 학생들은 역사 시험에서 상당히 좋은 결과를 냈는데, 예를 들어 시간 개념과 관련 있는 문항에서는 특히 그러했다. 그러나 자료를 해석하거나 인과관계를 이해하는 것과 같은 다양한 역량 관련 항목에서는 어려움을 나타냈다. 평균 수행 능력은 최대치의 약 50%에 해당하지만 참여자들 사이의 차이는 크게 나타났다. 평균적인 수행 능력은 사회 교과에서 점수 비율이 64%로 조금 더 나은 결과를 보여주었다. 사회적 이슈에 관한 논증을 하기 위해 필요한 능력을 요구하는 문항에서는 최고의 결과를 보여 주었으나 정치적 의사결정에 대한 대안을 제시하는 문항이나 미디어, 통계 그래프를 비판적으로 해석하는 데는 명백하게 어려움을 보였다.

교수법의 활용

역사, 사회 또는 지리 교과의 현재의 학교교육과정은 그 자체로 어떤 교수법 및 학습 방법을 사용해야 하는지 명시적으로 밝히지는 않지만 교사는 자유롭게 교수 방법을 선택할 수 있다. 그러나 기초교육을 위한 국가핵심교육과정the National Core Curriculum for Basic Education은 일반적으로 교사들이 학생들이 학습하고 생각하고, 논증하거나 문제를 해결하는 역량과 참여와 사회적 능력, 협업하는 능력, 디지털 미디어를 사용하는 능력을 개발하는 교수 방법을 사용하도록 하고 있다(Finnish National Board of Education, 2004).

현재의 학교교육과정은 지식과 학습의 활동적이고 역동적인 개념에 기초하고 있다. 이것은 정신적 활동으로서 학습의 구성주의적 개념 및 지식 형성의 개인적·사회적 구성주의 개념들을 의미한다.

또 다른 연관된 도전 과제로 인문학은 분산된 정보 조각들의 축척이 아닌, 생각하고 이해하는 하나의 구체적 방식으로 가르쳐야 하고, 교사의 임무는 학생들의 고차원적 사고가 자라도록 해야 한다는 것이다. 미래의 교사들에게 단순한 정보를 전달하는 것이 아니라 생각하기와 이해하기를 가르치도록 준비시키는 것이 교사교육의 중요한 과제이다. 비록 오늘날 역사, 사회, 지리 교과교사들이 이미 학생 중심의 교수법을 상당히 자주 사용하고 있으나, 이것들을 확대하는 것이 교사들이 직면한 도전이기도 하다.

다음은 역사와 지리 교과를 중심으로 설명한다. 교육과정의 목표는 역량 중심의 가르침을 강조해왔다. 학생들은 역사적 증거를 활용하고 해석하는 것을 배워야 하고, 상충하는 자료들을 해석하고, 편견을 잡아내고, 역사적인 질문에 관한 다중적 관점들을 이해해야 한다. 역사교육에 대한 이러한 접근 방식은 영국 전통의 역사 교수학에 기초하고 있다. 학생들은 주로 이 방법을 사용하여 역사 인식론의 기초와, 엄밀한 비판적 검정에 기초한 지식 구성을 이해해야 하며, 교사는 이러한 비판적 문해력이 일상생활에서 계속되는 정보의 홍수를 관리할 수 있는 능력이 배양되는 전이효과transfer effect를 가지기를 기대한다. 이것은 일시적으로 하는 일이 아니고, 체계적이고 지속적인 연습을 요구한다. 역사는 여전히 문헌을 읽고, 글을 통해 자신이 표현할 수 있는 것에 기초하고 있는 교과이지만, 역사를 읽는 것은 여러 가지 형태의 문해력을 의미한다. 문헌은 말로 된 것뿐 아니라, 점점 더 시각적인 문헌, 전자 및 디지털 미디어를 포함하고 있다.

역사적 문헌 작업을 하는 좋은 예는 유나 밴티넨르크Juna Vänttinenrk의 박사학위 논문의 기초로 구성했던 교수 실험teaching experiment이다. 그는 몇 가지 자료 집합을 선택했고, 그것에 기초해서 과제를 디자인했는데 7학년의 매우 쉬운 문헌에서 출발하여 8학년에는 점차 어려운 문헌들로 옮겨 갔다. 예를 들면 그는 북미에서 온 핀란드 이주민이라고 상상하여 그들이 쓴 편지를 사용했다. 여기서 학생들은 이민의 개인적인 동기를 찾아내야 하고 역사적 변화를 이해해야 한다. 또 다른 예로는, 히틀러 치하의 독일 문헌으로 학생들은 모순되는 자료들을 비교하고 그 텍스트들 속에서 편견을 찾아내도록 하는 과제를 받았다. 일반적으로 시각적인, 도표로 나타낸 통계적 자료들이 역사를 가르칠 때 점차 중요해지고 있는데. 이것은 인문 교과 전반에 공통된 현상이다.

지리 교과에서 '그래픽graphics'을 통한 학습, 다시 말해 '지오미디어 geomedia'와 언론 보도(전 세계의 시사적이고 현시대적인 자료)를 활용하는 학습은 기초교육의 교수·학습에 중요한 역할을 해왔고 현재도 중요한 역할을 하고 있다. '지오미디어'는 지도, 사진, 그림, 도해, 비디오 등을 포함하고 있으나, 오늘날에는 컴퓨터로 만든 그래픽과 지리정보 시스템GIS: Geographical information System이 점점 더 많이 활용되고 있다. GIS 과정은 위치 정보를 처리하고 위치 정보를 읽고 조정하는 것을 지원한다. 지리정보 시스템은 특별히 정보 수집과 자료 처리를 가능하게 한다. 지리정보 시스템은 또한 분석과 도해를 지원하는 도구들을 제공한다. 이것들은 위치 정보에 더하여 특성 정보를 포함하는데, 목표를 정하고, 그 목표물의 특성을 기술한다. 그러므로 그 장소에 관한 정보는 위치 정보, 특성 자료, 그리고 접촉 정보 등으로 구성된 총체이다. 또한 지도의 다양한 활용을 통해 여러 주제들을 제시할 수 있는데, 그러한 주제들은 인문지리학에서 지도를 가지고 학습할 수 있는 것들이다. 학교를 위한 GIS 프로그램(www.paikkaoppi.fi)이 있는데 이것은 핀란드의 모든 교사가 사용할 수 있다. GIS 프로그램을 활용한 지도를 다양하게 이용하는 것은 인문지리학에서 지도를 가지고 가르칠 수 있는 주제를 제시할 수 있게 하며 그것은 학생들의 공간 이해 능력을 발달시킬 수 있다.

www.paikkaoppi.fi와 같은 학습 환경에서는 공간적 이해, 지도 읽는 능력, 공간에 대한 지식과 가치가 배움의 초점이 된다. 이 체계를 이용하는 사례들은 다음과 같다. 도시 환경은 학생들에게 보통 장소들과 그 장소의 의미들로 구조화되어 있다. 하지만 학생들은 그들의 주변 환경과 개인적 관계를 갖는 것은 아닌 것 같다. 학생들이 자신의 환경에 대해 무관심하지 않고, 환경 이슈에 민감하도록 교육하기 위해서 학생들에게 환경 속에서 자신들이 중요하다고 생각하거나 좋아하는 장소에서 사진을 찍도록 한다. 학생들에게 왜 이 장소가 그들에게 중요한지 글로 쓰게 한다. 그리고 그들이 찍은 이미지를 'PaikksOppi'의 지도 프로그램의 정보와 연결하게 한다. 또한 학생들이 사진과 에세이를 지리학적 좌표를 활용하여 지도의 알맞은 장소에 위치시키도록 한다. 이 연습의 마지막에 학생들은 다른 학생들에게 그들이 선택한 중요한 장소와 지도 프로그램이나 다른 곳에서 이용 가능한 정보와의 연계성을 설명하도록 한다. 이런 형태의 연습은 그 장소에 관한 역사적이고 생물학적인 지식과 쉽게 연계되어 컴퓨터 활용 능력과 사진 촬영을 연습할 수 있는 기회를 제공한다.

한 학교에서 2010년 봄 학기에 실시한 여러 교과목에 걸쳐 활동한 예로 풍경 역사 과정a landscape history course을 들 수 있다. 이 과정은 지리, 역사 및 풍경 지리학의 교사들이 공동으로 계획했다. 그 과정의 목표는 풍경의 변화, 즉 특별한 물리적 특징이나 인위적 구조가 시간이 흐르면서 어떻게 변화했는가를 탐구하는 것이다. 'PaikksOppi'의 지도 프로그램은 18세기의 원 지도와 현재 지도 및 항공사진을 탐구하는 데 이용되었다. 지도 프로그램에서 자료 집합들이 지도에서 중첩하여 씌워졌고 기본적인 비주얼 분석이 되었다. 또한 지도 서비스는 특별 과정에서 지리와 문학 과목의 통합적인 교수를 통해 학생들이 그들 자신 지역 환경의 문화적 역사에 대한 지식을 고양시키는 데 활용되기도 했다. 학생들은 투르쿠Turku 시내에서 문화적 의미를 지닌 장소를 찾아 나섰다. 학생들은 지도 프로그램에서 이 장소들을 그려놓은 다음, 이 장소와 연계된 지역 문학 작품 소설과 시의 발췌문을 뽑아 그 위에 덧붙였다.

평가

인문 교과의 평가는 주로 교사가 만든 학교 중심의 시험들이나, 수업 활동, 과제 및 포트폴리오에 기초하고 있다. 점점 더 자주 학생들 자신의 생각, 문제해결, 더 넓은 맥락의 이해, 개념들 또는 문서documents를 요구하는 과제를 평가에 포함시키고 있다. 새로운 평가 문화에 따르면, 교실에서 학생의 평가는 참평가authentic assessment 또는 수행평가performance assessment의 원리에 기초를 두고 개별화하여 학생들 개개인의 발달을 지원하는 평가를 기대하고 있다.

2004년 종합학교교육과정의 주요한 개혁 중 하나로 모든 과목에 학생들의 성취 평가 기준이 설정되었고, 이 기준들은 2014 새로운 교육과정에서 정교하게 수정되었다. 9학년에 대한 기준은 일찍이 1999년에 만들어졌지만, 2004년의 '교과목 내용에 관한 우수한 지식'에 관한 교육과정의 기준도 학교교육의 전환점, 즉 담임교사들에게 가르침을 받던 개별 학생이 특정 교과목 교사들에게 가르침을 받는 이행 시기를 위해 준비되었다. 이 평가 기준은 단지 교과의 '우수한' 지식과 능력을 위한 기준들을 묘사할 뿐으로 이것은 실제 4에서 10까지의 등급 사이에서 8등급을 의미한다. '만족스러운(satisfactory 5)'이나 '탁월한(excellent 9, 10)' 성취에 대한 기준들이 없다. 대표적인 인문 교과들의 평가 기준에는 차이가 있다.

역사 교과 기준의 특징은 역사적 지식을 얻고, 이해하고 사용하는 능력을 강조한다. 이 기준들은 매우 형식적인 것이며, 역사적인 사건 중에서 학생들이 받아들여야 하는 사실적 내용으로 지정되어 있지 않다. 이렇게 하는 이유는 역사적 사건들의 중요성에 관한 상대주의적 개념 때문이다. 평가 기준이나 또는 역사교육 목표에 대한 형식적 강조는 분명 영국의 역사교육 전통에서 영향을 받은 것이다(Husbands, 2003 참조).

사회 교과의 기준들도 역사 교과의 기준들과 유사해서, 정보를 다루는 역량을 강조한다. 이 교과에서 학습 결과를 평가하는 것은 어려운 과제이며, 특히 시민성 교육과 관련하여 그렇다. 평가의 형성적 기능은 이 사회 교과의 역할이 개인의 시민성을 개발하는 것이기 때문에 매우 적절하며, 이것은 인권 감수성, 평등 및 민주주의 등과 같은 사회적·도덕적 가치 및 태도와 관련된 목표에 연계될 때 특별히 타당하다. 게다가 가장 본질적인 결과는 학생들의 학창 시절이 한참 지난 후에 관측될 수 있어서 학교 평가에서 측정될 수 없고 따라서 손쉬운 평가 목표들은 시민성 평가에 타당하지 않을 수 있다(Grant & Salinas, 2008).

지리 교과에서는, '우수한' 지식과 능력에 대한 기준은 몇 개의 범주로 나뉘었다. 그 가운데 가장 본질적인 것들은, 몇 가지 종류의 지도와 사진과 통계들을 해석하고 뉴스 자료와 자료 네트워크에서 정보를 활용하는 것과 같은 지리적 정보를 획득할 수 있는 능력, 세계, 유럽과 핀란드, 그리고 공동의 환경을 분석할 수 있는 능력이다. 이같이 국가적 차원의 동등한 최종적 평가 기준들은 매우 자주 지역 교육과정에 직접적으로 전이된다.

역사, 사회, 지리 교과교사 교육

오늘날 교사교육 프로그램은 전공 교과목 사이에 샌드위치가 되고 있으나, 전공 교과목에서 학위를 끝낸 후 교사 자격을 취득하고 싶은 사람들에게 소수의 대학에서 교사교육 교과목에 접근할 문이 열려 있다. 전공 교과목들은 인문학, 사회과학, 과학의 각 대학 학부가 조직하고, 교사교육 교과목들은 교육학과에서 조직한다. 교사교육 교과목은 보통 일 년 과정인데 이것은 교사들의 전문성 개발 과정에서 매우 짧은 기간이다. 인문 교과와 다른 교과들의 교과교사들을 위한 교육학 교과목은 일반교육학 과정, 교과 교육학 과정, 그리고 실습으로 이루어진다. 교과별 교수법은 교사교육에서 교과 교육학 요소를 뜻한다. 이것은 전공 교과목과 교육학을, 학교 교과와 학습자 개인들을 연결하는 매개고리이다. 그러므로 이것은 특정한 교과목의 성격과 교육학의 일반적 이론들을 결합하는 접근방법으로서, 교육학적 내용 지식pedagogical content knowledge에 초점을 맞추는 교과목이다.

과정 설계와 교과 교육학의 구체적 내용은 교사교육 학과들마다 다르다. 하지만 핵심적인 내용은 대체로 미래의 교사들에게 그 교과와 관련하여 사고하고 학습하는 과정들뿐 아니라 학교 교과의 성격과 그 지식의 형식에 관해 생각할 수 있도록 소개하는 내용으로 구성되어 있다. 또한 학교교육과정과 개발, 교수법과 자료, 그리고 학생 평가도 소개된다. 교과 교육학은 수습교사 교육과 연계되어 있기 때문에 교수법, 평가, 시각자료와 ICT 활용과 같은 실용적 해결책이 핵심 내용으로 포함되어 있으며 그리고 일반적으로 교사 훈련과정의 학생들에게 매우 좋은 평가를 받고 있다. 그런데 우리가 예비교사들이 성찰하는 전문가로서 성장하는 것을 지원하고자 한다면, 또 학문적 영역과 연구 분야로 교과 교육학을 발전시키기를 원한다면 이것만으로는 충분하지 않다. 교사가 되려는 학생들은 학습과 교수learning and teaching를 연구하도록 배워야 하며 부전공 논문을 작성해야 한다. 통학문적 접근 방법(지속가능한 발전, 세계적이고 다문화적 교육, 참여하는 시민, 미디어 문해력, 미래학) 또한 이 교육과정에 포함된다.

사회 교과의 교수법은 지금까지 역사 교수법에 통합되어왔는데 헬싱키대학은 예외이다. 이 대학은 이들 프로그램을 부분적으로 차별화할 수 있는 기회를 가졌기 때문이다. 일부 구성 요소는 두 교과에 공통적이지만 학교 교과목으로서의 사회 교과 특성, 학생들의 태도와 성취동기, 교수법과 연관된 실제 문제 관련 연구와 같은 특정 주제들도 있다. 원칙적으로, 핀란드에서 역사 교수법은 사회과학보다 더 발전했으며, 우리 교육자들이 사회 과목을 가르치는 교사의 교직 준비를 강화하는 것은 시급한 과제이다.

학문으로서 지리학의 성격과 학교 지리 교과의 내용은 핀란드 대학의 교사교육 학과의 교수법에서 논의된다. 수강 가능한 교수법 강좌의 종류는 대학마다 다르고 교과 교육학 교수들didactics teachers의 세부 전공과목에 따라 다르지만, 지리학 학습에서 도표와 지도의 중요성과 같은 기본적인 것들은 모두에게 가르친다(Cantell et al., 2007). 일상생활에 대한 이론의 다양한 적용은 교과교사와 담임교사의 학생 모두에게 소개된다. 학생들은 자신들의 학업과정에서 지리 교과 인턴과정을 경험하고 또 대학들의 교사 훈련학교[31]에서 실습을 한다.

지리학이라는 학문은 교과목에 특화된 교수법 연구를 통해 학교 수준에 맞게 도입된다. 이런 학업과정에서 과학의 이론적 내용들이 학교라는 환경 속에 소개된다. 카이볼라와 리키넨(Kaivola & Rikkinen, 2007)은 핀란드에서 지리 교과 교육이 과거 수십 년 동안 지속적인 변화를 경험해왔음을 보여준다. 그들에 따르면 학술적 연구와 고등교육의 혁신이 여러 면에서 학교에 스며들었다. 핀란드의 교육과정 개발 경향이 지리 교과교사들에게 교육 환경을 설계할 수 있는 기회를 더 많이 주었던 것은 주목할 만한 사실이다(Kaivola & Rikkinen, 2007). 동시에 지리 교과를 위한 효과적인 교수·학습 방법들이 소개되어왔다. 또한 일상적인 지리학 지식들을 보다 효과적으로 활용하는 방법에 관한 이해도도 더 높아졌다. 교수학 과정에서는 지리 교과의 내용과 개념들을 개혁하여 서로 다른 나이 그룹의 학생들이 그것들을 이해할 수 있도록 하는 방법들도 검토되었다. 이 모든 경향들이 2007년에 출판된 리키넨의 교수법에 관한 책들에 광범위하게 제시되었다(Cantell et al., 2007). 특히 지리 교과 학습과 관련된 사고 역량은 사회문화적 학습 맥락과 사회적 준거의 틀 속에서 지리 교과를 학습하는 것과 함께 강조되었다(Cantell, 2001). 당연히 지리 교과 교육은 사회의 동향에 의존하고 있으며, 결코 몰가치적인 것이 아니다.

---

31. [역주] 교사훈련학교(Teacher Training School)는 유치원에서부터 고등학교가 함께 있는 대학 부설 일반 학교들이다. 이곳에서 예비교사들은 예비교사를 훈련시키는 감독 교사들에게 지도를 받고 대학의 강사나 교수들에게도 지도를 받는다.

공동의 도전들

모든 인문학은 공통된 어떤 질문이 있으며, 앞으로 미래의 교사들은 주제들을 함께 해결하기 위해 일관된 이슈 위주의 구조를 만들고 협력하면서 교과 경계를 넘나들도록 도전받게 될 것이다. 또한 미래의 많은 도전들에는 지속가능한 환경과 사회를 이룩하기 위한 행동, 세계화 및 참여하는 시민성과 같은 학문 분야를 넘어서는 주제들이 포함될 것이다. 지리교과에서 참여하는 시민성의 사례는 개인의 지역적 정체성을 참여하는 세계시민성으로 확대하는 것이다(Cantell, 2005). 파쿠나이넨(Paakkunainen, 2007)의 연구에 따르면, 단지 30%의 핀란드 응답자들만이 자신이 세계 시민이라는 느낌을 가지고 있었고, 50%를 조금 넘어서는 사람들만이 유럽 시민임을 느꼈다. 핀란드 학교문화에서 누구에게나 '참여하는 시민성'은 매우 큰 도전인데 이것은 몇몇 연구 결과들ICCS에서 나타났듯이 핀란드 청소년들이 이 문제에 그다지 관심이 없기 때문만이 아니라, 이 이슈들을 가르치고 배우기가 어렵고 나이에 따라 차이가 나기 때문이다.

문화적 다양성은 핀란드 교사들에게 매우 새로운 상황을 제기해서 교사들은 다문화와 다중언어 학생에게 의미 있는 교수법들과 접근 방법을 설계해야 한다. 이 상황은 나라 안의 지역마다 매우 다르게 나타난다. 모든 교사가 이 변화의 일부를 공유하고 있는 한편, 어떤 경우에는 더욱 직접적인 관련이 있다. 이종문화 간 역량intercultural competence이나, 문화적으로 적절한 교육학이 교과교사의 초기 교사교육이나 현직 교사교육에 매우 필수적이다. 첫째, 이것은 이민 경력 있는 학생들을 포함한 모든 학생들의 학습을 지도하는 것과 관련이 있고, 둘째, 수업에서 의사소통에 영향을 미치며, 셋째, 일반적으로는 학교와 교육에, 특별하게는 문화와 관련된 가치 이슈에 영향을 미친다.

다문화주의가 가져온 변화는 교과들의 성격, 그리고 개인들과 사회에 이 교과들이 가진 기능들과 연계되어 있다. 핵심적인 이슈들은 우리가 누구의 역사 또는 지리를 가르치며, 또 누구의 사회적 가치가 시민교육의 에토스ethos에[32] 반영되고 있는가 하는 것들이다. 핀란드 사회에서 다문화 주의를 확장하는 것은 어떤 지리 교과를 가르치는 것이 중요한가라고 하는 문제를 제기한다. 이것은 교수법 연구의 새로운 과제임과 동시에 학교의 지리 교과교사들에게도 또한 중요한 과제이다.

문화적으로 다양한 교실에는 서로 다른 역사적 문화를 가진 청소년들이 있는데, 이들은 예민할 뿐만 아니라 논쟁을 불러일으킬 수 있는 현재의 이슈들에 관해서 서로 다른 해석들과 다른 배경을 가지고 있다. 인구의 다양성이 증가함에 따라 다중적 관점들multiperspectivity이 요구되면서 전통적인 단면적 역사교육이 도전받고 있다. 핀란드 역사 교육과정이 매우 강하게 자국사에 초점을 맞추고 있는 것은 아니지만, 더욱 많은 공간을 세계 역사에 분명하게 할애해야 한다(Virta, 2008).

대부분의 학교 체제에서 사회 교과 교육과정은 한 국가의 관점에서 바로 그 사회의 제도들과 구조에 관한 표현에 기초하고 있다. 이것은 하나의 사회를 위한 사회화의 통로 역할을 해왔다. 이것은 여전히 적절한 것이기는 하나, 국제적 이민의 증대, 세계화, 더욱 빠른 의사소통을 고려해 보면 충분하지는 않다(Virta, 2010). 어쩌면 우리는 일반적인 시민교육 대신에 이종문화 간intercultural 시민교육에 대한 목소리를 더 내야 할 것이다. 이민 경험을 가진 어린이들을 새로운 사회 속으로 통합하는 것에 국한할 것이 아니라, 모든 학생이 국제적 환경과 다문화 사회에서 일하고 살아갈 수 있는 역량이 필요하다.

결론적으로, 제시된 많은 것들이 미래 교육Future Education에 포함될 수

---

32. [역주]
ethos_성격·관습의 뜻을 지닌 그리스어에서 비롯된 철학 용어로 pathos와 대립되는 개념이며 사람에게 도덕적 감정을 갖게 하는 보편적인 도덕적·이성적 요소를 갖는다. (특정 집단·사회의) 기풍.
logos_이성적·과학적인 것을 가리키는 것으로 사고능력·이성 등의 의미를 가진다.
pathos_logos와 대치되는 개념으로 감각적·신체적·예술적인 것을 가리키며 격정·정념·충동 등의 의미를 가진다.

있다. 미래 교육의 관점은 여러 교과, 교과 그룹들, 그리고 범교과적 주제들에서 실현될 수 있다. 미래 교육에는, 세계관(삶의 철학)의 정신적 형상 mental pictures이 교수·학습에 활용되어야 한다. 정신적 형상은 개인적 지식personal knowledge, 개념conceptions, 가정assumptions 및 신념beliefs의 총체를 나타낸다. 이런 종류의 정보들은 이야기narratives, 에세이 및 회화에서 모을 수 있다. 인문 교과들과 연결되기 위해서는 "현상은 어떤 방향으로 발전하고 있는가?"라고 묻는 것이 중요하다.

참고 문헌

Ahonen, S. (1998). *Historiaton sukupolvi? Historian vastaanotto ja historiallisen identiteetin rakentuminen 1990-luvun nuorison keskuudessa.* Historiallisia Tutkimuksia 202. Helsinki: Suomen Historiallinen Seura. [*The No-History Generation? The reception of history and the construction of historical identity by young people in the 1990's.*]

Angvik, M. & von Borries, B. v. (Eds.) (1997). *Youth and history. A comparative European survey on historical consciousness and political attitudes among adolescents.* Hamburg: Körber Stiftung.

Arola, P. (2002). Maailma muuttui–muuttuiko opetus? Suomalaisen historian ja yhteiskuntatiedon opetuksen vaiheita. In Löfström, J. (Ed.). *Kohti tulevaa menneisyyttä. Historiallis-yhteiskunnallinen kasvatus uudella vuosituhannella,* (pp. 10-34). Jyväskylä 2002. [The world changed–What about teaching? About the history of history and social science education in Finland. *In: Towards the future past. History and social science education in the new century.*]

Cantell, H. (2001). *Oppimis-ja opettamiskäsitykset maantieteen opetuksen ja aineenopettajankoulutuksen kehittämisen lähtökohtana.* Helsingin yliopisto. Opettajankoulutuslaitos. Tutkimuksia 228. [Conceptions of the learning and teaching-basis for the development of the teaching geography and of the education of subject teachers.]

Cantell, H. (2005). Kansalaisvaikuttaminen-lokaalista globaaliin, oppitunnilta oikeaan elämään. In Rantala, J. & A. Siikaneva (Eds.). Kansalaisvaikuttaminen opettajankoulutuksen haasteena. *Historiallis-yhteiskuntatiedollisen kasvatuk sen tutkimus-ja kehittämiskeskuksen tutkimuksia 3* (pp. 33-46). Helsinki: Hel singinyliopisto. [Active citizenship–in the local into the global, active citizenship from lessons to life.]

Cantell, H., Rikkinen, H. & Tani, S. (2007). *Maailma minussa-minä maailmassa. Maantieteen opettajan käsikirja.* Helsingin yliopisto, Soveltavan kasvatustieteen laitos, Studia Paedagogica 33. [World in me-I in world. The handbook for geography teachers.]

Castrén, M. J. (1992). Historianopetus muuttuvassa yhteiskunnassa. In M. J. Castrén, S. Ahonen, P. Arola, K. Elio & A. Pilli. *Historia koulussa* (pp. 11-47). Helsinki: Yliopistopaino 1992. [History education in a changing society. In: *History at School.*]

Elio, K. (1993). Yhteiskunnallinen sivistys, yhteiskuntatieto ja oppiaines.] In P. Arola, K. Elio, T. Huuhtanen & A. Pill, *Yhteiskuntatieto koulussa*. (pp. 11-79). Helsinki: Yliopistopaino. [Societal bildung, Societal knowledge and subject matter. In: *Social science at school*]

Finnish National Board of Education. (2004). *Perusopetuksen opetussuunnitel man perusteet 2004* [*National Core Curriculum of Basic Education 2004*]. Retrieved 18.12.2015, http://www.oph.fi/download/139848_pops_web.pdf

Finnish National Board of Education. (2014) *Perusopetuksen opetussuunnitel man perusteet 2014* [*National Core Curriculum of Basic Education 2014*.] Retrieved 18.12.2015, http://www.oph.fi/download/163777_perusopetuksen_ opetussuunnitelman_perusteet_2014.pdf

Grant, S. G. and Salinas, C. (2008) Assessment and accountability in the social studies. In L. S. Levstik and C. A. Tyson (Eds.) *Handbook of research in social studies education.* (pp 219-236). New York: Routledge.

Haarni, T., Karvinen, M., Koskela., H & Tani, S. (1997). *Tila, paikka ja maisema: Tutkimusretkiä uuteen maantieteeseen.* Tampere: Vastapaino. [*Space, place and landscape: Expeditions to new geography.*]

Husbands, C. (2003) *What is history teaching? Language, ideas and meaning in learning about the past.* (Originally published 1996). Buckingham: Open University Press.

Kaivola, T. & Rikkinen, T. (2007). Four decades of change in geographical education in Finland *International Research in Geographical and Environmental Education,* 16(4), 316-327.

Kupari, P., Reinikainen, P. Nevanpää. & Törnroos, J. (1999). *Miten matematiikkaa ja luonnontieteitä osataan suomalaisessa koulussa? Kolmas kansainvälinen matematiikka-ja luonnontiedetutkimus TIMSS 1999 Suomessa.* Jyväskylä: Jyväskylän yliopistopaino. [How are the Mathematics and the Natural Sciences known at Finnish school? The third international study of the Mathematics and Natural Sciences, TIMSS 1999 in Finland.]

Kwan, Mei-Po, and Joe Weber (2003) Individual accessibility revisited: Implications for geographical analysis in the twenty-first century. *Geographical Analysis* 35 (4): 341-53.

Löfström, J. (Ed.) (2001). *Yhteiskuntatiedon tiedetausta. Ainedidaktisia lähtökohtia oppiaineen kehittämiseen.* [The Disciplinary Foundations of Social Studies: Subject Didactics as Platform in Developing the Subject]. Helsinki: University of Helsinki, Department of Teacher Education.

Löfström, J.; Virta, A. & van den Berg, M. (2010) Who actually sets the criteria for social studies literacy? The National Core Curricula and the Matriculation Examination as guidelines for social studies teaching in Finland in the 2000's. *Journal of Social Science Education* 9(4): 6-14. http://www.jsse.org/2010/2010-4/ pdf/JSSE-4-2010.pdf.

Ochoa-Becher, A. S. (2007) *Democratic Education for Social Studies. An Issues-Centered Decision Making Curriculum.* A Volume in International Social Studies Forum Greenwich, Conn.: Information Age.

Olwig, K. R., Jones, M. (2008) Thinking landscape and regional belonging on the northern edge of Europe In Jones, M. and Olwig, K. R. (Eds.) *Nordic land scapes-Region and belonging on the northern edge of Europe.* (pp ix-xxix). Minneapolis: University of Minnesota press.

Ouakrim-Soivio, N. (2013). *Toimivatko päättöarvioinnin kriteerit?-Oppilaiden saamat arvosanat ja Opetushallituksen oppimistulosten seuranta-arviointi koulujen välisten osaamiserojen mittareina.* Raportit ja selvitykset 2013: 9. Helsinki: Opetushallitus. [*Do the Criteria for Final Assessment Function? Students' Grades and the Evaluation Conducted by The National Board of Education as Indicators of Differences between Schools.*]

Ouakrim-Soivio, N. & Kuusela, J. (2012). *Historian ja yhteiskuntaopin oppimistulokset perusopetuksen päättövaiheessa 2011.* Koulutuksen seurantaraportit 2012: 3. Helsinki: Opetushallitus. [*Achievements in history and social studies in the end of comprehensive education 2001.*]

Paakkunainen, K. (2007). Nuorten poliittinen osallistuminen kahdeksassa Euro opan unionin maassa (EUYOUPART)-Kansallisten empiiristen tulosten vertailua ja tulkintaa.

Valtion nuorisoasiain neuvottelukunta, Nuorisotutkimusverkosto. 129 s. 22.2.2007. http://www.minedu.fi/export/sites/default/OPM/Nuoriso/nuorisoasiain_ neuvottelukunta/julkaisut/muut_tutkimukset/EUYOUPART.pdf [*The Political Participation of the Youth in Eight EU Countries (EUYOUPART)-Comparison and Interpretation of National Empirical Results.*]

Perusopetuksen opetussuunnitelman perusteet 2014. Helsinki: Opetushallitus. [*National Core Curricula for Basic Education* (2014)] Helsinki: The Finnish National Board of Education

Seixas, P. (2000). Schweigen! Die Kinder! or Does Postmodern History Have a Place in the Schools. In: P. N. Stearns, P. Seixas, P. & S. Wineburg (Eds.) *Knowing, teaching and learning history. National and international perspectives* (pp. 19 -37). New York: New York University Press.

Stradling, R. (2001). *Teaching the 20th century European history.* Strasbourg:

Council of Europe.

Stradling, R. (2003). *Multiperspectivity in history teaching: A guide for teachers.* Strasbourg: Council of Europe Publishing.

Suoninen, A., Kupari, P. & Törmäkangas, K. (2010). *Nuorten yhteiskunnalliset tiedot, osallistuminen ja asenteet. Kansainvälisen ICCS 2009-tutkimuksen päätulokset.* Jyväskylä: Jyväskylän yliopisto, Koulutuksen tutkimuslaitos. [*Adolescents' Knowledge, participation and Attitudes related to Society. Main Results of the International ICCS Study*]

Suutarinen, S. (2002). Tietävillä nuorilla syrjäytyneiden asenteet. Suomalaisten nuorten yhteiskunnallinen ajattelu ja toiminta kansainvälisessä vertailussa. In: Brunell, V. & Törmäkangas, K. (Eds.). *Tulevaisuuden yhteiskunnan rakentajat.* Yhteiskunnallisen opetuksen kansainvälinen tutkimus Suomen näkökulmasta (pp. 11-60). Jyväskylä: Koulutuksen tutkimuslaitos. [Knowledgeable Adolescents Having Attitudes Typical of Those in the Margin. Societal thinking and Acting of Finnish Adolescents in International Comparison. In: *Those Who Will Build the Future Society. The Finnish Approach to The International Study of Civic Education.*]

Tuan, YF. (1974). *Topophilia: A study of environmental perception, attitudes and values.* Hillsdale, New Jersey: Prentice-Hall.

van der Leeuw-Roord, J. (2003). *History changes. Facts and figures about history education in Europe since 1989.* Hague: Euroclio.

Virta, A. (2008). *Kenen historiaa monikulttuurisessa koulussa. Kasvatusalan tutkimuksia 39.* Turku: Suomen Kasvatustieteellinen seura. [*Whose History Should be Taught in a Multicultural School.*]

Virta, A. (2010) Yhteiskuntaoppi muuttuvassa ja monikulttuurisessa yhteiskunnassa. Teoksessa Ropo, E., Silfverberg, H. & Soini, T. (Toim.), *Toisensa kohtaavat ainedidaktiikat* (s. 423-436). Tampereen yliopiston opet tajankoulutuslaitoksen julkaisuja A: 31. Tampere: Tampereen yliopisto, opettajan koulutuslaitos. [Social Science in a Changing and Multicultural Society.]

Vänttinen, J. (2009). *Saako historiasta selvää. Monikulttuuriset yläkoululaiset historian lähteillä. Historian taidot motiivien, seurauksien, historian tulkintojen ja lähteiden arvioinneissa.* Turun yliopiston julkaisuja C: 289. Turku: Turun yliopisto. [Making Sense of History? Multicultural Lower Secondary School Students Examining Historical Sources.]

14. 예술교육:
표현과 의사소통의 도구

세이야 카이라부오리Seija Kairavuori
사라 신토넨Sara Sintonen

요약

　문화예술교육은 교육 전반에서 독특한 역할을 한다. 이 글에서는 예술교육을 다문화적이고 다채로운 사회 안에서 어린이들과 청소년들이 개인이자 그룹의 구성원으로서 안전감secure sense of themselves을 개발할 수 있는 수단으로 보았다. 학생들은 예술교육을 통해 창의적인 잠재력과 자유로운 비판적 사고력을 개발하는 법을 배운다. 이를 통해 학생들은 미래의 시민으로서 예기치 못한 세계에 대처할 수 있는 문화 간 소통 역량intercultural competence 능력을 기르게 된다. 이 글에서는 교과별로 가르치고 있는 비주얼 아트, 음악, 공예(직조와 기술), 체육 그리고 가정 과목으로 구성된 핀란드 예술교육의 개요를 소개한다. 이러한 개별 교과는 핵심교육과정에서 필수 교과에 해당된다. 이 글은 '예술과 기술'로 명명된 교과 그룹 내에서 시각 예술과 음악 교과의 목적과 교수학적 원리와 실행을 정교하게 서술한다. 이 교과들은 유럽의 모든 초등교육과정에서 필수 교과로 지정된다.

　*핵심어: 핀란드 예술교육, 비주얼 아트, 음악교육, 안전감

교육에서의 예술과 문화

학교에서 문화예술교육의 역할은 최근 다양한 국제적인 맥락 속에서 강조되어왔다(ACESE 2009, p. 7 참조). 예를 들어 유네스코는 예술교육 분야에서 정책 개발을 주도했는데, 유네스코 사무총장(1999)은 관계자들은 모든 어린이 교육에서 예술을 가르치는 것을 보장해야 한다고 주장한다. '예술교육을 위한 로드맵The Road Map for Arts Education'(UNESCO, 2006)은 이러한 예술교육 강화 프로젝트에 대한 근거와 안내를 제공하고 있다. 이 문건은 교육과 문화 참여의 권리를 옹호하고, 교육의 질을 향상하며, 개인적인 능력을 개발하고, 문화적 다양성의 표현 증진에 도움이 되는 예술교육을 지지하고 있다(ACESE 2009, p. 7).

예술교육은 어린이들로 하여금 점점 더 예측 불가능한 세계에서 자신들의 역할을 준비하게 하는 중요한 역할을 한다. 세계화는 혜택과 도전을 동시에 가져왔는데, 예를 들면 기술과 지식의 발달, 경제 분야의 과제, 증대되는 이민, 다문화주의가 그것이다. 예술교육은 교육체제의 한 부분으로 어린이들과 청소년들이 다문화사회에서 개인으로서 그리고 다양한 그룹의 구성원으로서 자신들에 대한 안전감을 발달시키도록 하는 수단으로 볼 수 있다(ACESE 2009, p. 7). 여기서 자아에 대한 안전감은 다양한 맥락과 상황(문화적이고 예측하기 어려운 새로운 국면)에서 수용자이자 생산자로서 개인적인 그리고 사회적인 표현력과 의사소통 능력을 의미한다. 이러한 역할 속에서, 예술을 다루어본 개인적 경험과 그 가치는 문화 참여의 수용력capacity을 강화시킨다. 예술을 가르치는 것은 어린이와 젊은이들이 다양한 요소들 사이의 관계를 다루는 능력을 획득하는 데 도움이 된다. 아이스너가 말했듯이(Eisner, 2002, pp. 75-77), 개인은 전체를 구성하는 특성들 간의 상호작용을 보는 것을 배운다. 예를 들어 예술 작품을 분석하는 것, 음악을 작곡하거나 춤에 참여하는 것 등은 전체 속에서 세부적인 것에 관련된 분석-종합-과정이라는 관계들에 대한 수준 높은 이해를 요구한다. 예술에서의 이 '일치성의 과제problem of fit'는 개인적 체험 지식personal somatic knowledge을 통해 해결되어야 하며, 그것은 학습자가 지식 구성에서 권위적 지위를 갖게 됨을 의미한다. 학습자는 이미지 메이킹에서 여러 색상과 형태들 사이에 어떤 것이 최상의 관계일지 탐색하고 결정한다. 예를 들어 예술적 학습 과정은 더 좋은 선택의 기회가 나타났을 때 작품의 목표를 재설정하거나 방향을 바꾸는 능력을 발달시킨다(Eisner, 2002, pp. 77-79, 82-83). 지능의 즉흥적이고 창의적인 특징인 이런 유연성은 인간 삶의 어떤 장에서나 중요한 문제에 대한 사고와 태도의 형태를 발달시킨다.

또한, 예술교육의 특징 중 하나는 예술교육이 표현과 의사소통의 수단으로 다양한 소재의 활용을 가르친다는 것이다(Eisner, 2002, pp. 79-81). 다양한 기법과 기술을 학습하는 것은 자신이 작업하고 있는 재료의 한계와 잠재적 가능성을 이해하게 한다. 각각의 재료나 재료의 조합은 고유의 한계를 지니고 있다. 이러한 한계를 인식하는 것은 학습자가 자기조절과 사고 내에서 복잡성을 처리하는 것을 도와준다. 더욱이 학습자가 다양한 재료를 더 많이 경험해 볼수록, 그들은 깨어 있는 수용자와 의사전달자로 더 잘 성장할 수 있을 것이다. 아이스너가 말한 것처럼(Eisner, 2002, p. 85), 교육과정은 세계를 읽는 프레임을 제공한다. 따라서 효과적인 교육적 프로그램은 다양한 프레임을 제공하고 동시에 프레임을 바꿀 수 있는 학생들의 능력까지 개발시킨다. 이것은 지식 구성에서 다중모드 문예multimodal literature의 역할을 강조하는 것이며, 이것이 최근 핀란드 기초교육을 위한 핀란드 국가핵심교육과정의 선도 주제 중 하나이다(FNBE, 2014).

국가교육과정의 예술 교과 수와 지위는 초등 및 중등교육의 예술교육에 주어진 우선순위를 반영하는 것이라고 한다. 덧붙여, 만약 예술 교과가 교육과정을 통틀어 주류가 되고, 충분한 수업시수가 주어진다면 예술교육이 잠재적으로 학교의 창조적인 학습 환경에 공헌할 수 있다고 많은 사람들이 주장한다(ACESE 2009, p. 23). 그러므로 이 글에서는 핀란드 교육의 질에 관한 몇몇의 평가 영역에서 PISA의 놀라운 결과를 얻게 한 핀란드 학교 체제의 한 부분으로서 예술교육의 강점과 원리를 논하고자 한다.

핀란드 학교 체제의 예술교육

교육과정에서 예술 교과가 편성되어 있는 양상은 유럽 내에서조차도 크게 다르다(ACESE 2009, pp. 15, 23-28). 이것이 예술교육의 특성이 측정되기 어렵고 국제적으로 비교되기 어려운 이유 중 하나이다. 그래서 지금까지, 예를 들어 PISA에서도 이런 비교가 시행되지 못했다. 약 절반의 유럽 국가에서 비주얼 아트,[33] 음악, 드라마, 댄스, 영상예술, 공예, 건축과 같은 각각의 예술 교과는 교육과정에서 분리되어 있다. 반면에 나머지 절반의 국가에서는 이것이 '예술'이라는 하나의 통합 교과로 묶여 있다. 핀란드 학교 체제에서, 문화예술교육은 개별적으로 지도되는 비주얼 아트, 음악, 공예(직조와 기술), 체육, 가정과 같은 5개 교과로 나타나며 전체적으로 그 본질에서 매우 독특하다.

비록 그 교과들은 교육과정의 '예술과 기예 교과' 영역으로 묶여 있지만, 기초교육을 위한 핀란드 국가핵심교육과정(FNBE, 2014)에서는 이 교과들 각각의 분리된 목적과 핵심 내용을 명시하고 있다. 기초교육에서 이러한 '예술과 기술' 영역에 해당되는 개별 예술 교과들은 필수와 선택 교과로 나뉘어 있다. '예술과 기술 교과' 그룹 이외에도 예술적, 문화적인 주

---

33. [역주] 비주얼 아트(visual arts, 일반 미술 교과를 포함함).

제는 자연스럽게 다른 교과에도 포함되어 있다(예컨대 종교교육에서 '교회예술' 교과와 모국어에서 '문학' 교과).

최근 핀란드 국가교육위원회는 기초교육의 예술교육 교수·학습에 대한 대규모 국가 평가를 시행했다. 이 연구에 의하면(Jakku-Sihvonen, 2011, p. 9 참조), '예술과 기예' 영역의 교과들(공예, 비주얼 아트, 음악 그리고 체육)에 대한 학생들의 태도는 분명히 긍정적이었고, 수학, 모국어와 문학 및 필수 언어인 스웨덴어 교과에 대한 태도보다 훨씬 긍정적이었다. 야쿠시흐보넨(Jakku-Sihvonen, 2011, p. 9)은 이러한 결과가 이 교과들이 학생들의 행복과 즐거움에 대한 경험을 증대시킴으로써 핀란드 학교를 성장시키려는 노력에서 충분히 고려되어야 한다고 주장했다.

핀란드 국가핵심교육과정에서 예술과 기예는 기초교육에서 중요한 역할을 한다. 예술교육은 다른 차원의 인지적 발달의 문제, 혹은 교과의 부담으로부터의 휴식, 순수한 즐거움의 문제일뿐만 아니라 독서와 학습의 개선, 핀란드 전통과 문화의 이해, 그리고 개인적, 사회적 성장의 문제이기도 하다(v. Garber, 2002). 만약 교육과정을 문화적 진술로 읽고 분석한다면, 예술교육과정은 핀란드 전체적인 교육체제와 사고에 강력한 영향을 주는 것 같다.

교육과정에서 모든 예술 및 기예 교과를 필수로 지정하는 것은—비록 몇몇 교과들은 시수가 적더라도—유럽 상황에서 상당히 독특한 선택이다. 이러한 상황은 유럽에서 오직 노르웨이와 벨기에의 플랑드르 지역사회에서만 반영되어 있다(ACESE 2009, p. 26). 이러한 독특함uniqueness은 부분적으로 사회적 관점에서 설명될 수 있다. 핀란드에서 예술과 문화 교육은 개인의 자유에 관한 법률에 의해 강하게 영향을 받았다(이러한 자유는 헌법에 진술되어 있다). 예술교육의 관점에서 가장 중요한 헌법적 권리는 표현의 자유(사람들의 자기표현과 관련 있는)와 예술의 자유이다. 청소년들이 예술에 대한 개인적인 경험과 예술 창작의 가치를 체험함으로써 사회에 통합되고 동시에 개인의 문화적 발달 가능성도 높다.

이 바탕 위에서, 기초교육에 대한 현재 핀란드 교육과정의 구조는 학교 학습 환경에서 예술과 기예 교과의 다양한 성질을 표현하게 한다. 기초교육에서 개별 학생들이 공유하는 이 풍요로움이 서로 다른 개별 학생들에게 학습자로서 개인적인 강점을 발견할 수 있는 기회를 충분히 제공한다. 그것은 또한 문화적 평등cultural equality을 위한 선택이며, 다중 형태의 문화적 유산을 적극 공유하고 전달하는 모든 사람의 권리이기도 하다. 그러나 핀란드 교육과정에서 예술교육의 총 수업시수는 유럽 국가 내의 평균적 수준과 비슷하다(ACESE 2009, pp. 29-31).

유럽 초등교육에서 예술교육은 대부분 담임교사class teachers가 담당한다. 유럽 대부분의 국가에서, 담임교사는 하나 이상의 구체적인 예술 교과 교수법뿐만 아니라 예술교육학도 교육받는다. 가장 많이 선택되는 교과는 비주얼 아트와 음악으로, 그 교과들은 초등교육 수준에서 모든 유럽 학교교육과정의 필수 과목이다(ACESE 2009, 16). 핀란드에서는 7학년 이후에, 보통 8학년과 9학년에 이르면 필수 교과였던 비주얼 아트, 음악, 그리고 공예 교육은 선택 과정이 된다. 7학년 때 필수 교과인 가정교과가 8학년과 9학년에서는 선택 교과로 유지된다. '예술과 기예' 영역의 교과목 중 기초교육을 통틀어서 필수로 지정되는 유일한 교과는 체육이다. 7학년부터 9학년에서 예술은 주로 전문 교과교사가 지도한다. 예술과 기예 과목의 교과교사들은 교사교육 부서와 협력한 개별 대학에서 교육받는다(여기에는 체육 교사교육뿐만 아니라 직조와 기술 공예 교사교육도 포함된다). 고등교육 프로그램에서는 교사들이 의무적으로 들어야 할 교수법 내용은 교육학 학위를 부여할 수 있는 법적 권한을 가진 대학과 협력하여 구성한다.

이 글에서 우리는 주로 핀란드 학교교육 체제의 비주얼 아트 교육에 초점을 맞추고자 한다. 또한 유럽의 초등교육에서 필수 교과로 되어 있는 음악교육의 몇 가지 일반적인 원칙을 소개할 것이다. 핀란드의 경우에도 기초교육에서 대부분의 예술과 기술 수업은 필수교육으로 되어 있고 1학년부터 6학년까지 담임교사가 가르친다.

학교 비주얼 아트의 목표

핀란드에서 비주얼 아트는 한 세기 넘게 기초교육의 일부였다. 긴 역사 동안 필수 교과로서 비주얼 아트는 예술과 학습의 여러 패러다임 변화와 상호작용하면서 정체성을 재구성해왔다. '드로잉piirustuksen opetus'이라고 불리던 교과목은 1950년대에 '시각 기술kuvaamataito'로, 1999년에는 '비주얼 아트kuvataide'로 이름이 바뀌었다. 최근에는 학교 교과의 정체성에 대한 활발한 논의를 통해 시각화, 디지털화, 기술 발달을 포함한 모든 형식의 시각문화 역할이 강조되고 있다(Pohjakallio, 2005; Pohjakallio et al., 2015; Kallio-Tavin & Pullinen, 2015). 학교 교과목과 연계된 이 성찰적 과정은 하나의 사회 현상으로서 끊임없이 변화하는 예술과 시각문화와 도전에 따른 자연스러운 귀결이다. 또한 이런 예술과 문화의 지속적 변화는 예술과 관련한 학습 목표 재구성에 교육학적 감수성pedagogical sensibility을 요구한다.

오늘날, 기초교육에서 비주얼 아트 교수의 주된 임무는 학생들이 예술이라는 수단을 통해 다면적 문화 현실을 탐구하고 표현하도록 인도하는 것이다. 그 목적은 이미지를 만들고 해석함으로써 학생의 정체성 형성, 문화적인 인식을 높이고 공동체에 대한 감각을 형성하도록 돕는 것이다. 예술세계나, 환경 그리고 다른 종류의 시각문화 사회에서 시각적 문화의 표현 양식을 이해하는 것이 강조된다. 핵심 교수 목표는 예술에 대한 학생의 개인적 관계를 발달시키는 것과 비판적 사고 능력을 발달시키는 것이다. 이런 바탕에서, 학생은 자신의 일상 환경과 사회에 능동적으로 영향을 주도록 장려된다. 문화적 유산의 시각적 세계를 이해하고 감상할 수 있는 기반을 만드는 데 비주얼 아트가 중요한 역할을 부여받았다. 주요 목표 중 하나는 시각과 다른 형태의 표현을 활용한 다중문해력을 발달시키는 것이다(Finnish National Board of Education, 2014).

기초교육을 위한 핀란드 국가핵심교육과정에서는 비주얼 아트 교육의 일반적 목표를 위와 같이 제시한 후, 다음의 네 가지 주제로 그 목표를 나누어 교수 계획을 조직하고 구체화했다. ① 시각 인식과 사고, ② 시각 작품 제작, ③ 시각문화의 해석, ④ 심미적, 생태적, 윤리적 가치판단(Finnish National Board of Education, 2014). 따라서 예술학습에서 일상 환경의 시각적 세계 인식, 감각적 관찰, 심상 그리고 개인적 경험은 교육학적으로 중요한 출발점이 된다. 종종 비주얼 아트 수업은 학생들 고유의 시각적인 하위문화, 예술이나 시각 세계에서 연구된 현상에 대한 개인적인 경험이나 즉각적 관찰에 기반을 둔 토론에서 시작된다. 교사는 현재의 교과 영역과 학생들의 의미 있는 경험을 적극적으로 연결해야 한다. 이 중요한 연결고리는 학생들에게 계획 단계에 함께 공헌할 기회와 시각적 작품 제작에서 개별적인 차원의 해결책을 구성할 자유가 제공됨으로써 강화된다.

시각적인 연습, 스스로 만든 다양한 이미지들, 다른 시각적 작품들은 모든 학습 과정의 중심에 있고, 그것은 종종 기획과 스케치에서 시작한다. 표현의 자유와 실행을 통한 배움은 가치가 있다. 왜냐하면 비주얼 아트 교육의 목표는 상상력을 개발시키고, 학생들의 창의적 문제해결력, 비판적 사고력, 탐구 능력을 촉진시키는 것이기 때문이다(Finnish National Board of Education, 2014). 이러한 가치에 대한 자연적인 연속선상으로 개인적인 학습 경험이 종종 논의되고 포트폴리오로 기록된다. 학생들은 예술학습의 과정과 작품 모두를 감상하고 평가하는 것을 배우고, 시각 세계의 개념들을 활용하는 방법을 학습한다. 그래서 학교 교과로서 비주얼 아트 교과의 정체성과 역할은 교육과정 전반에서 그 교과 영역의 구체적인 내용에 기초하여 구성되는 것이 아니라 기본적으로 책임감 있는 시민이 될 창의적이고 탐구할 수 있는 학습자의 교육에 바탕을 두고 있다.

시각 예술의 주요 목표는 1~2학년, 3~6학년, 7~9학년의 세 단계로 나뉜다(Finnish National Board of Education, 2014). 처음 2년 동안, 교수법은 놀이 중심이고 그 주요한 목적은 예술에서 재료와 예술 작업 특유의 방법에 익숙해지는 것뿐 아니라 시각적 표현과 문화에서 기본적인 기술을 익히는 것이다. 3학년부터 6학년, 7학년부터 9학년에서는 시각문화와 미디어 기술의 역할이 교수·학습 과정에서 증가한다. 그 목적은 시각문화에서 표현과 의사소통의 수단으로서의 이미지에 대한 학생들의 이해를 심화시키고 그 이미지를 해석하는 기술을 높이는 것이다. 대체로 비주얼 아트의 교육학적 접근은 행동 중심적이다. 이것은 모든 학습 상황에서 학생들이 예술과 시각적 문화와의 개인적 관계를 심화시키는 방식으로 상호작용하고, 함께 작업하고 경험할 수 있는 기회를 제공해야 한다는 것을 의미한다.

비주얼 아트의 내용

기초교육을 위한 핀란드 국가핵심교육과정은 다음 세 가지 핵심 내용으로 비주얼 아트를 소개하고 있다. 세 가지는 모두 시각적 인식, 작품 생산, 해석과 가치판단의 연습을 출발점으로 삼고 있다. 세 핵심 내용은 3학년에서 6학년까지의 과정에 아주 간략하게 기술되어 있고(Finnish National Board of Education, 2014), 보통 담임교사가 가르친다.

1) 학생 자신의 시각적인 하위문화

- 학생 스스로 만든 이미지와 친숙한 시각적 하위문화를 탐색
- 시각적 구성의 기본: 균형, 긴장, 리듬, 색상, 형태, 공간, 운동, 시간, 선
- 환경과 지역사회에 참여하는 방법으로서 시각문화를 성찰

2) 환경적 시각문화
- 다양한 종류의 주위 환경(자연적 환경과 인위적 환경), 디자인된 사물과 제품, 미디어 문화와 가상세계 소개
- 학생의 확장된 주거 환경과 미디어의 역할 조사

3) 예술 세계
- 다양한 문화, 환경, 시대의 비주얼 아트에 대한 소개
- 다양한 예술에 대한 개념, 예술 형태, 예술세계의 행위 방법 성찰

문화 탐방은 공식적으로 비주얼 아트 교육과정에 포함되어 있다. 대개 이것은 박물관, 미술관, 여러 종류의 전시회를 방문한다는 의미이다. 이러한 방문은 관련 교육 주제가 생겼을 때마다 체계적으로 교육과정에 통합되었다. 최근의 평가에 따르면, 핀란드는 박물관과 교육 제도 간의 연계가 상당히 활성화, 공식화되어 있는 소수 유럽 국가들 가운데 하나이다(ACESE 2009, p. 37). 그러나 최근의 연구에서(Laitinen, 2011, p. 151), 직무 연수에 참가한 교사에 따르면 15%의 학교에서 이런 문화 탐방이 실현되지 않았다고 한다. 학생들의 의견에 따르면, 40% 이상의 학교에서 이러한 탐방은 아직 준비되지 않았다. 교육과정은 이러한 종류의 예술 교수·학습을 가치 있게 여기지만, 모든 학교 또는 지역이 그것을 실제로 구현할 수 있는 평등한 기회를 가지고 있는 것은 아니다.

종합해보면, 현재의 국가교육과정은 학교 교과를 통해 다양한 비주얼 아트의 정체성을 구축하고 있고 학생들의 시각적 표현과 사고를 다른 모든 핵심 내용과 연결시키고 있다. 교사들의 교수학적 사고는 이런 다양

성의 실행에 달려 있다. 덧붙여 다양한 출판사에서 비주얼 아트 교사용 지도서와 학생용 교과서를 출판하고 있다. 이 책들의 다수는 현직 교사와 교사교육자들과의 협업으로 제작되어왔으며, 그들은 일반교육과정과 매우 긴밀히 연결되어 있다(예를 들어 Piironen & Forsman, 2006; Suvanto, Töyssy, Vartiainen & Viitanen, 2004; Heinimaa, Perttilä, Tammioja & Viitanen, 2007). 예비교사들은 교사교육 프로그램의 교사 훈련 기간 동안 현재의 학습 자료에 이미 익숙해졌다.

비주얼 아트의 내적 통합의 역동성

비주얼 아트에서 양질의 교수·학습을 위한 중요한 질문 중 하나는 교사들이 그들의 수업에서 위에 기술된 세 가지의 핵심 내용을 통합할 수 있는가의 여부이다. 핀란드 국가핵심교육과정에 따르면(Finnish National Board of Education, 2014), 교사들은 표현, 기술, 그리고 지식에 대한 목표가 시각적 연습에서 동시에 실현될 수 있도록 그들의 수업에서 내적 통합을 고려할 것을 요구받는다. 그 목적은 각각의 연습에서 여러 내용 영역을 다양하게 결합하여 통합하고, 그중 어느 하나도 전체에서 분리되거나 방치되지 않도록 하는 것이다. 이러한 내적 통합 원리의 결과로, 교사들은 지식 처리 과정에서 더 큰 주제 전체를 창출할 수 있는 가능성을 갖게 되었고, 이것은 예술 학습에서 편안한 분위기를 강화한다.

그러나 미디어와 시각적 의사소통visual communication은 여전히 학교 교육으로의 통합이라는 측면에서 몇 가지의 문제를 가지고 있는 것 같다. 예를 들어 9학년 학생들의 54%는 학교의 비주얼 아트 수업에서 디지털 이미지를 처리할 수 있는 기회를 전혀 가지지 못했다고 했다(Laitinen, 2011, p. 118). 더욱이 62%의 학생들은 학교에서 비디오 영상자료를 한 번도 만들어본 적이 없다고 했다(Laitinen, 2011, p. 118). 그럼에도 불구하고 미디어와 시각 의사소통은 학생들이 테스트에서 가장 잘 다루는 내용 영역이었고(Laitinen, 2011, p. 130), 그것은 당연한 결과로 학생들의 일상생활에서 비공식적인 학습 환경의 역할을 반영하고 있다.

주목해야 할 또 다른 측면은 교사들의 경우 교육학적 사고를 통해 미디어와 시각 의사소통의 중요한 내용이 다른 많은 방법으로도 다루어질 수 있다고 여기는 반면에, 학생들은 미디어와 시각 의사소통을 특정 기술적 장치 또는 도구의 사용과 같이 그 내용을 구체적으로 연결한다는 점이다.

하나의 기술이나 장비 운영을 강조하는 대신에, 핀란드 교육과정은 학생들의 시각적 사고와 표현의 개발을 강조하고 있다.

따라서 교육과정에서 모든 내용 영역이 실제로 실행되었는가를 확인하는 것보다 교사들의 교수학적 사고 안에서 내면적으로 통합하는 원리가 훨씬 더 복잡하다. 높은 수준의 내적 통합은 여러 가지의 동시적인 목표를 위한 유의미한 전체적, 다면적인 연습이라는 결과를 가져온다. 그 질적 수준은 학생들과 교과 영역들의 각기 다른 성질에 대해 타당한 것이 무엇인가에 대한 교사들의 전문적인 이해에 기초한다.

비주얼 아트 교과 영역에 대한 전문적인 이해는 핀란드 연구자의 토론에서 다루어졌다. 예를 들어 에플란드Efland의 연구(1983/1998; 1995)에 기초하여 래새넨(Räsänen, 2008)은 비주얼 아트 교수의 네 가지 다른 모형을 소개했다. 그것은 비주얼 아트 교사들에게 통합적인 교육학적 사고가 가능하도록 새로운 수준을 열어주었다. 각각의 모형은 네 가지 요소의 결합에 기초한다. 그 다양한 요소들은 예술 개념, 학습 개념, 아동의 시각적 발달 개념, 그리고 교수·학습 과정의 상호작용에 대한 개념이다. 각 모형은 예술교육에 네 요소를 모두 섞었지만 각기 다른 핵심 아이디어를 가지고 있다. 대안적 핵심 아이디어는 '자기-표현', '형식', '모방', '시각문화'

이다. 예를 들어 '모방 모형'에서 예술의 개념은 모방하는 것, 즉 만들기와 예술 학습에서 모방 기술에 가치를 부여하는 것이다. 교사들은 중심 주제로 시각적 지각을 강조하는 학습 과정을 안내할 수 있다. 반면 '자기-표현 모형'에서 예술의 개념은 시각적 의사소통에서 어떤 조형 요소를 반드시 사용하는 것이 아니라 생각과 감정의 자유롭고 창의적인 표현을 전제로 하고 있다. 이러한 대안적인 접근법에서 예술교육에 대한 교사들의 역할과 학습자들의 초점은 전적으로 다르다. 따라서 역동적인 내적 통합은 교사들이 1년의 시각적 훈련을 계획할 때 그들의 배경적 사고를 다양화할 수 있음을 의미한다. 예술 교수에서 다양한 접근법의 절충적 결합의 결과로, 학생들은 학습 환경에서 시각문화와 예술에 대한 더욱 깊은 이해와 안전감을 기를 수 있다.

소리와 음악을 통한 안전감

음악이라는 용어는 1960년대 이후 이후 주로 사용되어왔지만, 핀란드 학교 체제에서 음악은 오랜 역사를 가지고 있다. 초기에 이 교과는 '가창 laulu'이라고 했고, 사실 이것이 교과에서 가장 주요한 내용이었다. 가창에서 음악으로의 변화는 도시화, 현대 기술과 음향 생성의 발전, 그리고 무엇보다도 대중음악의 확산과 같은 폭넓은 변화에 영향을 받았다.

21세기의 학교 음악교육의 주된 목표는 학습자들을 음악 활동에 참여시키고, 음악과 소리를 사용하여 자신을 표현하도록 촉진하는 것이다. 비주얼 아트에서처럼, 교수의 핵심 목표는 예술형식이자 문화의 한 부분인 음악과 자연적·기계적인 소리에 대한 학습자들의 심도 있는 이해와 개인적 관계를 발달시키는 것이다.

음악교육은 고도로 행동 지향적이며, 실행을 통한 배움learning by doing

을 배경 철학으로 삼고 있다. 음악교육에 개인 악기 훈련은 거의 포함되지 않고, 그룹 연주와 '학교 악기'(리듬 악기, 리코더, 실로폰, 키보드, 기타, 베이스, 드럼) 연습이 포함된다.[34] 또한 전통 핀란드 악기인 5현의 칸탈레는 전국의 많은 학급에서 연주된다.

음악교육의 핵심 내용과 학습 목표는 1~2학년, 3~6학년, 7~9학년의 세 단계로 나뉜다(Finnish National Core Curriculum, 2014).

각 부분은 소리와 음악 인식에 대한 학습자 중심의 관점, 작품 활동, 해석을 포함한다.

- 1~2학년: 음악적 즐거움과 참여, 사회적 통합, 활동을 통한 기본 개념 학습, 소리와 음악 제작
- 3~6학년: 음악을 통한 다양한 활동, 창의적 음향 제작과 작곡, 사고력 개발과 개념화
- 7~9학년: 음악의 종합적 학습, 감정과 경험의 구성, 의사소통과 애정의 표현으로서 음악, 비판적 사고력과 음악 기술

교실에서의 음악 활동은 대체로 매우 개방적인 최신의 음악 관점을 학생들의 입장에서 허용하는 현대 음악 문화를 전형적으로 반영하고 있다. 실제로, 이것은 어린이와 청소년이 익숙한 노래와 음악을 부르고 연주한다는 것을 의미한다. 이러한 접근법은 학습자가 다른 시대, 문화, 사회로의 음악적 연결을 깨달을 수 있는 가능성을 열어주었다. 음악을 듣고 창작하며 얻어지는 유의미한 경험은 음악을 이해하고 개념화하는 기초를 형성한다. 또한 이러한 경험은 빈번하게 학습자 스스로 소리를 실험하고

---

34. 필수 음악교육 외에도, 핀란드는 아동과 청소년을 위하여 자발적으로 음악 학습(특히 악기 학습)을 제공하는 음악 학교를 공식적으로 지원하는 국가 네트워크를 설립했다. 이 네트워크는 핀란드(클래식) 음악가가 세계적으로 존경받는 이유를 설명하는 것 중 하나다(Heimonen, 2004 참조). 또한 음악분야와 동일하게 공식적으로 지원받는 학교 네트워크가 비주얼 아트 교육에도 있다.

음악을 창작하는 통로가 되기도 한다. 실행을 통한 배움과 음악 창작은 또한 학습자가 협동, 인내, 책임감, 다원주의 그리고 문화적 감수성 같은 다양한 사회적 역량을 발달시키는 기회를 제공하기도 한다. 비록 음악적 활동이 교실 음악 수업의 주된 활동이고, 최근 핀란드 음악교육에서 강조되고 있는 부분이긴 하지만(Juntunen, 2011), 음악 감상 또한 음악 교수에서 중요한 역할을 한다고 휘뵈넨(Hyvönen, 2011, 14)이 주장했다. 휘뵈넨에 따르면, 청각적 경험으로서 음악 감상은 생생하고 역동적인 문화 형태로서의 음악 개념을 형성시킨다.

핀란드의 음악 수업은 일반적으로 1학년에서 6학년까지는 담임교사에 의해, 7학년에서 9학년은 교과교사에 의해 이루어진다. 학교 축제를 기획하고 진행하는 것 또한 음악 교사의 역할이다. 지난 수십 년 동안, 학교 공연은 핀란드 학교 체제의 특징적인 요소였고, 현재까지도 학교 공연은 특히 크리스마스 시즌이나 학년 말인 6월에 매우 중요한 학교 전통이다. 음악은 문화적 지식이나 전통에서뿐 아니라 기념식에서도 필수적인 부분이다.

핀란드 음악교육은 사회적 상호작용, 음악적 소통 그리고 소리에 대한 실험에 바탕을 두고 있다. 이상적으로, 학교 음악교육은 아이들과 청소년의 개인적 발달, 능동적 듣기 기술 그리고 창조적 사회의 음악적 사고 구성원으로서의 능력을 강화한다.

초등 예비교사를 위한 예술 실습

이 절에서는 헬싱키대학의 교사교육에서 구현되고 있는 몇 가지 예술교육학적 아이디어를 소개하고자 한다. 우리가 예를 든 비주얼 아트와 음악교육 두 가지는 예술 학습 과정의 성질에 관한 현재의 논의에 바탕을 두었다. 최근 10여 년간 핀란드의 예술 교수·학습 과정은 원래 코브 Kolb가 변형시켰던 경험적 학습 모델을 전제로 하고 있다(Kolb, 1984; Sava, 1993; Räsänen, 1997; 2000). 학습 주기는 현상에 대한 구체적인 개인의 경험에서 출발한다. 학습 과정은 성찰적 관찰로 지속되며 경험의 추상적 개념화를 가능하게 한다. 현상에 대한 새로운 이해는 행동을 통해 능동적 실험에 대한 새로운 관점을 창조하고, 새로운 성찰적 관찰의 개인적 경험을 만들어낸다. 예술의 학습에서 결정적인 것은 순환적 모형이 지식 구성에서 개인적인 것과 사회적인 것, 물질적(구체적)인 것과 추상적인 것뿐 아니라 기술과 지식, 관찰과 행동을 결합한다는 것이다.

담임교사 교육에서, 교사교육을 담당하는 교육자들은 상당히 짧은 시간에 기예와 예술 교과 교수법 연구에 언급된 다양한 교육과정을 통달해야 하는 더 큰 도전에 직면한다. 예를 들어, 헬싱키대학에서 비주얼 아트 교수법 기본 과정은 5학점study points인데, 연구자들은 일반 예비교사들이 비주얼 아트에 대해 다소 편협한 관점을 갖게 될 우려가 있다고 주장했다(Räsänen, 2005; Collanus, Kairavuori & Rusanene, 2012). 덧붙여 핀란드 국가교육위원회의 연구에 따르면, 기초교육이 끝날 무렵, 비주얼 아트 학습의 결과는 가장 좋아야 평균 수준이다(Laitinen, 2011, p. 150). 따라서 학교에서 비주얼 아트 교수·학습의 질을 향상시키기 위해서 담임교사(초등 담임교사) 교육과정 안의 비주얼 아트 학습과 교수법을 강화할 필요가 있다(Laitinen, 2011, p. 152). 전반적으로, 전체 교육과정을 구현하기 위해서는 비주얼 아트 교육을 위한 충분한 자원을 제공해야 한다.

개념화가 가능한 유능한 예술 교사를 양성하기 위해서는 중요한 개인적 경험과 공유된 성찰적 관찰이 포함되어야 한다. 예비 담임교사(초등 교사)는 학생들의 예술 학습에 대한 능력과 권위와 책임감을 높이기 위해 예술적 과정의 능동적이고 책임 있는 학습자가 되어야 한다. 예를 들어 각 시각 훈련 계획에서 내적 통합의 역동성에 접근하도록, 비주얼 아트 교수법 기본 과정에서 학생들은 연재만화 앨범을 만드는 과정에 함께 참여할 수 있다. 학생들은 핀란드 예술 역사상 황금기를 대표하는 예술 작품의 몇몇 요소를 재활용하되 자신만의 방식으로 혁신해야 한다. 각 학생은 연구하고 자신의 개인적 이야기를 하는 데 이용할 하나의 작품을 선정한다. 모든 학생들은 시각적 표현과 소통에 필요한 기술과 연재만화의 몇 가지 기본 원칙을 배운다.

그 앨범을 만드는 과정은 내적 통합의 예시로서 역할을 하고, 더 큰 배움의 과정을 창출하며, 한 가지의 시각연습 속에서 동시에 표현, 기술과 지식에 대한 목표들을 결합한다. 나아가 그 과정은 다른 교육과정 내용 영역의 목표들도 결합한다. 앨범의 주제는 '예술 세계'로 알려진 내용 영역의 틀 안에 있다. 연재만화는 '환경적 시각문화'라고 불리는 내용 영역을 나타낸다. 스스로 만화를 그려봄으로써, 학생들은 '학생들의 시각 하위문화'라는 내용 영역 안으로 들어간다. 학생들이 다른 예술 아이디어를 통합하는 것을 배울 때, 다른 수준의 내적 통합이 그 과정에 합류된다. 즉 모방 기술로서의 예술(핀란드 황금시대의 현실적인 거장의 그림)과 대중문화 속의 개인적 표현 및 사회적 의사소통으로서의 예술(일상 시각 환경과 현대 예술에서 만화)이다. 앨범을 만드는 과정에서 개인적 경험은 바로 계획에서부터 결과물에 이르는 예술적 과정의 단계를 연구하면서 하나씩 함께 교육적으로 지켜보는 것이다. 각기 다른 단계마다 직면하는 성공과 해결 과제의 경험은 함께 분석되고 논의되며, 이것이 개인의 경험과 사회적 지식이 상호작용하는 비주얼 아트 교육학의 온라인 구조이다. 이 과정은 학생 평가 원리에 대한 교육학적 논의를 시작하게 만들었다. 학생들이 경험하는 과정의 평가는 학습자의 능동적 역할에 대해 논의하게 만들며, 학습자 역할에 대한 토론과정 그것은 예술 학습이 지지받고 인도되는 힘이다.

음악에서, 초등 예비교사를 위한 공유된 과정과 실습 학습(교육학적 사고 발달과 이론 구성을 위한 기본으로)은 각각 음악 교수법에서 필수 코스로 운영된다. 예를 들어 다음 '종이 교향곡'과 같은 아이디어는 창조적이며 협동적인 음악 만들기뿐만 아니라 공유된, 예술적 표현에 기초한다. 현대의 디지털 기술로 소리는 쉽게 녹음되고 편집될 수 있다. 교실에서 여러 가지의 다른 소리의 실험은 무료 디지털 사운드 리코딩과 오다시티 Audacity라 불리는 편집 프로그램을 사용하여 구현될 수 있다. 하나의 예가 '종이 교향곡'이다.

'종이 교향곡'은 여러 가지의 다른 형태의 종이에서 만들어지는 소리의 발견에 근거하고 있다(예를 들어 베이킹 종이, 티슈, 다양한 포장지, 골판지, 상자). 학생들은 여러 가지 방법으로 재료들을 만져보고 다룸으로써 여러 음향 사운드를 만드는 방법을 개발하고 테스트할 수 있다. 다른 소리를 발견한 후에, 학생들은 종이 다루는 기술을 가지고 만들어낼 수 있는 소리 중 그들이 가장 좋아하는 소리 하나를 선택하게 된다. 각각의 학생들은 같은 프로젝트 파일에 오다시티를 활용해 자신의 소리를 녹음할 것이다. 많은 샘플을 녹음한 후에, '종이 소리의 재료'를 사용하여 교향곡을 함께 작곡하는 것이다. 편집 과정에서 음질과 순서를 테스트하고 조율하는 것이 필요하다. 어떤 소리가 먼저 와야 할지, 어떤 소리가 다음에 와야 할지, 어떻게 교향곡의 리듬과 역동성이 구조화되어야 하는지. 소리를 정렬하는 것뿐만 아니라, 소리는 효과로도 사용되어야 한다. '종이 교향곡'의 기본 구조는 '빠르게-느리게-빠르게'의 3부분으로 구성되어 있는 고전적인 교향곡 형식을 따른다.

담임교사/초등 교사교육 안에서 예술 교과들을 통합하려는 노력인 표현성과 전달성은 공유된 목표의 한 부분으로 여겨질 수 있다. 예를 들어 상황이 허락된다면, 학생들이 만든 연재만화는 디지털 스토리를 위한 원고 역할을 할 수 있으며, '종이 교향곡'은 사운드트랙의 기초가 될 수 있다. 예술과 기술 교과 사이의 통합 그리고 다른 학교 교과들과의 통합은 교육 권위자들에 의해 추천되는 미래 트렌드이다(Laitinen et al., 2011, p. 243).

예술교육의 비전: 우리는 미래를 듣는다

만약 국가교육과정 내에서 예술 교과의 지위와 과목수가 예술교육에 부여되는 우선순위를 반영하는 것이라고 한다면, 교과목 내용 또한 이를 반영한다. 교육과정의 질과 기능은 문화와 사회를 반영하는 수단으로 고려되어야 한다. 우리의 문화적 미래는 그 어느 때보다도 디지털화되고 세계화된 상황을 다룰 것이다. 예술의 개념 또한 바뀌고 있다. 핀란드 학교의 성공스토리 뒤의 핵심요소 중 하나는 전통과 유산을 존중하는 가운데 각 예술교과의 변화에 대해서 수용하는 능력과 참여자들의 자발성이었다. 우리는 경직된 틀로 세계를 보지 않는다. 세계를 읽는 과정에서 다양한 문화적, 창의적 맥락과 상황에 가치를 부여한다. 교수 내용과 교육학적 실습은 고정불변이 아니라, 문화적 변화 요구를 이해하는 예술 내의 변화로 표현된다.

디지털 기술과 특히 상호작용적 미디어의 발전 속에서, 예술은 좀 더 사회적 기술로 간주되어야 한다. 바라건대, 정보지식사회의 근본은 사회적, 창의적 자산인 인간에게서 찾아야 한다. 개인적 경험과 예술 창조의 가치를 가지고 예술에 참여한 사람들이 이런 도전에 더 잘 준비되어 있고 정신적으로 잘 갖추어져 있다. 학생들이 사회적 상호작용과 의사소통뿐만 아니라 문화적이고, 다중모드 형태이고, 창의적이고, 예술적인 사고와 지식 그리고 전문성을 개발할 수 있을 것이라고 확신할 수 있을 정도로 충분히 넓은 영역을 기초교육의 기반으로 구축할 필요가 있다.

이러한 원리는 실제로 유네스코의 서울 어젠다에 따른다(UNESCO, 2010). 서울 어젠다는 고품질 예술교육의 온전한 잠재력을 실현하기 위하여 회원국들이 공동으로 노력할 행동 아이템을 실행하는 안내서이다. 어젠다에 따르면 회원국은 예술교육을 통해 교육체제를 개선할 수 있고, 중요한 사회적·문화적 목표를 달성하며, 궁극적으로 아이들과 청소년, 모든 연령의 평생학습자에게 이득을 제공한다. 서울 어젠다에는 예술교육의 일반적 발전을 위한 세 가지 목표가 있다. 핀란드 예술교육은 지난 몇 십년 동안 이러한 원칙들을 따라왔으며, 그 관점에서 체계적으로 교육과정과 교육과정의 실행을 발전시켜왔다.

- 목표 1: 교육을 높은 수준으로 개선하기 위한 근본적이고 지속가능한 요소로서 예술교육이 접근되어야 한다.
- 목표 2: 예술교육의 활동과 프로그램은 양질의 내용으로 실행되어야 한다.
- 목표 3: 예술교육의 원칙과 실천들은 오늘날 세계가 직면한 사회문화적 문제들을 해결하는 데 기여하도록 활용되어야 한다(UNESCO, 2010).

우리는 예술교육에 대한 강한 믿음이 있다. 문화 창조의 문제는 단지 전문가나 정부 당국의 손에 달려 있지 않다. 예술교육은 문화를 바꾸기 위해 공유된 과정에 필요한 핵심 요소의 하나로 볼 수 있다. 예술교육은 자율권이 있는 미래의 교육자와 학습자의 전체 문화, 사회적 방향의 기초로 간주될 수 있다. 이 관점에서 볼 때, 보편적 학교교육에서 예술교육을 발전시킬 기회는 미래 교육자와 교육정책가들이 최우선으로 고려해야 할 사항 중 하나이다. 이런 비전은 교육계의 많은 사람들에게 익숙하지 않은 관점을 포함한 다른 종류의 태도, 사고, 통합을 암시하고 있다. 기적이 만들어지는 배경에는 종종 훌륭한 미래지향적 선택이 있다.

참고 문헌

ACESE (2009). *Arts and Cultural Education at School in Europe 2009. European Comission.* Education, Audiovisual & Culture Executive Agency (EACEA P9 Eurydice). Brussels. Available also at: http://eacea.ec.europa.eu/education/eurydice/documents/thematic_reports/113EN.pdf [Accessed 21 June 2011]

Collanus, M., Kairavuori, S. & Rusanen, S. (2012) The identities of an arts educator: Comparing discourses in three teacher education programmes in Finland. *International Journal of Education Through Art, 8*(1), 7-21.

Efland, A. (1983/1998). Taidekasvatuksen opetussuunnitelmia tutkimassa (translated by Virpi Wuori and Marjo Räsänen) Helsinki: Taideteollinen korkea koulu, Taidekasvatuksen osaston opintomoniste. [*Curriculum inquiry in art education: A models approach.* Columbus, OH: Ohio State University].

Efland, A. (1995), Change in the conceptions of art teaching. In Neperud, R. [Ed.] *Context, content, and community in art education: Beyond postmodernism.* New York: Teachers College Press, pp. 25-40.

Eisner, E. W. (2002). *The arts and the creation of mind.* Yale University Press: New Haven and London.

Finnish National Board of Education. (2014). *Perusopetuksen opetussuunnitel man perusteet 2014* [*National Core Curriculum of Basic Education 2014*]. Retrieved 18.12.2015, http://www.oph.fi/download/163777_perusopetuksen_opetussuunnitelman_perusteet_2014.pdf

Garber, E. (2002). Craft education in Finland. Definition, rationales and the future. *International Journal of Art and Design Education 21*(2), 132-145.

Heimonen, M. (2004). The development of Finnish music schools: A legal perspective. *Nordisk musikpedagogisk forskning Årbok* 7, 117-131.

Heinimaa, E., Perttilä, H., Tammioja, S. & Viitanen, P. (2007). *Kirja kuvista 1-2.* [A Book of Images 1-2]. Helsinki : WSOY.

Hyvönen, Leena. 2011. Minkälaista osaamista musiikin kuuntelutehtävät paljastavat? [What is learnt in music listening tests?] In S. Laitinen & A. Hilmola (Eds.) *Taito-ja taideaineiden oppimistulokset-asiantuntijoiden arviointia* [Learning outcomes of arts and skills subject group-experts' evaluation]. Opetushallituksen raportit ja selvitykset 2011:11 (pp. 13-25). Tampere: Juvenes Print-Tampereen Yliopistopaino Oy.

Jakku-Sihvonen, R. (2011). Oppimistuloksia arvioidaan koulutuksen kehittä misen perustaksi [Assessing learning outcomes to develop educational system]. In S. Laitinen & A. Hilmola (Eds.) *Taito-ja taideaineiden oppimistulokset -asiantuntijoiden arviointia* [Learning outcomes of arts and skills subject group-experts' evaluation]. Opetushallituksen raportit ja selvitykset 2011:11 (pp. 6-12). Tampere: Juvenes Print-Tampereen Yliopistopaino Oy.

Juntunen, M-L. (2011). Musiikki [Music education]. In S. Laitinen, A. Hilmola & M-L. Juntunen (Eds.) *Perusopetuksen musiikin, kuvataiteen ja käsityön oppimistulosten arviointi 9. vuosiluokalla* (pp. 36-95) [Assesment of learning outcomes of music, visual arts and crafts in grade 9]. Helsinki: Finnish National Board of Education.

Kolb, D. (1984). *Experiential learning*. Experience as the source of learning and development. Englewood Cliffs, NJ: Prentice Hall.

Kallio-Tavin, M. & Pullinen, J. (2015) (Eds.) *Conversations on Finnish art education*. Helsinki: Aalto ARTS Books.

Laitinen, S. (2011). Kuvataide [Visual arts]. In S. Laitinen, A. Hilmola & M-L. Juntunen (Eds.) *Perusopetuksen musiikin, kuvataiteen ja käsityön oppimistulosten arviointi 9. vuosiluokalla* (pp. 96-157) [Assesment of learning outcomes of music, visual arts and crafts in grade 9]. Helsinki: Finnish National Board of Education.

Laitinen, S. & Hilmola, A. & Juntunen, M-L. (2011). *Perusopetuksen musiikin, kuvataiteen ja käsityön oppimistulosten arviointi 9. Vuosiluokalla* [Assesment of learning outcomes of music, visual arts and crafts in grade 9]. Helsinki: Finnish National Board of Education.

Piironen, L. & Forsman, A. (2006). *Kuvien kirja. Kuvataideopetuksen käsikirja perusopetukseen. [A book of images. A handbook for visual arts for basic education]*. Helsinki: Tammi.

Pohjakallio, P. (2005). *Miksi kuvista? Koulun kuvataideopetuksen muuttuvat perustelut. [Why visual arts? Changing grounds for visual arts at school]*. Publications of the University of Art and Design, Helsinki, A 60. Jyväskylä: Gummerus.

Pohjakallio, P., Kallio-Tavin, M., Laukka, M., Lundgren, T., Valkeapää, L., Vira, R., Vuorisalo, M. & Tyyri-Pohjonen, S. (2015) (Eds.) *Kuvis sata. Kuvataideopettajien koulutus 1915-2015 [Visual arts one hundred years. Educating visual art teachers 1915-2015]*. Helsinki: Aalto ARTS Books.

Räsänen. M. (1997). *Building bridges*. Experiential art understanding: A work of art as a means of understanding and constructing self. Helsinki: Publication series of the University of Art and Design, A 18.

Räsänen. M. (2000). *Sillanrakentajat. [Bridgebuilders]*. Helsinki: Publications of the University of Art and Design, A 28.

Räsänen, M. (2005). Multi-roled and skilled teachers of art, *International Journal of Education Through Art* 1(1), 53-63.

Räsänen, M. (2008). *Kuvakulttuurit ja integroiva taideopetus.* [*Visual cultures and integrative art teaching*]. Publications of the University of Art and Design, Helsinki, B 90. Jyväskylä: Gummerus.

Sava, I. (1993). Taiteellinen oppimisprosessi. [Artistic learning process] In I. Porna & P. Väyrynen. (Eds.) *Taiteen perusopetuksen käsikirja [Handbook of basic arts education]*: Suomen Kuntaliitto.

Suvanto, T., Töyssy, S., Vartiainen, L. & Viitanen, P. (2004). *Kuvan tekijä. Taide ja visuaalinen maailma.* [*The art maker. Art and visual world*]. Porvoo: WSOY.

United Nations Educational, Scientific and Cultural Organisation (UNESCO) (1999). *Appeal by the Director-General for the Promotion of Arts Education and Creativity at School as Part of the Construction of the Culture of Peace.* Available at: http://portal.unesco.org/culture/en/ev.php-URL_ID=9747&URL_DO=DO_TOPIC&URL_SECTION=201.html [Accessed 21 June 2011]

United Nations Educational, Scientific and Cultural Organisation (UNESCO) (2006). *Road Map for Arts Education.* The World Conference on Arts Education: Building Creative Capacities for the 21st Century, Lisbon 6-9 March 2006. Available at: http://portal.unesco.org/culture/en/ev.php-URL_ID=30335&URL_DO=DO_TOPIC&URL_SECTION=201.html [Accessed 21 June 2010]

United Nations Educational, Scientific and Cultural Organisation (UNESCO) (2010). The Seoul Agenda. Goals for the Development of Arts Education. Second World Conference on Arts Education, Seoul 25-28 May 2010. Available: http://portal.unesco.org/culture/en/ev.php-URL_ID=2916&URL_DO=DO_TOPIC&URL_SECTION=201.html [Accessed 21 June 2011]

제4부

성찰:
미래 성공을 위한
시나리오와 투자

15. 핀란드 학교 체제와 드라마 교육:
과거, 현재 그리고 미래

타피오 토이바넨Tapio Toivanen

요약

국가교육과정에서 공식적 지위는 없지만 연극은 예술 형태의 하나로서 언제나 핀란드 학교 체제의 한 부분이었다. 많은 박사학위 논문들은 교육과정에서 드라마의 활용이 개인적·사회적 발달뿐 아니라, 자아 개념, 자아 불일치 및 역할 수행 능력의 개발에 도움을 준다고 주장하고 있다. 드라마 수업에 참여한 학생들은 학교 활동들을 더 즐기고, 활동들에 더 기꺼이 참여하고자 하며, 문제 해결을 더 잘하고, 스트레스에 더 잘 대응한다. 이들은 타인에 대해 훨씬 더 관용적이다. 동시에 드라마 교육에 나타나는 창조적 과정에 내재된 잠재적인 복잡성과 다양성은 교사와 교사교육에 대한 도전을 제기한다. 드라마 교육의 활용은 대본에 따라 행하는 학교교육에 대한 대안이다. 학생들이 새로운 지식을 창출하도록 준비시킴으로써 더 깊은 개념적 이해를 달성하는 것을 목적으로 한다. 이것은 포스트모던 지식 문화의 도전에 대한 해답이 될 수 있다.

*핵심어: 드라마, 드라마 교육, 담임교사 교육, 창조적인 가르침

과거: 핀란드 학교의 연극과 드라마 전통

핀란드 학교 체제는 학교 연극의 전통이 강하며, 여전히 지속되고 있다. 핀란드에서 학교 연극의 뿌리는 1550년 투르쿠Turku 최초의 수도원 학교까지 거슬러 올라간다(Tiusanen, 1969, pp. 31-32). 비록 연극이 국가핵심 교육과정에서 교과로서 공식적 지위를 갖지는 못했지만, 이것은 항상 핀란드 학교 체제의 한 부분이었다. 1960년대와 1990년대 사이에 초등학교에는 '웃기는 시간funny hours' 전통이 있어 학생들은 일주일에 한 번씩 자신의 공연을 발표할 수 있었다. 또한 약 1,400개의 학교 연극을 포함한 총 81권의 학교 연극 놀이 책이 1910년에서 1979년 사이에 출판되었는데, 이는 우리에게 학교 연극 활동의 중요성에 대해 알려준다(Tiusanen, 1969; Majapuro-Joutsamo, 1980; Toivanen, 2002).

교육에서 드라마는 1970년대 초반에 영국과 스칸디나비아에서 핀란드로 확산되었다. 창작 활동 학교 협회Creative Activity in Schools Association가 1972년 2월 17일에 창립되었다. 협회는 교사들을 위한 드라마 교육을 조직했고, 드라마 문학을 핀란드어로 번역했다(Karppinen, 1993, pp. 82-85). 협회의 목적은 핀란드 학교교육의 한 부분으로 창조적인 드라마를 지원하고 발전시키는 것이었다. 드라마 연습은 자유주의의 개인적 발달을 강조하는 사상에 영향을 받았다. 개성과 자유로운 자기표현의 개발은 교육에서 우선순위로 간주되었다(예를 들어 Slade, 1969; Courtney, 1974; Way, 1967; Bolton, 1979). 드라마 활동들은 학교 연극을 공연하는 것보다도 창조적인 표현과 집단 역동을 위한 교수법 개발에 초점을 맞추었다.

교사교육에서 드라마 교육은 1980년대 말에 이위베스퀼레Jyväskylä대학과 헬싱키Helsinki대학에서 시작되었다. 학급 담임과 교과교사를 위한 드라마-교육자 훈련 프로그램은 1990년대 이위베스퀼레대학과 핀란드 연극 아카데미의 평생교육원에서 시작하여, 2000년대 초반에 처음으로 드라마 및 연극 교육학 박사학위 졸업자가 배출되었다. 핀란드에서 드라마 교육은 하나의 학문이 되었다. 교과 영역에 적용된 교육 방법론으로서 교수법은 드라마에 관한 이론을 포함하여 오늘날 교사교육의 핵심이 되었다. 드라마 교육의 개념과 형태는 드라마와 드라마 교육을 학문 분야, 교사교육 및 종합학교의 기본 용어로 사용하도록 구조화되었다. 드라마 교육은 포괄적 용어이고, 그 아래 학교교육에서의 모든 형태의 연극을 포함한다. 드라마(교실 드라마)는 학생들이 활동하고 경험하는 것이며 실제 학교에서 이루어지는 사회 구성적인socio-constructive 방식의 미학적 교수·학습이다(Laakso, 2004; Heikkinen, 2002, 2005; Toivanen, 2012, 2015). 한 가지 예외는 학교의 의무 교육과는 다른 '예술 기초교육'이다. 예술 체제의 기초교육은 음악, 문예, 무용, 공연 예술(서커스 및 연극) 및 시각 예술(건축, 시청각 예술, 시각 예술 및 공예) 등 9가지 예술 형식을 포함하고 있다. 그리고 그것들 각각은 핀란드 국가교육위원회Finnish National Board of Education에서 만든 국가핵심교육과정이 있다. 연극 예술교육은 한 단계에서 다음 단계로 진행되는 방식으로 목표 지향적이며(Curricula for Basic Education in the Arts, 2005), 연극 예술교육은 '드라마' 또는 '드라마 교육' 대신 연극 교육theatre education이라는 용어가 사용된다.

현재: 2020년대 핀란드 학교의 드라마 교육

특히 20세기 초 이후로 드라마·연극 교육학 박사들이 드라마 교육 방법, 활동 형태와 개념을 점진적으로 개발하고 구조화해왔지만, 아직은 핀란드의 모든 학교가 체계적인 드라마 교육을 시행하고 있는 것은 아니다(e.g. Sinivuori, 2002; Toivanen, 2002; Rusanen, 2002; Heikkinen, 2002; Laakso, 2004). 토이바넨(Toivanen, 2012; 2015)과 헤이키넨(Heikkinen, 2005,

p. 14-25)은 학교 드라마 교육은 학습 환경에서 실행되는 공연 연극, 참여 연극 및 응용 연극 등 모든 형태의 연극을 의미한다고 정의한다. 연극 장르를 분류하는 것은 연극 창작이나 공연 발표의 과정에서 발생하는 참가자와 관객의 역할에 관한 정의를 어떻게 하는가에 달려 있다. 공연 연극(예를 들어 학교 연극)은 전통적으로 공연자와 관객으로 나뉘어 있다. 관객은 행위의 수용자다. 응용 연극(예: 포럼 연극)에서는 배우가 관객을 참여시키는 반면, 참여 연극(예: 교실 드라마, 프로세스 드라마)에서는 출연자와 관객 간의 경계가 부분적으로 또는 완전히 없어진다.

드라마 과정에서 참여자들의 적극적인 참여는 참여 드라마와 응용 드라마에서 필수불가결한 것이다. 교육 분야에서 모든 형태의 연극은 장르, 즉 다시 말해 활동의 형태로 명명된다.

＊핵심어: 교실 드라마, 이야기, 드라마 기법,
　　　　"~라면 어떻게 될까(what if)"라는 허구적 역할, 장소 및 시간

[그림 1] 드라마 교육의 삼각 모형
Toivanen, 2012: Toivanen, 2015

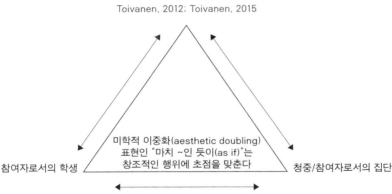

미학적 이중화(aesthetic doubling)
표현인 "마치 ~인 듯이(as if)"는
창조적인 행위에 초점을 맞춘다

참여자로서의 학생　　　　　　　　　청중/참여자로서의 집단

드라마 교육(교실 드라마)의 삼각형 모형은 학생들이 '가정된what if' 이야기와 상황 속의 '가상의as if' 등장인물의 역할을 수행하여 (공연) 그 이야기와 상황들이 주는 학생들의 학습 능력을 고양시킨다는 논의에 기초하고 있다. 드라마 기법과 역할을 사용하면 허구의 "~라면 어떻게 될까"

라는 상황과 이야기가 학생들에게는 "마치 ~인 것 같은" 살아 있는 경험으로 전환된다. 우리 자신을 다르게 상상할 수 있는 자연적 능력의 활용이 드라마의 중심이다. 이런 상상은 "~라면 어떻게 될까"로부터 시작된다. 서로 다른 시간, 장소, 역할에 처해 있는 자기 자신을 상상하는 것. 실생활 상황과 이야기는 시작할 상상의 드라마 작업을 위해 필요한 "~라면 어떻게 될까"를 우리에게 제공한다. 그것들은 해결되거나 이해될 필요가 있는 상황 및 인물과 문제를 제공한다. 드라마 기법으로 하는 표현은 마치 우리가 다른 시간, 장소, 역할에 있는 것처럼 우리를 "마치 ~인 것 같은" 행동으로 신속하게 이동시켜준다(Bolton, 1998; pp. 262-265, 277; Cooper, 2010, pp. 17-18). 역할을 맡으면 학생들은 다른 사람처럼 말하고 행동하는 것이 어떤 느낌인지를 안전하게 시도하고 경험할 수 있다. 드라마의 힘은 미학적 이중화, 즉 다른 누군가인 것처럼 가장할 수 있는 가능성에서 비롯된다. 드라마는 교육에서 실제 상황을 "마치 ~인 것 같은" 상황으로 학습할 수 있는 적극적인 차원을 제공한다. 학생들은 상황과 이야기에서 인물의 역할을 맡음으로써, 그 인물과 같은 경험과 문제에 직면하여 상황 속에서 행동할 수 있다. 외부 관객이 없기 때문에, 드라마는 학생들이 실제 생활에서 불안하거나 흥미로운 이슈나, 과거와 미래의 경험을 집단(참여자들)과 더불어 연습하고 해결하면서 안전하게 연기하고 공유할 수 있게 한다.

드라마 교육은 경험적 및 사회-구성적 학습의 개념을 나타낸다. 교육에서 드라마의 목적은 상호작용적이고 긍정적인 학습 환경을 만드는 것이다. 참여자의 지식 구성과 학습이 기능적이고 상호작용적인 사회관계들을 통해서 일어나기 때문이다. 이 점은 특히 중요한데 핀란드가 PISA에서 최상위 순위에 있지만 학교에서의 활동성에 관한 측정에서 결과는 매우 낮기 때문이다(Konu, Lintonen & Rimpelä, 2002; Konu & Lintonen, 2005). 연극에서 역할 행동과 자기 자신으로서 행동을 번갈아 수행함으로써 학습자는 만들어진 경험을 습득하고 검토 중인 현상에 대한 새로운 지식을 창출한다(Kolb, 1984). 사회-구성적 학습의 개념은 학습자가 내부적으로나 외부적으로 현상을 반영하는 허구의 상징적 상호작용에서 스스로 유도된다는 것이다(Kauppila, 2007; Rasmussen, 2010). 학습자는 현상을 직접적으로 인지하지만 학습한 것은 사회적 상호작용을 통해 강화시킨다. 사회적 상호작용에서 학습자는 자신의 사고를 밖으로 꺼내 다른 그룹 구성원과 그것에 관해 함께 생각해볼 수 있다. 사회-구성적 학습의 개념은 정체성의 발달과 목표의 가치에 대한 지각을 강조한다. 드라마 교육에서 장기간 목표는 학습자들이 자기 자신, 타인, 자신들이 살고 있는 세상을 이해하도록 돕는 것이다. 접근법에 상관없이, 드라마 교육에서 예술적 학습이 강조되어야 하는데 왜냐하면 이것이 학습자들에게 자기 자신의 드라마 연출을 만드는 기회를 제공하기 때문이다. 이것은 드라마의 다양한 형식, 방법 및 관습이 학습자가 의미의 실체를 해석할 수 있도록 다양한 방식으로 널리 가르쳐져야 함을 의미한다(Bowell & Heap, 2001; Heikkinen, 2002; 2005; Joronen, Konu, Rankin & Åstedt-Kurki, 2011; Joronen et al., 2008; Laakso, 2004).

현재: 교사교육에서의 드라마 교육

드라마 교육은 이미 핀란드의 담임교사 교육의 일부이다. 드라마 연구의 범위는 기초 연구(1~5학점)에서부터 25학점이 되는 부전공 교과 연구까지 대학에 따라 다양하다. 교사교육에서 드라마 교육과정의 목표는 주로 드라마의 방법에서 기술을 개발하는 것이지만 또한 교사-학생 상호작용 기술, 대화에 참여하는 능력, 그리고 집단의 소리를 경청하는 능력을 개발하는 것이다(Kara & Cam, 2007; Dickinson & Neelands, 2008; Toivanen,

Komulainen & Ruismäki, 2011; Toivanen & Kaasinen, 2013 참조). 드라마 기술은 신체적 움직임, 목소리 연기, 그리고 정신 집중을 포함하는 광범위한 드라마 기법을 다룬다. 교사교육에서 교수 방법으로서 드라마의 목표는 다음과 같은 것들이다(Toivanen, Komulainen & Ruismäki, 2011).

- 예비교사 자신(정신, 육체, 음성)과 다른 사람들(협동과 감정이입)에 대한 인식 높이기.
- 예비교사 간의 상호작용 기술 향상시키기; 언어적·비언어적 아이디어 의사소통에서 명확성과 창조성 향상시키기.
- 교육 상황에서 인간 행동, 동기와 다양성의 이해 증진시키기.

담임교사 교육에서 드라마의 목적은 모국어 교과의 일부로, 그리고 학습의 질을 개선하기 위한 다른 교과의 교수 방법으로 필요한 기술들을 개발하는 것이다. 드라마는 또한 예비교사들의 세계관을 확장하고 함께 어려운 교육적 상황들을 분석하는 가운데 그것들을 안전한 환경에서 다루기 위해서 사용된다(Bowell & Heap, 2010; Dickinson & Neelands, 2006; Colantonio, Kontos, Gilbert, Rossiter, Gray & Keightley, 2008 참조). 예비교사는 드라마 관습과 기교들을 이용하여 인간의 긴장과 갈등을 탐구하는 다양한 역할(교사, 부모, 학생 등)에서 경험을 쌓는다. 드라마는 참가자들에게 정서적으로나 지적으로 영향을 준다. 드라마는 우리가 우리 자신들을 조사하고 인간 동기와 행동에 대한 우리의 이해를 심화시킬 거울을 갖고 있다. 그것은 다양한 관점에서 삶을 묘사하는 이야기를 통해 우리의 관점을 넓힌다(Laakso, 2004; Howard-Jones, Winfield & Crimmins, 2008, pp. 187-200). 교사교육에서 드라마로 창조적인 교수 기술을 훈련함으로써 예비교사들은 새로운 경험을 얻게 되며, 이를 통해 그들은 자신의 정신적인 그림mental pictures과 현실을 가르치는 표현을 재형성할 수 있다. 하워드 존스 등(Howard-Jones et al., 2008, pp. 199-200)은 자신들의 연구에서 드라마에 짧게 참여하는 것만으로도 훈련받는 교사들로 하여금 교실의 창조적인 인지creative cognition에 대한 주의와 이해가 높아지는 데 도움이 된다는 것을 강조했다. 헬싱키대학 교사교육부의 '빈 공간에 대한 도전Challenge of the empty space'이라는 연구 프로젝트는 드라마의 창조적 과정에서 내재된 잠재적인 복잡성과 다양성이 교사와 교사교육에 대한 도전적인 과제라는 것을 보여주었다(Toivanen, Rantala & Ruismäki, 2009; Toivanen, Antikainen & Ruismäki, 2012; Toivanen, Mikkola & Ruismäki, 2012). 연구 프로젝트의 목표는 드라마 교수법에 대한 이론적 배경을 개발하고 드라마 교사의 전체론적holistic 상호작용 기술에 대한 교사교육 프로그램을 만드는 것이었다. 대부분의 드라마가 아닌 교과에서는 교실에서 학생들의 활동, 움직임 그리고 상호작용들이 통제된다. 교사는 책상 배치, 수업 자료, 대본으로 만들어진 교수 방법 등으로 학생들의 행동을 통제한다(Sawyer, 2004). 교실 주위의 움직임은 교사의 지시에 의해 제한된다.

대조적으로 교실 연극 교육은 대개 책상을 옆으로 옮기는 것으로 시작한다. 드라마 활동은 열린 공간에서 이루어진다. 열린 공간에서 소설, 드라마 기교, 학생과 교사의 행동이 드라마 수업의 기본 자료가 된다.

드라마를 사용하는 교사는 시간, 공간 및 신체를 관리하고 교실의 사회적 차원(교육학적)과 드라마 예술 형식의 미학(교과 지식, 교수적) 차원에서 그렇게 할 수 있어야 한다(Wales 2009; Dickinson & Neelands, 2006, pp. 35–41; Stinson M., 2009). 칸사넨과 메리(Kansanen and Meri, 1999, pp. 107-116)는 숙련된 교사는 교수적 수준과 교육학적 수준, 두 단계를 운영한다고 주장한다. 교수적인 수준은 교사와 교과의 관계이고, 교육학적 수준은 교사와 학생의 관계이다. 교육의 유의미성과 활동의 즐거움은 이 두 가지 교육 수준의 숙달에 기초한다.

교육적 내용과 목적

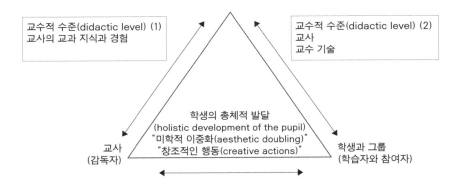

[그림 2] 드라마 교수의 삼각 모형
kansanen, 1999; Toivanen, 2012

드라마 교육을 묘사하는 삼각형 모델([그림 2])은 칸사넨Kansanen의 삼각형 교육 모델을 기반으로 하여 두 가지 현실에서 드라마 교육의 구체적인 성격과 작동 방식을 고려한다. 드라마를 가르치는 것([그림 2])은 교육의 교수적 수준과 교육학적 수준이 모두 포함된다. 교수적 수준(1)은 사전 상호작용(학습 목표 설정, 강의 내용 및 방법 선택)을 포함한다. 교육의 교수적인 수준(2)은 교수·학습·배움 과정의 상호작용(허구적인 시간, 공간, 도움 등을 관리하는, 행위에서 교육적 결정)과 사후 상호작용(반성reflection)에서 교사의 의사결정과 관련이 있다. 교육학적 수준에서 교사는 교육의 사회적 차원에서 학생 개개인과 학생 그룹을 관리할 수 있어야 한다.

토이바넨, 안티카이넨 그리고 루이스마키(Toivanen, Antikainen & Ruismäki, 2012)는 드라마 수업의 성공 여부를 결정짓는 몇 가지 교수 요인들을 확인하고 설명했다. 교사가 연극 수업의 실패로 이름 붙이는 주된 이유는 교사들의 행동들, 예를 들면 이전 수업 계획이 따르기에는 너무 엄격하거나, 즉흥적으로 하기에는 자신들의 교육적 용기가 부족하거나, 교실 관리를 실패하거나, 교육적인 상황에서 존재감이 부재하거나 등 때문이었다. 실패의 다른 이유는 그룹 구조 요인(학생들의 참여, 분위기, 규범 및 그룹 크기)과 작은 교실 공간 또는 시간 부족과 같은 외부 요인들이었다. 가장 중요한 변수는 교사의 행동이었다. 이 결과가 가리키는 것은 드라마를 더욱 효과적으로 활용하기 위해서 드라마 교수의 창조적인 성격을 이해할 수 있는 역량을 확보해야 한다는 것이다. 교육적 상황에 반응할 수 있는 능력은 오직 점진적으로만 신속한 직관적인 작업으로 발전할 수 있기 때문이다(Gladwell, 2006, pp. 133-135). 직관력은 창조적인 가르침의 한 측면이다. 초보 교사는 규칙적으로 할 수 있는 통상적인 방법 routines이 필요하지만 또한 그것을 유연하게 적용할 수 있는 능력도 필요하다(Sawyer, 2004, p. 18). 교육에 드라마를 사용하는 교사는 특히 구조화된 통상적인 방법에서 벗어나 교육적 상황에서 훈련된 즉흥적인 수업세션을 이끌 수 있는 능력이 필요하다. '훈련된disciplined'의 의미는 다소 고정되어 있는 교수·학습 활동의 양상을 말하며 '즉흥적으로 대응하기improvisation'는 어떤 양상이 다소 유동적일 수 있다는 것을 의미한다 (Beghetto and Kaufman, 2011, 96).

교사 작업의 훈련된 부분은 주로 사전-교육학적인 상호작용(목표 계획, 수업 구조, 교수법, 자료 및 활동 선택)에서 이루어지며 즉흥적인 부분은 현장의 교육학적 상호작용의 일부이다(가르치는 상황에서 지침, 지시, 수업 구조 및 가르치는 방법과 배움에서 학생 주도권을 지원하는 데 유연하게 대처할 수 있는 능력). 교육에서 드라마를 사용할 수 있는 교사가 되기 위해서는 드라마 및 그룹 역동성에 대한 기술들과 교과 지식과 그리고 교수·학습·배움 과정에서 잘 조율된 즉흥적인 것을 다룰 줄 알아야 한다. 이것은 허구의 시간, 공간, 도움aids 등을 관리하는 것과 관련된 행동에 대한 교육적 결정을 내리는 능력을 의미한다. 드라마를 사용하는 교사는 또한 열린 공간에서 시간과 공간, 신체를 관리할 수 있어야 하며 교실의 사회적 차원과 예술 형태의 미적 차원에서 그렇게 할 수 있어야 한다(Neelands, 2009,

p. 41-42). 교사는 알아보고 인정하는 것recognition과 동시에 가능성을 촉진facilitation할 수 있어야 한다.

미래: 핀란드 드라마 교육의 도전

2016년 8월에 도입된 새로운 핀란드 국가교육과정은 상호작용, 협동 그리고 학습에서 학생들의 적극적인 역할을 강조한다(Finnish National Board of Education, 2014).

기초교육을 위한 새로운 국가핵심교육과정(2014)의 드라마는 '모국어와 문학' 교과에 포함되지만, 다른 많은 교과들(역사, 자연과학, 수공예 및 종교 등)의 교수법으로 명명되어 있다. 모국어는 여러 학문 분야의 기술과 지식, 그리고 문화 교과로 정의되며 그것의 하위 분야로 상호작용적 상황에서 일할 수 있는 능력, 다중모드의 텍스트를 만들고 구성할 수 있는 능력, 언어와 문학과 문화를 이해하는 능력으로 나뉜다. 모국어 교과에서 드라마의 과업은 기능적, 경험적, 미적 특성을 확인하는 것이다. 드라마의 목표 및 핵심 내용은 상호작용적 상황에서 일할 수 있는 능력이라는 하위 영역에 포함된다.

상호작용 섹션에서는 토론, 내레이션, 연극, 드라마, 즉흥극 및 연극을 통해 언어 및 신체 표현 기술을 가르친다. 목표는 여전히 상호작용 기술에 초점을 맞추고 있지만 처음으로 교육과정에서 드라마 교육 핵심 내용의 목표와 내용 서술을 더욱 정확하게 정립했다. 그래서 미래에 핀란드 종합학교의 모든 학생은 학교생활 동안 게임, 드라마 전략[정지 화면 freeze-frames, 교사 역할 등] 및 허구의 역할, 시대 및 공간을 갖춘 가상 상황의 짧은 작품을 고안하기 위한 리허설에 기반을 둔 연극 등을 할 수 있어야 한다. 드라마는 학생들이 자신을 표현하고 자신과 동료 참가자들에게 더욱 미학적이며 창조적인 방식으로 그들의 이해를 전달할 수 있도록 도와야 한다(Rasmussen, 2010; Neelands & Goode, 2000; Neelands, 2009).

종합학교는 모든 사회 계급과 문화적 배경을 가진 학생들이 모여 함께 활동하는 곳이다. 다문화주의, 디지털화 및 사회 경제적 차이의 증가는 사회에서의 분리를 가져온다. 이것은 또한 학교에 반영되어 있으며, 미래의 핀란드 학교 체제에 도전을 제기할 것이다. 교사는 학생들이 매우 다른 단계의 학습 과정에 있을 수 있다는 사실을 알아야 한다. 이것은 또한 학교에서 어린이와 청소년의 복지에 영향을 줄 수 있다. 목표 지향적인 학교교육은 학교에서의 소진, 학교교육에 대한 냉소, 학생에게 부정적인 감정을 유발할 수 있다(Rimpelä, Fröjd and Peltonen, 2010; Salmela-Aro, Kiuru, Leskinen & Nurmi, 2009). 예술 교과와 교수법으로서의 드라마는 포스트모던 학교의 도전에 대한 하나의 해답이다.

드라마를 사용하면 긍정적인 분위기를 조성하여 학교 수업에서 학교 교실에서 새롭게 나타나는 구조적 요인들 속에서 그룹들을 형성하고 그룹 멤버들의 사회적 역량과 사회적 안녕을 형성하는 데 활용되는 우호적 분위기를 창조할 수 있으며(Junittila, 2010; Toivanen & Pyykkö, 2012 참조), 그럼으로써 그룹 구성원이 안전감을 갖도록 도와주고 학교 수업들의 기본적인 과업을 더 잘 수행할 수 있게 한다. 한 그룹의 구조적 요인, 즉 그룹의 규범, 지위들, 그룹 내에서 의사소통 그리고 그룹의 통합성은 그룹 구성원들 사이의 상호작용 중에 생기며, 그 상호작용에 영향을 미치는 현상들이다(Pennington, Gillen & Hill, 1999, p. 358; Toivanen & Pyykkö, 2012). 구조적 요인은 사회적 관계 및 충족감, 학습 환경, 리더십, 학생-교사 관계, 집단행동, 자부심을 발전시킬 수 있는 기회 및 차이를 만들어내는 기회의 구성 요소와 밀접한 관련이 있는데 이것은 코누(Konu, 2010, pp. 15-18)의 학교 복지 연구에서 정의되었다.

여러 연구들(예를 들어, Cooper, 2010; Catterall, 2009; Wright, 2006; Laakso,

2004; Toivanen, 2002; Rusanen, 2002; Gallaher, 2001)에서 다양한 형태의 드라마 교육의 사용이 개인의 사회적인 역량 개발과 또한 그룹의 발전에 영향을 미칠 수 있다는 것을 보여주고 있다. 이러한 연구들은 교육적인 과정에서 예술 교과 및 교육 방법으로 드라마의 사용은 자아 개념, 자아 불일치 및 역할 수행 능력뿐만 아니라 개인적 기술 및 사회적 기술을 발전시킨다는 것을 확인했다. 연극 교육에 참여한 학생들은 의사소통 기술에 대해 자신감을 가지며 더 창조적이라고 느끼는 것 같다. 이 학생들은 학교 활동을 더 많이 즐기고 훨씬 더 참여하고자 하며 문제해결과 스트레스 대처에 더 능숙하다. 그들은 또한 다른 사람들에 대해 훨씬 더 관대하다. 다른 사람들에 대해 더 염려하고 자신들의 관점을 더 쉽게 바꿀 수 있다. 드라마 세션에서는 그룹과 교사는 함께 협력하여 제안서를 수락할지 여부, 그리고 이미 확정된 드라마 과정 안에 그 제안을 융합하는 방법과 더 정교하게 설명하는 방법을 결정한다. 드라마 교육은 한 학급과의 협상 및 대화를 기초로 하고 있다. 그것은 교사와 학생 모두를 위한 교육적인 과정에서 학습 과정의 창조성과 기쁨을 자극할 수 있다(Dickinson & Neelands, 2006, p. 1-2; Howard-Jones, Winfield & Crimmins, 2008 참조).

핀란드 학교 체제의 일부로서 드라마의 주요 목표는 학생들의 창조성 기술들을 장려하고 촉진함으로써 드라마와 연극을 통해 자신들의 생각을 표현하고 다른 사람들 및 그룹들과 건설적으로 상호작용할 수 있도록 하는 것이다. 드라마는 여러 면에서 핀란드의 교사교육과 학교 체제가 직면하게 될 미래의 교육 문제를 해결하는 데 도움을 줄 수 있다. 다음 세대의 교사들이 교사교육에서 드라마를 이해하고 가르칠 수 있는 역량을 개발할 때, 그것은 문제의 탐구와 모든 교과 및 교차 교육과정 주제를 가르치는 방법론으로 가장 효과적으로 사용될 수 있고, 학생들을 전체적으로 발전시키기 위해 사용될 수 있다. 드라마는 새로운 핀란드 국가핵심교육과정에서 자리를 차지할 자격이 있다.

참고 문헌

Beghetto R.A. & Kaufman J. C. (2011). Taking advance of structure with improvise instruction: Examples from elementary school classroom. In Sawyer K. R. (ed) *Structure and Improvisation in Creative teaching.* Cambridge: Cambridge University Press. 94-112.

Bolton, G. (1979). *Towards a theory on drama in education Essex*, London.

Bolton, G. (1998). *Acting in classroom drama a critical analysis.* London: Trentham Books.

Bowell P. & Heap B. S. (2001). *Planning process drama.* David Fulton Publishers.

Catterall, J. S. (2009). *Doing well and doing good by doing Art: The effects of education in the visual and performing arts on the achievements and values of young adults.* Los Angeles/London: Imagination Group/I-Group Books.

Colantonio, A. & Kontos, P., Gilbert, J., Rossiter K., Gray J. & Keightley, M. (2008). After the crash: Research-based theatre for knowledge transfer. *Journal of Continuing Education in the Health Professions.* 28(3), 180-185.

Cooper, Chris (ed.) (2010). *Making a World of difference, A DICE resource for practitioners on educational theatre and drama.* http://www.dramanetwork.eu/file/Education%20Resource%20long.pdf (read 5.5.2011)

Courtney, R. (1974). *Play, drama & thought. The intellectual background to drama in education.* London: Cassell & Collier.

Dickinson R. & Neelands J. and Shelton primary school (2006). *Improve your Primary School through Drama.* David Fulton: London.

Finnish National Board of Education (2005). *Curricula for Basic Education in the Arts.* Helsinki: Finnish National Board of Education. http://www.oph.fi/english/education/basic_education_in_the_arts (Retrieved 5.5.2011)

Finnish National Board of Education (2003). *National core curriculum for upper secondary schools: National core curriculum for general upper secondary education intended for young people.* Helsinki: Finnish National Board of Education.

Finnish National Board of Education. (2014). *Perusopetuksen opetussuunnitel manperusteet 2014 [National Core Curriculum of Basic Education 2014].* Retrieved 18.12.2015, http://www.oph.fi/download/163777_perusopetuksen_opetussuunnitelman_perusteet_2014.pdf

Gallagher, K. (2001). *Drama education in the lives of girls: Imagining*

Possibilities. Toronto: University of Toronto Press.

Gladwell, M. (2005). *Blink: The power of thinking without thinking*. Illinois: Little, Brown and Company.

Heikkinen, H. (2002). *Draaman maailmat oppimisalueina. Draamakasvatuksen vakava leikillisyys*. [Drama Worlds as Learning Areas-the Serious Playfulness of Drama Education.] Jyväskylä: Jyväskylä studies in Education, Psychology and Social Research 201.

Heikkinen, H. (2005). *Draamakasvatus-opetusta, taidetta ja tutkimista*. [*Drama education-teaching, art and research*] Jyväskylä: Gummerus Kirjapaino Oy.

Howard-Jones A., Winfield M. and Crimmins G. (2008). Co-constructing an understanding of creativity in drama education that draws on neuropsychological concepts. *Educational Research*, 50,(2), 187-201.

Joronen, K., Rankin, H. S. & Åstedt-Kurki, P. (2008). School-based drama interventions in health promotion for children and adolescents: Systematic review. *Journal of Advanced Nursing*, 63(2), 116-131.

Joronen, K., Konu, A., Rankin H. S., Åstedt-Kurki, P. (2011). An evaluation of a drama program to enhance social relationships and anti-bullying at elementary school: A controlled study. *Health Promotion International*, 26(1) online.

Junttila N. (2010). *Social competence and loneliness during the school years-Issues in assessment, interrelations and intergenerational transmissions*. Annales Universitatis Turkuensis, Serial B, part 325. University of Turku.

Kara, Y., & Cam, F. (2007). Effect of creative drama method on the reception of some social skills. *University Journal of Education*. 32, 145-155.

Kansanen, P. & Meri M. (1999). The didactic relation in the teaching-studying-learning process. *TNEE Publication*, 2(1), 107-116.

Karppinen, T. (1993). Ilmaisukasvatus-draamapedagogikry. [Expressional edu cation-drama pedagogy] In Anne-Maarit Nurmi (ed.) Tie teatteri-ilmaisuun. [*Ways to theatre education*] publications of Theatre Academy of Finland 21. Helsinki: Yliopistopaino. 82-89.

Kauppila, R. A. (2007). *Ihmisen tapa oppia. Johdatus sosiokonstruktivistiseen oppimiskäsitykseen*. [*Human way of learning-Introduction to socialkonstructive learning*] Opetus 2000. PS-kustannus. Juva.

Kolb, D. A. (1984). *Experiential learning: experience as the source of learning and development*. Englewood Cliffs, NJ: Prentice-Hall.

Konu A., Lintonen, T. & Rimpelä M. (2002). Factors associated with school children's general subjective well-being. *Health Education Research*, 17, 155-165.

Konu A. & Lintonen, T. (2005). Theory-based survey analysis of well-being in secondary schools in Finland. *Health Promotion International*, 21(1), 27-36.

Konu, A. (2010). Koululaisten hyvinvoinnin arviointi ja alakoulujen hyvinvointi 2000-luvulla. [Evaluation of schoolchildren prosperity and well-being of primary schools in the 2000s.] In Joronen K. ja Koski A. (eds) *Tunne-ja sosiaalisten taitojen vahvistaminen kouluyhteisössä.* [*Strengthen emotional and social skills in the school.*] Tampere University Press: Tampere.

Laakso, E. (2004). *Draamakokemusten äärellä. Prosessidraaman oppimispo tentiaali opettajaksi opiskelevien kokemusten valossa.* [*Edge of the drama experience. The process drama as a learning potential of teacher students in the light of experience.*] Jyväskylä: Jyväskylä University Printing House.

Majapuro-Joutsamo, M. (1980). *Suomalainen koululaisnäytelmäaiheinen kirjallisuus.* [*Finnish school play themed literature.*] Master's thesis, University of Helsinki. Institute for Art Research.

Neelands, J., & Goode T. (2000). *Structuring drama work. A handbook of available forms in theatre and drama* (2nd ed). Cambridge: Cambridge University Press.

Neelands, J. (2009). *Beginning drama 11-14* (2nd ed). London: David Fulton Publishers.

Pennington, D. C., Gilen, K. G. & Hill, P. (1999). *Social Psychology.* London: Arnold.

Rasmussen, B. (2010). The 'good enough' drama: reinterpreting constructivist aesthetics and epistemology in drama education. *Research in Drama Education: The Journal of Applied Theatre and Performance*, 15(4), 529-546.

Salmela-Aro K., Kiuru N., Leskinen E. and Nurmi J-E. (2010). School-Burnout Inventory (SBI) Reliability and Validity. *European Journal of Psychological Assessment*, 25(1), 48-57.

Sawyer, K. (2004). Creative Teaching: Collaborative Discussionas Disciplined Improvisation. *Educational Researcher*, 33(2), 12-20.

Sawyer, K. (2006). Educating for innovation. *Thinking Skills and Creativity*, 1, 41-48.

Sinivuori T. (2002). *Teatteriharrastuksen merkitys: teatteriharrastusmotiivit ja taiteellinen oppiminen teatteriesityksen valmistusprosessissa.* [*The meaning of the theater hobby: theater hobby motives and artistic learning the production process a theater performance.*] Tampere: Tampere University Press.

Slade, P. (1969). *Child Drama.* London: University of London Press.

Stinson M. (2009). "Drama is like reversing everything": intervention research as teacher professional development. *Research in Drama Education: The Journal* of *Applied Theatre and Performance*. 14(2), 225-243.

Rimpelä M., Fröjd S. ja Peltonen H. (2010). *Hyvinvoinnin ja terveyden edistäminen perusopetuksessa 2009*. [*Promoting well-being and health in primary schools in 2009.*] Helsinki: The Finnish National Board of Education.

Rusanen S. (2002). *Koin traagisia tragedioita: yläasteen oppilaiden kokemuksia ilmaisutaidon opiskelusta*. [*I experienced tragedy: secondary school pupil's experiences of studying drama.*] Helsinki: Theatre Academy of Helsinki.

Tiusanen, T. (1969). *Teatterimme hahmottuu: näyttämötaiteemme kehitystie kansanrunoudesta itsenäisyyden ajan alkuun*. [*The Finnish Theatre takes shape: the development of performing arts from folklore to the national independence time.*] Helsinki: Kirjayhtymä.

Toivanen, T. (2002). *"Mä en olis kylä ikinä uskonut itsestäni sellasta."* *Peruskou lun viides-ja kuudesluokkalaisten kokemuksia teatterityöstä.* [*"I woulnd't have believed I could ever do anything like that"-Experiences in theatre work of 5th and 6th grade comprehensive school pupils.*] Helsinki: Theatre Academy of Helsinki.

Toivanen, T. & Rantala, H. & Ruismäki, H. (2009). *Young primary school teachers as drama educators-possibilites and challanges*. In Ruismäki H. & Ruokonen I. (eds) *Arts-Contact Points Between Cultures. 1st International Journal of Intercultural Arts Education Conference: Post-Conference Book*. University of Helsinki. Research Report 312, 129-140.

Toivanen T. (2010). *Kasvuun, 1-8-vuotiaiden draamakasvatusta*. [*Growth, 1-8 year-old children's drama education.*] Helsinki: WSOYPro.

Toivanen T., Komulainen K. & Ruismäki H. (2011). Drama education and improvisation as a resource of teacher student's creativity. *Procedia Social and Educational Sciences* 12, 60-69.

Toivanen, T. (2012). Pohdintaa draamakasvatuksen perusteista suomalaisessa koulukontekstissa: opetusmenetelmä vai taideaine. [Reflections drama education in the Finnish school context: the teaching method or an art subject.] *The Finnish Journal of Education* 43(2), 92-198.

Toivanen, T., Antikainen, L., & Ruismäki, H. (2012). Teacher's perceptions of factors determining the success or failure of drama lessons. *Procedia: Social and Behavioral Sciences*, 45, 555-565.

Toivanen, T., Mikkola, K., & Ruismäki, H. (2012). The challenge of an empty space: Pedagogical and multimodal interaction in drama lessons. *Procedia: Social and Behavioral Sciences*, 69, 2082-2091.

Toivanen, T. & Pyykkö, A., (2012). Group factors as a part of drama education.

The European Journal of Social & Behavioral Sciences, 2(2), 150-168.

Toivanen T., & Kaasinen M. (2013). Comparing body awareness between actors and drama teachers. *Cognitive-crcs.* 1(1), 4-9.

Toivanen T. (2015). *Lentoon-draama ja teatteri perusopetuksessa.* [*The take off -drama and theater in comprehensive school*]. Helsinki: SanomaPro.

Wales P. (2009). Positioning the drama teacher: exploring the power of identity in teaching practices. *Research in Drama Education: The Journal of Applied Theatre and Performance.* 14(2), 261-278.

Way, B. (1967). *Development trough drama.* London: Longman.

Wright P. R. (2006). Drama education and development of self: Myth or reality? *Social Psychology of Education*, 9(1), 43-65.

16. 일상이 된 ICT의 교육적 활용

산나 바티부오리헨니넨Sanna Vahtivuori-Hänninen
헤이키 퀴네슬라티Heikki Kynäslahti

요약

학교의 ICT 프로젝트는 핀란드 교통통신부, 교육부, 그리고 교육위원회가 산업 및 상업 분야에서 공동으로 수행한 국가 프로젝트이다. 이 프로젝트는 핀란드 정부 프로그램과 핀란드 국가정보사회정책에 포함되어 있다. 이 프로젝트의 목적은 국가의 교육 기술 계획을 수립하는 것이었고, 모든 핀란드 학교가 ICT를 사용하기 위한 실용적인 모델과 혁신적인 교수법을 갖게 될 것이라는 비전이었다. 이 프로젝트는 학교 및 교육 행정가를 위한 ICT의 최신 발전에 대한 새로운 지식과 노하우를 만드는 것을 목표로 했지만 더 중요한 것은 다차원적인 방법으로 ICT의 교육적 활용방법을 개발하는 것이었다. 기초교육을 위한 새로운 핀란드핵심교육과정 개정이 2012년에 시작되어 최종 교육과정이 2014년 말에 발표되었다. 새로운 교육과정은 비판적이고 창조적인 사고 기술 및 공동 학습 모드와 같은 21세기 기술을 강조한다. ICT는 이러한 기술을 지원하고 개발하는 데 중요한 역할을 하는 것으로 보인다. 그것은 또한 학습 환경을 확장하고 활동 방법을 다양화시킬 수 있는 유용한 도구이다.

이 장에서는 핀란드 국가교육기술계획 및 국가핵심교육과정에 포함된 배경 지식과 전략 지침을 제시하고 학교 일상생활에 미치는 영향에 대해 논의한다.

*핵심어: ICT의 교육적 활용, 미디어 문화, 미디어 교육, 전략적 계획

미디어 문화는 핀란드 아이들의 일상생활의 한 부분

통신기술과 미디어의 세계는 오늘날 근로 생활, 서비스, 여가 활동 및 사회 구조 등에 침투해 있어 핀란드 사회 어디에서나 볼 수 있다. 정보통신기술ICT과 미디어의 발달은 미디어의 새로운 형태와 사회적 용도가 끊임없이 필요한 일상생활에서 다양한 방식으로 뚜렷하게 나타난다. 이러한 추세를 반영하여 핀란드의 교육자들과 정책 입안자들은 지난 10년 동안 ICT를 사용하면서 교수·학습을 획기적으로 개선하는 기회로 삼았다.

미디어 문화, 미디어가 사용되는 다양한 방법과 미디어를 사용하는 도구는 핀란드에서 7~8세 어린이의 삶의 일부로 자리 잡게 된다. 어린이와 청소년은 인터넷, 다양한 SNS와 휴대 전화를 사용한다. 그들은 휴대폰을 사용하여 사진을 찍고 음악을 듣고 텔레비전을 보고 수많은 게임을 한다. ICT와 미디어는 아동과 청소년의 역량과 기술을 개발하는 데 중요한 역할을 하며, 그 과정에서 그들의 세계관을 형성한다(Kangas, Sintonen & Lundvall, 2008; Kotilainen, 2011, pp. 68-70).

지난 10년 동안 소셜 미디어와 모바일 도구의 발전은 ICT 사용을 혁신적으로 변화시켰다. 오늘날 모든 학교와 자치시들은 지난 10년 문헌들이 언급해왔던 협력과 집중적인 개인 경험에 기반을 둔 작업 방식을 활용할 수 있게 되었다.

소셜 미디어에서 제공하는 서비스는 많은 수의 사용자를 요구하고 이

영역의 응용 프로그램은 여러 목적으로 사용된다. 예를 들어 페이스북은 15억 사용자를 넘어섰다고 보고했고, 2015년 9월에 크로스플랫폼 모바일 메시징 애플리케이션a crossplatform mobile messaging application인 왓츠앱 WhatsApp의 월간 이용자 수는 전 세계적으로 9억 명에 달했다. 12세에서 65세 사이의 핀란드 시민 중 약 52%가 이 서비스를 이용한다. 이것은 총 200만 명의 핀란드 사용자가 있음을 의미한다. 또한 12세에서 17세 사이의 청소년 중 약 89%가 적극적인 사용자로 추정된다. 사진 공유 앱인 인스타그램Instagram은 월간 4억 개 이상의 활성 계정을 보유하고 있다.

어린이와 청소년 사이에서 가장 인기 있는 소셜 미디어 서비스 중 하나는 비디오 클립 공유에 사용되는 유튜브YouTube이다. 2015년 가을, 믿기 어려울 정도로 매일 40억 개의 비디오 클립이 눈에 띄었다. 그리고 이 현상은 지나간 유행이 아니고 오히려 그 반대인 것 같다. 오래된 응용 프로그램이 사용되지 않는 만큼, 새로운 응용 프로그램, 서비스 및 미디어 사용 방법이 끊임없이 등장한다.

소셜 미디어 서비스 및 네트워크 커뮤니티의 사용이 어린이 및 청소년들에게 그토록 인기가 있는 이유는 무엇일까? 흔히 하는 첫 번째 설명은 이 기술이 사용하기 쉽다는 것이다. 기술적인 노하우가 거의 또는 전혀 필요하지 않다. 또한 사용자는 창조성과 자기표현을 연습하고 무언가의 일부가 될 수 있는 기회를 소중하게 생각한다. 원한다면 누구나 다른 사람들이 만든 자료의 단순한 소비자 또는 사용자가 아니라 네트워크상에서 활동적인 에이전트 또는 플레이어가 될 수 있다. 'produsage'라는 단어를 듣게 되는데, 이는 사용자 자신이나 또는 친구와 협력하여 그들의 관심이나 흥미를 반영하는 콘텐츠를 제작하고 만들 수 있다는 의미다. 모든 사용자는 능동적인 커뮤니케이터가 될 수 있는 기회를 갖게 되고, 정보를 받는 것 외에도 정보를 전송할 수 있다. 클릭 한 번으로 사람들은 세계 여러 시청자와 가장 친한 친구가 함께 찾아보고 경탄할 만한 내용을 쉽게 만들어낼 수 있다. 또한 많은 네트워크 현상들은 젊은이들의 미디어 문화에서 유머와 오락의 원천으로 기능하고, 대화의 중요한 소재로 작용한다(Kynäslahti et al., 2007; Kalliala & Toikkanen, 2009 참조).

ICT의 이론적 근거: 21세기 역량

핀란드의 학교 개혁과 발전에 관한 논의는 미래 시민의 역량과 21세기에 필요한 역량에 중점을 둔다. 핀란드 교육문화부의 일반적인 국가 목표와 기초교육을 위한 수업시간 배분에 관한 제안서(2010, 14)에서 미래 시민의 역량을 다음과 같이 요약했다. ① 사고력, ② 일하는 방식과 상호작용하는 방식, ③ 공예와 표현 기술, ④ 참여와 주도, ⑤ 자기 인식과 개인적인 책임.

멜버른대학에서 실시된 프로젝트인 21세기 역량의 국제 평가 및 교육ATC21S[35]에 사용된 정의는 광범위한 국제 공동 연구를 기반으로 한다. ATC21S는 역량을 다음과 같이 네 가지로 범주화했다. ① 사고방식(예: 비판적 사고, 창의력, 문제해결), ② 일하는 방식(예: 의사소통 및 협업), ③ 작업 도구(예: 정보 및 통신 기술ICT과 정보 활용 능력), ④ 세계 속에서 살아가는 능력(예: 글로벌 에이전시, 사회적 책임)(National Educational Technology Plan 2010; Basic Education in Finnland 2020; Salo, Kankaanranta, Vähähyyppä & Viik-Kajander, 2011; Kankaanranta & Vahtivuori-Hänninen, 2011; Finnish National Board of Education, 2014). 가드너(Gardner, 2010)는 미래에 필요할 다섯 가지 유형의 지적 능력으로 ① 훈련된 마음, ② 종합하는 마음, ③ 창조하는 마음, ④ 존중하는 마음, ⑤ 윤리적 마음을 특히 강조한다.

---

35. [역주] 21세기 역량의 국제 평가 및 교육(ATC21S: the International Assessment and Teaching of 21st Century Skills).

미래를 위해 필요했던 이러한 역량 개념들은 오늘날 학교에서 지식을 가르치고 처리하고 보급하며 역량을 개발하는 방법에 도전한다. 핀란드의 기초교육에 사용된 교육과정은 내용에 과도한 중점을 두고 교과별로 세분화된 정보를 제공하고 있어서 종종 비난을 받았다. 교육과정은 학생들이 일상생활을 이해하는 데 도움을 줄 수 있는 방식으로 지식을 활용하거나 구성하는가? 혹은 학생들은 교과서를 가지고 숟가락으로 떠먹인 정보, 그로 인해 피상적이거나 그들과 관련성이 없는 정보를 단순히 재생산해야 하는 것인가?(Vitikka, 2010)

새로운 핵심교육과정의 가치와 교육법 및 정부 법령에 명시된 국가 목표에 따라 21세기 기술에 기반을 두고 확장된 교차(모든 교과에서 공통) 역량인 일곱 가지 영역이 새로운 핵심교육과정에 기술되었다. 그것들은 다음과 같다.

1. 생각하고 배우는 것을 배우기Thinking and learning to learn.
2. 문화적 소양, 상호작용과 자기표현.
3. 자신과 다른 사람 돌보기, 일상생활 기술, 안전.
4. 다중문해력Multiliteracy.[36]
5. 정보통신기술 역량ICT competence.
6. 직장생활 기술과 기업가 정신.
7. 지속가능한 미래를 위한 참여, 열정, 책임.

이 모든 역량은 지식, 기술skills, 가치, 태도 그리고 그것들을 여러 가지 상황에서 적용할 수 있는 능력으로 구성된다(Vahtivuori-Hänninen, et al., 2014).

---

36. [역주] multiliteracy: 종이 외 미디어로 제공되는 텍스트를 읽고 쓸 수 있는 능력.

기초교육을 위한 새로운 핀란드핵심교육과정(New Finnish Core Curriculum for Basic Education, 2014)은 교수·학습 및 학습 과정 그리고 학교 발전에서 ICT의 역할을 매우 강조한다. 아이들의 학습 환경이 다양한 정보통신기술과, 미디어 서비스 그리고 게임으로 가득 차 있고, 그것들로 인해 바뀌어버린 복잡하고 세계화된 세상이라는 것을 고려한 것이다. 새로운 교육과정은 또한 ICT 개발을 위한 기술과 역량이 학생을 사회에 참여하는 일원으로 성장시킬 수 있어야 함을 강조한다. 학생을 능동적인 학습자로 취급한다. 학생들이 목표를 설정하고 문제를 독립적으로 또는 다른 사람들과 함께 해결하는 방법을 배우는 것이 중요하다. 새로운 교육과정은 복지, 균형 잡힌 인격 개발 및 일상생활 관리 능력 또한 학습의 중요한 목표임을 강조한다. 새로운 교육과정에 따르면 ICT는 이런 목표와 더불어 적극적이고 의미 있는 학습을 위해 많은 도구를 제공한다(Vahtivuori-Hänninen et al., 2014).

교육행정가와 그 분야의 의사결정자들은 ICT를 더욱 다양하고 적절하게 사용하고 미래에 필요한 기술과 역량을 개발할 수 있는 기회를 잘 이용하기 위해서 교육teaching이 그 역할을 잘 할 것이라는 공통된 생각을 가지고 있다. 또한 사람들은 학교의 일하는 문화를 새롭게 하고, 공동체의식 및 협동학습을 지원하고, 교수·학습 환경을 구축하기 위해서 도움이 되는 ICT를 찾고 있다(National Educational Technology Plan, 2010).

학교가 젊은이들의 일상에서 점차 사라질 것인가?

교수·학습 환경을 개선하기 위해 ICT와 미디어를 가장 잘 이용하는 방법은 무엇일까? 아니면 이러한 이슈를 완전히 무시해야 할까? 어떤 사람들은 우리가 도전에 대응하지 않는다면 어린이와 청소년의 일상생활에서 학교가 더 멀리 멀어질 것이라고 주장한다(Lankinen, 2010). 교사교육은 여기서 중요한 역할을 한다. 교육에서 ICT와 다양한 미디어 및 네트워크 환경을 잘 활용할 줄 아는 것은 교사와 교사교육자들에게 필요한 기본 기술과 역량들 사이에서 점점 더 큰 역할을 차지할 것이다. 교사 자격을 가진 모든 사람들은 여러 교과에서 다양한 방식으로 미디어를 사용하는 데 필요한 기본 지식과 노하우를 얻을 권리, 그리고 자신의 수업을 설계하고, 이행하고, 평가할 때 ICT를 교육적으로 어떻게 활용할 수 있는지를 확실하게 파악할 권리가 있다.

최근 연구에 의하면 학교에서 ICT를 활용하여 교수·학습을 지원할 수 있는 기회가 개선되었다고 한다. 일부 학교와 교사의 경우에는 교수·학습에서 ICT와 미디어의 광범위한 사용이 일상적이다. 교실 문은 세계적으로 외부 세계에 개방되어왔고, 그 과정에서 역량을 공유하고 결합하고 공동 작업을 할 수 있는 새로운 기회가 생겼다. ICT의 잠재력을 깨닫고 ICT를 교수의 필수적인 부분으로 만드는 데 성공한 학교의 특징 중 하나는 ICT와 미디어가 학교 업무의 모든 면과 학교 전체 커뮤니티에서 사용된다는 것이다(Kankaanranta, Palonen, Kejonen, Ärje, 2011; Niemi, Kynäslahti & Vahtivuori-Hänninen, 2013).

평등과 관련된 과제는 학교들 간에, 학교 수준 및 지역 간에 상당한 차이가 남아 있으며 이러한 격차는 줄어들기보다는 확대되는 것 같다(Kankaanranta et al., 2011; Niemi et al., 2013). 모든 핀란드 아동 및 교사가 동일한 학습 환경 및 경험에 동등하게 접근할 수 있으려면 상당한 노력이 요구된다.

ICT의 교육적 활용을 위한 국가계획: 전망

핀란드는 교수·학습에 ICT를 신속하고 시의적절하게 도입했으며, 그 노력에 대한 국가의 상당한 재정적 지원은 핀란드를 1990년대 국제적 선두주자로 만들었다. 아마도 실제적인 수준에서 가장 생산적인 노력 중 하나는 국가 전략 계획(핀란드-정보 사회를 향하여, 전국적 개괄)과 1995년 교육부와 국가교육위원회가 수행한 사업이었다.

이후에 성공적인 결과를 자랑할 수 있는 수많은 개발 프로젝트가 시작되었다. 예를 들어, 핀란드 국가교육위원회가 조정한 일련의 기술 및 교육적 기술 개발 프로그램인 OPE.fi에만 국가 교사의 75%가 참여했다. 이어 많은 훈련 프로그램들도 동일한 활동적인 핵심 교사들의 참여를 이끌어냈다. 핀란드에서 이러한 추세는 계속되었다. 일부 교사는 그들 자신과 업무를 개발하고자 하는 탄탄한 기술과 열망을 가지고 있지만 좋은 아이디어와 응용 프로그램 및 일하는 방법에 대한 모델은 아직 학교 전체에 널리 퍼지지는 않았다.

교육에서 미디어와 ICT 활용에 대한 국제 비교는 오늘날 핀란드가 ICT의 교육적 활용에서 유럽의 한가운데 있다는 것을 보여준다(예를 들어 SITES, 2006; CICERO Learning report, 2008; European Schoolnet, 2009; OECD CERI, 2010). 많은 지자체와 학교가 빠른 진전을 보이고 있으며 일부 학교는 그 분야에서 교육적으로나 기술적으로 최고 수준을 보여주고 있다. ICT의 교육적 활용을 위한 혁신과 경험적인 교육모델은 교수·학습을 적극 지원하고 있고, 교실들은 잘 정비되어 있다.

최근 몇 년 동안 학교들 사이에 그리고 자치시들 사이에 격차가 벌어진 것으로 나타났다. 자치시가 ICT의 교육적 활용을 개발한 다소 자율적인 방식은 항상 전국적으로 최적의 진보를 의미하지는 않는다. 실제로 핀란드에서 진전이 둔화된 이유 중 하나는 명확한 국가 차원의 행동 프로그램이 없었기 때문이다. 인프라에 대한 경제적 투자만으로는 충분하지 않았다(Kankaanranta, 2011; 또한 Kozma et al., 2003; Law, Pelgrum & Plomp, 2008을 보라).

ICT의 교육적 활용을 위한 새로운 국가계획은 2010년 12월에 발표되었다. 이 계획은 교통 통신부가 조정하고 국가교육위원회와 교육문화부가 공동으로 수행하는 '학교 일상생활에서의 ICT'라는 제목의 광범위한 협력 프로젝트의 결과이다. 이 프로젝트에는 혁신적인 학교 20개교, 연구부서 13개, 사업 분야 및 자치시 전문가가 참여했다. 이 보고서는 일반적인 전략 방향과 제안된 정책뿐만 아니라 국가의 목표를 제시한다.

이 보고서는 학교가 현재 기술 지향적이며 피상적인 ICT 사용에서 벗어나도록 하는 데 어려움이 있음을 지적한다. ICT의 교육적 활용은 모든 학교 활동의 자연스러운 측면이어야 한다. 그것의 활용은 ① 학습 및 학습 환경의 개발, ② 학생 성장 지원, ③ 교사와 교수teaching의 필요, ④ 사회와 직장 생활의 필요 등의 고려 사항에서 출발해야 한다.

핀란드 학교에서 ICT의 교육적 활용을 개발하려는 노력이 직면한 문제들은 다음과 같다.

- 학교와 학교, 자치시에 따라 차이가 있는 불충분한 기술적 인프라, 학교의 학습 환경에서 기술적 솔루션이 성공적이지 않다.
- 교사 및 학생을 위한 기술 및 교육 지원 부족.
- 학생과 협동 및 팀워크의 적극적인 참여를 지원하는 혁신적인 교육 모델의 낮은 사용도.
- 디지털 학습 자료의 유용성, 품질 및 보급.
- 학교의 일하는 문화, 공동체 의식 및 협력 능력에 대한 도전.
- 시교육 당국의 발달 수준, 학교 이사회 및 학교 경영진의 관행, 변화 관리 및 의사소통 능력에 대한 도전.

- 학교의 서비스 조직을 목표로 하는 기업과 학교 간의 동반 관계 부족.
- 교사교육에서 ICT의 교육적 활용을 최신화하는 것.

핀란드 국가 계획(The Finnish national plan, 2010)은 교육체제와 학교 운영 방식이 현대 학습 개념에 맞게 개편되기 위해 체계적 변화가 필요하다고 분명하게 지적했다. 권고 사항은 다음과 같다. 그러한 변화를 이행할 때, 기존의 구조, 예를 들어 교육과정의 기본과 같은 것을 활용하는 것이 권고되었다. 계획의 실행과 바람직한 결과 달성을 위해서는 공공 부문, 사업 공동체, 교육 제공자와 학교 간의 전반적인 협력이 필요하다.

목표는 모든 핀란드 학교에서 교수·학습을 지원하기 위해 ICT가 제공하는 도구와 기회를 고무적인 방법으로 이끌어내는 것이다. 학교가 성공하면 모든 학생은 새로운 학습을 촉진하는 환경과 작업하는 방식을 경험하게 될 것이다.

국가계획은 변화로 인해 학교에 최신 인프라와 장비가 요구될 것이라고 명시한다. 선택한 기술 솔루션은 고품질이어야 하고 그러한 선택은 지속가능한 발전을 고려해야 한다. 또한 모든 학교의 교사와 학생들을 위한 견고한 기술 및 교육 지원 서비스가 필요하다. 학교의 일하는 문화에서 변화 관리와 협력의 강화, 공동체 의식이 중요할 것이다. 이를 위한 두 가지 방법은 공동 수업co-teaching 및 동료 코칭 모델peer coaching models의 사용이다. 인터넷 기반의 고품질 체험 자료는 모든 사람이 쉽게 이용하고 접근할 수 있어야 한다. ICT 교육적 활용 분야에서 교사교육이 개발되고 지원되어야 한다.

핀란드에서 수업에 ICT를 혁신적으로 활용할 수 없거나, 특히 미디어 기술에 익숙하지 않아도 교사로 졸업하는 것은 여전히 가능하다 '새천년 학습자 2010'이라는 OECD 교육연구 혁신센터CERI: Centre for Educational

Research and Innovation의 보고서에 따르면, 여전히 교사가 되기 위한 훈련 기간 동안에 ICT의 교육적 활용을 위한 충분한 능력을 훈련으로 갖추지 못한다는 것이다(Meisalo et al., 2010). 교사교육가trainer는 긍정적인 태도를 가지고 있지만 ICT의 잠재력은 주로 연구를 할 때 풍부하게 활용 된다. 핀란드의 최근 교사 연수 졸업생들의 기술은 교육기관마다 다르다. 현직 교사는 ICT를 혁신적으로 사용하는 방법에 대한 지속적이고 포괄적인 지원을 요구한다(예를 들어, Ilomäki & Lakkala, 2011; Kankaanranta et al., 2011).

국가 전략 계획은 교사교육부와 교사에게 훈련을 제공하는 다른 부서가 교사가 일하는 학교 환경에 맞는 최신 도구에 투자해야 한다고 명시하고 있다. 교육문화부의 실무단은 '교육, 훈련, 연구를 위한 정보 사회 개발 프로그램'이라는 제목의 보고서에서 국가 보조금이 그 목적에 맞춰져야 한다고 제안했다. 예비교사들이 학습기간 동안 학교의 일상생활인 학습 환경에 익숙해질 수 있도록 하는 것은 중요하다.

ICT가 모든 학위 프로그램에 적절하게 통합되었는지 확인하기 위해 학위 요건 및 실습 교육도 검토해야 한다.

국가 연구 프로젝트 OPTEK[37]도 이 같은 문제에 초점을 맞추고 있다. 프로젝트는 매일 학교에서 ICT 및 전자 미디어의 응용 및 사용을 위한 혁신적인 솔루션과 모델을 조사하고 개발한다. 주로 TEKES[38]가 자금을 조달한 프로젝트는 2009년 1월에 시작되어 2011년 5월에 끝났다. 첫 번째 결과는 2010년 12월에 발표된 국가 교육 기술 계획National Educational Technology Plan과 함께 공동 간행물로 2011년 2월에 출판되었다.

---

37. [역주] OPTEK(Educational Technology in Schools Everyday Life Research Project: 학교의 일상생활 연구 프로젝트에서 교육 기술).
38. [역주] TEKES(the Finnish Funding Agency for Technology and Innovation: 핀란드 기술 및 혁신 기금 지원 기관).

핀란드 ICT 교육적 활용에 관한 최근 연구 결과

OPTEK 프로젝트에서 수행된 연구에 따르면 ICT가 교수·학습에 이용되면 콘텐츠를 보여주고, 활력을 주고, 콘텐츠를 풍부하게 하며, 원격 및 모바일 학습을 가능하게 한다. 이 연구는 ICT가 협동학습, 추론, 추상적 추론 및 시각적 인식을 지원할 수 있음을 보여주었다. 혁신적으로 게임과 시뮬레이션을 사용하면 학생들이 문제해결능력을 연습하고 실제적이고 복잡한 현상을 이해할 수 있게 한다. ICT 활용의 목표는 학생들이 학교에서 가지고 있는 물리적 학습 환경 및 대면 상호작용과 함께 미래 기술을 지원하는 학습 환경을 향상시키고 풍성하게 하는 것이다(Tella, Multisilta, Ruokamo & Smeds, 2005; Kynäslahti & Seppälä, 2004; Kangas, Sintonen & Lundvall, 2008; Vahtivuori-Hänninen et al., 2005; Tuomi & Multisilta, 2011; Sairanen et. al., 2011; Lankinen, 2010; Kankaanranta & Vahtivuori-Hänninen, 2011; National Educational Technology Plan, 2010; Kotilainen, 2011; Vähähyyppä, 2010; Rajala et al., 2011; Sallasmaa et al., 2011).

최근의 한 연구에 따르면, 한 가지 유리한 발전은 학교장들이 이전보다 학교의 일상 업무에서 ICT의 중요성에 대해 더욱 긍정적인 견해를 갖고 있다는 것이다. 그들은 변화의 필요성을 인식하고 있으며, 그리고 학생들의 미래 기술을 향상시키기 위해서 학교의 공유된 비전과 기능적인 업무 문화를 구현하려고 노력한다. 일반적으로 ICT를 사용하는 기회가 개선되었지만, 여전히 그것을 사용하는 방식에는 상당한 차이가 있다(Kankaanranta et al., 2011).

디지털 비디오 기술은 학생들에게 어렵지 않으며 공동으로 학습에 활용할 수 있다. 콘텐츠를 협동적으로 제작하는 것은 학생들에게 계획하고, 실행하고, 촬영 및 편집을 하려는 동기를 부여한다. 디지털 비디오를 사용하여 콘텐츠를 제작할 때 다양한 기술과 모델을 사용할 수 있다. 오울루Oulu대학에서 실시한 한 연구에 따르면 이러한 것이 아이들에게 21세기 시민 기술, 예를 들어 팀워크 및 상호작용 기술, 정보 및 미디어 활용 능력을 개발할 수 있는 기회를 주었다(Palmgren-Neuvonen, Kumpulainen & Vehkaperä, 2011; Kotilainen, 2011).

모바일 소셜 미디어는 학교 프로젝트를 위한 도구로 쉽게 사용될 수 있다. 모바일 학습 연구에 참여한 학생 중 3분의 1 이상이 모바일 비디오 배포 서비스를 사용하는 방법을 배울 수 있었다고 했고, 2분의 1 이상은 학교에서 전통적인 학습활동보다는 모바일 학습을 선호했다. 창조성과 재미는 억압되어서는 안 되며 오히려 장려되어야 한다. 모바일 장치를 교육에 적용하는 것은 관련 기술의 원활한 운영과 교사의 적절한 교육 및 동기 부여를 필요로 한다(Tuomi & Multisilta, 2011).

헬싱키대학의 미디어 교육 연구 그룹이 수행한 연구에 따르면 다양한 공간에서, 심지어는 다른 시기에 학습하는 것이 아이들의 자기 주도성을 촉진한다는 사실이 관찰되었다. 모바일 환경에서 활동은 도구 사용에 대한 사용자 자신의 의사결정에 중점을 두고, 새로운 솔루션 및 실시간 도움 제공, 시행착오 과정을 통해 학생들이 활동할 수 있게 한다. 학생들이 서로 다른 공간에서 물리적 또는 가상적으로 공부하므로 시간과 장소의 제약을 받지 않는다(Kotilainen, 2011; Mylläri et al., 2011; 또한 Kynäslahti & Seppälä, 2004; Koskimaa et al., 2007; Kynäslahti et al., 2008 참조).

우리가 교육 목적으로 필요로 하는 모든 기술은 이미 존재한다. 2000년대 초반에 교수·학습에서 ICT의 역할은 일반적인 가르침에 중첩된 어떤, 추가적인 것이었다. 이제 기술과 미디어는 학교 업무의 필수적인 부분으로 간주된다. 일반적인 교과를 덜 가르칠 수 있게 되었고, 체험학습을 지원한다. 가정과 학교의 협력 그리고 그들이 자녀 교육 및 양성에서 형성하는 동반 관계를 강화하는 역할을 한다. 학교는 사회의 활발한 구성 요소이자 어린이와 청소년들이 미래의 학습뿐만 아니라 개인적인 성장,

일상생활 및 미래의 일에서도 필요한 기술과 역량을 배우는 곳이다. ICT를 활용한 교육의 기초는 평등에 대한 고려, 공동체 의식 및 협동과 참여 능력을 개발하는 것이다. 학교는 바로 지역사회 내에서 기능하지만 동시에 지구촌의 일부이다. 다차원적인 방식으로 ICT를 활용하여 우리는 전 세계를 학교 학생들의 손에 닿을 수 있게 할 수 있다.

결론

1990년대에 핀란드는 세계에서 정보화 사회를 주도하는 국가 중의 하나였다. 유비쿼터스 정보사회로 핀란드를 발전시키기 위해 국가 전략과 지침이 만들어졌다. 2000년도에 ICT 프로젝트의 첫 번째 물결이 끝났다. 정보화 사회를 먼저 주도했던 나라들은 다른 나라들이 ICT의 교육적 활용을 급속하게 발전시키는 것을 보면서 당황했던 것 같다. 그 나라들은 국제 비교에서 자신들의 위치에 대해 민감했고 심지어 걱정스러워했다. 핀란드에서 우리는 ICT 활용으로 이익을 얻는 전체 교육체제는 물론 교수·학습을 개발하기 위해 국가 차원의 전략과 정부 프로그램에 관해 다시 생각해야 하는 상황에 처해 있다. 핀란드는 이것을 할 수 있는 큰 잠재력을 가지고 있다. 핀란드는 ICT의 교육적 활용을 개발하는 데 필요한 노하우를 가지고 있는 재능 있는 교사와 연구 기반 교사교육이 있다.

현재 핀란드는 ICT의 교육적 활용에 대한 국가 지침이 있다. 핀란드는 미래를 위한 교육의 비전과 핀란드 사회에서 필요한 전문 지식을 구체화하는 활발한 국가핵심교육과정을 운영하고 있다. 새로운 교육과정에서 ICT의 역할은 매우 중요하다. ICT는 모든 새로운 목표를 달성하는 데 유용한 교육 도구 및 학습 환경으로 사용되고 있다. 핀란드는 새로운 교육,

학습 및 학습 환경과 미래 학교의 새로운 학습 문화가 최상의 상태일 때 어떤 모습일지를 보여줄 수 있는 좋은 기회를 가지고 있다.

참고 문헌

ATC21S (2011). *White Paper Defining 21st Skills.* http://atc21s.org

Cicero Learning ICT report. (2008). [http://www.cicero.fi/ sivut2/documents/ CICERO_TVT-selvitysraportti.pdf] (In Finnish)

European Schoolnet. *Insight. The Study of the impact of technology in primary schools (STEPS).* http://insight.eun. org/ww/en/pub/insight/minisites/steps.htm

Finnish National Board of Education. (2014). *Perusopetuksen opetussuunnitel man perusteet 2014* [*National Core Curriculum of Basic Education 2014*]. Retrieved 18.12.2015, http://www.oph.fi/download/163777_perusopetuksen_opetussuunnitel man_perusteet_2014.pdf

Gardner, H. (2010). *Five minds for the future.* Boston: Harvard Business School.

Ilomäki, L. & Lakkala, M. (2011). Koulun kehittäminen ja digitaalinen teknologia. (Developing School and Digital Technology). In M. Kankaanranta & S. Vahtivuori-Hänninen. (Eds.) *Educational Technology in Schools everyday life II.* University of Jyväskylä: Finnish Institute for Educational Research & Agora Center. (In Finnish)

Kalliala, E. & Toikkanen, T. (2009). *Sosiaalinen media opetuksessa.* (Social media in education). Helsinki: Finnlectura.

Kangas, S., Sintonen, S. & Lundvall, A. (2008). *Lasten ja nuorten mediamaailma pähkinänkuoressa.* (Children's media world in a nutshell.) Ministry of Transport and Communication. Media forum of the children and yi. http://www.lvm.fi/c/ document_library/get_file?folderId=22170&name=DLFE-4803.pdf&title=Lasten

Kankaanranta, M. & Puhakka, E. (2008). *Kohti innovatiivista tietotekniikan opetuskäyttöä. Kansainvälisen SITES 2006-tutkimuksen tuloksia.* (Towards innovative use of ICTs. Results of the International SITES study). University of Jyväskylä: Finnish Institute for Educational Research & Agora Center.

Kankaanranta, M. & Vahtivuori-Hänninen, S. (Eds.) (2011). *Educational Technology in Schools everyday life II.* University of Jyväskylä: Finnish Institute for Educational Research & Agora Center. (In Finnish)

Kankaanranta, M., Palonen, T., Kejonen, & Ärje, J. (2011). Tieto-ja viestintätek niikan merkitys ja käyttömahdollisuudet koulun arjessa. (The use of educational technologies in schools everyday life. *Educational Technology in Schools everyday life II.* University of Jyväskylä: Finnish Institute for Educational Research & Agora Center. (In Finnish)

Finnish Educational Technology Plan 2010. Ubiquitous Information Society

Advisory Board. ICTs in schools everyday life project. Final Report. Ministry of Transport and Communication, Ministry of Education and Culture, Finnish National Board of Education. http://www.edu.fi/download/135308_TVT_opetuskayton_suunnitelma_Eng.pdf

Korhonen, T. & Lavonen, J. (2011). "Meidän luokan juttu". Tieto-ja viestintätek nologia kodin ja koulun yhteistyön tukena. (ICT as a support for school-home collaboration.) In M. Kankaanranta & S. Vahtivuori-Hänninen. (Eds.) *Educational Technology in Schools everyday life II*. University of Jyväskylä: Finnish Institute for Educational Research & Agora Center. (In Finnish)

Koskimaa, R., Lehtonen, M., Heinonen, U., Ruokamo, H., Tissari, V., Vahtivuori-Hänninen, S. & Tella, S. (2007). A Cultural Approach to Network-Based Mobile Education. In Kumpulainen, K. & Renshaw, P. (Eds.) *International Journal of Educational Research* 46 (3-4), 204-214.

Kotilainen, M.-R. (2011). Mobiiliuden mahdollisuuksia oppilaslähtöisen sisällöntuotannon tukemisessa portfoliotyöskentelyssä. (Mobile Learning, user crated content and portfolios. In M. Kankaanranta & S. Vahtivuori-Hänninen. (Eds.) *Educational Technology in Schools everyday life II*. University of Jyväskylä: Finnish Institute for Educational Research & Agora Center. (In Finnish)

Kotilainen, S. (Eds.) (2011). Children's Media Barometer. 0-8 year-old children's use of media in Finland. *Lasten ja nuorten mediabarometri. 0-8-vuotiaiden lasten mediankäyttö Suomessa*. Finnish Association for Media Education. Publication (1) 2011, 68-70.

Kozma, R. (Ed.). (2003). *Technology, innovation, and educational change: A global perspective. A report of the Second Information Technology in Education Study.* Module 2. Amsterdam: International Association for the Evaluation of Educational Achievement.

Kynäslahti, H. & Seppälä, P. (Eds.) 2004. *Mobile learning.* Helsinki, Finland: IT-Press.

Kynäslahti, H., Vesterinen, O., Lipponen, L., Vahtivuori-Hänninen, S. & Tella, S. (2008). Towards Volitional Media Literacy through Web 2.0. *Educational Technology*, Sept./ Oct., 3-10.

Lankinen, T. (2009). Educational use of ICTs. Interrim report 29.1.2010. Helsinki: Ubiquitous Information Society Advisory board, 3-7. Ok

Law, N., Kankaanranta, M. & Chow, A. (2005). Technology supported educational innovations in Finland and Hong Kong: A tale of two systems. Human Technology Journal 1 (2), 111-116.

Law, N., Pelgrum, W. J. & Plomp, T. (Eds.) (2008). Pedagogy and ICT use in schools around the world. Findings for the IEA SITE 2006 study. The University of Hong Kong: Comparative Education Research Centre.

Meisalo, V., Lavonen, J., Sormunen, K. & Vesisenaho, M. (2010). *ICT in Initial Teacher Training. Finland. Country report. OEDC CERI, New Milleniun Learners.* Department of Teacher Education, University of Helsinki and School of Applied Education and Teacher Education, University of Joensuu. ok

Mylläri, J., Kynäslahti, H., Vesterinen, O., Vahtivuori- Hänninen, S., Lipponen, L. & Tella, S. (2011). Students' pedagogical thinking and the use of ICTs in teaching. *Scandinavian Journal of Educational Technology.* London: Routledge.

Ministry of Education and Culture. (2010). *Koulutuksen tietoyhteiskun takehittäminen 2020.* (Education and Research towards information society report 2020.) Parempaa laatua, tehokkaampaa yhteistyötä ja avoimempaa vuorovaikutusta. Opetus-ja kulttuuriministeriön työryhmämuistioita ja selvityksiä 2010: 12.

Niemi, H., Kynäslahti, H. & Vahtivuori-Hänninen, S. 2013. Towards ICT in everyday life in Finnish Schools: Seeking conditions for good practices. *In Learning, Media & Technology* 38, 1, pp. 57-71.

Palmgren-Neuvonen, L., Kumpulainen & K., Vehkaperä, A. (2011). Oppimisen taitoja liikkuvalla kuvalla-teknologioiden innovatiivista yhdistelyä äidinkielen opetuksessa. In M. Kankaanranta & S. Vahtivuori-Hänninen. (Eds.) Educational Technology in Schools Everyday Life II. University of Jyväskylä: Finnish Institute for Educational Research & Agora Center. (In Finnish)

Perusopetus 2020-yleiset valtakunnalliset tavoitteet ja tuntijako. (Basic Education in Finland 2020) Opetus-ja kulttuuriministeriön työryhmämuistioita ja selvityksiä. Ministry of Education and Culture, 2010: 1.

Rajala, A., Hilppö, J. Kumpulainen, K. et al. (2010). *Merkkejä tulevaisuuden oppimisympäristöistä.* (Some signs of the Future Learning Environments). National Board of Education.

Sairanen, H., Syvänen, A., Vuorinen, M., Vainio, J. & Viteli, J. (2011). Mobiilisi sällöntuotanto esiopetuksessa ja perusasteen alaluokilla: Suosituksia ja havaintoja teknisestä toteutuksesta. (Mobile content creation in primary school and pre-school). In M. Kankaanranta & S. Vahtivuori-Hänninen. (Eds.) *Educational Technology in Schools Everyday Life II.* University of Jyväskylä: Finnish Institute for Educational Research & Agora Center. (In Finnish)

Salo, M., Kankaanranta, M. Vähähyyppä, K. & Viik-Kajander, M. (2011). Tulevaisuuden taidot ja osaaminen. (21st Century skills and competences. In M. Kankaanranta & S. Vahtivuori-Hänninen. (Eds.) Educational Technology in Schools Everyday Life II. University of Jyväskylä: Finnish Institute for Educational

Research & Agora Center. (In Finnish)

Sallasmaa, P., Mannila, L., Peltomäki, M., Salakoski, T. Salmela, P. & Back, R.-J. (2011). Haasteet ja mahdollisuudet tietokonetuetussa matematiikan opetuksessa. (Challenges and opportunities of ICT in Math education). In M. Kankaanranta & S. Vahtivuori-Hänninen. (Eds.) Educational Technology in Schools Everyday Life II. University of Jyväskylä: Finnish Institute for Educational Research & Agora Center. (In Finnish)

SITES (2006). www.sites.net

Tella, S., Ruokamo, H., Multisilta, J. & Smeds, R. (Eds.) (2005). *Opetus, opiskelu ja oppiminen. Tieto-ja viestintätekniikka tiederajat ylittävissä konteksteissa.* (Teaching, studying and Learning. ICTs in transdisciplinary contexts.) Academy of Finland, Life as Learning Research Programme. Lapin yliopiston kasvatustieteellisiä julkaisuja 12. Rovaniemi: University of Lapland.

Tella, S., Vahtivuori, S., Vuorento, A., Wager, P. & Oksanen, U. (2001). *Verkko opetuksessa-opettaja verkossa.* (Teacher in the net-Net in Teaching). Helsinki: Edita.

Transforming American Education: Learning Powered by Technology. (2010). National Education Technology Plan. U.S. Department of Education.

Tuomi, P. & Multisilta, J. (2011). Mobiilivideot oppimisen osana-Kokemuksia MoViE-palvelusta Kasavuoren koulussa. (Some experiences as mobile tools as a part of the learning process). In M. Kankaanranta & S. Vahtivuori-Hänninen. (Eds.) Educational Technology in Schools Everyday Life II. University of Jyväskylä: Finnish Institute for Educational Research & Agora Center. (In Finnish)

Vahtivuori-Hänninen, S., Lehtonen, M. & Torkkeli, M. (2005). Yhteisöllistä opiskelua, pelejä ja sosiaalisia simulaatioita verkossa. (Collaborative learning, games and simulations in the Web.) In S. Tella, H. Ruokamo, J. Multisilta, & R. Smeds (Eds.) *Opetus, opiskelujaoppiminen. Tieto-ja viestintätekniikka tiederajat ylittävissä konteksteissa.* (Teaching, Studying and Learning. ICTs in transdisciplinary contexts.) Academy of Finland, Life as Learning Research Programme. Lapin yliopiston kasvatustieteellisiä julkaisuja 12. Rovaniemi: University of Lapland.

Vahtivuori-Hänninen, S., Halinen, I., Niemi, H., Lavonen, J. and Lipponen, L. (2014) A New Finnish National Core Curriculum for Basic Education (2014) and Technology as an Integrated Tool for learning. *Finnish Innovations and Technologies in Schools: a Guide towards New Ecosystems of Learning.* Niemi, H., Multisilta, J., Lipponen, L. & Vivitsou, M. (eds.). Rotterdam: Sense Publishers, pp. 21-32.

Vitikka, E. (2010). Pedagoginen ulottuvuus opetussuunnitelmanar vioinnin lähtökohtana. (Pedagogical dimensios as a basis for curriculum evaluation). In E. Korkeakoski & T. Siekkinen (eds.), Esi-ja perusopetuksen opetussuunnitelmajärjestelmän toimivuus: Puheenvuoroja sekä arviointi-ja tutkimustuloksia. Jyväskylä: Koulutuksen arviointineuvosto, 23-39.

Vähähyyppä, K. (Ed.) (2010). *School 3.0.* Finnish Board of Education.

17. 핀란드의 학습 환경으로서의 공공기관

유카 살미넨Jukka Salminen
레나 토른베르그Leena Tornberg
페이비 베넬레이넨Päivi Venäläinen

요약

2014 기초교육을 위한 국가핵심교육과정[39]은 이른바 포괄적인 학습 목적으로, 국가수준의 학년 및 교과에 기반을 둔 목표들뿐만 아니라 지역수준 교육과정의 가능성을 열어두었다. 학생들의 전체적인 성장과 학교 밖의 끊임없이 변화하는 사회에 대한 적응을 지원하는 일곱 가지 포괄적인 학습 주제가 있다. 공공기관은 특히 문화적 노하우, 상호작용 및 창조, 다중모드의 문해력, 참여 및 지속가능한 문화적 미래와 같은 주제에서 학습의 가능성을 제공한다. 국가핵심교육과정에는 학교에서 활용할 수 있는 교육과정의 다양한 학습 환경에 대해 자세히 설명한 하나의 독립된 장이 있다. 2010년대는 디지털 학습 환경에 대한 이야기가 절실히 필요하지만 도서관, 박물관, 자연 및 과학 센터와 같은 공공기관들처럼 물리적으로 실재하는 환경도 필요하다. 이 논문에서 공공 문화 기관은 조성된 환경의 일부로 이해된다. 이 기관들이 제공하는 서비스는 핀란드의 모든 시민이 이용할 수 있다. 여기에는 도서관, 박물관, 다양한 미술관, 극장,

---

39. Perusopetuksen opetussuunnitelman perusteet 2014(National Core for Basic Education 2014).

음악당 및 과학센터가 포함된다. 이 논문 저자들은 학습 환경으로서의 박물관과 도서관에 대하여 전문성을 가지고 있어 이 점에 초점을 맞추었다.

핀란드에는 공공 도서관과 박물관의 광범위한 네트워크가 있다. 기초교육의 일환으로 이 네트워크를 이용하는 것은 수십 년간 타당한 것이었다. 개발 작업은 교육현장뿐만 아니라 박물관 및 도서관에서도 수행되었다. 여러 프로젝트가 국가 및 자치시 수준에서 시행되었고, 개별 학교와 기관은 성공적으로 지역 협력을 수행했다. 핀란드에서나 국제적으로나 공공기관의 학습은 학교 또는 다른 공식적인 학습 환경에서의 학습만큼 광범위하게 연구되지 않았으나 교사와 학생들의 견해, 프로젝트의 평가와 요약을 통해 보았을 때 박물관이나 도서관과 같은 다양한 학습 환경에서의 학습이 배움에 긍정적인 영향을 미치고 있다. 공공기관들은 학습 환경으로 기능하는데, 특히 평생학습을 지원하는 기능을 한다.

＊핵심어: 학습 환경, 공공기관, 박물관, 도서관, 문화유산 학습

핀란드, 도서관과 박물관의 나라

2010년 통계에 의하면 다양한 유형의 박물관과 미술 전시회에 가장 자주 방문한 사람은 핀란드 학교의 4학년에서 6학년까지에 해당하는 10살에서 14살까지의 어린이들이다(Official Statistics of Finland, OSF, 2010). 역사, 예술 그리고 자연 과학 중 주로 생물학과 같은 자연 교과는 박물관에서 가장 자주 탐구되는 교과이다. 핀란드 2004년 교육과정에서 역사 수업은 5학년부터 시작되었다(National Core Curriculum for Basic Education, 2004). 5학년과 6학년 학생들의 역사에 관한 탐구의 시작은 핀란드국립박물관의 방문객 통계에서 분명히 알 수 있는데, 그들은 핀란드국립박물관을 찾

Kaukonen & Vihanto 2009; 2010; Statistics of the Public Libraries in Finland 2011;
Official Statistics in Finland, 2011

	박물관(2014)[44]	도서관(2014)[45]
기관 수	152명이 전문적으로 박물관을 운영, 총 327개의 부서가 연중 개방	756개의 중앙 및 지역 도서관
	자체적으로 박물관으로 정의하는 총 1,000개 이상의 기관들	142개의 이동 도서관 (12,606개의 임시경유지)
연간 방문객	약 540만 명의 방문객	5000만 명 이상의 도서관 방문 대출 9100만 권 전자 대출 151,000권 평균 대출 수 16.8 항목/핀란드어 책/년[46]
학생 방문자 수	학생들 약 470,000명 (박물관의 계산방법이 다를 수 있음)	학생 통계 없음
비교 수치	핀란드에서 연간 초등 예비, 초등(1학년~6학년) 및 중등(7학년~9학년) 학생 대략 590,000명[47]	
	핀란드 지방자치단체 317개[48]	

은 가장 큰 방문자 그룹이었다. 2016년 가을, 새로운 교육과정에 따라 역사 공부는 훨씬 더 빠른 시기에 시작되었기 때문에, 박물관들은 이것을 고려할 필요가 있게 되었다. 핀란드에서 학교 도서관의 발전은 매우 고르지 않았기 때문에 공공 도서관은 기초교육에서 중요한 역할을 한다. 일부 학교는 도서관 서비스를 자체적으로 조직했다. 유네스코학교도서관선언문 (UNESCO School Library Manifesto, 1998)의 정신에 따라 핀란드 교육부의 2000~2004년 교육연구정보전략(The Information Strategy for Education and Research for Years 2000-2004, 1999)은 학교 도서관을 개발 영역으로 우선시했다. 학교 도서관이 독립적으로 현대 정보 사회의 요구를 충족시키는 것은 어렵다. 학교도서관은 그 지역의 공공 도서관과 협력할 것을 권고

---

40. Kivilaakso & Laakkonen(2014).
41. 이 논문에서 도서관은 자치시 공공 도서관.
42. Libraries.fi, Finnish library services(2015).
43. 핀란드의 통계(Statistics of Finland, 2015).
44. 핀란드 지방자치단체협회(The Association of Finnish Local and Regional Authorities: AFLR, 2015)

받았다(Kekki, Sulin & Wigell-Ryynänen, 2009).

양성에서 교육까지

학교와 공공기관은 시민들을 양성하고 교육하는 공통의 사회적 의무가 있다. 학교는 정규교육을 운영하고 공공기관은 평생학습을 포함하여 비공식 무대에서 활동한다. 핀란드는 박물관 기능을 규정하는 드문 국가 중 하나로, 핀란드박물관법Finnish Museum Act은 박물관의 규정된 임무를 정의한다(The Finnish Museum Act, 1992; ICOM code of Ethics, 2006). 박물관 운영의 목표는 문화와, 역사 및 환경에 대한 대중들의 이해와 설명을 촉진하는 것이다. 박물관은 미래 세대를 위한 소장품으로 무형의 시각적인 문화유산을 수집하고, 보존하고 기록함으로써 정보에 접근할 수 있는 기회를 제공해야 한다. 박물관은 주변 지역사회와 긴밀하게 협조할 것으로 기대된다.

핀란드도서관법Finnish Library Act은 도서관 업무를 다음과 같이 정의한다.

공공 도서관이 제공하는 도서 및 정보 서비스의 목적은 인격적 수양 cultivation, 문학과 문화의 추구, 국제화 및 평생학습 등을 위한 평등한 기회를 시민들 사이에 증대시키는 것이다. 도서관 활동은 또한 가상의 쌍방향 네트워크 서비스와 교육 및 문화 콘텐츠 개발의 촉진을 목표로 한다(Finnish Library Act, 1998).

핀란드도서관법은 공공 도서관과 학교 간의 관계를 규정하지는 않지만 전통적으로 독서 습관에 영향을 주고 일반적인 독서를 장려함으로써 시민들의 문해력에 기여해왔다. 수십 년 동안 학교와 도서관의 협력은 학생들이 가장 가까운 공립도서관으로 현장학습을 가는 것이었는데 도서관 이용법을 가르치고 이야기를 들려주거나 인형극을 보여주는 것이 그 주된 활동이었다. 정보 사회의 발전과 도서관 교육 내용에 대한 요구가 점점 커지면서 협력은 학교의 연간 계획에서뿐만 아니라 자치시와 학교의 특정한 교육과정 영역으로 확대되었다.

미디어가 발달함에 따라 기본 문해력에 새로운 차원이 추가되었다. 새로운 문해력과 정보 사회의 발전은 도서관 업무의 변화를 수반했다. 여러 가지 일들 중에서 특히 미디어 교육과 정보 사회와 정보 관리 기술을 가르치기 시작했다. 공공 도서관은 그 일반적인 목적에 따라 모든 연령층을 대상으로 서비스를 제공함과 동시에 자치시 지역 학교를 지원하는 것에 있어서 더 많은 역할을 하기 시작했다(Library Strategy, 2010; Policy for Access to Knowledge and Culture, 2003).

핀란드 도서관과 학교의 협력은 도서관 지부의 사회적 중요성, 도서관의 역할, 서비스 이력 등에 대한 변화의 일부가 되었다. 사회 구조, 기술적인 의사소통 및 서비스 산업의 복잡성이 증대됨에 따라 도서관의 중요한 기능들이 훨씬 많이 변화했다. 체험과 정보 관리를 제공하는 것 외에도 도서관은 정보 격차를 해소하여 정보 소외를 없애야 한다. 동시에 도서관의 서비스 개념은 이미 만들어진 서비스 제품의 제공에서 독립적인 정보 검색과 미디어 및 인터넷 서비스 사용 안내로 전환되었다. 또한 도서관은 새로운 교수법 및 미디어 기술에 대한 직원 교육을 실시하고 직원을 모집할 때는 이러한 기술을 기준으로 삼기 시작했다.

핀란드에서 도서관과 학교의 협력은 사실상 현장학습 중심 지원에서 도서관의 교육 서비스 제품의 개발로 전환되고 있다. 현대 도서관은 개발 전략의 초점을 학교 서비스에 두기 시작했다. 이는 도서관의 미래 사회적 관련성을 위해서도 필수적이라고 여겨지고 있다.

핀란드박물관법은 박물관의 교육적 역할에 대해 명확하게 정의하지 있지 않다. 오랫동안 박물관은 연구 기관으로 간주되어왔고 교육 활동은 고등교육기관을 대상으로 하였다. 박물관을 사회에 개방하고 대중에게 그 내용을 전달할 수 있는 방법을 개발하고자 했을 때, 우선 학교 그룹에 초점이 맞추어졌다. 1970년대 종합학교 개혁은 기초교육을 위한 보완재로서 박물관의 역할에 관한 토론의 추동력을 만들었으며, 동시에 핀란드 최초의 교육 큐레이터가 임명되었다. 처음에는 박물관 교육자의 주요 임무는 박물관을 방문한 학생들을 안내하는 것이었다. 박물관 교육 활동과 공공 서비스는 1980년대에 좀 더 의도적으로 개발되었다. 최초의 협업 전문가 그룹은 1981년 핀란드 박물관 협회와 국가교육위원회에 의해 만들어졌다. 이 그룹의 임무는 학교와 박물관 협력을 위한 첫 번째 비전과 목표를 제시하는 것이었다(History of Guidning, 2010).

학습 개념의 확대로 박물관 교육은 특수교육을 필요로 하는 학생이나 방문객을 고려하게 되었다. 전통적인 방법(말하기와 쓰기) 외에도 모든 감각을 사용하는 의사소통이 박물관 교육에서 사용되고 있다. 이제 박물관은 일반 대중뿐만 아니라 많은 다양한 공공 그룹을 상대로 한다. 공공 그룹 중 학생 그룹은 중요한 역할을 하는데 이를 통해 박물관은 더 폭넓은 연령 그룹에 들어갈 수 있기 때문이다. 교육 전문가로서 교사는 생산적인 협력 파트너이다. 2005년에는 박물관 교육자의 전문성 개발을 지원하기 위한 박물관 교육 협회가 설립되었고, 2015년에는 200명이 넘는 박물관 전문가가 있었다. 그들은 여러 유형의 박물관 교육자를 대표하며 핀란드에서 광범위한 교육을 담당한다. 박물관 교육자라는 직업은 지난 20년간 핀란드 박물관에서 가장 빠르게 성장하는 분야 중 하나였다.

핀란드에서 교사는 자신의 교실에서 가르칠 때와 동일한 독립성을 가지고 다양한 학습 환경을 활용할 수 있다(본서의 Toom & Husu, Vitikka & al., Jyrhämä & Maaranen의 논문 참조). 국가핵심교육과정은 9년간의 의무교육과정에서 학생들이 알아야 될 공공기관을 명시하거나 규정하지 않는다. 교사는 기관과 학교 간의 여러 공동 프로젝트를 통해 공공교육기관을 공식교육의 학습 환경으로 사용하도록 지원과 장려를 받는다. 대부분의 핀란드 종합학교는 공립학교이지만, 학교의 특성은 다양하다. 그러나 교육의 일환으로 지역 및 전국 공공 서비스를 사용하려는 의지와 기술은 학교의 일 문화에 크게 달려 있다. 현재 학교 환경 밖의 다양한 학습 환경이 얼마나 자주 사용되는지에 대한 핀란드의 공식 통계는 없다.

네크워킹을 통한 발전

학교와 박물관을 가장 광범위하게 네트워킹하는 프로젝트 중 하나는 1998년에서 2008년 사이의 핀란드 오크The Finnish Oak: Suomen Tammi이다. 그것은 국가교육위원회National Board of Education, 국가유물위원회National Board of Antiquities 및 환경부Ministry of Environment가 계획한 프로젝트였다. 이 프로젝트는 정규교육과 문화유산 전문가 간의 협력 모델 개발을 지원했다. 이 프로젝트의 주요 목표는 다른 회원들의 전문 지식을 파악하고 그것을 협력하는 데 이용하는 것이었다. 진보적인 탐구 학습을 촉진하고자 새로운 모델들이 모색되었다. 이 협력 네트워크는 문화유산 교육의 내용과 방법을 개발했다. 또한 다채로운 직업들의 모임, 보충 교육 및 해당 분야의 문헌 제작을 통해 문화기관 직원들과 교사들 간의 협력을 도모했다. 예를 들어 2005년에서 2008년에는 34개의 교육 행사와 다양한 직업 군들을 위한 22개의 세미나가 개최됐으며, 또한 8권의 책과 3권의 전자 소책자가 출판되었다. 교사, 미술과 박물관 교육자, 환경 교육자 및 학생 등 전체적으로 2,500명이 넘는 참가자가 있었다(Järnefelt, 2009). 2006년 핀란드문화유산교육협회Finnish Association of Cultural Heritage Education가 프로젝트의 목표를 계속 수행하기 위해 설립되었다. 현재 이 협회는 핀란드 박물관협회가 조직화한 박물관에서의 미디어 교육뿐만 아니라 자치시가 주최하는 교육 문화 경로, 환경 및 문화적 지속가능성 교육, 아동 지역 문화유산 교육 및 세계유산 교육의 도구들을 창출하는 프로젝트를 총괄한다.

브로드밴드 오브 컬처Broadband of Culture는 교육과 배움 및 학습 프로그램이다. 그 안에서 핀란드의 국립문화기관the National Cultural Institutions 이 문화유산 교육을 위한 학습 환경을 제공한다. 이 프로그램에는 기록관archives, 도서관, 박물관, 극장, 오페라 및 문학 사회와 같은 모든 중앙 문화 조직이 포함된다. 브로드밴드 오브 컬처는 국가의 문화 기관이 국가 전체의 재산이며 모든 사람이 그것을 누릴 권리가 있다는 것을 학생들이 이해하도록 도와준다(Lampinen, 2010).

학교와 미술관 사이의 모든 양자 프로젝트 중에서 가장 주목할 만한 작품 중 하나는 2007년에서 2009년까지의 다문화 프로젝트인 '지금 당장 우리에게 예술을 주세요!Give us arts right now!'이다. 핀란드 국립미술관의 지역공동체 관계 및 개발부에서 이 프로젝트를 총괄했다. 핀란드 전역에는 학교의 언어와 문화 그룹들이 문화 배우들과 협력 작업을 하는 프로젝트가 있었다. 이 프로젝트의 목표는 대중이 문화 단체의 영감과 실험적인 분위기를 이용하도록 장려하는 것이었다. 이 프로젝트를 진행하는 동안 서로 다른 문화적 배경을 가진 어린이와 젊은이들이 문화기관에서 얻을 수 있는 것들을 신중하게 고려하면서 동시에 그들이 현대문화와 해석에 무엇을 더하는지를 평가했다. 문화기관들은 자체 활동의 문화적 다양성을 검토하고 학교의 다문화 현실들 사이에 연결 역할을 한다.

다문화주의 외에도 핀란드 현대 학교의 또 다른 도전은 미디어 교육이다(본서의 Vahtivuori-Hänninen & Kynäslahti 논문 참조). 학교들을 지원하기 위해 핀란드도서관협회Finnish Library Association는 2006년에 도서관 전문가들이 미디어 교육 노하우 및 기술에 대한 교육을 받는 일련의 프로젝트를 시작했다. '아동, 미디어 및 도서관Children, media and libraries' 프로젝트의 결과는 국가의 여러 지역에 있는 지역 교육자 네트워크, 미디어 교육 및 도서관을 위한 미디어 교육 웹 서비스의 창작이었다. 이 프로젝트에 의해 훈련된 지역의 미디어 교육 교사들은 각자의 영역에서 도서관 전문가들을 가르쳤다. 도서관 전문가는 교사, 학생, 학부모를 대상으로 도서관에서 미디어 교육 주제의 가이드 역할을 수행했다(Sallmén, 2009; 2010).

핀란드박물관협회Finnish Museums Association는 박물관 내 문화유산의 디지털화 증가와 관련하여 미디어 교육의 필요성을 인식했다. 핀란드 박물관에서 미디어 교육의 규모와 형태를 연구하기 위해 2013년에 2년간의 프로젝트를 시작했다. 그 결과 미디어 교육은 때때로 진행 중인 박물관 교육과 구별되기가 어렵다는 것을 보여주었다(Tornberg, 2015). 박물관 교육은 기술의 도움으로 다양한 종류의 방법을 사용한다. 설사 새로운 기술이나 장비가 박물관 교육을 미디어 교육처럼 보이게 만들더라도 미디어 교육 목표는 별도로 정의해야 한다. 이 프로젝트는 3개의 미디어 교육 모델을 만들었고, 박물관에서 그것들을 시범 운영했다(Kinanen, 2015).

미디어 교육은 미래의 교실에서처럼 공공기관에서도 적극적으로 사용된다.

이 프로젝트는 다양한 유형의 학습 환경에서 비롯되는 문제를 해결하기 위해 노력해왔다. 공통된 언어를 찾는 것뿐만 아니라 다른 작업 문화를 결합하는 것 또한 도전 과제였다. 상대가 제공하는 기회와 한계를 파트너가 이해하기 시작했을 때 많은 프로젝트에서 한 가지 큰 목적이 달성될 수 있었다. 성공적인 협력의 핵심은 항상 학습 조직이다.

서로 다른 학습 환경의 구조와 실천 관행

개별 프로젝트는 보통 교사와 학생들에게 특정 기간 동안 다른 학습 환경을 활용할 수 있는 기회를 제공한다. 평등하고 지속적인 기회를 보장하기 위해 항구적인 구조와 실천 관행을 만들 필요가 있다. 교육문화부의 마지막 두 가지 도서관 전략은 도서관을 위해 이것들을 형성하는 것을 목적으로 한다(Library Strategy 2010; The Policy for Access to Knowledge and Culture 2003; Kekki & al., 2009).

종합 고등학교 및 고등학교의 정보관리 교육은 기존 도서관 네트워크 및 노하우를 활용하여 구축해야 한다. 이 전략에 따르면 목표로 설정된 가상의 학교 도서관 서비스는 지역 공공 도서관 서비스와 함께 개발되어야 한다. 교육문화부는 이 학교들이 도서관 서비스 개발을 위한 전문 인력이 없는 경우, 자치시가 나서서 교육 정보 전문가가 제공하는 서비스를 한 지역 또는 여러 지역이 함께 사용하게도록 구성할 것을 권장한다. 예를 들어 공공 도서관에서 이 서비스를 구입할 수도 있다. 이러한 유형의 활동은 학교와 공공 도서관이 수행한 업무가 겹치는 것을 방지한다(Library Strategy, 2010; The Policy for Access to Knowledge and Culture, 2003).

학교의 학습을 풍부하게 하는 문화적 통로

지난 10년 동안 소위 교육적인 문화통로가 자치시 차원의 교육 및 문화 분야와 협력하여 개발되었다. 목표는 한 학년 동안 종합학교 모든 학생에게 주변 지역사회에서 관심 있는 장소에 1~2회 또는 3회의 학습 방문을 제공하는 것이다. 문화통로는 박물관, 도서관, 연극, 무용, 음악 및 예술 기관, 스포츠 시설 및 영화관 등이다. 문화통로 활동의 기본은 항상 국가교육과정이지만 지역상황과 학교별 교육과정에 따라 변화시켜 적용된다. 목표는 자치시 수준의 각 학생을 위한 문화유산 학습통로 모델을 만드는 것이다. 핀란드문화유산교육협회의 '문화 도약 Culture Leap' 프로젝트는 2015년에서 2016년에 이 일을 촉진하는 것이었다 [Kulttuurivoltti(Culture Leap), 2015]. 자치시 수준의 프로그램은 학교의 위치 또는 규모와 같은 개별 요인과는 상관이 없을 것이다. 교육 또는 문화 분야에서 조직화된 프로그램은 학습 방문을 위한 실질적인 조언과 같은 것을 웹상에 지침으로 올려놓거나 또는 학습 방문 전후에 사용할 수 있는 자료를 제공함으로써 교사에게 도움이 될 것이다. 가장 진보적인 문화통로 중 하나는 탐페레Tampere 시의 '아트 아크Art Arc'이다(Art Arc, City of Tampere, 2015). 문화통로의 창시자들은 학교에서 조직한 문화유산교육의 필요성을 알게 된 교사들이다. 문화통로는 정규교육과정과의 관련성을 매우 강조한다. 2015년에서 2018년까지 정부가 주도한 프로젝트 중 하나는 청소년을 위한 문화 및 예술 접근성을 높이는 것이다. 이것은 가까운 시일 내에 자치시에 도시에 더 많은 문화통로를 통한 활동을 창출한다는 의미다.

반타 시립 도서관의 교육적 실천 관행

공공기관과 학교의 통합을 위한 적극적인 모델은 반타Vantaa[45]시에서 사용하는 모델로서, 이곳의 도서관 서비스는 학교협업 전략을 이미 2000년에 이미 만들었다. 그 목표의 하나는 도서관 서비스에 대한 접근을 자

---

45. 핀란드에서 네 번째로 큰 도시. 2015년 8월 31일 현재 주민 수 213,250명.

치시의 교육과정과 학교교육과정의 일부가 되게 함으로써 협력을 강화하고 공식화하는 것이다. 이 전략의 결과로 도서관의 학교 협력 개발은 운영팀 차원의 책임이 되었다. 새로운 유형의 전문가가 팀에 모집되었는데, 그들은 도서관 및 정보 서비스 분야에서 높은 수준의 학위를 갖고 있는 것과는 별도로 교육학 연구와 가르쳐본 경험 및 학교 활동 경험이 있는 교육정보 전문가들이다. 처음에는 자치시 도서관에 두 명의 조정 및 기획 교육정보 전문가를 두었다. 또한 각 도서관 부서에는 해당 지역의 학교 협력 담당자를 두었다. 도서관 대표자들이 2003년에서 2004년 동안 자치시의 교육과정에서 도서관 영역을 작성했다. 동시에 각 도서관 부서가 정보 관리 교육 및 해당 지역 학교의 활발한 독서 증진을 담당하는 체제가 만들어졌다. 이 모델에서 서비스는 반타학교의 1학년, 4학년 및 7학년 모두에게 보장된다. 실제로는 다른 학년의 학생들도 반타 도서관을 정기적으로 방문하거나 도서관 전문가가 교실을 방문하여 가르친다. 전략적 개발은 반타 시립 도서관의 교육 서비스 제품화로 이어졌다. 이런 식으로 도시의 교육 실천 관행에서 교육 행위자로서의 도서관의 역할이 가시화되고 수용되었다.

또한 도서관 전문가들이 반타시의 새로운 '교육정책 프로그램(Education Policy Programme, 2011)'을 작성하는 데 참여한 것도 주목할 만하다. 도서관 서비스가 반타학교의 전자 학습 환경으로 어떻게 통합될 수 있는가를 연구하는 프로젝트가 있었다. 개별 교사가 설정된 목표에 도달할 수 있도록 행정 구조가 지원하는 것은 필수적인 일이다. 이 분야에서는 서로 다른 학습 환경을 활용하는 교사의 유연성을 장려하고 지원하는 작업이 항상 있다. 2014년의 교육과정 개혁이 많은 점에서 이를 진전시켰다. 문화유산 교육, 문화 교육, 심지어 교육적 문화통로, 환경 교육 등은 교육과정의 일반적인 목표뿐만 아니라 몇몇 교과와 광범위한 주제와 관련하여 언급된다. 그럼에도 불구하고 개별 교사는 교실 이외의 곳에서 그들이 원하는 어떤 교과든지 가르칠 기회가 많다. 핀란드의 공공기관은 1970년대 초 교육과정을 지원하는 자료와 맞춤식 서비스를 만들기 시작했다. 접근을 활용하는 예로서, 물리학 수업과 통합된 핀란드국립발레단 Finnish National Ballet의 현장학습을 이야기할 수 있다.

학습의 대상이자 자원이 되는 공립기관들

개별 교사는 두 가지 다른 관점에서 공공기관에 접근할 수 있다(Tornberg & Venäläinen, 2008). 첫째, 공공기관은 건물 자체와 일반 대중을 위한 기관의 기능과 업무를 포함하여 연구 대상이 될 수 있다. 이 경우 목표는 핀란드 문화유산을 유지하는 기관에 대해 배우는 것이다. 예로 브로드밴드 오브 컬처 프로그램과 자치시의 문화적 통로의 목표를 들 수 있다. 둘째, 공공기관이 보유한 콘텐츠가 정보의 원천이다. 공공기관은 책이나 전자 학습 환경과 동등한 학습 도구로 간주될 수 있다.

공공기관에서 공부하는 것은 핵심교육과정의 새롭게 생긴 일반적인 목표 중 하나인 '현상 기반 학습phenomenon based learning'을 수행한다. 여러 기관에서는 다양한 유형의 원천 정보를 제공한다. 예술, 역사 또는 자연 박물관은 현상의 다양한 측면을 보여준다. 또한 도서관과 기록보관소는 자체의 관점을 내포하고 있다. 이 모든 것이 정보 수집 기술과 다양한 출처로부터 지식을 구성하는 실습을 제공한다. 그러나 이러한 모든 장소에는 인지적, 정서적 및 기술 기반의 리소스가 있을 수도 있다. 공공기관은 학생들에게 배우는 것을 배우기to learn to learn를 가르치고 격려한다. 그것들은 또한 통합 교육에 좋은 기회를 제공한다. 국가교육위원회National Board of Education는 교실 교육에 비해 교육 방법의 다양성에 대한 가능성 때문에 박물관과 도서관에서 학습하는 것을 권장한다. 지식과 기술을 학생들의 일상적인 경험과 결합시키기 위한 노력은 항상 있어왔는데 교실 밖의 학습 환경은 '현상 기반 학습'을 위한 자연스러운 장소다. 예를 들어 박물관은 진짜 유물이나 전문가의 도움을 받아 원천 정보 출처와 접촉하는 환경이다. 교과서에 소개된 많은 것들이 공공기관에서 구체화된다.

교사의 관점에서 볼 때, 교사는 교육에 대한 제도적 전문 지식을 활용할 수 있어야 한다. 반면에 교사의 교육학과 교수학의 전문성은 교육기관에 의해 높이 평가된다. 공공기관에서의 학습은 여러 환경을 활용하고 동료 간의 공유하는 전문지식과 여러 직업 집단의 전문 지식을 활용함으로써 가장 잘 실현된다(예컨대, Hakkarainen, Lonka & Lipponen, 2004; Kumpulainen, Krokfors, Lipponen, Tissari, Hilppö & Rajala, 2010).

학습 환경으로서 공공기관에 관한 연구

핀란드에서뿐 아니라 세계적으로도 공공기관이 학습에 미친 효과를 국가교육과정이나 지역교육과정의 목표들에 기초하여 분석한 연구는 거의 없다. 그러나 여러 프로젝트의 서면 및 구두 의견은 다양한 수준에서 교육기관들과 학교의 협력, 네트워킹 또는 통합이 교육기관과 학교의 교육 활동에 긍정적인 영향을 줄 수 있다는 것을 보여준다. 학습 효과에 대한 연구는 주로 기관 또는 학교의 내부에서 진행되어왔을 뿐, 상호관계라는 설정이 서로의 교육 프로세스에 미친 상호의 영향에 대한 연구는 거의 이루어지지 않았다.

2009년 핀란드의 학습 환경에 대한 국제 간행물인 교육연구혁신센터 OECD: Centre for Educational Research and Innovation의 평가 보고서가 3건 작성되었다. 평가 보고서 중 하나는 핀란드 중부 쿠오피오Kuopio 시의 문화적 통로에 관한 것이고(Mikkola, Rajala, Tornberg & Kumpulainen, 2011), 2개의 다른 보고서는 역사적인 환경의 한 부분으로 학생의 민주주의 교육과 마을 학교를 다룬 것이다. 이 보고서들이 초점을 두고 있는 것은 활동이 OECD의 21세기 역량들, 즉 창조력, 비판적 사고, 의사소통 및 협업 등을 어떻게 지원하는가를 연구하는 것이었다. 디자인 지향 교육DOP: Design-oriented pedagogy 또한 다른 문화와 자연 환경에서 배운 21세기 역량을 강조한다.

동부핀란드대학에서 학습 대상으로서 박물관의 전시물을 연구하는 작업이 수행되었다(Vartiainen, H., 2014). 학교와 학교 밖 다른 환경에서 공부하는 것은 특히 자신의 정체성과 메타인지 능력metacognitive skills에 영향을 미친다. 이것은 교실 밖에서 개인 학습 결과를 측정하는 것이 왜 상당한 도전이 되는지를 설명하는 이유일 수 있다.

박물관에서의 학습은 1980년대부터 영국과 미국에서 시작하여 후퍼 그린힐Hooper-Greenhill, 하인Hein, 폴크와 디어킹Falk & Dierking 그리고 푸즈Foutz 등에 의해서 국제적으로 연구되었다(Hooper-Greenhill, 1994, 1995, 2007; Hein, 1998; Falk & Dierking, 2000; Falk, Dierking & Foutz, 2007). 니콜레 게스크헤 코닝Nicole Gesché-Koning 은 교육문화행동위원회 CECA[46] 내에서 1952년부터 2006년까지 박물관 교육 문헌에 대한 참고 문헌 목록을 작성했다(Gesché-Koning, 2007). 2000년대에는 연구 활동이 호주, 기타 유럽, 남미 및 북유럽 국가로 확대되었다(Kelly, 2007; Illeris, 2006; Ljung, 2009; Insulander, 2010; Rogers, 2006 또는 CECA 컨퍼런스 논문들).

핀란드에서는 정규 및 비정규 학습의 복잡함에 관한 연구에 관심이 있다는 징후가 꾸준히 관측되었다. 2008년에서 2010년까지 교육문화부에서 지원한 연구 프로젝트인 '학습교량-정규 및 비정규 학습 환경의 교

---

46. 교육문화행동위원회(Committee for Education and Culture Action: CECA)는 국제박물관협의회(International Council of Museums: ICOM)의 하부 위원회로, 박물관 교육과 박물관에서의 학습에 초점을 맞춘다.

차점에서 교수와 학습'이라는 주제로 헬싱키대학에서 진행된 프로젝트가 그 한 예이다(Kumpulainen & al., 2010; Rajala, Hilppö, Kumpulainen, Tissari, Krokfors & Lipponen, 2010). 2011년 초, 헬싱키대학의 교수·학습 연구부서에서 'OmniSchool'이라는 5년의 연구 프로젝트가 시작되었다(OmniSchool, 2015). 이 프로젝트의 임무는 학술적 연구의 관점에서 학습 환경 개발자 기관들을 지원하는 것이다. 이 프로젝트는 '어디든지 존재하는omnipresent' 학습이라는 아이디어를 수행하고 새로운 학습문화와 학교와 주변 사회의 경계를 넘나드는 새로운 학습문화와 교수법을 개발할 뿐만 아니라 학습 환경 개발자를 위한 대화식 네트워크를 만든다.

학습 환경으로서 공공기관의 미래에 대한 전망

핀란드는 작고 잘 조직되어 있고 동질성이 상당히 강한 나라이다. 이러한 이유로 우리는 사회를 학교로 가져오는 것에 대해 혹은 그 반대의 경우에도 좋은 전망을 가지고 있다. 우리의 학교 네트워크와 공공 서비스는 지리적 위치나 사회 경제적 배경에 상관없이 모든 핀란드 사람이 이용할 수 있도록 맞추어져 있다. 다문화주의의 확산과 경제 효율성의 원리는 어려움을 제기하지만, 그것들 역시 새로운 시각과 행동 방식을 만들고 있다. 학교와 공공기관 모두 자신의 출발점에서 단독으로 서비스를 개발할 수 없다. 상호의 자원을 합칠 필요가 있고, 재정 지원 시스템 또한 행정적인 경계를 넘어서 협력하여 개발되어야 한다.

학교와 공공기관 모두 네트워크를 구축하고 각자의 교육적 역할을 바탕으로 서로의 다양한 전문적인 노하우를 활용해야 한다. 핀란드에서 높은 수준의 교육을 받은 공공기관 노동자와 핀란드의 초등학교 교사 및 교과 선생님은 이런 협력을 계속할 수 있는 좋은 기반이 된다(본서 Niemi

의 논문 참조).

학문 분야에서 핀란드 교과교사들의 지식은 기관 내 다양한 분야의 전문가들과 함께 사용할 수 있는 공통 언어를 찾는 데 도움이 될 수 있다. 그러나 협력의 발전은 공공기관의 사용, 정보 관리와 기술 업데이트에 대한 교사교육을 요구한다.

교사는 공공기관에서 제공하는 디지털 자료 및 응용 프로그램에 대한 정보가 있어야 한다. 이 자료는 핀란드의 모든 지역에서 문화유산을 더 쉽게 이용할 수 있도록 하기 위한 것이다. 예를 들어, 국가 검색 서비스인 Finna.fi를 사용하면 핀란드 박물관, 도서관 및 자료실에서 무료로 자료를 이용할 수 있다. 핀란드의 국가유물위원회는 Flickr에서 특히 2017년 핀란드 100주년 독립 기념일을 축하하기 위해 교육용으로 사용할 700장의 사진을 출판했다. 이 자료는 교사와 학생들이 혁신적인 방법으로 교육에 사용할 수 있는 무료 자료이다. 공공기관은 학교를 위한 전국적인 클라우드 서비스인 EduCloud Alliance와 같은 디지털 서비스에 가입해야 한다(EduCloud Alliance, 2015). 그러나 디지털화된 자료와 인터넷 환경은 실제 장소, 사물 및 유물과 동일하지는 않다. 규모가 큰 학교 그룹의 현장 방문을 더 유연하게 만드는 방법, 현장 방문을 교육의 일부분으로 통합할 수 있도록 학교 일정을 융통성 있게 조정하는 것과 같은 문제들을 해결해야 한다.

공공기관의 교육자들을 위한 공식적인 대학 교육이 없기 때문에 박물관, 도서관 및 기록관의 교육자들 사이에 차이가 있을 수 있다. 실외 학습 환경의 교육자를 위한 자격을 개발할 필요가 있다. 이것의 부재는 이미 박물관교육의 표준을 만들기 위해 노력하고 있는 CECA에 의해 국제적으로 주목받고 있다. 협력의 가장 중요한 부분은 같은 목표를 가지고 있다는 것으로, 그 목표는 아이들과 젊은이들의 개인적 성장과 발달을 지원하는 것이다. 학습 환경으로서 공공기관은 학생들의 문화유산에 대한 관심을 유도하고 그들의 정체성을 강화시킨다. 다양한 정보 원천 및 비판적 사고를 활용하기 위한 훈련은 참여하는 시민성을 형성한다. 기초교육에서 학생들이 학습 환경으로 공공기관을 이용하는 것은 정규교육이 완료된 후에도 권장된다. 이런 방식으로, 기초교육을 통해서 학생들은 평생학습과 학습의 보편적 편재성ubiquity of learning(학습은 어디서나 가능하다는)의 개념을 형성할 수 있다(Kumpulainen et al., 2010). 학교는 사회와 분리되어 있지 않으며, 학교는 다양한 학습 환경들의 지원을 받아 양성되는 기관 중 하나이다.

참고 문헌

Art Arc. Culture program. City of Tampere. Accessed 8th Nov 2015 at http://www.tampere.fi/taidekaari/esittely/english.html

The Association of Finnish Local and Regional Authorities AFLR (2015). Accessed 8th Nov 2015 at http://www.localfinland.fi/en/Pages/default.aspx

EduCloud Alliance (2015). Accessed 8th Nov 2015 at https://portal.educloudalliance.org/

Falk, J. H. & Dierking, L. D. (2000). *Learning from museums: Visitor experiences and the making of meaning.* Walnut Creek. California: Alta Mira Press.

Falk, J. H., Dierking, L. D. & Foutz, S. (Eds.) (2007). *In principle, in practice: Museums as learning institutions.* Lanham: Alta Mira Press.

Finnish Library Act 4. 12. 1998. Accessed 26th Apr 2011 at http://www.fla.fi/flj/news/libact.htm.

Finnish Museum Act, 3. 7. 1992/729. Accessed 8th Nov 2015 at http://www.finlex.fi/fi/laki/ajantasa/1992/19920729

Gesché-Koning, N. (2007). *Museums and Education ICOM-CECA Publications 1952-2006.* Groeninghe: ICOM Education 20.

Hakkarainen, K., Lonka, K. & Lipponen, L. (2004). *Tutkiva oppiminen: järki, tunteet ja kulttuuri oppimisen sytyttäjinä* [Progressive Inquiry Learning: Brains, Emotions and Culture as Activator for Learning]. Porvoo: WSOY.

Hein, G. E. (1998). *Learning in the museum.* London: Routledge.

History of Guidning. Pedafooni 2B, (2010). Helsinki: Museopedagoginen yhdistys Pedaaliry.

Hooper-Greenhill, E. (1994). *The educational role of the museum.* Leicester Readers in Museum Studies. London: Routledge.

Hooper-Greenhill, E. (Ed.) (1995). *Museum, media, message.* London: Routledge.

Hooper-Greenhill, E. (2007). *Museums and education. Purpose, pedagogy, performance.* London: Routledge.

ICOM code of Ethics. (2006). Accessed 21st April 2011 at http://icom.museum/fileadmin/user_upload/pdf/Codes/code2006_eng.pdf

Illeris, H. (2006). *Museums and Galleries as Performative Sites for Lifelong Learning: Constructions, Deconstructions and Reconstructions of Audience Positions in Museum and Gallery Education.* Museum and Society, March

2006. The Information Strategy for Education and Research 2000-2004 (1999). Publications of Ministry of Education.

Insulander, E. (2010). *Tinget, rummet, besökaren: Om meningsskapande på museum.* Doktorsavhandling. Institutionen för didaktik och pedagogiskt arbete. Stockholm: Stockholms universitet.

Järnefelt, H. (Ed.) (2009). *The Oak of Finland 2005-2008.* English summary in the end of the book. Accessed 29th Apr 2011 at http://www.edu.fi/download/124538_raportti_2005_2008.pdf

Kekki, K., Sulin, H. & Wigell-Ryynänen, B. (2009). *Opetusministeriön kirjastopolitiikka 2015. Yleiset kirjastot. Kansalliset strategiset painoalueet.* [Library Policy of the Ministry of Education and Culture. Public Libraries. National Focus Areas in the Strategy.] Opetusministeriön julkaisuja 2009:32.

Kelly, L. (2007). *Visitors and learners: Investigating adult museum learning identities.* Sydney: University of Technology.

Kinanen, P. (Ed.) (2015). *Museot ja mediakasvatus.* [Museums and Media Education]. Suomen museoliiton julkaisuja 68. Helsinki: Suomen museoliitto.

Kivilaakso, E. & Laakkonen A.-M. (Eds.) (2015). *Finnish Museum Statistics 2014.* National Board of Antiquities. Helsinki: Multiprint.

Kulttuurivoltti. [Culture Leap], (2015). Suomen kulttuuriperintökasvatuksen seura. [The Finnish Association of Cultural Heritage Edcuation]. Accessed 8th Nov 2015 at http://www.kulttuuriperintokasvatus.fi/kulttuurivoltti/

Kumpulainen, K., Krokfors, L., Lipponen, L., Tissari, V., Hilppö, J. & Rajala, A. (2010). *Learning Bridges-Toward Participatory Learning Environments.* Helsinki: Yliopistopaino.

Lampinen, M. (2010). *Kulttuurin laajakaista 2004-2009.* [The Broadband of Culture 2004-2009.] Raportti. Accessed 29th Apr 2011 at http://www.kulttuurinlaajakaista.fi/site/?lan=1&mode=tiedotteet&tiedote_id=40

Libraries.fi, Finnish library services (2015). Accessed 8th Nov 2015 at http://www.libraries.fi/

Library Strategy 2010. *Policy for Access to Knowledge and Culture* (2003). Publications of Ministry of Education 2003:9.

Ljung, B. (2009). *Museipedagogik och erfarande.* Doktorsavhandling. Institutionen för didaktik och pedagogiskt arbete. Stockholm: Stockholms universitet.

Mikkola, A., Rajala A., Tornberg, L. & Kumpulainen, K. (2011). In: Innovative Learning Environments, publisher (OECD/CERI). *Kuopio Culture Path Program.*

National Core Curriculum for Basic Education (2004). National core curriculum for basic education intended for pupils in compulsory education. Vammala: National Board of Education.

Official Statistics of Finland (OFS). (2010) [e-publication]. Accessed 12th Mar 2011 at http://www.tilastokeskus.fi/til/pop/index_en.html

OmniSchool (2015). Accessed at 18th Nov 2015 at http://omnischool.fi/

Perusopetuksen opetussuunnitelman perusteet 2014. [National Core Curriculum for Basic Education 2014]. National Board of Education. Accessed at 8th Nov 2015 at http://www.oph.fi/saadokset_ja_ohjeet/opetussuunnitelmien_ja_tutkintojen_perusteet/perusopetus

Rajala, A., Hilppö, J., Kumpulainen, K., Tissari, V., Krokfors, L. & Lipponen L. (2010). *Merkkejä tulevaisuuden oppimisympäristöistä.* [Signs for Future Learning Environments.] Vammala: Opetushallitus.

Rogers, R. (2006). Whose Space? Creating the Environments for Learning. In: Lang, C. & Reeve, J & Woollard, V. (Eds.). *The Responsive Museum. Working with Audiences in the Twenty-First Century.* Hampshire: Ashgate Publishing Limited.

Sallmén, P. (2009). *Mediakasvatusta vai mediasivistystä kirjastosta.* [Media Education or Media Cultivation in the Library.] In: Verho, S. (Ed.) Mediakasvatus kirjastossa. [Media Education in the Library.] Espoo: BTJ.

Sallmén, P. (2010). *Lapset, media ja kirjastot. Hankkeen kokonaissuunnitelma ja osioiden kuvaukset.* [Children, Media and Libraries. Project description.] Unpublished copy by the Finnish Library Association.

Statistics of Finland: Pre-primary and comprehensive school education. (2015). Accessed 8th Nov 2015 at http://www.tilastokeskus.fi/til/pop/kas_en.html

Tornberg, L. (2015). *Ensiksi tahtoa, sitten osaamista & välineitä.. Selvitys museoiden mediakasvatuksesta 2014.* [First good will, after this skills & tehnology. Report of Media Education in Finnish Museums in 2014]. Suomen museoliiton julkaisuja 63. E-publication accessed 20th Nov 2015 at http://www.museoliitto.fi/doc/Selvitys_museoiden_mediakasvatuksesta_2014.pdf

Tornberg, L. & Venäläinen, P. (2008). *Kulttuuriperinnön opetuksesta ja oppimisesta.* [Teaching and learning cultural heritage]. In Venäläinen, P. (Ed.) Kulttuuriperintö ja oppiminen [Culture Heritage and learning]. Suomen museoliiton julkaisuja 58. Jyväskylä: Gummerus Kirjapaino Oy.

UNESCO/IFLA School Library Manifesto (1998).

Vartiainen, H. (2014). *Principles for design-oriented pedagogy for learning from and with museum objects.* Publications of the University of Eastern Finland. Dissertations in Education, Humanities, and Theology. No 60. University of Eastern Finland.

18. LUMA 과학교육센터:
모두를 위한 과학의 즐거움
-과학, 수학 및 기술 융합하기

엔니 바르티아이넨Jenni Vartiainen
마이야 악셀라Maija Aksela
라우리 비흐마Lauri Vihma

요약

핀란드 청소년의 수학 및 자연과학 능력은 OECD 국가들 중에서 상위 수준이다. 하지만 PISA 결과에 의하면 이런 교과목들에 대한 15세 청소년의 흥미 수준은 상당히 낮은 것으로 나타났다. 국립 LUMA센터(LUMA는 자연과학 및 수학을 위한 핀란드 협정을 의미한다)는 대학, 학교, 기업 부문 간 협력 기관으로 2004년에 발족했다. LUMA센터의 중요 목표 중 하나는 유아에서 고등까지 모든 단계의 교육에서 아동과 청소년이 과학, 기술, 공학 그리고 수학에 흥미를 가질 수 있도록 지원하는 것이다. 센터의 운영 방식은 최신 과학 지식에 기반을 두고 교사, 아동, 청소년들을 위한 다양한 활동을 제공한다. 대부분의 서비스와 행사는 무료이고, 이러한 활동의 내용과 실행 역시 과학, 기술, 공학 그리고 수학에 흥미를 느끼도록 디자인되었다. 이러한 활동의 효과에 대한 연구가 LUMA센터 자체적으로 진행되고 있다. 모든 활동으로부터 피드백이 수집되고 있으며, 그에 따라 아동과 청소년들을 학습의 즐거움을 향해 나아갈 수 있도록 이끈다는 목표가 달성되고 있다.

흥미 유발 및 지원

핀란드 고등학생들은 과학, 수학에 대한 성취도가 제법 높음에도 불구하고(OECD, 2010), 흥미도는 OECD 국가들 중 최저 수준이다(Arinen & Karjalainen, 2007). 학생들이 고등학교 및 대학에서 자연과학을 공부하도록 장려하려면, 가능한 이른 단계에서부터 흥미를 가질 수 있도록 지원하는 노력이 필요하다. 따라서 국립 LUMA센터는 다양한 활동을 통해 (학생들이) 흥미를 느낄 수 있도록 지원하는 것을 목표로 한다. 핀란드는 자연과학의 각 영역에서 열정적이고 숙련된 전문가를 더 많이 필요로 한다.

LUMA 활동[47]은 학생들의 흥미와 이의 지원에 관한 선행연구에 근거해 계획되고 설계되었다. 해당 교과에 대한 흥미는 학습에 긍정적 영향을 미친다(Krap, 2002; Ainley & Al, 2002). 물론 교과에 대한 흥미가 실제로 긍정적인 효과를 지니려면 일정 수준 이상으로 학습의 질과 양이 담보되어야 함은 다양한 연구에 의해 입증된 바 있다. 이에 따라(학습의 질과 양이 확보된다면), 학생의 자연과학, 수학, 테크놀로지에 대한 흥미는 학습 결과에 큰 영향을 미친다(Osborne et al, 2003). 세펠레 등(Shiefele et al., 1992)에 의하면, 수학과 테크놀로지보다 자연과학에서 흥미의 긍정적인 효과가 좀 더 크게 나타난다.

흥미 개념은 개별적 환경에 처한 인간의 상호작용에서 발생하는 현상이라고 정의된다(Krap, 2002). 흥미는 자연스러운 동기부여의 중요한 부분이지만, 모든 형태의 동기부여에 필수적인 것은 아니다(Deci, 1992). 동기부여의 여타 부분들과는 달리, 흥미는 항상 특정한 문제 혹은 대상을 목표로 한다(Krapp & al, 2002). 흥미에 의해 유발된 활동들은 즐겁다(Krap et al., 2002). 활동이 특히 즐겁다면 상태 몰입감flow state을 경험할 수 있

---

47. [역주] LUMA센터에서 이루어지는 활동을 간편히 'LUMA 활동'으로 지칭하기로 한다.

고, 개인은 완전히 집중하여 목표를 성취할 수 있다. 학생이 흥미를 갖게 되면 해당 교과목과 긴밀한 관계를 형성하며, 학습은 더욱 깊어지고 습득한 숙련과 지식을 새로운 상황에 적용할 수 있게 된다(Lavonen & al, 2005).

흥미는 개인적 흥미와 주변 환경에 의해 창출된 상황적 흥미로 나눌 수 있다. 개인적 흥미는 더욱 안정적이라고 볼 수 있으며 종종 지식의 누적 및 긍정적 경험과 연관된다. 상황적 흥미는 특정한 활동과 연관되고 여러 사람들이 동시에 경험한다(Krapp et al., 1992). 학습 결과의 긍정적 효과에 대해서 상황적 흥미보다 개인적 흥미의 효과가 더 크지만, 교실에서 개개인의 개인적 흥미를 유발하는 것은 상황적 흥미를 유발하는 것에 비해 더 어렵다. 학급당 학생은 20명 이상일 수 있고, 이들은 각각 상이한 개인적 흥미를 갖고 있으므로 각각의 개인적 흥미에 맞추는 것은 교사의 입장에서 너무 힘들고 시간을 낭비하게 된다. 그보다는 학생들이 동등하게 흥미를 가질 수 있도록 상황적 흥미를 지원하는 수업이 더 나은 대안이다(Hidi & Anderson, 1992).

일반적으로 개인적 흥미는 유발이 어렵지만 그만큼 오래 지속된다. 개인적 흥미는 잠재된latent 흥미와 실현된actualized 흥미로 분류할 수 있다(Hidi & Anderson, 1992). 잠재된 흥미는 감정-기반 흥미와 가치-기반 흥미로 다시 분류할 수 있다. 감정-기반 흥미는 해당 교과목의 긍정적 느낌과 연관된다. 가치-기반 흥미는 해당 교과가 만드는 개인적 의미와 관련이 있다. 실현된 흥미에서 핵심 인자는 내용에 대한 흥미, 교과목 자체를 좋아해서 학습하려는 의지이다(Schiefele, 1991).

상황적 흥미는 환경에 의한 자극으로부터 종종 신속히 유발되는데, 오래 지속되기도 하지만 그렇지 않기도 하다(Hidi & Anderson, 1992). 상황적 흥미가 개인적 흥미로 전환되는 과정은 세 단계를 거친다. 초기 포착 단계catch-facet에서의 상황적 흥미 수준이 (흥미의 범주는 다르지만 개인적 흥미 역시 일정 수준에 올라야 지속될 수 있으므로) 개인적 흥미를 지속시키는 수준까지 올라올 수 있다면 (다음 단계인) 유지 단계hold-facet로 전환된다 (Krap, 2002). 흥미를 유지하는 것은 학습에 중요하고, 교육 내용이 학생 개인의 목표와 가치에 부합하면 흥미가 유지될 수 있다(Mitchel, 1993).

적극적인 학습 환경을 통해 과학, 기술, 공학 그리고 수학에 대한 학생의 흥미를 유발할 수 있다(Hidi & Reninger, 2006). 학습 환경이란 개념은 학습을 증진시키는 장소, 시설, 공동체, 방식 혹은 교재 등을 일컫는다. 물리적 공간일 수도 있고 가상의 공간일 수도 있다(Maninen & Pesonen, 2007). LUMA센터에서 이루어지는 활동의 강점은 다양하고 학생 지향적인 학습 환경에 있다.

핀란드 LUMA센터

핀란드 LUMA센터는 대학 혹은 대학 컨소시엄과 연계해 운영하는 아래 지역 LUMA센터들의 우산형 조직 네트워크를 일컫는다.

- 핀란드 중앙 LUMA센터University of Jyväskylä
- 알토 LUMA센터Aalto University
- 라플란드 LUMA센터University of Lapland
- 중앙오스트로보스니아 LUMA센터Kokkola University Campus Chydenius
- 남서 LUMA센터University of Turku
- 동부대학 LUMA센터University of Eastern Finland
- 헬싱키대학 LUMA센터University of Helsinki
- 오울루대학 LUMA센터University of Oulu
- 페이예트헤메Päijät-Häme LUMA센터Lahti University Campus

- 사이마Saimaa LUMA센터Lappeenranta University of Technology)
- 바사 LUMA센터University of Vaasa
- 오보 아카데미Åbo Akademi LUMA센터
- 탐페레 LUMA센터University of Tampere and Tampere University of Technology

핀란드 LUMA센터는 (소속 기관들의) 국내 및 국제적 협력을 촉진한다. 핀란드 LUMA센터의 목표는 교사와 학생들이 높은 수준의 스템 교육 STEM 노하우를 익힐 수 있도록 하고 충분한 수의 스템 교육 전문가를 확보하는 것이다.[48] 기타 여러 목표들을 상술하면 다음과 같다.

- 핀란드 전국에 걸쳐 3~19세의 모든 이들이 수학, 과학, 정보기술 및 테크놀로지를 공부하고 이를 스템 교육으로 응용하도록 한다.
- 학생들이 스템 교육을 받는다는 점과 전문적 기회를 갖는다는 점이 중요하다는 사실을 학부모들이 인지하도록 한다.
- 스템 교육 교사들의 교육연구와 평생학습을 지원한다.
- 행사와 미디어를 통해 스템 교육의 사회적 유용성visibility in society을 강화한다.
- 스템 교육의 연구 기반 발전을 도모한다.

핀란드 LUMA센터는 운영위원회의 승인을 받아 연year 단위 활동 계획 및 전략에 근거하여 움직인다.

---

48. [역주] 스템 교육(STEM)은 과학(science), 기술(technology), 공학(engineering), 수학(mathematics)을 동시에 강조하는 융합교육을 추구하는 과학교육의 최근 기조를 나타내는 용어이다. 더욱 최근의 경향으로 예술(Art)을 추가한 스템 교육(STEAM)이 강조되고 있는데 현장의 교원들에게는 이미 익숙한 용어이다.

교수·학습 및 흥미를 지원하는 핀란드 LUMA센터

LUMA센터의 목표는 취학 전부터 고등교육까지 스템 교육의 교수·학습을 지원하는 것이다. 센터의 모든 활동이 스템 과목에 대한 아동 및 청소년들의 흥미를 유발하고 지원하는 것을 목표로 한다. 아동 및 청소년의 자연과학과 수학에 대한 긍정적 태도를 발달시키는 데에는 교사의 역할이 대단히 중요하다. 따라서 LUMA센터는 교사들의 평생학습을 강조한다. 평생학습을 위한 기초는 양성훈련을 통해 이미 만들어졌다. LUMA 활동은 교과교사들의 훈련 과정에 통합되어왔고 핀란드 LUMA센터는 교사들을 위한 연수도 제공한다. 또한 LUMA센터의 온라인 서비스를 통한 네트워킹과 자기계발의 가능성도 마련되어 있다.

교사교육은 LUMA센터의 운영 속에 깊숙이 통합되어 있다. 광범위하고 다양한 도서관 서비스, 자료 은행과 온라인 서비스는 교사들이 이미 예비교사 단계에서 장래의 진로를 지원할 자료와 자원을 찾도록 도와주고 있다. 예비교사들은 교재와 아이디어를 제공하는 데 적극적인 역할을 하여 최신 연구 정보에 기반을 둔 핀란드의 교과교사들에게 도움을 주고 있다.

핀란드 LUMA센터는 자연과학과 수학 예비교사들이 학업을 진행하는 동안 학생들과의 상호작용을 연습할 수 있는 좋은 기회의 장이 된다. 연중 어린이와 청소년을 대상으로 한 과학 클럽, 캠프 및 수업이 마련되고, 예비교사들이 이를 가이드하게 된다. 어린이 및 청소년과의 이러한 정규세션을 통한 실제적인 경험은 그들이 지도하는 기술을 습득하는 데 중요하다.

STEM 연구소: 아동, 청소년, 교사를 지원하는 진정한 학습 환경

또한 핀란드 LUMA센터는 STEM 연구소를 갖추어 아동과 청소년이 자연과학, 수학에 대해 관심을 갖도록 지원하고, 예비 및 현직 교사를 지원한다. 교사들은 학생들을 데리고 와서 실제 실험 환경을 경험해보도록 할 수 있다. 또한 교사들의 연수를 위해서도 활용되며, 예비교사들의 실습을 위해서도 활용될 수 있다. 모든 방문자에게 과학 수업이 무료로 제공되므로, 모든 학교가 동등한 참여 기회를 가진다.

가돌린 화학실험실:

학습과 흥미를 지원하는 유용한 학습 환경의 사례

헬싱키대학의 가돌린Gadolin 화학실험실은 각급 학교와 교육기관에 다양한 서비스를 제공하는 적극적인 학습 환경이다. 학생들은 대학 수준의 화학실험실을 실제적으로 사용할 기회를 얻고, 컴퓨터를 이용한 분자 모델링을 경험하고, 실제 과학자와 만나 실험실을 방문할 기회를 갖고, 화학 분야의 정보를 접하며, 캠퍼스를 둘러볼 수 있다. 학생들은 이를 무료로 경험할 수 있다. 가돌린 화학실험실은 모든 연령대의 어린이와 청소년에게 개방되어 있고, 구체적인 체험 내용은 개별 교육 목표에 따라 그룹별로 계획된다.

가돌린 화학실험실의 목표는 화학과 교수·학습법을 지원하고 주제에 대한 흥미 증가, 화학 분야에서 광범위한 가능성에 대한 인식 제고, 교육 가능성 및 경력에 대한 정보 제공, 화학 교육에 대한 긍정적인 경험을 제공하는 것이다.

가돌린 화학실험실은 다양한 조직과 긴밀한 협력 관계를 유지하고 있다. 헬싱키대학, 기업, 학교와 교육기관이 협력하여 상호 목표를 달성한다. 또한 가돌린 화학실험실은 핀란드의 화학자 요한 가돌린Johan Gadolin, 1760~1852의 이름을 따라 명명되었다.

화학실험실의 교육적 목적은 국가핵심교육과정을 토대로 화학에 대한 교수·학습의 노하우를 증대시키는 최신 연구를 활용하여 다양한 수준의 화학 수업 내용을 지원함으로써 화학교육을 발전시키는 것이다.

또한 학생, 교사 및 협력 파트너와 같은 다양한 그룹에 적합하고 효과 있는 교수·학습이 이루어지도록 지원하고자 한다. 학습 경험을 통해 긍정적이고 다양한 방법으로 화학 수업이 촉진되도록 하고, 화학을 한결 매력적인 교과로 만들고자 한다.

이러한 목표를 달성하기 위해 모든 방문에 앞서 맞춤형 워크숍이 진행된다. 몇몇 실험실과 모델링 워크숍은 각각의 방문자 그룹에 맞추어 개별적으로 설계되었다. 목표는 최신 연구, 다양한 화학 응용 분야 및 인프라에 대한 중요성, 화학 분야의 경력 옵션에 대한 정보를 결합하는 것이다.

가돌린 화학실험실에는 다양한 학습 환경이 갖추어져 있다. 학습은 대학의 실제 시설을 활용하여 이루어지고, 가상 학습 환경도 제공된다. 컴퓨터 기반 모델링과 애니메이션 프로그램을 통해 시각화되고, 웹 기반 학습 플랫폼을 통해 학습이 지원된다. 과학자들을 만나고 그들과 상호작용하는 것은 가돌린 화학실험실이 제공하는 학습 환경의 사회적 측면을 보여주는 한 사례이다.

웹진 및 가상 학습 환경

핀란드 LUMA센터는 교사, 부모 및 기타 관심을 가진 이들을 위해 핀란드어를 사용하는 LUMA.fi를 비롯하여 부분적으로 영어가 사용되는 웹진을 발행한다. Jippo는 어린이를 위한 것이며, Louva는 청소년을 대상으로 하며 MyScience는 영어로 발행된다.

웹진의 목표는 STEM 과목의 교수·학습을 지원하고 활동을 제공하는 것이다. 어린이, 청소년 및 교사가 소통하고 자신의 논문과 아이디어를 게시할 수 있도록 대화형 포럼으로 구성되어 있다. 웹진 내의 사회적 환경은 독자들이 자연과학과 수학에 참여하도록 독려한다.

지난 몇 년 동안, 수만 명의 어린이, 청소년, 교사들이 웹진을 접했다. 어린이와 청소년을 대상으로 하는 웹진에서 가장 인기가 많은 콘텐츠는 집에서도 쉽게 할 수 있는 과학 실험과 작업이며, 이것은 매주 게재된다. 대화형 기능은 각 웹사이트의 답변과 의견 및 주제별 온라인 토론을 통해 확인할 수 있다.

Jippo 웹진 역시 과학, 수학과 실험을 위한 자료를 제공하여 초등 교사를 지원한다. 이러한 작업은 핀란드 국가핵심교육과정을 기반으로 설계되었다.

어린이와 가족을 위한 가상 과학클럽은 LUMA센터의 가상 학습 환경 분야에서 가장 새로운 혁신이다. 가정에서의 비공식적 과학교육은 새로운 것이고 연구된 바는 거의 없다(Eshack, 2007). LUMA센터의 가상 클럽은 2013~2015년에 실시된 디자인 기반 연구의 결과이다. 가상 클럽은 시간 및 장소와 무관하고, 가족 구성원들이 집이나 다른 환경에서 클럽 활동을 수행하기에 가장 적합한 시간을 선택할 수 있다. 아이들이 실험하고 배울 수 있도록 학부모에게 교육적 지원을 제공한다. 현상(실제)에 대한 정보를 부모들에게 제공함으로써, 부모들이 자녀들과 함께 클럽을 유지할 수 있도록 그들의 동기와 관심을 지원한다.

캠프와 클럽: 어린이와 청소년을 위한 간학문적 학습 환경

STEM 캠프와 클럽은 비공식적 학습 환경이다. 비공식적 학습 환경이란 도서관, 박물관, 전문가, 캠프 및 클럽과의 회의 등 학교 외부의 모든 학습 환경을 의미한다. 비공식 학습 환경에서의 활동은 아동과 청소년의 자연과학 및 수학에 대한 관심을 높이는 데 사용될 수 있다(Bell, Lewenstein, Shouse & Feder, 2009).

LUMA센터는 처음부터 아동 및 청소년에게 인기 있는 방과 후 클럽과 여름 캠프를 조직했다.

어린이 클럽은 학교 혹은 대학 내부에서 조직되고, 각 세션은 일반적으로 주 1회로 6주간 열리며, 매회 1~1.5시간 정도로 이루어진다. 클럽은 무료이며 각 과목 예비교사들이 지도한다. 최신 연구 정보에 기반을 둔 내용을 다루며, 국가핵심교육과정을 지원하도록 고안되었다. 정보 및 통신 기술을 예로 들자면, 연구가 효과적이었으므로 학습 내용에 대한 접근 방식은 아동과 청소년에게 혁신적이고 흥미롭다(Lavonen, 2008).

청소년들을 위한 무료 클럽 모임도 주선한다. 뒤나미츠Dyna-meets로 불리는 이 클럽의 목표는 STEM에 대한 최신 연구 정보를 제시하고, 이러한 주제에 대한 관심을 갖도록 지원하며, 학습 및 경력 옵션에 대한 정보를 제공하고, 같은 생각을 가진 동료와 네트워크를 형성할 기회를 마련하는 것이다.

정보 및 통신 기술은 어린이와 청소년을 위한 LUMA 활동에서 볼 수 있다. 여러 가지 컴퓨터 기반 시각화 및 애니메이션 도구를 사용하는 것은 클럽과 캠프에서 일반적이다. 과학 캠프 참가자들은 웹진의 캠프 블로그에서의 경험에 대해서도 공유한다. 또한 가상 학습 플랫폼은 다양한 활동에 사용된다. 예를 들면 과학캠프를 가기 전에 과학캠프에서 수행할 과제를 미리 가상으로 해보도록 하는 것이다.

캠프와 클럽에서의 활동은 STEM과 다른 과목에 대한 간학문적 접근 방식을 제공하는데, 이는 '예술 속의 수학'이나 '요리 속의 화학'과 같은 것들이다. LUMA센터는 과학과 수학 학습을 다양한 공공 부문 및 박물관과 연계하는 오랜 전통이 있다. 2008년 센터는 박물관, 예술 및 문화 교육을 STEM과 연결시키는 일련의 구체적인 아이디어를 발표했고, 이는 교사를 위한 센터의 전자메일 뉴스레터에 게시되었다.

맺는말

LUMA센터는 어린이, 청소년, 교사를 대상으로 하는 많은 활동과 행사를 진행해왔다. 지역 LUMA센터의 활동은 핀란드 전체에 걸쳐 이루어지고, 웹진은 국내외에서 자연과학 및 수학에 관심이 있는 수많은 사람들에게 보급된다. 학습의 흥미와 즐거움을 고양하려는 LUMA센터의 노력은 성과를 거두고 있고, 이것은 여러 활동의 인기와 수집된 피드백을 통해 확인할 수 있다. 앞으로 LUMA센터는 효과적인 것으로 확인된 운영 모델의 연구에 중점을 둘 것이다. STEM 연구소, 클럽 및 캠프의 기능은 이미 연구 중이다. 또한 LUMA 활동이 어린이와 청소년들로 하여금 STEM에 대해 지속적인 관심을 갖도록 하는 데 어떻게 영향을 미치고 있는지도 확인할 것이다. LUMA센터는 아동 및 청소년의 STEM에 대한 관심과 STEM 교사의 평생학습을 최선의 방법으로 지원할 수 있도록 최신 연구 정보에 따라 운영 방식을 지속적으로 개발하고 있다.

LUMA센터의 목표는 끊임없이 진화하는 정보사회에 대응하는 것이다. 교사는 교실 테크놀로지를 최신 상태로 유지하고 학습을 지원할 수 있는 최상의 방법을 찾아야 한다. 이를 위해 센터는 정보통신기술이 교사의 평생학습을 지원하는 데 중요한 역할을 하는 고품질의 연수 및 교재화 작업에 투자했다. 미래에는 웹진에서 가르치기에 적합한 다양한 비디오, 시뮬레이션 및 애니메이션을 제작하여 출판할 예정이다.

어린이와 청소년의 학습에 대한 흥미와 성취는 곧 미래이므로 LUMA센터는 이를 지속적으로 향상시켜나갈 것이다.

참고 문헌

Ainley, M., Hidi, S., & Berndorff, D. (2002). Interest, learning, and the psychological processes that mediate their relationship. *Journal of Educational Psychology, 94*(3), 545-561.

Arinen P., & Karjalainen T. (2007). *PISA 2006 ensituloksia 15-vuotiaiden koululaisten luonnontieteiden, matematiikan ja lukemisen osaamisesta.* Helsinki: Finnish Ministry of Education.

Bell, P., Lewenstein, B., Shouse, A. W., & Feder, M. A. (Eds.). (2009). *Learning science in informal environments: People, places and pursuit.* Washington D. C.: The National Academy Press.

Gilbert, J. K. (2006). On the nature of "Context" in chemical education. *International Journal of Science Education, 28*(9), 957-976.

Hidi, S. & Renninger, K. (2006). The Four-Phase Model of Interest Development. *Educational Psychologist, 41*(2), 111-127.

Eshach, H. (2007). Bridging in-school and out-of-school learning: Formal, non-formal, and informal education. *Journal of science education and technology, 16*(2), 171-190.

Krapp, A., Hidi, S. & Renninger, K. A. (1992). Interest, learning, and development. In K. A. Renninger, S. Hidi & K. Krapp (Eds.), *The Role of interest in learning and development* (pp. 3-25). Hillsdale, NJ: Erlbaum.

Lavonen, J., Juuti, K., Uitto, A. & Meisalo V. (2005). Attractiveness of Science Education in the Finnish Comprehensive School. In A. Manninen, K. Miettinen & K. Kiviniemi (Eds.), Research Findings on young people's perceptions of technology and science education. Mirror results and good practice (pp. 5-30). Helsinki: Technology Industries of Finland.

Lavonen J. (2008). Learning and the use of ICT in science education. In P. Demkanin, B. Kibble, J. Lavonen, J. Mas & J. Turlo (Eds.), *Effective use of ICT in science education.* Edinbourgh: University of Edinbougrh, School of Science.

Manninen, J. & Pesonen, S. (2007). *Oppimista tukevat ympäristöt: Johdatus oppimisympäristöajatteluun.* Helsinki: Finnish National Board of Education.

OECD. (2010). PISA 2009 Results: What Students Know and Can Do-Student Performance in Reading, Mathematics and Science (Volume I). http://dx.doi.org/10.1787/9789264091450-en

Osborne, J., Simon, S., & Collins, S. (2003). Attitude towards science: A review of the literature and its implications. *International Journal of Science Education,* *25*(9), 1049-1079

Pilot, A. & Boulte, A. (2006). The use of "Contexts" as a challenge for the chemistry curriculum: Its successes and the need for further development and understanding. *International Journal of Science Education, 28*(9), 1087-1112.

Schiefele, U. (1991). Interest, learning, and motivation. *Educational Psychologist, 26*(3&4), 299-323.

미래를 어떻게 준비할 것인가?

한넬레 니에미Hannele Niemi

아울리 툼Auli Toom

아르토 칼리오니에미Arto Kallioniemi

어떻게 미래를 맞이할 준비를 할 것인가?

높은 수준의 교육을 어떻게 보장할 것인가는 대부분의 국가에서 시급한 주제이다. 수십 년 동안 학습과 교육은 보통 교육과학 및 심리학 측면에서 고려된 개념이었으나, 이제 이것들은 점점 더 정치적인 개념이 되었다. 많은 포럼에서 높은 수준의 교육은 국가 경제, 글로벌 경쟁력 및 사회복지의 핵심 요소로 본다. OECD 논의에서도 높은 수준의 교육과 보건이 어떻게 관련되어 있으며, 참여하는 시민성이 교육과 어떻게 연계되어 있는지 강조했다(OECD, 2010). OECD 연구원들은 "현재까지의 증거는 교육경험의 특징이 개인의 회복력을 형성하거나 파괴하는 데 매우 중요할 수 있으며, 이 회복력은 개인이 건강할 수 있거나 또는 나쁜 건강을 관리할 수 있는 중요한 요소라는 것을 시사한다"라고 말한다.

UNESCO(2004)는 인권으로 양질의 교육에 접근할 수 있는 권리를 주장하고 모든 교육 활동에 대한 권리에 근거한 접근법을 지지한다(Pigozzi, 2004). 유네스코 보고서(UNESCO, 2004, p. 30)는 다음과 같이 주장한다.

"교육의 질에 대한 견해들이 결코 통일된 것이 아니지만, 국제적인 논쟁과 실천 수준에서 보면 세 가지 원칙들이 널리 공유되는 경향이 있다. 그것들은 더 많은 적절성의 필요, 교육 기회와 결과의 더 높은 형평성 확대에 대한 필요, 그리고 개인적 권리의 올바른 보호에 대한 필요로 요약될 수 있다. 현재의 많은 국제적 수준의 생각에서 이 원칙들은 교육 내용과 과정들을 안내하고, 정보를 제공한다."

유럽연합the European Union은 수준 높은 학습의 중요성에 대한 수많은 문서와 선언문을 발표했으며 이 분야에서 교사들의 핵심적인 역할을 강조했다(Commission of the European Communities, 2007). 2010년 유럽 연합 집행 기관European Commission은 「교사의 질 향상: EU의 의제」라는 문서를 발간했는데, 이것은 2007년, 2008년 그리고 2009년 11월에 협의회 결정the Council Conclusions에서 교육부 장관이 정의한 교사교육 개선을 위한 우선 과제를 요약한 것이다. 이것은 유럽의 교육학적인 임무pedagogical mission의 주요 측면으로, 수준 높은 전문가와 학교 지도자로서 교사들의 활동을 강조한다.

핀란드 교육체제는 거의 모든 유형의 지표를 사용하여 평가했을 때 성공적이었다. 투자 수준은 보통이었지만 다른 많은 국가들의 투자와 비교했을 때 아주 우수한 결과를 가져왔다. 이 책에서는 교사교육뿐 아니라 학교에서의 교육정책과 실천을 소개했고, 각 장에서는 지금까지 어떤 일을 해왔는지 설명했다. 핵심적인 질문은 핀란드 사회와 교육이 학교에서 높은 수준의 학습을 어떻게 유지하고 미래에 우수하고 헌신적인 교사를 어떻게 보유할 수 있는가 하는 것이다. 이 체제는 지난 35년 동안 개발되어왔으며, 핀란드 사회는 형평성을 매우 강조하는 국가 종합학교 체제를 구상하고 실행했던 초기 시기 이후로 크게 변화했다.

이 책의 각 장에서 소개된 논문들에 대한 결론으로, 핀란드 교육체제가 앞으로 직면하게 될 주요 도전들을 살피고 있다. 우리는 다음 세 가지 관점에서 이들을 성찰할 것이다. ① 교육을 통한 공동의 평등한 사회 a common and equal society를 증진하는 방법, ② 교육 향상을 위한 도구로 평가를 사용하는 방법, ③ 교수 전문가의 평생학습을 지원하는 방법.

교육을 통한 공동의 평등한 사회

평등equal과 형평equity의 개념은 종종 다음과 같은 의미로 사용된다. 평등이란 사람들이 성별, 신분 또는 인종을 고려하지 않고 서로가 똑같은 권리를 가져야 하는 이상과 목표를 말한다. 형평은 모든 사람에게 동등한 대우를 제공하는 방식으로 공정하고 합리적인 특질을 구현하는 정책 수립 개념이다. 핀란드 교육정책은 두 가지 의미를 모두 포괄하는 우산 아래에서 운영하는 것을 목표로 삼았다. 교육정책은 여러 학습자에게 평등한 기회를 제공하는 실천 관행을 체계적으로 강화했다.

미래 핀란드 사회는 다문화 사회가 되면서 모든 학습자에게 현재와 같은 질 높은 학습 기회를 보장하는 것과 관련하여 몇 가지 도전에 직면하게 될 것이다. 모든 사람이 교육과 학습에서 평등한 기회를 갖도록 보장하는 것은 중요하다. 예를 들어 모국어 교육, 종교교육 그리고 한 도시의 모든 학교에서 다문화 학생들의 입지 등과 같은 다문화 교육과 관련된 측면들은 핀란드의 교육정책 결정 과정에서 지속적으로 고려된다.

또 다른 도전은 지방 수준에서 교육의 질을 책임지고 있는 자치시가 제공하는 교육의 다양성이다. 재정 지원 능력에 큰 차이가 있으며, 이것은 교육 서비스에서 분명히 다른 결과를 초래한다. 다양성과 학습자 간의 차이는 초기 단계에서 어려움을 식별하고 지원함으로써 고려되어야 한다. 중요한 방법은 지역 학교 및 교실에서 특수교육을 조직하고 학생 복지 그룹(교장, 특수교육 교사, 학교 심리학자, 학교 간호사 및 학교 사회복지사로 구성된)을 통해 학교에서 다중-전문적인 지원을 제공하는 것이다. 핀란드 학교는 특수교육을 조직하는 포괄적인 정책에 동의한다. 목표는 문제가 되는 학생들이 수업을 반복하게 하는 것이 아니라 모든 아이가 교육체제를 통해 발전하면서 또래들과 함께할 수 있도록 모든 학습자에 대한 지원을 조직하는 것이다.

개선을 위한 평가

핀란드의 평가 정책은 평가가 개선을 위한 도구라는 의미에서 발전되어왔다.

총괄평가와 형성평가를 사용하여 교사교육의 효과성, 학교의 학습 결과 및 교사의 복지에 대한 피드백과 정보를 얻었다. 그러나 표준화된 성취 평가를 실시하거나, 학생의 발전에 따라 교사에게 부가가치 점수를 부여하는 일은 없고, 교사 감독관이나 교사 수습 기간 등을 두지 않는다. 전체 체제가 교사를 높은 자질을 지닌 전문가로 인정하고, 교사의 업무를 신뢰한다. 이 접근법은 다른 나라에서 사용되는 것과 완전히 반대로, 이 정책은 가르치는 직업을 매우 인기 있고, 대학에서 가장 매력적인 학업 프로그램 중 하나로 만드는 결과를 가져왔다(VAKAVA Statistics, 2014).

핀란드는 증거에 근거한 교육정책 및 실천 관행을 촉진하기 위하여 PISA, AHELO, TIMSS 및 SITE와 같은 국제 비교 평가에 참여한다. 정책입안자와 교사는 의사결정의 근거가 될 수 있는 다른 증거 자료뿐 아니라 타당하고 관련 있는 과학적 연구를 필요로 한다. 교사도 자신들의 성찰과 경험을 공유함으로써 증거를 만들 수 있다. 지식 창출을 지원하는 타당한 성과와 공동체를 만들기 위해서는 개방적이고 분석적인 사고가 필요하다. 교육 상황과 의사결정은 항상 매우 복잡한 현상이며, 이러한 상황에서 얻은 데이터는 여러 학문 분야와 다중의 전문적 관점에서 수집 분석되어야 한다.

"수십 년 동안 핀란드 교사교육이 지향한 것은 연구-기반의 전문적인 문화 개발이었다. 교사의 비판적인 과학 능력과 연구방법을 사용하는 능력은 매우 중요하게 여겨졌다. 따라서 핀란드의 교사교육 프로그램은 질적 및 양적 연구 전통에 대한 학습이 필요하다. 이 학습의 목표는 학생들이 미래의 업무에서 직면하게 될 문제를 찾고 분석하도록 학생들을 훈련시키는 것이다. 연구 조사는 학생들에게 진정한 프로젝트를 수행할 수 있는 기회를 제공하는데, 이 프로젝트에서 학생들은 교육현장에서의 문제를 공식화하고, 문제와 관련된 정보 및 데이터를 독립적으로 검색할 수 있어야 하며, 그 분야의 최근 연구 맥락에서 그것들을 천착하고 논문으로 그 결과를 종합해야 한다. 그들은 능동적으로 자신들의 연구를 하면서 연구자의 자세를 내면화하는 방법을 배운다."(Niemi & Jakku-Sihvonen, 2006, pp. 36-37)

이러한 목표를 달성하기 위해 핀란드의 교장 및 교사 훈련가들은 자신들의 연구에서 얻은 증거를 보여주고, 평가하고, 사용하는 능력을 갖추어야 한다. 이러한 능력은 전문적인 교육 및 교사 직무연수에서 보장되어야 한다. 교사는 학생들의 학습을 촉진하기 위해 그 증거가 필요하며, 교장은 학교의 장기적인 전략적 계획 수립과 교육 지도자로서의 역할 수행을 위해 최신의 연구와 가장 좋은 증거가 필요하다. 교장은 교사를 위한 적절한 근무 조건을 만들고 높은 수준의 전문가로 일할 수 있는 권한을 교사에게 부여해야 한다. 목표는 교사가 자신의 업무에 대해 연구-지향적 태도를 내면화할 수 있도록 하는 것이다. 이는 교사들이 자신들의 업무에 대해 분석적이고 개방적인 접근 방식을 취해야 하며, 자신들의 관찰 및 경험을 토대로 결론을 끌어내고 체계적으로 교수·학습 환경을 개발할 수 있어야 한다는 것을 의미한다.

교사들의 평생학습 지원하기

핀란드의 교사는 우수한 전문가로 간주되고 연구-기반 석사 수준의 교사교육은 교사들에게 교직생활 내내 전문성을 개발할 수 있는 도구를 제공하지만, 그들은 여전히 자신들의 업무에 대한 지원과 현직 교사교육의 다양한 가능성을 필요로 한다. 교사는 효과적으로 가르치고 학생들의 학습 과정을 지원하기 위해 교수 자료와 장비뿐만 아니라 교과 지식과 교수법에 대한 지식 또한 개발해야 한다. 교사는 학습 장애, 교육과정 처리 프로세스, 다문화 교육, 학교에서의 교육 리더십 등과 관련된 현직 교육을 통해 혜택을 누릴 수 있다. 전문적인 개발 과정의 주제와 방법의 범위는 넓고 혁신적이어야 한다. 함께 가르치는 동료들과의 협동학습으로 진행되는, 기술이 발전된 현직 교사교육은 교사들에게 여러 역량을 제공할 것이다(Darling-Hammond & McLaughlin, 1995 참조). 주제 및 방법은 교육부 및 교육학과의 하달 식으로 정해진 것뿐만 아니라 교사로부터 창출되어야 한다. 현직 교사교육은 학생들과 함께 교실 수업에 직접적으로 적용할 수 있는 지식과 기술을 제공해야 한다(Lipponen & Kumpulainen, 2010; Lortie, 1975/2002).

핀란드에는 교사를 위한 종합적인 현직 교사교육 체제는 없지만 많은 교육기관들이 있다. 즉 개방형 대학, 평생교육센터, 민간 고등학교, 교사노동기구 및 노동조합 등은 교사를 위한 연수과정과 추가 교육을 조직한다. 핀란드 교사들은 이러한 교육에 매우 적극적으로 참여하며 전문 역량을 개발하는 데 매우 열정적이다. 또한 교사들은 대학 연구자, 국가교육위원회 또는 교육문화부와 지역 학교가 주관하는 다양한 교수학적 개발 및 연구 프로젝트에 참여함으로써 스스로를 전문적으로 개발한다. 이들은 종종 모든 참가자들에게 매우 유익한 협력자들이다. 또한 교육학 박사과정이나 교과 관련 교수법을 공부하기 위해 대학에 지원한 많은 핀란드 교사들이 있다. 일반적으로 그들은 일상적인 교사 업무에서 비롯된 특정 주제를 조사하는 데 관심을 가지고 있기 때문에, 박사학위를 취득하기 위해 노력한다(Toom & Pyhältö, 2010; 2011). 그들은 현직 교사교육의 학문적으로 강조된 경로로 박사과정을 이용한다. 박사학위를 받은 후에 교사는 교육 전문가 업무로 이동할 수도 있지만 그들 중 많은 사람은 학교에 남아 교사로서 계속 일한다. 미래의 목표는 예비교사 교육, 신규교사 오리엔테이션과 멘토링, 그리고 현직 교사교육과 같이 모든 단계를 망라하는 모든 교사들의 개인적인 연속체를 만드는 것이다.

결론: 사회적 통합의 중요성을 생각하며

서구 사회의 한 가지 특징은 사회보장제도의 해체이다. 소셜 네트워크는 더 이상 시민들에게 동일한 안전감을 부여하지 않는다. 사람들은 서구 사회에서 고립되어 있다고 느끼며 시민으로서 참여하지 않는다. 변화하는 사회 구조에서 비롯되는 도전은 우리 시대의 많은 사회에서 주요한 문제의 근원이다. 많은 사회에서 어떠한 일반적인 생각도 공유하지 않는 시민들이 있다. 그래서 사회의 이념적 차원은 매우 이질적이다. 사람들은 공통 가치가 없으며 민주주의, 복지 및 시민 과제에 대한 개념이 매우 다르다. 변화하는 상황에서, 사회적 통합은 재발견되어야 할 하나의 핵심 요소로 지적된다. 우리는 사회적 통합에 대한 새로운 해석을 반영해야 한다. 위컴(Wickham, 2003)은 '사회적 결속'의 중요성을 강조하고 수직적 측면과 수평적 측면을 구별한다. 수직적 측면은 소득과 부와 권력의 불평등을 의미한다. 수평적 사회 통합은 사회 구성원 간의 상호 신뢰와 책임감을 의미한다(Wickham, 2003, p. 103). 핀란드 사회에서 시민들 간의 사회적 통합을 높일 수 있는 방법을 개발하는 것은 매우 중요하다. 학교는 이러한 개발의 핵심에 있으며 학교는 모든 사회 구성원에게 개방되어야 한다. 학교는 또한 배경이 다른 사람들이 서로 만나는 곳으로 기여할 수 있다. 요즘 핀란드의 학교에는 사람들을 하나로 모으고 사회적 결속감을 높이는 다양한 활동들이 많이 있다. 예를 들어 많은 학교가 학교, 학부모, 기타 교육 파트너 및 이해관계자 간의 협력을 조직한다. 옛말에 따르면, 한 아이를 교육하기 위해서는 온 마을이 나서야 한다. 사회적 통합은 교육의 중요한 부분이다.

현재 핀란드 교육의 주요 특징은 다음과 같다. ① 학습 환경의 확대: 요즘에는 일반 학교 수업 장소가 아닌 곳에서도 학습이 이루어진다. ② 학습에 대한 적극적인 참여: 학습자는 현재 학습 과정에서 적극적이다. ③ 교육은 참여가 핵심 요소인 학습 기반 접근 방식으로 옮겨 갔다. ④ 학습은 더 이상 교사 활동만을 기반으로 하지 않으며, 요즘에는 도서관, 박물관, 거리 및 네트워크와 같은 실제 삶의 현장에서 다양한 형태의 학습이 일어난다(Kumpulainen et al., 2010). 학습의 새로운 장소와 지위 및 아이디어는 학습자들 사이에 훨씬 더 많은 협력과 사회적 연결을 요구한다. 다양한 장소에서의 학습은 사회적 통합을 향상시키는 데 매우 중요한 요소가 될 수 있다.

우리는 이 글의 저자로서 핀란드 교육문화부가 사회복지는 교육과 문화 및 지식을 기반으로 한다는 사실을 여전히 강조하고 있다는 것을 알고 있다. 핀란드에서 교육의 중요성은 매우 크다. 핀란드 사회는 학습 사회로서 사회의 모든 면을 개발하기 위해 모든 기회를 잡고자 노력한다. 이것은 사회가 모든 시민이 학습의 다리에 스스로를 인도할 수 있는 기회를 갖도록 강조하고 있다는 것을 의미한다. 핀란드 사회의 교육 부문은 여러 학습자들이 자신의 학습 잠재력을 향상시킬 수 있는 다양한 방법을 개발하기 위해 끊임없이 노력하고 있다. 교육체제는 정태적인 상태가 아니라 지속적으로 개발되어야 하는 것이다. 핀란드에서 이것은 특히 학습과 교육에서 평등과 형평성의 실현을 위협할 수 있는 측면과 요소를 확인하는 것을 의미한다. 교사교육은 사회를 학습사회로 변화시키는 핵심 요소이다. 핀란드 사회에서는 신규교사의 교육이 어떻게 사회에 영향을 미치는지 알기 때문에 매우 높은 수준의 교사교육을 지속할 것이다. 학생들의 사회적 통합이 교사교육에서 강조된다. 교육 가운데 그들은 많은 그룹 활동, 짝 활동, 협업 과제를 수행한다.

핀란드 학교 체제는 핀란드 사회와 밀접하게 관련되어 발전해왔다. 사회의 많은 가치와 이상은 학교에서 처음 개발되었다. 부모나 부모의 경제적 지위에 관계없이 모든 시민의 평등은 핀란드 학교가 이끄는 주요 아이디어 중 하나이다. 학교는 아동의 학습 능력capacity을 최대로 향상시키고, 현재와 미래의 학습에 필요한 역량을 제공하고, 다차원적인 사회에서 함께 배우는 기쁨joy of learning을 제공해야 한다.

참고문헌

Commission of the European Communities. (2007, August 3). *Improving the Quality of Teacher Education.* Communication from the commission to the Council and the European Parliament. Brussels.

European Commission. (2010, April). *Improving Teacher Quality: The EU Agenda.* Directorate General for Education and Culture. Lifelong Learning: Policies and programme. Brussels.

Darling-Hammond, L., & McLaughlin, M. V. (1995). Policies that support professional development in an era of reform. *Phi Delta Kappan, 76*(8), 597-604.

Kumpulainen, K., Krokfors, L., Lipponen, L., Tissari, V., Hilppö, J., & Rajala, A. (2010). *Learning Bridges.-Toward Participatory Learning Environments.* Helsinki: Cicero Learning.

Lipponen, L., & Kumpulainen, K. (2010). Acting as accountable authors: Creating interactional spaces for agency work in teacher education. *Teaching & Teacher Education, 27*(5), 812-819.

Lortie, D. C. (1975/2002). *Schoolteacher: A Sociological Study.* Chicago: University of Chicago Press.

Niemi, H. & Jakku-Sihvonen, R. (Eds.). (2006). Research-Based Teacher Education in Finland-Reflections by Finnish Teacher Educators. Turku: Finnish Educational Research Association.

OEDC. (2010). *Improving Health and Social Cohesion Through Education.* Paris: OECD.

Pigozzi, M. J. (2004). The Ministerial viewpoint on 'quality education'. *Quarterly Review of Comparative Education, 34*(2).

Toom, A., & Pyhältö, K. (2010). Challenges in Becoming a Ph.D. in Teacher Education. *Paper presented at EARLI Biennial SIG Meeting 2010*, in Kirkkonummi, Finland.

Toom, A., & Pyhältö, K. (2011). Developing Scholarly Identity.-Becoming a PhD in Teacher Education. Paper presented at EARLI Biennial Conference 2011 ."Education for a Global Networked Society." in Exeter, U.K.

UNESCO. 2004 (2005). *Education for All-the Quality Imperative.* Paris: UNESCO.

VAKAVA Statistics. (2014). http://www.helsinki.fi/vakava/hakijamaarat.html

Wickham, J. (2003). Understanding technological and organisational change.

In P. Conceição, M. V. Heitor, & B. Lundwall (Eds.), *Innovation, Competence Building and Social Cohesion in Europe* (pp. 101-121). Cheltenham, U.K.: Edward Elgar Publishing.

교육의 희망

『*Miracle of Education: The Principles and Practices of Teaching and Learning in Finnish Schools*』의 제2판 한국어 번역이 마무리되었다. 새로운 PISA 결과에서 핀란드 학생들의 성적이 이전보다 소폭 하락하고, 사회적 불평등은 다소 높아지면서 과거와 같이 핀란드 교육을 칭찬 일색으로 표현하는 경향은 줄었다. 하지만 핀란드의 가르침과 배움이 지향하는 가치와 정책적 원리는 교육을 혁신하려는 세계의 모든 교육자와 정책 입안자들에게 풍부한 영감과 상상력을 제공한다. 2013년 1년 동안 헬싱키에서 머물다 온 이후에도, 2015년과 2017년 핀란드 교육현장과 정책을 돌아보았다. 새로운 도전에 적극적으로 대응하는 교사, 연구자와 정책 입안자들의 창의적인 혁신 노력과 민주적이고 섬세한 정책 입안 과정은 여전히 매우 인상적이었다. 이 책에서는 수준 높은 핀란드의 연구자들이 핀란드 교육을 구성하는 요소, 원리 그리고 각 교과의 교수·학습의 관행과 실행들을 객관적이고 학술적으로 설명하고 기술하였고 미래의 도전적인 과제들을 전망했다. 핀란드의 교육이론, 구조 및 교육 실천, 미래에 대응하는 능력에 성실한 관심을 가진 사람들의 궁금증을 해소시켜주는 데 큰 도움을 줄 것으로 기대한다.

이 책의 번역은 매우 복잡한 과정을 거쳤다. 2013년 내가 헬싱키대학 행동과학부의 Visiting Scholar로 보낼 당시, 2013년에 출판된 제1판 『Miracle of Education』을 보고 핀란드 교육에 익숙한 이동섭 선생에게 이 책의 번역을 권유했고, 살림터 정광일 대표께 번역 계약을 하도록 요청했다. 하지만 이 선생이 개인 사정으로 번역을 중단했다.

한국에 돌아온 이후 2014년 가을에 이 번역 책임을 맡아 교육정책전문대학원 박사과정 학생들과 공동 작업으로 진행하였다. 그런데 박사과정 학생들과 제1판의 초안 번역이 진행된 사이, 여러 정황이 변화했다. 특히 핀란드가 10년 만에 교육과정 개정 작업에 착수하여 2014년 그 기본계획서가 공인되었다. 그 후 자치시와 학교가 교육과정의 개정 작업을 진행했고 2016년 가을학기부터 새로운 교육과정이 실행되었다. 이 때문에 핀란드 학자들은 거의 모든 장에서 많은 수정 작업을 진행했고 살림터 출판사가 핀란드 저자들의 영어 원문 수정을 지원하면 제2판을 미리 출판해도 좋다고 양해를 받았다. 핀란드 학자들이 제2판 영어 수정 원고를 보내면, 대전 외국인 학교TCIS의 선임 입학관Senior Admission Officer인 Barbara Smith Jang이 영문을 일일이 수정했고 이를 다시 핀란드 저자들에게 보냈다. 이를 바탕으로 핀란드 학자들은 제2판을 2016년 11월 15일에 출판했다.

핀란드 학자들로부터 다시 받은 수정 원고를 바탕으로, 다시 학생들에게 번역 작업을 요청하기는 어려운 상황이었으므로, 소수 몇 사람이 새로이 번역 작업을 시작했다. 정충대 박사의 노력이 크게 기여했다. 이 과정에서 모든 장의 번역 원고를 광주교육청 김서령 장학관이 검토했고 일부 장을 직접 번역하고 함께 거의 모든 장을 수정했다. 이은재 선생 또한 글을 수정하는 데 수고를 아끼지 않았다.

우선 제1판 번역에서 번역 원고들을 수합하고 서문과 에필로그 등 여러 부분의 번역을 맡아 수고를 아끼지 않았던 송승준 선생과 번역문 오류 점검 등으로 수고한 박제이 선생, 그리고 각 장의 번역에 참여한 대학원생들, 중요한 장을 번역해주신 심성보 교수님과 이상봉 교수님께 감사를 드린다. 제2판 번역과 영문 수정 과정에서 큰 도움을 준 Barbara Smith Jang 선생님, 광주교육청 김서령 장학관, 정충대 박사와 이은재 선생의 노고에는 다시 깊은 감사를 드린다. 마지막 검토에 함께한 이현석 선생님께도 감사드린다. 이 복잡한 번역 과정에서 인내심을 갖고 기다려준 살림터 정광일 대표께도 깊은 감사의 인사를 전한다. 그럼에도 남은 수많은 오류는 책임 번역자의 몫이고 이는 이후 수정을 약속드린다.

핀란드에 체류하던 당시와 그 이후에 핀란드 교육에 관한 나의 이해에 큰 도움을 준 헬싱키대학의 학자들-책의 주 편집자이자 저자로서 번역을 허락해주신 헬싱키 니에미H. Niemi 교수님, 그리고 원고를 수정하는 과정에서 그리고 최종적인 작업을 하는 데 숱한 편지를 나누면서 핵심적인 역할을 해주신 툼Auli Toom 고등교육 전공 교수님, 핀란드 교육평가센터의 하우타마키A. Hautamäki 명예교수님과 쿠피아이넨S. Kupiainen 연구원, 복지국가와 역량의 관계를 분석한 미에티넨R. Miettinen 교수님, 『Finnish Lessons』을 쓴 살베리P. Sahlberg 교수님, 내가 소속되었던 KUPOLI(교육사회학과 정치학 연구팀)의 시몰라H. Simola 교수님, 바리요J. Varjo, 칼랄라티M. Kalalahti, 코수넨S. Kosunen 연구원, 그리고 도시 지리와 교육 불평등의 관계를 연구하는 베르넬리우스V. Bernelius 교수들과 연구원들. 이 외의 학자들-에게 이들이 베풀어준 따뜻하고 진정 어린 환대에 깊은 감사를 드린다. 이 외의 많은 학자들과 학교 방문 때 도움을 준 교사들에게 깊은 감사한 마음을 금할 수 없다. 헬싱키 생활을 함께 즐기면서 과학 교사로서 모든 학교 방문을 함께했던 아내 현주와 언어가 낯선 핀란드 학교에서 어려움을 겪었을 두 딸, 선아와 두레에게도 고마움을 전한다.

겨울의 북유럽은 추위와 어둠이 깊게 깃드는데 이곳에서 무지개처럼 휘황찬란하면서도 곱고 아늑하게 펼쳤다가 사라지는 신비한 빛, 오로라가 빛난다. 이 빛의 파장, 환희의 오로라를 보기 위해 사람들은 비탈진 밤의 설원을 헤맨다. 사회과학자들은 북유럽 국가들이 인류의 재앙들-파시즘, 전체주의, 시장만능주의-를 모두 피하면서 복지국가라는 희망을 인류에게 선사한 것을 빗대어 북유럽을 '북녘의 빛Northern Light', 즉 오로라의 아름다운 빛으로 비유한다. 북유럽을 방문한 사람들은 오로라의 아름다움에 취할 뿐 아니라 북유럽 국가들이 인류에게 선사한 사회적 희망-빛에 눈을 돌린다. 시장의 효율성을 활용하면서도 야만성을 강요하는 불평등에 대응하는 인간의 연대, 평등, 인류애, 자연에 대한 존중과 타인에 대한 배려 등이 그것들이다. 이 책도 그러한 사회적 오로라의 한 줄기 빛을 교육의 영역에서 보여줄 것으로 믿고 싶다.

우리와는 다른 정치경제적 맥락에 있는 핀란드 교육을 그대로 모방할 수 없다. 단 인류로서 우리는 서로 다른 사회에서 배울 수 있다. 아이들이 즐겁게 익히고, 행복하게 성장하는 교육을 만드는 데 필요한 영감을 이 책은 주고 있다고 믿는다.

2017년 여름
옮긴이를 대표하여
장수명

저자 소개

MAIJA AKSELA, Ph.D.
헬싱키대학교 화학과 교수. 화학교사 교육팀, 전 LUMA 과학교육센터 책임자. 연구 분야에는 무엇보다도 교사교육, LUMA 활동, 모델링, 시각화 등이 포함된다.

SATU GRÜNTHAL, Ph.D.
헬싱키대학교와 투르쿠대학교 핀란드문학과의 겸임교수이다. 그녀는 자신이 강사직을 맡고 있는 헬싱키대학교 교사교육학과에서 핀란드어학 및 핀란드문학을 가르친다. 그녀의 주요 관심 분야와 연구 분야는 시와 문학 교육학이며, 핀란드와 외국에서 이 두 분야를 가르친다. Grünthal 박사는 과학적 연구를 발표할 뿐 아니라, 교육을 위한 교재와 연습책 저술에 공동 저자로 참여한 바 있다.

RAILI HILDÉN, Ph.D.
헬싱키대학교 교사교육학과 외국어 교육학의 대학 강사이자 겸임교수이다. Hildén은 교원 양성 교육과 현직 교사교육에 오랜 경력을 지니고 있고 국가적 수준에서의 교수요목 개발을 포함하여 다양한 교육 수준에서 언어를 가르친 경험이 아주 많다. Hildén은 중요한 일반 고등학교 졸업 시험을 책임지고 있는 핀란드 대학입학자격시험 위원회의 구성원이며 평가 문제에 특별히 초점을 맞춘 강사의 지위를 지닌다. Hildén은 주로 학교 수준에서 국제적 통용성을 장려하고 유럽 언어 정책을 이행하는 몇몇 국제적 및 국가적 프로젝트에 관여했다. 그녀는 유럽 수준 체계(CEFR)에 맞는 핀란드어 교육과정 수준 척도를 기초화했고 현재 언어 교육과정에서 구어 능숙도의 역할에 대한 연구를 시행하고 있다.(http://tinyurl.com/42s5jxb)

JUKKA HUSU, Ph.D.
핀란드 투르쿠대학교 교육학과의 교육학 교수이다. 그의 연구는 교육에 있어서 교사의 교육학적 지식, 반성, 윤리적 판단에 초점을 맞추고 있다. 그는 국제 학술지(예를 들어 Teaching and Teacher Education, Journal of Moral Education, Teachers & Teaching: Theory and Practice, Interchange, Teacher Development)와 Sense Publishers, Routledge/Falmer, Springer 같은 곳에서 출간한 편집본에 광범위하게 글을 발표했다. Husu 교수는 〈Teaching and Teacher Education〉의 국제 편집위원이며, 현재 Jean F. Clandinin과 함께 〈The Handbook of Research on Teacher Education〉(Sage, 2017)을 편집하고 있다.

KALLE JUUTI, Ph.D.
겸임교수는 헬싱키대학교 교사교육학과에서 물리 교육학 대학 전임강사로 근무하고 있다.

그의 주요 연구 분야는 학교 과학에서의 학생 흥미와 동기, 교사의 전문성 신장, 교육에서의 설계 기반 연구 등이다.

RIITTA JYRHÄMÄ, Ph.D.

헬싱키대학교 교사교육학과의 겸임교수, 제1연구자, 대학 강사, 부소장(학사)이다. Riitta Jyrhämä의 주요 연구 분야는 교사의 교육학적 사고, 교육실습지도감독, 교사교육, 특히 다중 모드 교사교육에 대한 것이다. 그녀는 연구 프로젝트 INTERPLAY-학구적 교사교육학과 직무의 연결-의 책임자이며, 많은 연구 프로젝트의 활동적인 구성원이다. 그녀는 국제회의에 활발하게 참여한다. 그녀는 교육에서의 탁월한 공로로 핀란드 백장미 훈장의 기사 메달과 Eino Kaila 상을 수상했으며, 현재 헬싱키 대학교 교사아카데미의 창립 멤버로 일하고 있다.

SEIJA KAIRAVUORI, Ph.D.

헬싱키대학교 시각예술교육학과의 겸임교수이자 헬싱키 예술 및 디자인 대학교의 MA 졸업자이다. 그녀는 헬싱키대학교 교사교육학과에서 시각예술교육학의 대학 강사로 근무하고 있는데, 거기서 그녀는 알토대학교와 협력하여 담임교사 교육과 교과전담 교사교육에서 예술교육학과 시각예술교수학을 가르친다. 그녀의 연구 분야는 시각예술교수학, 예술 학습 및 평가, 예술 교사의 독자성, 교사 지원자의 시각예술교육에 대한 개념 등이다. 그녀는 국내뿐 아니라 국제적으로 많은 책을 출판했다.

ARTO KALLIONIEMI, Th.D.

2001년부터 헬싱키대학교 종교교육(Religious Education, RE) 학과 교수로 재직 중이다. 다문화 사회에서 종교교육 연구를 전문으로 하며, 교사교육학과의 다문화 교사교육 의장이다. 종교교육 교사교육학과 종교교육의 과제에 대해 몇 편의 논문을 발표했고, 많은 EU 프로젝트에 공헌했다. 핀란드 교과교수학회 회장이며, 교사교육학과의 사회관계와 현직 훈련에 초점을 맞추는 부학과장으로 일하고 있다.

RITVA KANTELINEN, Ph.D.

언어교육이 전공인 교육학 교수이다. Kantelinen 교수는 이스턴핀란드대학교, 응용교육과학 및 교사교육대학 철학부에서 근무하고 있다. 그녀의 현재 연구는 직업적 지향 언어 학습 및 교육뿐 아니라 고등교육에서의 연구 기반 개발 작업에 초점을 맞추고 있다. 그녀는 학교에서 실제로 언어교육과 유럽 언어 포트폴리오의 패러다임 적용을 추가하고 개발하는 데 목표를 둔 프로젝트들에 적극적으로 참여하고 있다. 동시에 이위베스퀼레대학교의 직업언어교육의 시간강사직을 갖고 있다.

LEENA KROKFORS, Ph.D.

헬싱키대학교 교육학 교수이자 행동과학부의 부학장이다. 그녀는 교사교육학과의 교육 및 학습과학연구소의 책임자이다. 그녀의 연구 분야는 교사교육의 패러다임, 교사 학습과 교육학적 사고 등이다. 최근에 그녀의 연구 집단은 하나의 환경에서 개발된 지식 축적뿐 아니라 사회적 실행이 다른 환경에서도 자원이 될 수 있도록 학습 사이트들을 중개하는 교육학적 접근법을 개발함으로써 전체 사이트들에서 학습 및 교육 실행을 연구하고 있다. 그녀는 넓은 개념의 공식적·비공식적 학습 생태와 디지털화로 학교를 새로운 공간과 장소로 개방할 때를 대비하여 교육과정을 학습과 학습 환경을 확장하는 툴로 탐색하고 있다.

HEIDI KRZYWACKI, Ph.D.

헬싱키대학교 교사교육학과에서 수학교육학의 대학 강사 겸 연구자로 근무하고 있다. 그녀는 자격을 갖춘 초등학교 교사일 뿐 아니라 수학 교사이다. 그녀의 박사학위 논문은 수학 예비교사교육 동안 교사가 되어가는 과정에 초점을 맞춘 것이었는데, 이는 교사의 직업적 독자성을 통해 개념화되었다. 최근에, 그녀는 특히 과학 및 수학교육에서 다방면의 평가 실행을 수행하기 위해 학교에서의 정보 및 의사소통 기술 사용을 고찰하고 있다. 그녀는 수학 및 과학 교육에 있어서 국가적으로나 국제적으로 활발한 교육 연구자이다. 그녀는 연구 발표뿐 아니라 교사교육의 발전을 추구한다.

KRISTIINA KUMPULAINEN, Ph.D.

헬싱키대학교 행동과학부 교육학과 교수. the Playfu Learning Center(www.plehelsinki.fi)의 창립 멤버이자 과학 디렉터이다. Exeter대학에서 1994년 어린이의 컴퓨터와의 협력적 글쓰기에 관한 연구로 박사학위를 받았으며 핀란드 아카데미로부터 두 개의 학술상을 수여했다. 2006~2009년 사이에는 학습, CICERO Learning의 국가학제연구네트워크에 참여했다. 국가교육위원회의 정보 및 평가 서비스과의 디렉터였다. Kumpulainen 박사는 워릭대학교, 산타바바라 캘리포니아대학교에서 객원교수를 지낸 바 있다. 그녀의 연구는 유아교육센터, 학교, 박물관, 교사교육 환경에서의 툴(tool)로 매개한 학습과 의사소통에 관한 것이다. 그녀는 협력적이며, 창조적이고, 디지털한 학습에서의 사회적 상호작용의 분석 방법을 다룬다. 현재 그녀의 연구센터는 시각적 참여연구와 더불어 맥락을 넘는 학습, 놀이 학습과 놀이하며 하는 학습, 디지털 문해, 학습자의 주체성과 정체성, 회복력 연구에 초점을 두고 있다.

HEIKKI KYNÄSLAHTI, Ph.D.

헬싱키대학교 겸임교수이다. Kynäslahti 박사의 연구 분야는 매체 교육과 교사교육에 초점이 맞추어져 있다. 이 주제는 모바일 학습, 교육에서 사회적 매체의 이용, 학생의 교육학적 사고, 연구-기반 교사교육 등을 포함한다. Kynäslahti 박사는 국제 및 국내 수준 모두에서 광범위하게 발표했다.

ANU LAINE, Ph.D.

수학 교육의 겸임교수이다. 그녀는 헬싱키대학교 교사교육학과에서 수학교육학의 대학 강사 겸 연구자로 근무하고 있다. 그녀는 자격을 갖춘 초등학교 교사교육의 헤드이다. 그녀의 주요 연구 분야는 학생과 예비교사의 수학 관련 애착이고, 교사 변화와 문제해결에도 관심이 있다. 그는 몇 가지 연구 프로젝트에 참여하고 있는데 핀란드 아카데미가 지원한 '초등학교 교사 프로젝트(2003-2006)', 'Open problems 2010-2013'도 이에 속한다. 그녀는 몇 개의 국제적 수학교육 학술지-Educational Studies in Mathematics, International Journal of Science, Mathematics Education 등-에 논문을 발표했다.

TIMO LANKINEN

현재 부총리실의 정무차관으로 일하고 있다. 핀란드 국가교육위원회 사무총장이었다. 핀란드 교육청은 교육의 개발을 담당하며, 취학전 교육, 기초교육, 일반중등교육, 직업교육 및 훈련, 형식적 성인교육 및 훈련, 성인 교양교육, 예술에서의 교과과정 외 기초교육 등의 개발을 책임지고 있는 국가기관이다. Timo Lankinen 씨는 법학 석사이다(헬싱키대학교 1983; 인권에 대한 특별한 강조). 그는 1984년에 핀란드 교육부에 참여했다. 1984년에서 1997년까지 그는 핀란드의 교육, 훈련 및 과학 정책 분야에서 주요 개발 프로젝트의 관리자, 프로젝트 경영자, 정부 상담자로서 근무했다. 1997년부터 2007년까지 그는 교육부에서 직업교육 및 훈련을 위한 국장으로 근무했다. Lankinen 씨는 국가위원회와 개혁 프로젝트의 의장직을 맡음으로써, 유럽 VET 정책을 위한 DGVT로 역할을 함으로써, 교육체계의 국가적 조종을 평가하는 특별조사위원으로 역할을 함으로써, (특히, 핀란드의 교육법, 금융 교육, 교육 행정에 관해) 논문과 저서를 저술함으로써, 그리고 강의를 함으로써 교육 및 훈련 정책-입안에 있어서 적극적으로 역할을 수행했다. 그는 2020년 기초교육에 대한 미래 국가 목표와 수업시간 배분을 설계하는 의회의원 작업 집단의 의장이었다.

JARI LAVONEN, Ph.D.

헬싱키대학교의 과학교육 교수(2003 이후)이고 또한 교사교육학과의 학과장이고 핀란드 수학, 물리, 화학 교육 대학원의 학장이다. 그의 연구 분야는 동기 및 흥미 연구, 과학 교육에서의 정보 및 의사소통 기술 사용 등에 관한 것이다. 그는 저널, 세미나 자료 모음집, 저서 등에서 226편의 과학적 논문을 발표했다. 더욱이 그는 과학 및 과학 교사교육에 대한 저서 136권의 공동 저자이다.

KATRIINA MAARANEN, Ph.D.

헬싱키대학교 교사교육학과의 대학 전임강사이다. Katriina Maaranen 씨는 교사교육의 다양한 측면들을 연구하는 데 초점을 맞추었으며 그녀의 주요 관심은-이름을 붙이자면-교사교육에서 이론 및 실행의 통합, MA 논문 연구 프로젝트의 연구 과정과 개발, 교육에서 교사 학생의 개인적 실행 이론들의 개발, 교육 실행의 개발, 고등 교육과 직장 생활의 연결 등을 다루는 것이다.

ARMI MIKKOLA, M.A.

헬싱키대학교에서 교육과학, 사회과학, 민족학, 역사학 등을 수학한 교육 상담가이다. 1979년에 그녀는 도청에서 고문으로 근무를 시작했다. 1982년에서 1986년까지 그녀는 국가 교육위원회에서 교사의 지속적인 직업 교육을 책임지는 수석 고문으로 근무했다.

1986년에서 1996년까지 그녀는 헬싱키대학교의 교육 및 교사교육 분야에서 훈련 책임자로 근무했다. 1996년 이래로 그녀는 교사교육을 책임지는 교육 상담자로서 교육문화부에서 근무하고 있다. 그녀는 교사교육 및 교사의 연수 훈련 개발을 위한 많은 국가적 및 북유럽 프로젝트, 연구 집단에서 책임자 혹은 구성원이었다. 그녀는 학교 개선, 교사교육, 평가, 학교 리더십, 직원 개발 등에 대해 논문과 저서를 다수 발표했다.

HANNELE NIEMI, Ph.D.

1998년부터 헬싱키대학교 교육학 교수로 재직했으며, 2003년에서 2009년까지 헬싱키대학교 부총장을 역임했다. 교육과 교사교육에 관한 100편 이상의 논문과 10권 이상의 책 (*Finnish Innovations and Technologies in Schools*, 2014; *Research-Based Teacher Education in Finland*, 2006; *Education as a Societal Contributor*, 2007 등)을 출판했다. 교육에 관한 많은 국제적인 출판에 기고했으며, 10개 이상의 언어로 출판되었다. EU나 OECD의 프로젝트에 전문가와 연구자로 참여하였으며, 30개 이상의 국제포럼에 기조강연자로 기여했다.

LEILA PEHKONEN, Ph.D.

헬싱키대학교 행동과학과의 교육학 수석 강사로 일하는 겸임교수이다. 또한 그녀는 수학교육 전공의 초등교사 자격증을 보유하고 있다. 그녀의 현재 연구 분야에는 고등교육에서의 교육과 학습, 직업 교육에서의 수학교육 및 교사의 작용 등이 포함된다.

LEILA RIKABI, M.A.

교육학 석사, 담임교사, 영어전문교사. 초등학교에서 담임교사와 언어교사로 일하고 있다. 헬싱키대학교 교사교육학과에서 연구 디자이너와 연구조원으로 일해왔다.

JUKKA SALMINEN, M.A.

교육학석사, 핀란드 반타시 시립도서관의 지역 도서관의 전 관장이다.

SARA SINTONEN, Ph.D.

현재 헬싱키대학교 교사교육학과의 대학 전임강사이자 미디어 교육 겸임교수이다. 예술교육 배경(음악)으로 Sintonen 박사는 자신의 연구에서 매체 교육에 집중하고 있으며 최근에는 디지털 활용 능력과 참여 문화에 초점을 맞추고 있다. Sintonen 박사는 매체 교육 연구 및 개발 분야에서 핀란드의 선구자들 중 한 명이다.

SARI SULKUNEN, Ph.D.

박사, 현재 이위베스퀼레대학교 언어학과의 전임강사이자 연구자이다. 그녀는 OECD PISA나 IEA의 Progress in Reading Literacy Study(PIRLS) 그리고 the OECD의 Programme for International Assesment of Adult Competencies(PIAAC) 등 국제 문해력 측정에 광범위한 경험을 갖고 있다. 그녀는 PISA 2018 문해 전문 그룹의 멤버이며 EU 문해력 고

등수준 멤버이다(2011-2012). 그녀의 전문 분야는 문해력, 특히 독해에 어려움을 가진 자들의 문해력, 읽기 측정, 측정과 교수에서의 문맥의 진정성 등에 있다.

LIISA TAINIO, Ph.D.

핀란드 헬싱키대학교 교사교육학과의 핀란드어학 및 문학 교육학 교수이다. 그녀의 주요 관심은 교과 교수법이다. 그녀는 자신의 연구방법으로 대화 분석을 사용하여 국내 및 국제 저널에 교실 상호작용에 대해 그리고 여타 학습 환경에서의 상호작용에 대해 발표했다. 서면으로 된 문서, 특히 학교 교재에 대한 분석에 그녀는 비판적 담화 분석 방법을 적용했다. 또한 그녀는 L1-교실에서의 상호작용, 학습과 문자해독능력 등을 연구했다. 그녀는 성별의 관점에서 이런 연구 주제들을 탐구한다. 그녀는 과학연구를 출판할 뿐 아니라 교육을 위한 교과서 작성에 공저자로 참여해왔다. 그녀는 북구 국가들의 교육을 통한 수월성 정의 북구센터(The Nordic Centre of Excellence(NCoE) Justice through education in the Nordic Countries(JustEd))의 멤버이다.

KIRSI TIRRI, Ph.D., M.TH.

헬싱키대학교 교사교육학과의 교육학 교수이다. 또한 그녀는 스탠포드 대학교 청소년 센터의 방문 학자이다. 그녀는 고능력 유럽 이사회(Europena Council for High Ability, ECHA) 의 회장이며 미국 교육학회(American Educational Research Association, AERA)에서 국제 연구 SIG 이다. Tirri 박사는 국제 학술지에 12편의 논문과 다수의 저널 논문을 발표했다. 그녀의 연구 분야에는 교육과 학습, 교사교육, 영재교육과 도덕교육 등이 포함된다. 그녀의 연구, 출간물, 교육에 관한 자세한 정보는 http://www.helsinki.fi/~ktirri 에서 확인할 수 있다.

TAPIO TOIVANEN, Ph.D.

연극 및 드라마 예술학 박사는 헬싱키대학교 교사교육학과에서 드라마 교육학의 대학 강사로 근무하고 있다. 그녀는 헬싱키 연극 아카데미를 졸업한 최초의 연극교육학 박사이다(2002). Toivanen 박사는 아동과 청소년에게 드라마와 연극 예술을 교육하는 것에 대한 좀 더 깊고 광범위한 지식을 육성하기 위해 드라마 및 연극 예술-교육학적 연구에 관심을 가지고 있다. 그는 핀란드에서 드라마 교육에 대한 선도적이고 탁월한 과학자들 중 하나로, 다수의 드라마 교육-관련 저서와 논문을 집필했다.

AULI TOOM, Ph.D.

헬싱키대학교와 동부핀란드대학교 겸임교수. 대학 전임강사이자 헬싱키대학교 행동과학부 교사교육학과 드라마 교육센터의 부센터장이다. 주요 연구 분야는 교수·학습의 배움, 고등교육 맥락에서 학생들의 학습 및 교사의 교육학적 지식, 교사 주체성, 교사교육 등이다. 교사교육과 고등교육에 관한 연구 프로젝트들의 책임자, 공동책임자로 연구를 이끌고 있다. 연구 결과물이 과학저널과 학술지로 출판되었다. 〈Teachers and Teaching: Theory and Practice〉의 집행편집자이며, 다수의 국제적 교사교육 연구와 개발 프로젝트의 전문가로 활동하고 있다.

LEENA TORNBERG, M.A.

교과전담 석사(오울루) 미술관교육 석사학위(스톡홀름대학교), 핀란드 미술관협회의 조정관이다.

MARTIN UBANI, Ph.D., M.Th.

신학 및 응용과학, 그리고 교사교육 대학원의 종교교육 교수이다. 그의 관심 연구 분야는 종교교육, 영성교육, 학교에서의 종교, 교사의 교실 실천과 교사의 전문성 개발, 그는 여러 국제 학술대회에서 과학적 논문과 책을 출판했다.

SANNA VANTIVUORI-HÄNNINEN, Ph.Lic.

(Educ.) 헬싱키대학교 CICERO 학습 네트워크의 프로젝트 연구자이자 조정자이다. 그녀는 교사교육학과에서 프로젝트 관리자, 매체 교육의 수석 강사, 연구자로 근무했다. 그녀의 연구 분야와 개발 작업은 교육적 모형, 네트워크-기반 교육의 설계 및 평가를 다루는 것이다. 그녀의 최근 연구는 ICT, 게임-기반 학습, 소셜 모바일 매체의 다양한 교육적 활용에 초점을 맞추고 있다.

JENNI VARTIAINEN, M.S.

과학석사, 헬싱키대학교 화학과의 박사 후보생, 그녀의 주요 연구 분야는 유치원 수준의 과학교육, 과학 프로세스 학습 기술을 위한 아동들의 'playful learning' 환경이다. 또한 그녀는 자연과학 ICT, 수학, 기술 등에 대한 아동과 청소년의 흥미와 열정을 촉진하는 것뿐 아니라 모든 수준에서 교사의 중요한 작업을 지원하는 것이다.

PÄIVI VENÄLÄINEN, M.A.

M.A.(이위베스퀼레대학교 예술 및 문화 학과) 예술교육, 석사학위(헬싱키대학교 교사교육학과). 그녀는 현재 핀란드 Hyvinkaa에 있는 아동 및 청소년을 위한 예술센터에서 근무하고 있다. 그녀의 박사학위 연구는 이위베스퀼레대학교에서 학습 환경으로서의 현대 예술에 관한 것이다. 또한 그녀는 현대 미술관 Kiasma의 미술관 교육 부서에서 근무했고 (알토 대학교) 미술 및 디자인 대학교에서 교사 겸 연구자로 근무해왔다. 그녀는 학습 환경으로서의 문화 기관을 개발하기 위한 여러 전국적 프로젝트에 관여하고 있다.

LAURI VIHMA. M.Sc.

헬싱키대학교 과학부(단과대학), 핀란드 LUMA센터의 핀란드 네트워크의 협력관으로 일하고 있다.

ARJA VIRTA, Ph.D.

투르쿠대학교 교사교육학과 역사 및 사회과학 교수학 교수이며 30년간 역사 및 사회과학

교사들과 초등 교사들을 교육했다. 그녀는 역사학(1982)과 교육학(1995)으로 박사학위를 받았다. 그녀의 연구 분야는 역사 및 사회과학에서의 학습 프로세스, 평가, 교사교육, 문화 간 교육, 역사 문화 등이다.

ERJA VITIKKA Ph.D.

(Educ.), 핀란드 국가교육위원회에서 고문으로 근무하고 있다. 교과목 내용의 특성과 교육학의 관점에서 핀란드 교육과정 설계의 구조를 연구해왔다. 그녀의 연구 분야는 교육과정 개발, 교육과정 설계, 교육 운용 체계의 한 부분으로서의 교육과정에 대한 것이다. 주요 임무는 핀란드 핵심 교육과정의 개발 및 이행을 위한 전략적 기획에 관련된 것이다.

JOUNI VÄLIJÄRVI

이위베스퀼레대학교의 교육학 교수로서 1996년 이후 핀란드 교육연구센터의 장을 맡아왔다. 그의 연구 관심사는 학습 결과에 대한 국제적인 평가, 교육과정 및 교사교육이다. 그는 1998년 OECD PISA의 국가 프로젝트 책임자였고 1996년 이후 IEA(International Association for the Evaluation of Educational Achievement)에서 핀란드 대표로 일했다. OECD, EU, 핀란드 교육부, 국가교육위원회, 핀란드 자치시 연합회의 전문가 및 평가 그룹의 일원으로 일해왔다. 그는 핀란드 교육평가센터의 이사이자, 고등교육평가위원회의 회장이다.

EIJA YLI-PANULA, Ph.D.

투르쿠대학교 교사교육학과에서 생물 및 지리 교수학의 대학 겸임교수이자, 연구위원으로 근무하고 있다. 그녀의 박사학위는 공중생물학이었고 그녀는 공중생물학과 과학교수학 두 분야에서 국제 논문을 발표했다. 그녀는 30년 이상 강사로서 생물학과 지질학의 교수학에 대하여 예비교사들을 교육하고 있다. 그녀의 현재 주요 연구 분야는 교과 교육학 분야와 환경교육 분야인데 예를 들면 예비교사와 학생들의 미래 장면에 관한 풍경 연구, 생물다양성 및 지속가능한 교육 등이다. 그녀는 북유럽 및 발트해 연안 국가들의 환경교육연구 그룹의 구성원이다.

옮긴이 소개

장수명

경제학 박사. 한국교원대학교 교육정책전문대학원 교수(2005~). 헬싱키대학 행동과학부 객원 학자(2013년). 저서로『한국의 민주주의와 자본주의』(공저 2016년) 등이 있고 한국 경제의 노동시장과 인적자원, 제도와 공공정책 분석을 강의하고, 시장경제와 민주정치 제도 속의 교육, 교육 및 복지의 관계에 관한 연구 수행.

심성보

부산교육대학교 교수. 한국교육연구네트워크 이사장. 사회적교육위원회 상임대표. 미래교육포럼 공동대표. 흥사단교육운동본부 공동대표. 저서로『전환시대의 교육사상』,『민주화 이후의 공동체교육』,『인간과 사회의 진보를 위한 민주시민교육』,『민주시민을 위한 도덕교육』, 번역서『비판적 페다고지는 세상을 변화시킬 수 있는가』,『21세기 교육과 민주주의』등이 있음.

이상봉

The Ohio State University, Technology Education 졸업, Ph D. (1996), 한국교원대학교 기술교육과 교수(1977~) 한국기술교육학회 회장(2017~).

정충대

교육학(인적자원정책) 박사, 한국교원대학교 교육정책연구소 연구원 및 서울 신구로 초등학교 교사. 주요 관심 분야는 숙련형성체제 및 교육체제에 대한 제도 분석.

김서령

교육학(인적자원정책) 석사과정 수료. 교육학(영어교육) 박사과정 수료. 현재 광주광역시교육청 감사실 장학관. 주요 관심 분야는 공교육의 역할과 학교혁신.

송승준

교육학(교육정책) 박사과정 재학. 경남 삼장초등학교 교사. 주요 관심 분야는 국가 직업교육.

이은재

교육학 석사. 세종특별자치시 중학교 교사. 현재 학습연구년제로 한국교원대학교 정책대학원 위탁 교육 중이며 주요 관심 분야는 교육과정 및 학교 혁신.

박제이

교육학(인적자원정책) 박사. 중학교 수학 교사. 주요 관심 분야는 교육역량, 컴퓨터 활용 교육.

장혜원

교육학(인적자원정책) 박사, 하버드대학교 박사후 연구원, 현재 한국교원대학교 연구교수 및 하버드대학교 공과대학 겸임 연구원. 주요 연구 분야는 노동시장 숙련과 훈련, 인공지능.

정운기

교육학(교육정책) 박사. 세종특별자치시 세종교육연구원 교육연구사. 주요 관심 분야는 학교문화 및 교사 성장.

김민하

한국교원대학교 교육학(음악교육) 박사. 한국교육과정평가원 부연구위원(위촉). 주요 관심 분야는 음악교육.

김경숙

교육학(교육정책) 박사. 대전대청중학교 혁신부장. 주요 관심 분야는 교육복지와 학교혁신의 연계와 실천.

박성수

교육학(교육정책) 박사과정 수료. 교육부 학술장학지원관.

안병훈

교육학(교육정책) 박사과정 수료. 한국교육개발원 연구원. 주요 관심 분야는 통일 전후 교육정책과 학교변화, 수학적 모델링.

양형모

교육학(교육시설환경정책) 박사. 고등학교 교사. 주요 관심 분야는 학교안전 및 교육시설환경 정책.

김영석

교육학(교육시설환경정책) 박사. 대구광역시 교육청 교육행정사무관. 주요 관심 분야는 학교안전.

허경일

교육학(교육정책) 박사과정 수료. 초등학교 교사. 주요 관심 분야는 교원정책.

*따로 명기하지 않은 한 교수들 이외의 모든 참여자는 한국교원대학교의 교육정책전문대학원에 재학 중이거나 졸업했다.

삶의 행복을 꿈꾸는 교육은 어디에서 오는가?

미래 100년을 향한 새로운 교육 **혁신교육을 실천하는 교사들의 필독서**

▶ 교육혁명을 앞당기는 배움책 이야기
혁신교육의 철학과 잉걸진 미래를 만나다!

한국교육연구네트워크 총서

01 핀란드 교육혁명
한국교육연구네트워크 엮음 | 320쪽 | 값 15,000원

02 일제고사를 넘어서
한국교육연구네트워크 엮음 | 284쪽 | 값 13,000원

03 새로운 사회를 여는 교육혁명
한국교육연구네트워크 엮음 | 380쪽 | 값 17,000원

04 교장제도 혁명
한국교육연구네트워크 엮음 | 268쪽 | 값 14,000원

05 새로운 사회를 여는 교육자치 혁명
한국교육연구네트워크 엮음 | 312쪽 | 값 15,000원

06 혁신학교에 대한 교육학적 성찰
한국교육연구네트워크 엮음 | 308쪽 | 값 15,000원

07 진보주의 교육의 세계적 동향
한국교육연구네트워크 엮음 | 324쪽 | 값 17,000원

08 더 나은 세상을 위한 학교혁명
한국교육연구네트워크 엮음 | 404쪽 | 값 21,000원

혁신학교
성열관·이순철 지음 | 224쪽 | 값 12,000원

행복한 혁신학교 만들기
초등교육과정연구모임 지음 | 264쪽 | 값 13,000원

서울형 혁신학교 이야기
이부영 지음 | 320쪽 | 값 15,000원

혁신교육, 철학을 만나다
브렌트 데이비스·데니스 수마라 지음
현인철·서용선 옮김 | 304쪽 | 값 15,000원

혁신교육 존 듀이에게 묻다
서용선 지음 | 292쪽 | 값 14,000원

다시 읽는 조선 교육사
이만규 지음 | 750쪽 | 값 33,000원

대한민국 교육혁명
교육혁명공동행동 연구위원회 지음 | 224쪽 | 값 12,000원

한국교육연구네트워크 번역 총서

01 프레이리와 교육
존 엘리아스 지음 | 한국교육연구네트워크 옮김
276쪽 | 값 14,000원

02 교육은 사회를 바꿀 수 있을까?
마이클 애플 지음 | 강희룡·김선우·박원순·이형빈 옮김
356쪽 | 값 16,000원

**03 비판적 페다고지는
세상을 변화시킬 수 있는가?**
Seewha Cho 지음 | 심성보·조시화 옮김 | 280쪽 | 값 14,000원

04 마이클 애플의 민주학교
마이클 애플·제임스 빈 엮음 | 강희룡 옮김 | 276쪽 | 값 14,000원

05 21세기 교육과 민주주의
넬 나딩스 지음 | 심성보 옮김 | 392쪽 | 값 18,000원

**06 세계교육개혁:
민영화 우선인가 공적 투자 강화인가?**
린다 달링-해먼드 외 지음 | 심성보 외 옮김 | 408쪽 | 값 21,000원

대한민국 교사, 어떻게 가르칠 것인가?
윤성관 지음 | 320쪽 | 값 15,000원

아이들을 어떻게 가르칠 것인가
사토 마나부 지음 | 박찬영 옮김 | 232쪽 | 값 13,000원

모두를 위한 국제이해교육
한국국제이해교육학회 지음 | 364쪽 | 값 16,000원

경쟁을 넘어 발달 교육으로
현광일 지음 | 288쪽 | 값 14,000원

독일 교육, 왜 강한가?
박성희 지음 | 324쪽 | 값 15,000원

핀란드 교육의 기적
한넬레 니에미 외 엮음 | 장수명 외 옮김 | 456쪽 | 값 23,000원

한국 교육의 현실과 전망
심성보 지음 | 724쪽 | 값 35,000원

▶ 비고츠키 선집 시리즈
발달과 협력의 교육학 어떻게 읽을 것인가?

 생각과 말
레프 세묘노비치 비고츠키 지음 |
배희철·김용호·D. 켈로그 옮김 | 690쪽 | 값 33,000원

 도구와 기호
비고츠키·루리야 지음 | 비고츠키 연구회 옮김
336쪽 | 값 16,000원

 어린이 자기행동숙달의 역사와 발달 I
L.S. 비고츠키 지음 | 비고츠키 연구회 옮김
564쪽 | 값 28,000원

 어린이 자기행동숙달의 역사와 발달 II
L.S. 비고츠키 지음 | 비고츠키 연구회 옮김
552쪽 | 값 28,000원

 어린이의 상상과 창조
L.S. 비고츠키 지음 | 비고츠키 연구회 옮김
280쪽 | 값 15,000원

 연령과 위기
L.S. 비고츠키 지음 | 비고츠키 연구회 옮김
336쪽 | 값 17,000원

 수업과 수업 사이
비고츠키 연구회 지음 | 196쪽 | 값 12,000원

 비고츠키의 발달교육이란 무엇인가?
비고츠키교육학실천연구모임 지음 | 412쪽 | 값 21,000원

 성장과 분화
L.S. 비고츠키 지음 | 비고츠키 연구회 옮김
308쪽 | 값 15,000원

 의식과 숙달
L.S 비고츠키 | 비고츠키 연구회 옮김
348쪽 | 값 17,000원

 분열과 사랑
L.S. 비고츠키 지음 | 비고츠키연구회 옮김
260쪽 | 값 16,000

 관계의 교육학, 비고츠키
진보교육연구소 비고츠키교육학실천연구모임 지음
300쪽 | 값 15,000원

 비고츠키 생각과 말 쉽게 읽기
진보교육연구소 비고츠키교육학실천연구모임 지음
316쪽 | 값 15,000원

 비고츠키와 인지 발달의 비밀
A.R. 루리야 지음 | 배희철 옮김 | 280쪽 | 값 15,000원

 교사와 부모를 위한 비고츠키 교육학
카르포프 지음 | 실천교사번역팀 옮김 | 308쪽 | 값 15,000원

▶ 살림터 참교육 문예 시리즈
영혼이 있는 삶을 가르치는 온 선생님을 만나다!

 꽃보다 귀한 우리 아이는
조재도 지음 | 244쪽 | 값 12,000원

 성깔 있는 나무들
최은숙 지음 | 244쪽 | 값 12,000원

 아이들에게 세상을 배웠네
명혜정 지음 | 240쪽 | 값 12,000원

 밥상에서 세상으로
김흥숙 지음 | 280쪽 | 값 13,000원

 우물쭈물하다 끝난 교사 이야기
유기창 지음 | 380쪽 | 값 17,000원

 선생님이 먼저 때렸는데요
강병철 지음 | 248쪽 | 값 12,000원

 서울 여자, 시골 선생님 되다
조경선 지음 | 252쪽 | 값 12,000원

 행복한 창의 교육
최창의 지음 | 328쪽 | 값 15,000원

 북유럽 교육 기행
정애경 외 14인 지음 | 288쪽 | 값 14,000원

▶ 4·16, 질문이 있는 교실 마주이야기

통합수업으로 혁신교육과정을 재구성하다!

통하는 공부
김태호·김형우·이경석·심우근·허진만 지음
324쪽 | 값 15,000원

내일 수업 어떻게 하지?
아이함께 지음 | 300쪽 | 값 15,000원
2015 세종도서 교양부문

인간 회복의 교육
성래운 지음 | 260쪽 | 값 13,000원

교과서 너머 교육과정 마주하기
이윤미 외 지음 | 368쪽 | 값 17,000원

수업 고수들 수업·교육과정·평가를 말하다
박현숙 외 지음 | 368쪽 | 값 17,000원

도덕 수업, 책으로 묻고 윤리로 답하다
울산도덕교사모임 지음 | 320쪽 | 값 15,000원

체육 교사, 수업을 말하다
전용진 지음 | 304쪽 | 값 15,000원

교실을 위한 프레이리
아이러 쇼어 엮음 | 사람대사람 옮김 | 412쪽 | 값 18,000원

마을교육공동체란 무엇인가?
서용선 외 지음 | 360쪽 | 값 17,000원

교사, 학교를 바꾸다
정진화 지음 | 372쪽 | 값 17,000원

함께 배움
학생 주도 배움 중심 수업 이렇게 한다
니시카와 준 지음 | 백경석 옮김 | 280쪽 | 값 15,000원

공교육은 왜?
홍섭근 지음 | 352쪽 | 값 16,000원

자기혁신과 공동의 성장을 위한
교사들의 필리버스터
윤양수·원종희·장군·조경삼 지음 | 280쪽 | 값 14,000원

함께 배움 이렇게 시작한다
니시카와 준 지음 | 백경석 옮김 | 196쪽 | 값 12,000원

함께 배움 교사의 말하기
니시카와 준 지음 | 백경석 옮김 | 188쪽 | 값 12,000원

교육과정 통합, 어떻게 할 것인가?
성열관 외 지음 | 192쪽 | 값 13,000원

미래교육의 열쇠, 창의적 문화교육
심광현·노명우·강정석 지음 | 368쪽 | 값 16,000원

주제통합수업, 아이들을 수업의 주인공으로!
이윤미 외 지음 | 392쪽 | 값 17,000원

수업과 교육의 지평을 확장하는 수업 비평
윤양수 지음 | 316쪽 | 값 15,000원
2014 문화체육관광부 우수교양도서

교사, 선생이 되다
김태은 외 지음 | 260쪽 | 값 13,000원

교사의 전문성, 어떻게 만들어지나
국제교원노조연맹 보고서 | 김석규 옮김 392쪽 | 값 17,000원

수업의 정치
윤양수·원종희·장군 지음 | 280쪽 | 값 14,000원

학교협동조합,
현장체험학습과 마을교육공동체를 잇다
주수원 외 지음 | 296쪽 | 값 15,000원

거꾸로교실,
잠자는 아이들을 깨우는 수업의 비밀
이민경 지음 | 280쪽 | 값 14,000원

교사는 무엇으로 사는가
정은균 지음 | 292쪽 | 값 15,000원

마음의 힘을 기르는 감성수업
조선미 외 지음 | 300쪽 | 값 15,000원

작은 학교 아이들
지경준 엮음 | 376쪽 | 값 17,000원

아이들의 배움은 어떻게 깊어지는가
이시이 준지 지음 | 방지현·이창희 옮김 | 200쪽 | 값 11,000원

대한민국 입시혁명
참교육연구소 입시연구팀 지음 | 220쪽 | 값 12,000원

교사를 세우는 교육과정
박승열 지음 | 312쪽 | 값 15,000원

전국 17명 교육감들과 나눈
교육 대담
최창의 대담·기록 | 272쪽 | 값 15,000원

들뢰즈와 가타리를 통해
유아교육 읽기
리세롯 마리엣 올슨 지음 | 이연선 외 옮김 | 328쪽 | 값 17,000원

동양사상에게 인공지능 시대를 묻다
홍승표 외 지음 | 260쪽 | 값 15,000원

 학교 혁신의 길, 아이들에게 묻다
남궁상운 외 지음 | 272쪽 | 값 15,000원

 프레이리의 사상과 실천
사람대사람 지음 | 352쪽 | 값 18,000원

 혁신학교, 한국 교육의 미래를 열다
송순재 외 지음 | 608쪽 | 값 30,000원

 페다고지를 위하여
프레네의 『페다고지 불변요소』 읽기
박찬영 지음 | 296쪽 | 값 15,000원

 노자와 탈현대 문명
홍승표 지음 | 284쪽 | 값 15,000원

 선생님, 민주시민교육이 뭐예요?
염경미 지음 | 244쪽 | 값 15,000원

 어쩌다 혁신학교
유우석 외 지음 | 380쪽 | 값 17,000원

 미래, 교육을 묻다
정광필 지음 | 232쪽 | 값 15,000원

 대학, 협동조합으로 교육하라
박주희 외 지음 | 252쪽 | 값 15,000원

 입시, 어떻게 바꿀 것인가?
노기원 지음 | 306쪽 | 값 15,000원

 촛불시대, 혁신교육을 말하다
이용관 지음 | 240쪽 | 값 15,000원

 라운드 스터디
이시이 테루마사 외 엮음 | 224쪽 | 값 15,000원

 학교 민주주의의 불한당들
정은균 지음 | 276쪽 | 값 14,000원

 교육과정, 수업, 평가의 일체화
리사 카터 지음 | 박승열 외 옮김 | 196쪽 | 값 13,000원

 학교를 개선하는 교장
지속가능한 학교 혁신을 위한 실천 전략
마이클 풀란 지음 | 서동연·정효준 옮김 | 216쪽 | 값 13,000원

 공자뎐, 논어는 이것이다
유문상 지음 | 392쪽 | 값 18,000원

 교사와 부모를 위한
발달교육이란 무엇인가?
현광일 지음 | 380쪽 | 값 18,000원

 교사, 이오덕에게 길을 묻다
이무완 지음 | 328쪽 | 값 15,000원

 낙오자 없는 스웨덴 교육
레이프 스트란드베리 지음 | 변광수 옮김 | 208쪽 | 값 13,000원

 끝나지 않은 마지막 수업
장석웅 지음 | 328쪽 | 값 20,000원

 대구, 박정희 패러다임을 넘다
세대열 엮음 | 292쪽 | 값 20,000원

 경기꿈의학교
진흥섭 외 지음 | 360쪽 | 값 17,000원

 학교를 말한다
이성우 지음 | 292쪽 | 값 15,000원

행복도시 세종, 혁신교육으로 디자인하다
곽순일 외 지음 | 392쪽 | 값 18,000원

▶ 남북이 하나 되는 두물머리 평화교육
분단 극복을 위한 치열한 배움과 실천을 만나다

 10년 후 통일
정동영·지승호 지음 | 328쪽 | 값 15,000원

 분단시대의 통일교육
성래운 지음 | 428쪽 | 값 18,000원

 한반도 평화교육 어떻게 할 것인가
이기범 외 지음 | 252쪽 | 값 15,000원

 선생님, 통일이 뭐예요?
정경호 지음 | 252쪽 | 값 13,000원

 김창환 교수의 DMZ 지리 이야기
김창환 지음 | 264쪽 | 값 15,000원

▶ 교과서 밖에서 만나는 역사 교실
상식이 통하는 살아 있는 역사를 만나다

전봉준과 동학농민혁명
조광환 지음 | 336쪽 | 값 15,000원

교과서 밖에서 배우는 역사 공부
정은교 지음 | 292쪽 | 값 14,000원

남도의 기억을 걷다
노성태 지음 | 344쪽 | 값 14,000원

팔만대장경도 모르면 빨래판이다
전병철 지음 | 360쪽 | 값 16,000원

응답하라 한국사 1·2
김은석 지음 | 356쪽·368쪽 | 각권 값 15,000원

빨래판도 잘 보면 팔만대장경이다
전병철 지음 | 360쪽 | 값 16,000원

즐거운 국사수업 32강
김남선 지음 | 280쪽 | 값 11,000원

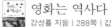
영화는 역사다
강성률 지음 | 288쪽 | 값 13,000원

즐거운 세계사 수업
김은석 지음 | 328쪽 | 값 13,000원

친일 영화의 해부학
강성률 지음 | 264쪽 | 값 15,000원

강화도의 기억을 걷다
최보길 지음 | 276쪽 | 값 14,000원

한국 고대사의 비밀
김은석 지음 | 304쪽 | 값 13,000원

광주의 기억을 걷다
노성태 지음 | 348쪽 | 값 15,000원

조선족 근현대 교육사
정미량 지음 | 320쪽 | 값 15,000원

**선생님도 궁금해하는
한국사의 비밀 20가지**
김은석 지음 | 312쪽 | 값 15,000원

다시 읽는 조선근대교육의 사상과 운동
윤건차 지음 | 이명실·심성보 옮김 | 516쪽 | 값 25,000원

걸림돌
키르스텐 세롭-빌펠트 지음 | 문봉애 옮김
248쪽 | 값 13,000원

음악과 함께 떠나는 세계의 혁명 이야기
조광환 지음 | 292쪽 | 값 15,000원

역사수업을 부탁해
열 사람의 한 걸음 지음 | 388쪽 | 값 18,000원

논쟁으로 보는 일본 근대교육의 역사
이명실 지음 | 324쪽 | 값 17,000원

진실과 거짓, 인물 한국사
하성환 지음 | 400쪽 | 값 18,000원

다시, 독립의 기억을 걷다
노성태 지음 | 320쪽 | 값 16,000원

▶ 평화샘 프로젝트 매뉴얼 시리즈
학교 폭력에 대한 근본적인 예방과 대책을 찾는다

학교 폭력 어떻게 만들어지는가
문재현 외 지음 | 300쪽 | 값 14,000원

아이들을 살리는 동네
문재현·신동명·김수동 지음 | 204쪽 | 값 10,000원

학교 폭력, 멈춰!
문재현 외 지음 | 348쪽 | 값 15,000원

평화! 행복한 학교의 시작
문재현 외 지음 | 252쪽 | 값 12,000원

왕따, 이렇게 해결할 수 있다
문재현 외 지음 | 236쪽 | 값 12,000원

마을에 배움의 길이 있다
문재현 지음 | 208쪽 | 값 10,000원

젊은 부모를 위한 백만 년의 육아 슬기
문재현 지음 | 248쪽 | 값 13,000원

별자리, 인류의 이야기 주머니
문재현·문한뫼 지음 | 444쪽 | 값 20,000원

우리는 마을에 산다
유양우·신동명·김수동·문재현 지음 | 312쪽 | 값 15,000원

▶ 더불어 사는 정의로운 세상을 여는 인문사회과학
사람의 존엄과 평등의 가치를 배운다

밥상혁명
강양구·강이현 지음 | 298쪽 | 값 13,800원

도덕 교과서 무엇이 문제인가?
김대용 지음 | 272쪽 | 값 14,000원

자율주의와 진보교육
조엘 스프링 지음 | 심성보 옮김 | 320쪽 | 값 15,000원

민주화 이후의 공동체 교육
심성보 지음 | 392쪽 | 값 15,000원
2009 문화체육관광부 우수학술도서

갈등을 넘어 협력 사회로
이창언·오수길·유문종·신윤관 지음 | 280쪽 | 값 15,000원

동양사상과 마음교육
정재걸 외 지음 | 356쪽 | 값 16,000원
2015 세종도서 학술부문

교과서 밖에서 배우는 철학 공부
정은교 지음 | 280쪽 | 값 14,000원

교과서 밖에서 배우는 사회 공부
정은교 지음 | 304쪽 | 값 15,000원

교과서 밖에서 배우는 윤리 공부
정은교 지음 | 292쪽 | 값 15,000원

한글 혁명
김슬옹 지음 | 388쪽 | 값 18,000원

좌우지간 인권이다
안경환 지음 | 288쪽 | 값 13,000원

민주시민교육
심성보 지음 | 544쪽 | 값 25,000원

민주시민을 위한 도덕교육
심성보 지음 | 500쪽 | 값 25,000원
2015 세종도서 학술부문

교과서 밖에서 배우는 인문학 공부
정은교 지음 | 280쪽 | 값 13,000원

오래된 미래교육
정재걸 지음 | 392쪽 | 값 18,000원

대한민국 의료혁명
전국보건의료산업노동조합 엮음 | 548쪽 | 값 25,000원

교과서 밖에서 배우는 고전 공부
정은교 지음 | 288쪽 | 값 14,000원

전체 안의 전체 사고 속의 사고
김우창의 인문학을 읽다
현광일 지음 | 320쪽 | 값 15,000원

카스트로, 종교를 말하다
피델 카스트로·프레이 베토 대담 | 조세종 옮김
420쪽 | 값 21,000원

일제강점기 한국철학
이태우 지음 | 448쪽 | 값 25,000원

▶ 창의적인 협력 수업을 지향하는 삶이 있는 국어 교실
우리말 글을 배우며 세상을 배운다

중학교 국어 수업 어떻게 할 것인가?
김미경 지음 | 340쪽 | 값 15,000원

토닥토닥 토론해요
명혜정·이명선·조선미 엮음 | 288쪽 | 값 15,000원

어린이와 시
오인태 지음 | 192쪽 | 값 12,000원

토론의 숲에서 나를 만나다
명혜정 엮음 | 312쪽 | 값 15,000원

인문학의 숲을 거니는 토론 수업
순천국어교사모임 엮음 | 308쪽 | 값 15,000원

수업, 슬로리딩과 함께
박경숙·강슬기·김정욱·장소현·강민정·전혜림·이혜민 지음
268쪽 | 값 15,000원

▶출간 예정

근간 **한국 교육 제4의 길을 찾다** 이길상 지음	근간 **우리 안의 미래 교육** 정재걸 지음
근간 **미래 학교교육을 디자인하는 학교교육과정** 박승열 외 지음	근간 **선생님, 페미니즘이 뭐예요?** 염경미 지음
근간 **마을교육공동체 운동의 역사와 미래** 김용련 지음	근간 **경남 역사의 기억을 걷다** 류형진 외 지음
근간 **언어던** 정은균 지음	근간 **인성교육의 철학과 방법** 박제순 지음
근간 **교육이성 비판** 조상식 지음	근간 **교사 전쟁** Dana Goldstein 지음 ㅣ유성상 외 옮김
근간 **식물의 교육학** 이차영 지음	근간 **나는 거꾸로 교실 거꾸로 교사** 류광모·임정훈 지음
근간 **콩도르세, 공교육에 관한 다섯 논문** 혁명 프랑스에 공교육의 기초를 묻다 니콜라 드 콩도르세 지음 ㅣ이주환 옮김	근간 **자유학기제란 무엇인가?** 최상덕 지음
근간 **신채호, 역사란 무엇인가?** 이주영 지음	근간 **교실 평화를 말하다** 따돌림사회연구모임 지음
근간 **학교는 평화로운가?** 따돌림사회연구모임 지음	근간 **한국 교육 어디서 와서 어디로 가는가?** 이주영 지음
근간 **민·관·학 협치 시대를 여는 마을교육공동체 만들기** 김태정 지음	근간 **삶을 위한 국어교육과정, 어떻게 만들 것인가?** 명혜정 지음
근간 **민주주의와 교육** Pilar Ocadiz, Pia Wong, Carlos Torres 지음ㅣ유성상 옮김	근간 **마을수업, 마을교육과정!** 서용선·백윤애 지음
근간 **미국의 진보주의 교육 운동사** 윌리엄 헤이스 지음 ㅣ심성보 외 옮김	근간 **즐거운 동아시아 수업** 김은석 지음
근간 **민주시민교육을 위한 역사수업 어떻게 할 것인가?** 황현정 지음	근간 **혁신학교, 다함께 만들어가는 강명초 5년 이야기** 이부영 지음

참된 삶과 교육에 관한 생각 줍기